고양이 조제비 여기고

한국중세사학회 연구총서 6

고려시대 조운제도 연구

문 경 호 지음

혜안

책머리에

이 책은 필자의 박사논문 「고려시대 조운제도의 연구와 교재화」 중에서
고려시대 조운제도와 관련된 부분만을 따로 묶은 것이다. 전근대시기의
조세는 대부분 곡식이나 옷감 등으로 징수되었으므로 조세를 체계적으
로 운송하는 일은 통치자의 가장 중요한 관심사였다. 그러나 조세의
징수와 운송이 늘 순조롭게 진행된 것은 아니었다. 지방에 대한 통제력이
강하고 주변국과의 관계가 평화롭던 시기에는 지방의 조세가 안정적이
고 정기적으로 수도에 도달하였으나 지방 세력이 힘을 떨치고 대외정세
가 불안했던 시기에는 그렇지 못하였다. 따라서 조세의 징수와 운송과정
을 보면 당시 대내외 상황과 중앙의 지방에 대한 통제력이 어느 정도였는
가를 가늠할 수 있다.

필자가 여러 시기의 조세운송 제도 중에서도 고려시대에 주목한
이유는 조창에 토대를 둔 전국적인 규모의 조세운송 네트워크 시스템이
처음으로 마련된 시기가 고려시대이기 때문이다. 조창과 관선에 토대를
둔 '고려식 조운제도'는 고려 말 왜구의 침입으로 해운이 불가능했던
일부 시기를 제외하고, 조선이 멸망할 무렵까지 보완을 거듭하며 유지되
었다. 따라서 조세징수와 운송 체계의 역사에 대하여 깊이 있게 이해하기
위해서는 고려시대 조운제도로부터 조선시대 조운제도로 이어지는
발전과 변화과정을 이해할 필요가 있다.

조운은 당시 해운 지식과 기술이 총망라된 종합적인 시스템이었다.
당시 조운선이 운항하던 조운로는 당시에 가장 많이 활용된 해상교통로

였으며, 세곡을 실어 나르던 조운선은 당대 최고의 튼튼하고 안전한 선박이었다. 또한, 해운에 관한 가장 해박한 지식과 경험을 지닌 사공과 노꾼들이 조운선의 운항을 담당하기도 하였다. 따라서 조운제도에 대한 이해는 당시의 해운지식에 대한 전반적인 사항에 대한 이해로 자연스럽게 이어질 수 있다.

잘 알려진 것처럼 고려 초기의 조운제도는 조세의 징수나 운송의 면에서 중국의 영향을 많이 받은 것으로 생각된다. 그러나 중국의 조운제도는 기본적으로 하운(河運)에 토대를 두고 있었던 반면, 고려는 자국의 지리적 환경을 최대한 고려하여 해운(海運)에 토대를 둔 체제로 변형하여 완성시켰다. 고려에 전해진 중국의 조운제도를 고려가 토착화시켰고, 그것이 조선으로 이어진 것이다.

조운제도는 지금은 사라진 제도이다. 따라서 이 책에서 다루고 있는 조운 관련 제도와 정책들은 독자들에게 대부분 생소하고 어렵게 느껴질 것이다. 그러한 점을 고려하여 처음부터 쉽게 쓴다는 원칙 아래 일을 진행했지만 관련 용어 자체가 낯설고 어려운 데다가 바꿔 쓸 수 있는 용어들이 많지 않아서 생각만큼 친절하게 쓰여진 것 같지는 않다. 그 부분에 대해서는 독자들께 죄송한 마음을 전한다.

운명을 믿는 것은 아니지만 조운제도에 관한 논문을 발표할 때마다 감사하게 느껴지는 사실이 하나 있다. 지금은 대전에 뿌리를 내렸지만 본래 필자가 태어나 자란 곳은 경기도 화성의 바닷가 가까운 시골마을이었다. 마을 이름은 창말이라고 했는데, 어른들 말씀으로는 어느 시대인가의 창고가 있었던 곳이라고 했다. 우리 집 바로 위에는 창집, 창터라고 불리는 곳이 있었고, 마을 어귀의 산기슭에는 오래된 송덕비 하나가 땅 속에 묻혀 머리만 내밀고 있기도 했다. 그것들이 모두 영조 때 수원에 세워진 쌍부창(雙阜倉)과 관련된 유적이라는 것을 안 것은 조운관련 공부를 시작한 최근의 일이다. 돌아보면 조운 관련 공부를 시작하게 된 것은 지도교수인 윤용혁 교수님 덕분이었지만 조창과 관련된 사실들은 운명처럼 가까이에 있었던 것 같다. 조운제도를 이해하는 데 꼭 필요한 조창의 입지, 항로, 선박 등에 관한 용어와 지식들이 낯설지 않았던 것도 필자가 바닷가 인근의 창터에서 나서 자란 것과 무관하지 않다고 생각한다.

비록 여러 면에서 부족함이 많은 글이지만 이 책 한 권을 쓰는 데에도 많은 분들의 은혜를 입었다. 먼저 조운과 관련된 공부를 시작할 수 있도록 가르침을 주신 윤용혁 교수님께 감사의 말씀을 올린다. 교수님은 새로운 자료가 나올 때마다 국내는 물론, 해외에서 발표된 자료까지도 수시로 구해 주셨다. 간혹 교수님을 모시고 학회에 참여하거나 바다에서 출토된 유물들을 보러 갈 때가 있었는데, 그때 차안에서 나누었던 이야기들은 어느 책에서도 얻을 수 없는 귀한 것들이었다. 내가 지금까지 세상에 내놓은 논문의 대부분은 그 때 교수님과의 대화에서 아이디어를 얻은 것이다.

8

역사교육에 관한 진지한 고민을 할 수 있도록 제자들에게 늘 연구자로 서의 자세를 몸소 보여주신 김창성 교수님과 올곧은 연구자의 길이 어떤 것인지를 몸소 보여주신 정하현 교수님, 그리고 늘 새로운 관점에서 역사를 볼 수 있도록 가르쳐 주신 지수걸 교수님, 역사교육에 관심을 갖고 이해할 수 있도록 안내해 주신 이명희 교수님께도 감사의 말씀을 올린다. 대학을 졸업하고도 20년 가까이 학교 언저리를 서성이는 나이든 제자를 늘 따뜻하게 대해주시는 은사님들을 보면서 사도의 길이 어떠해 야 하는가를 몸소 배우고 느꼈다. 학부시절부터 석사시절까지 가르침을 주신 이해준, 이남석, 양종국 교수님과 성기고 거친 박사논문을 애써 다듬어주시고 가르침을 주신 박종기 교수님과 이진한 교수님께도 감사 의 말씀을 올린다.

존재만으로도 감사한 아버지·어머니와 장인·장모님, 늘 내 곁에서 힘이 되어준 아내와 아이들, 그리고 동생 내외, 처남 등 가족들에게 감사드린다. 아마도 가족의 따뜻한 보살핌이 없었다면 학교에서 아이들 가르치는 일과 공부를 같이 하는 고단한 생활을 버티지 못했을 것이다.

자료가 거의 남아있지 않은 고려시대 조운제도에 대해 이만한 분량의 책을 낼 수 있었던 것은 온전히 선행 연구자들의 노고 덕분이다. 특히, 한글학회에서 엮은 한국지명총람은 잊혀진 조창의 흔적을 추적하는 데 매우 큰 도움이 되었다.

끝으로 이 책이 연구총서로 간행될 수 있도록 허락해주신 한국중세사

학회 임원진과 간행을 맡아주신 도서출판 혜안의 여러분께도 깊은
감사를 드린다.

2014년 7월

문 경 호

목 차

표 목차

14

그림·사진 목차

서 론

『大漢和辭典』에 의하면 조운은 '배로 물건을 옮기는 것' 또는 '지방에서 거둔 穀類나 錢絹을 배에 실어 수도로 나르는 것'을 의미하는 말이라고 한다. 전자가 배를 이용하여 수상으로 물자를 운송하는 것을 총칭하는 것이라면, 후자는 공적인 목적으로 물자를 운송하는 것으로 의미가 제한된다. 史書에 기록된 조운은 대부분 후자의 의미에 가깝지만 공공 이외의 목적으로 물자를 운송하는 것을 조운이라고 표현한 사례도 적지 않다. 따라서 이 글에서는 '조운'이라는 말의 불필요한 의미 확장을 막기 위해 '국가가 지방에서 거둔 租稅·貢賦 등을 선박으로 운송하는 시스템', 즉 '국가에 의해 제도화된 해·수운의 관영 물류 제도'로 의미를 제한하려 한다. 이는 『萬機要覽』에 기록된 "租稅를 선박으로 운반하여 서울에 상납하는 것을 '漕'라고 한다."라는 구절과도 유사한 개념이다.

한편, 漕運과 함께 혼용되는 용어로 漕轉, 漕輓 등도 있다. 본래 중국에서는 배로 운송하는 것을 漕라 하고, 수레로 운송하는 것을 轉 또는 輓이라 하여 양자를 구분하였다. 그러나 수로 운송이 대부분을 차지했던 고려~조선시대에는 양자가 구분되기보다는 하나로 묶여 조운이라는 단어와 혼용되는 경우가 많았다. 이는 중국과 달리 육로 교통이 발달하지 못하여 선박운송이 주를 이루었던 우리나라 조세운송 시스템의 특수성이 반영된 결과일 것이다.

조창에 기반을 둔 전국적인 규모의 조운제도가 처음 정착된 시기는 고려시대였다.[1] 호족의 협조 하에 시행되었던 초기의 조운제도는 성종 2년의 지방관 파견, 성종 11년 浦倉의 명칭 개정과 輸京價 제정에 따라 점차 국가 체제에 편입되었다. 뒤이어 군현제의 정비 과정과 함께 12조창 제도가 확립되었으며, 정종~문종 대에 각 창에 조운선이 배치되고 안란창이 설치됨으로써 13조창과 官船을 토대로 하는 고려 고유의 조운 제도가 정착되었다. 고려시대에 마련된 조운제도는 고려 말 왜구의 침입으로 해운이 불가능했던 일부 시기를 제외하고, 조선이 멸망할 무렵까지 보완을 거듭하며 유지되었다. 조창의 위치가 변하고 조운선이 치폐되는 등의 변화가 몇 차례 반복되기는 하였으나 근본적인 시스템은 변화하지 않았다. 따라서 고려시대 조운제도의 기원과 발전에 관한 연구는 고려와 조선이라는 두 왕조에 걸쳐 지속된 조세징수와 운송시스템의 역사에 대해 총체적으로 이해하는 첫걸음이 된다.

이처럼 고려시대 조운제도가 가지고 있는 다양한 측면의 중요성에 주목하여 일찍부터 다양한 분야에서 연구가 진행되었다. 지금까지의 연구 성과를 간단히 정리하면 다음과 같다.

고려시대 조운제도 연구의 서막을 연 것은 마루가메 긴사쿠(丸龜金作)였다. 그는 1935년에 발표한 두 편의 논문에서 『고려사』에 기록된 조운관련 전반적인 내용들을 論究하였다.[2] 조운제도의 시작은 태조 말년 또는

---

1) 조운제도의 기원을 고려로부터 찾는 시각은 조선시대에 형성되었다. 제도 개편을 주장한 유형원 등 실학자들의 저술(『磻溪隨錄』卷3, 田制後錄(上) 漕運 ; 『燃藜室記述』別集 卷11, 政敎典故 漕運 등)은 물론이고, 제도의 시행과 변화과정을 총체적으로 정리한 『增補文獻備考』에서도 조운에 관한 서술을 고려로부터 시작하고 있다(『增補文獻備考』卷157, 財用考 漕運). 이러한 시각은 이후에도 그대로 계승되었다(손홍렬, 「高麗漕運考」『史叢』21·22, 1977, 181쪽 등 다수).

2) 丸龜金作, 「高麗の十二漕倉に就いて」『靑丘學叢』21·22, 1935. 21호에 1회, 22호에 2회가 연달아 실려 있다. 21호에서는 조운제의 성립시기와 조창의 위치를 주로 논했으며, 22호에서는 조창의 수세 구역, 조운의 시기와 조운선, 輸京價, 고려 말 왜구의 침입으로 인한 조운제 동요 등에 대해 논의하였다.

주현의 세공규정이 마련된 광종대로 추정하였으며,[3] 『신증동국여지승람』과 『대동지지』 등을 토대로 고려시대 조창의 위치를 비정하였다. 또한, 조선시대의 사례를 참고하여 경창 직납 구역과 각 조창의 관할 구역으로 수세구역을 구분하였다.[4] 丸龜金作의 연구는 조운제도와 관련된 여러 가지 사실들을 소개하고 나열하는 범위에서 크게 벗어나지 못했지만 그가 개괄적으로 제기했던 조운제의 성립 시기, 12조창의 위치와 수세구역, 조운선의 규모, 고려 후기 왜구의 침입과 漕轉城 설치, 조운 규정 등은 이후 전개된 조운제도 연구 주제의 전부였다고 해도 과언이 아니다.

丸龜金作 이후 한 동안 진전이 없던 조운제 연구는 1970년대 후반~1980년대 초에 이르러 손홍렬, 기타무라 히데히토(北村秀人), 최완기 등이 본격적인 연구를 진행하면서 다시 한번 활기를 띠기 시작하였다.[5] 먼저 손홍렬은 1977년에 발표한 그의 논문에서 태조가 삼국을 통일한 직후에 조운제도가 성립되었으며, 今有와 租藏이 폐지된 성종 2년에는 각 조창에 판관이 배치되었다고 주장하였다.[6] 또한, 12조창에 배정된 조운선의 수가 고려의 재정 규모에 비해 부족한 것에 비추어 성종 조부터 이미 많은 사선들이 조운에 참여하고 있었을 것이라고 추정하였다. 손홍렬의 연구는 한국인 학자에 의해 처음 시도된 고려시대 조운제도 연구라는

---

3) 丸龜金作, 위의 논문, 145~146쪽.
4) 丸龜金作은 그의 논문에서 收稅區劃이라고 표기하였으나(丸龜金作, 앞의 논문, 1935, 63쪽), 연구자에 따라서는 수세구역, 관할구역 등 다양하게 표현하고 있다. 이 논문에서는 손홍렬 이래 최근 국내 연구자들이 많이 사용하고 있는 예에 따라 수세구역이라고 한다(손홍렬, 앞의 논문, 1977, 187쪽).
5) 손홍렬, 위의 논문 ; 北村秀人,「高麗初期の漕運についての一考察－『高麗史』食貨志漕運の條所收成宗11年の輸京價制定記事を中心に－」『古代東アジア論集(上)』, 吉川弘文館, 1978 ;「高麗時代の漕運制について」『朝鮮歷史論集』上, 龍溪書舍, 1979 ; 최완기,「고려조의 세곡운송」『한국사연구』 34, 1981.
6) 손홍렬, 앞의 논문, 1977, 186쪽.

점에 의미를 부여할 만하지만 조창의 설립 시기를 태조 시기로 소급한 것과 漕渠 開鑿에 관하여 서술한 부분을 제외하면 丸龜金作의 연구 수준에서 크게 벗어나지 못한 면이 있다.

北村秀人은 1978년과 1979년에 연이어 발표한 논문 2편을 통해 고려시대 조운제도 연구의 큰 틀을 재정립하였다.[7] 그의 연구에서 주목되는 점은 浦와 漕倉이 고려 군현제의 일부를 이루고 있었음을 밝혀낸 것과[8] 60개 포(12조창 포함)의 구체적인 위치 비정을 시도하였다는 점이다. 그러나 조창민의 신분에 대해서는 부곡민과 같은 천민으로 이해하였다.

최완기는 1981년 이전에 발표된 논문들을 비판적으로 검토하고, 그 성과를 체계적으로 정리하였다. 조창의 위치와 수세구역을 재확인하고 조창의 기능과 경영형태를 분석하였으며, 조창의 판관은 지방 행정 담당관이 아니라 조창의 감독관에 불과했지만 판관이 파견되었다는 것은 조운에 대한 국가 통제력의 강화를 의미하는 것으로 볼 수 있다고 주장하였다. 또한 조창민의 신분은 조선시대 漕卒들이 身良役賤이었던 점을 고려하여 고려시대에도 유사하였을 것이라고 이해하였다.[9] 그의 연구는 "선학들에 의해 이루어진 성과를 바탕으로 고려조의 세곡 운송 전반에 걸쳐서 개관할 뿐"이라는 서론에서의 謙辭와 달리 국가체제의 정비와 조운제도의 정착과정을 연결하여 설명하고, 고려시대 조운제도의 성립과 변화과정을 크게 호족 시대의 세곡운송-국가 조운 직영-군현의 조운 경영 시기로 단계화하였다는 점에 의의가 있다. 그러나 당시 고려의 재정규모를 고려하여 각 조창에 배정된 60척의 초마선과 41척의 평저선이 평균 4회 정도는 운항하였을 것으로 이해한 점과[10], 조운에

---

7) 北村秀人, 각주 5)의 논문 2편.
8) 北村秀人, 앞의 논문, 1978, 350~351쪽.
9) 최완기, 앞의 논문, 40쪽.
10) 최완기, 위의 논문, 44쪽.

동원된 선박이 모두 관선이었을 것이었다고 한 점은 재고의 여지가
있다.[11]

1980년대가 조운제도의 틀과 전개과정에 관한 연구가 정착된 시기였
다면 1990년대는 조창에 관한 연구가 본격적으로 시작된 시기라고 할
수 있다.[12] 윤용혁과 최일성은 1990년 부성 영풍창, 충주 덕흥창, 원주
흥원창에 관한 연구를 통해 조창연구의 기틀을 닦았다. 먼저 윤용혁은
영풍창 연구에서 조창 관련 기록과 창터 답사를 통해 영풍창터와 창개[倉
浦]의 연관성, 축대·토성 등을 갖춘 고려시대 조창의 구조적 특징을
소개하였다.[13] 최일성 역시 문헌연구를 기초로 덕흥창과 흥원창의 구체
적 위치, 주변 포구와의 관련성, 조선시대 경원창·가흥창과 흥원창의
관계 등을 정리하였다.[14]

또한, 이 시기에는 고려시대와 조선시대 조운제도의 연관성을 파악하
고자 하는 연구도 진행되었다. 특히 로쿠탄 다유타카(六反田豊)와 같은
일본인 학자들은 고려 말 왜구의 침입으로 조운제의 기반이 무너졌음을
지적하고, 漕轉城 수축과 같은 조운제도의 재건 노력이 조선시대 조운제
도가 정비되는 출발점이 되었다고 보았다.[15] 몇 가지 반론의 여지가
있기는 하지만 고려 말 漕轉城이 설치되었던 지역을 중심으로 조선
초에 수조처가 설정된 것을 고려하면,[16] 六反田豊의 연구는 두 시대

---

11) 최완기, 위의 논문, 48쪽.
12) 조창을 단일 주제로 다룬 연구는 다음과 같다. 윤용혁, 「서산·태안지역의
    조운관련 유적과 고려 영풍조창」『백제연구』 22, 충남대학교백제연구소, 199
    1 ; 최일성, 「덕흥창과 흥원창 고찰」『충주공업전문대학논문집』 25, 1991 ; 최
    일성, 「흥원창 고찰」『상명사학』 3·4집, 1995.
13) 윤용혁, 위의 논문, 1991, 222~224쪽.
14) 최일성, 앞의 논문, 1991, 75~79쪽 ; 앞의 논문, 1995, 511~539쪽.
15) 六反田豊, 「高麗末期の漕運運營」『久留米大學文學部紀要』(國際文化學科編) 第2
    號, 1993.
16) 『世宗實錄地理志』의 각도 序文에 17개 포창이 기록되어 있다.

조운제도의 연결고리를 찾고자 했다는 점에 의미를 부여할 수 있다.

이러한 연구 풍토에 힘입어 2000년대에는 석두창, 통양창 등에 관한 연구가 진행되었다.[17] 이들 연구에서는 조창의 구체적인 위치는 물론이고, 해당 조창의 수세 구역에 관한 연구도 함께 진행되었다. 지리지나 법전 등 다양한 자료를 활용할 수 있는 조선시대와 달리 고려시대 조창의 수세구역에 대한 내용을 담고 있는 사료는 매우 제한적이다. 수세구역에 대한 연구가 경창 직납지역을 비롯한 몇몇 지역의 수세구역을 추론한 丸龜金作과 손홍렬의 초기 연구에서 크게 벗어나지 못한 것도 자료의 한계를 넘어서지 못했기 때문이다.[18] 한정훈은 이러한 문제점의 극복을 위해 계수관을 근간으로 하는 주현의 영속관계에 주목하여 수세구역 획정을 시도하였다. 또한, 조세의 운송에 관해서는 조창과 주변 지역의 역로를 중심으로 조세 운송망이 형성되어 있었을 것으로 보았다.[19] 김재명 역시 한정훈과 유사한 방법으로 통양창의 수세구역을 획정하였다. 석두창과 통양창의 연구를 통해 경상도 지역의 조세 수집과 운송을 담당한 두 개 조창의 위치와 수세구역에 관한 연구가 일단락되었다.

이외에도 조운제 초기에 조세운송을 담당한 포구의 위치를 찾는 연구와 조운제도의 성립과 변화과정을 보완하는 연구도 함께 진행되었다.[20] 김양진은 국어학자의 입장에서 60개 浦의 지명을 집중적으로

17) 한정훈, 「고려시대 조운제와 마산 석두창」, 『한국중세사연구』 17, 한국중세사학회, 2004 ; 김재명, 「고려의 조운제도와 사천 통양창」, 『한국중세사연구』 20, 한국중세사학회, 2004 ; 서영일, 「남한강 水路의 물자유통과 興元倉」, 『사학지』 37, 단국사학회, 2005 ; 정홍일, 「고려시대 전라도 지방 조창 연구」, 목포대학교 석사학위논문, 2012.
18) 丸龜金作, 앞의 논문, 1935, 63~78쪽 ; 손홍렬, 앞의 논문, 1977, 187~188쪽.
19) 한정훈은 조세 운송지역의 행정·지리적 특징에 따라 경창 직납지역, 조창 경유지역, 현지 수납지역으로 구분하였다.
20) 한정훈, 「고려시대 13조창과 주변 교통로 연구」, 『한국중세사연구』 23, 2007 ; 「고

검토하였으며,21) 윤경진·한정훈은 『高麗史』를 비롯한 각종 사료에 기초
하여 利涉浦, 古塚浦 등 일부 지명을 고증하였다.22) 지방의 浦와 漕倉에
관한 연구의 가장 큰 한계가 사료의 부족이라는 점을 고려하면 국어학
분야에서 진행된 연구나 해당 지역 연구자들에 의해 진행된 연구는
기존 연구의 한계를 넘을 수 있는 좋은 대안이라고 생각된다.

　이와 같은 연구 성과를 토대로 최근에는 고려시대 조세운송과 교통로
를 다룬 학위논문 두 편이 제출되었다. 먼저 한정훈은 고려시대 조세운송
의 경로를 역로 중심의 육로 운송과 해로 중심의 조운으로 크게 나누고,
조창을 중심으로 역로와 해로를 유기적으로 연결시키는 조세운송 네트
워크를 체계적으로 정리하였다. 또한, 조운제도의 전개와 변화 과정에
대해서는 轉運使 體制－60浦制－漕倉 中心의 漕運制(漕倉制)－郡縣別 漕
運體制－漕轉城 體制 순으로 전개되었다고 정리하였다.23)

　반면, 전라도 지역 6개 조창의 위치와 관할 구역에 관한 연구를 진행한
정홍일은 조창의 수세구역 설정에 역로보다 선박의 운항이 중요한
영향을 끼쳤을 것으로 보았다.24) 내륙 수운의 이용이 가능한 경우에는
수운을 이용하였으며, 해안가에 위치하여 내륙 하천 이용이 어려운
경우에는 군현에서 조창으로 조세를 운송하기보다 군현에 마련된 임시
창고에 조세를 보관하다가 조운선이 운송 도중에 조세를 적재하는

　　려시대 조세운송과 교통로 연구」, 부산대학교 박사학위논문, 2009 ; 「고려 초기
　　　60포제의 실시와 그 의미」 『지역과 역사』 25, 부경역사연구소, 2009 ; 문경호,
　　　「고려시대 조운제도와 조창」 『지방사와 지방문화』 14-1, 역사문화학회, 2011.
　21) 김양진, 「『高麗史』 食貨志 漕運條 所載의 몇몇 地名에 대하여」 『지명학』 16,
　　　2010.
　22) 윤경진, 「고려 성종 11년의 읍호 개정에 대한 연구－고려 초기 군현제의
　　　구성과 관련하여」 『역사와 현실』 45, 2002 ; 한정훈, 「고려 초기 60포제의
　　　실시와 그 의미」 『지역과 역사』 25, 부경역사연구소, 2009.
　23) 한정훈, 앞의 부산대학교 박사학위논문, 15쪽.
　24) 정홍일, 「고려시대 전라도 지방 조창연구」, 목포대학교대학원 석사학위논문,
　　　2012.

등 농민들의 조세 운송의 편의를 고려했을 것이라고 추정하였다.

역로를 중심으로 조창의 수세 범위를 설정한 한정훈의 경우 수세구역의 획정 연구에 새로운 가능성을 제공했지만 역로가 조운로와 반드시 일치했는지에 대해서는 再考의 여지가 있다. 역로는 지방과 수도를 연결하는 가장 빠른 길이지 본래부터 물자를 운송하기 위한 목적으로 건설된 것은 아니기 때문이다.25) 조세의 운송경로를 내륙 수로에 따라 재구성한 정홍일의 연구는 전자의 문제점을 일부 극복하였지만 산맥에 따른 교통장애나 可航航路를 고려하지 않았다는 점에 한계가 있다. 또한, 조창으로의 운송이 어려운 지역의 경우 중간 지점에 보관하였다가 조운선에 적재하였을 것이라는 주장에 대해서도 근거를 제시하지 못하였다.

2000년대의 연구 성과 중 또 하나 주목되는 것은 조창에서 개경까지 조세를 운반한 조운선과 조운로에 관한 연구들이 진행되었다는 것이다. 조운선에 관한 연구는 김재근,26) 최완기27) 등에 의해 문헌 연구가 시작된

---

25) 『成宗實錄』 15年 1月 7日 乙未. "변경에 옮기는 사람의 家財와 雜物을 육로로 운반하기가 어려우면 그 사람과 馬匹은 육로로 가도록 허락하고, 그 가재는 自願에 따라 전라도와 忠淸右道는 牙山 貢稅串에서, 경상도와 충청좌도는 忠州 金遷에서 差使員을 정하여 각각 짐에 표를 붙여서 物主 한두 사람으로 하여금 看守하게 하여 站船 및 私船을 이용하여 싣고 萬戶·水運判官으로 하여금 押領하여 漕運하게 한다."
이러한 예는 문경에서 충주로 넘어오는 하늘재에서도 찾아볼 수 있다. 하늘재 길은 사람과 물자의 길이 나뉘어져 있었다. 미륵리에서 지릅재를 건너 충주로 가는 최단 거리는 사람의 길이고, 미륵리에서 송계계곡을 거쳐 남한강의 수운과 연결되는 길은 물자의 길이다. 人馬가 다니는 길은 속도에 초점이 맞춰지지만 물자가 다니는 길은 속도보다는 효율성이나 안전성에 초점이 맞춰진다. 조선시대 문경새재가 개통되고 난 후에도 하늘재가 여전히 물품의 이동로로 이용된 것도 이러한 이유 때문이다(도도로키 히로시, 『일본인의 영남대로 답사기』, 한울, 2000, 124~125쪽).

26) 김재근, 『속한국선박사연구』, 서울대학교출판부, 1994.

27) 최완기, 『한국의 전통선박 한선』, 이화여자대학교출판부, 2006.

후 서서히 관심을 받기 시작하다가 2005년 이후 국립해양문화재연구소가 침몰 선박을 연이어 발굴하면서 선박의 재질과 구조, 특징 등에 관한 다양한 정보를 얻게 되었다.[28] 그러나 고려시대 조운선에 관한 연구는 대부분 크기와 형태를 규명하는 데에 초점이 맞춰있다. 이전에는 '고려→ 벽란도(국제무역항)→ 해상 무역대국'이라는 생각 때문에 조운선 역시 대규모의 선박이었을 것이라고 추정되었지만[29] 최근에는 서해 연안에서 출토된 고려 선박들 중 일부가 초마선 크기에 가깝다는 주장이 제기되었다.[30] 또한, 조운선의 적재량과 관련하여 靖宗 때 마련된 조운선 외에 사선이 조운에 이용되었을 것이라는 의견도 제기되었다.[31] 조운선의 운항거리와 적재량을 고려하면 조창에 배속된 조운선만으로는 턱없

---

28) 1984년~2010년까지 국립해양문화재연구소가 공식적으로 조사한 고려 선박은 총 8척이다. 이에 대한 자세한 내용은 Ⅳ장에서 자세히 다루기로 한다. 고려시대 조운선 또는 출토 선박에 관해 다룬 논저는 다음과 같다.
    이원식, 『한국의 배』, 대원사, 1990 ; 김병근, 「고려시대 조운선과 세곡운송」 『고려 뱃길로 세금을 걷다』, 국립해양문화재연구소, 2009 ; 곽유석, 「고려선의 구조와 조선 기술 연구」, 목포대학교 박사학위논문, 2010 ; 이준혁, 「고려시대 배(船)의 변화와 그 의미」, 부산대학교 석사학위논문, 2010 ; 노경정, 「高麗時代 船舶의 構造 變遷 硏究 : 水中發掘資料를 中心으로」, 전남대학교 석사학위논문, 2010 ; 문경호, 「태안 마도 1호선을 통해 본 고려의 조운선」 『한국중세사연구』, 2011.

29) 韓船의 구조를 체계적으로 정리한 김재근은 초마선 1척에 1,000석을 적재하였다는 『高麗史』의 기록에 착안하여 『經國大典』에 수록된 대선[海船]보다는 규모가 큰 조선 후기 『각선도본』에 실린 漕船 정도 크기의 선박이었을 것이라고 추정하였다. 평저선 역시 200석을 적재했다는 『高麗史』의 기록에 따라 『經國大典』에 수록된 강선 중에서 중선쯤에 해당하는 46자(약 14.1m) 정도였을 것이라고 보았다(김재근, 앞의 논문, 1994, 39~41쪽). 조선 후기의 선박에 대해 주로 연구한 최완기는 고려 초마선의 길이가 96척, 지금의 미터법으로 환산하면 약 30m 정도라고 추정하였다(최완기, 앞의 논문, 2006, 84쪽).

30) 문경호, 앞의 논문, 2011, 120~123쪽.

31) 손홍렬, 앞의 논문, 193쪽 ; 吉田光男, 「高麗時代の水運機構'江'について」 『社會經濟史學』 46, 1980 ; 한정훈, 「고려시대 조운제와 마산 석두창」 『한국중세사연구』 17, 한국중세사학회, 2004, 36~39쪽.

24

이 부족하므로 어떤 형태이든 관선과 함께 사선이 조운에 동원되었을 것이라는 주장이다. 이에 대해서는 더 구체적인 연구가 요구된다.

고려시대의 조운로 추정은 2010년 한정훈에 의해 시도되었다.[32] 그의 연구는 『高麗史』와 『高麗史節要』에서 확인되는 서·남해의 해안 지형, 도서 연안의 군현 편성 현황, 고려시대 해저 유물의 출토 지점,『高麗圖經』 에 기록된 서긍의 항로, 왜구의 침입 기사 등을 토대로 부산 앞바다에서 개경까지의 항로를 추론하는 형태로 진행되었다. 한정훈의 연구는 고려 시대와 관련된 거의 모든 자료를 망라하여 구체적으로 항로를 복원하였 다는 점에 의의가 있다. 그러나 당시 사람들이 험로는 가급적 피해 다녔을 것이라는 생각을 토대로 연구를 진행하였으므로 손돌목을 고려 항로에서 제외하기 위해 영종도 우측 해안로와 석모도·강화도 사이 해로를 당시의 주요 항로로 설정하였다.

이상의 연구 성과를 토대로 볼 때 다음의 문제들에 대해서는 규명과 보완이 요구된다. 우선, 조운제도의 시행시기에 관한 문제이다. 조운제도 의 성립 시기에 대해서는 國初라는 『고려사』의 기록에 초점을 맞춰 태조대로 보는 견해,[33] 60개 浦倉의 輸京價가 제정되는 성종조로 보는 견해,[34] 12조창에 조운선이 배치되는 정종조로 보는 견해,[35] 군현제가

---

32) 한정훈, 「고려시대 연안항로에 관한 기초적 연구」 『역사와 경계』 77, 부산경남사 학회, 2010. 이외에도 한반도의 연안 항로에 관한 연구로는 다음과 같은 것이 있다. 나가모리 미츠노부(長森美信), 「朝鮮近世路の復元」 『朝鮮學報』 199·200輯, 2006 ; 한정훈, 「고려시대 조세 운송 경로」 『고려 뱃길로 세금을 걷다』, 2009, 150~161쪽.
본격적으로 항로만을 다룬 연구는 아니지만 이인화, 「충남 내포지역 조운로상의 해변 마을 제당에 관한 연구」 『도서문화』 30집, 2007, 165쪽 ; 김명진, 「고려 태조 왕건의 통일전쟁 연구」, 경북대학교 박사학위논문, 2009 등에도 일부 해로에 관한 내용이 포함되어 있어 도움이 된다.
33) 손홍렬, 앞의 논문, 1977, 145~146쪽 ; 최규성, 『고려 태조 왕건 연구』, 주류성, 2005.

개편되고 22역도가 정비되는 현종대로 보는 견해 등이 제시되었다.[36]
앞서 언급한 것처럼 조운제도를 '지방의 조창에 조세를 집결하였다가
수도로 운송하는 체제'라고 정의한다면 조창의 설치 시기가 조운제도의
시점을 파악하는 기준이 될 수 있다. 이에 대한 단서는『고려사』에
기록된 '國初'의 시기가 언제인가에 있다. 따라서 조운제도의 시점을
파악하기 위해서는 국초의 개념을 명확히 규정해야 할 필요가 있다.

둘째, 조창의 위치와 수세구역에 관한 연구는 많은 진척이 있었음에도
불구하고, 좀 더 규명되어야 할 사항들이 있다. 특히, 지금까지도 위치
비정에 논란이 있는 장흥창, 안흥창, 안란창, 해릉창은 물론이고, 이미
위치가 확인된 조창에 대해서도 입지와 위치 등에 대한 재검토가 요구된
다. 수세구역의 경우 22역도를 중심으로 수세구역을 설정한 연구는
군현에서 조창까지의 운송경로를 역로에 맞춰 설정함으로써 내륙 수운
의 기능을 경시하거나 界首官에 따라 수세구역을 기계적으로 설정하는
등의 문제를 낳았다. 역로의 편성과 운영이 조세운송에 용이할 만큼의
전국적인 망을 갖추고 있었다면 왜구 침입이 극심했던 시기까지도
굳이 조운을 고집했을 리 없다. 따라서 내륙 수운로를 최대한 고려하되,
지역 간의 교통관계, 생활권 등 다양한 요인들을 반영하여 좀 더 합리적으
로 수세구역을 구분하는 방안을 모색해야 한다.

셋째, 조운선에 관한 연구는 지방에서 중앙으로 운송되는 전체 조세의
양을 가늠하는 기준이 되며, 조운로는 조창으로부터 개경까지의 거리와
항해의 난이도 등에 관한 정보를 제공함으로써 조운선이 1년에 몇
회나 운항을 할 수 있었는지를 이해하는 데에 도움이 된다. 이러한

34) 丸龜金作,「高麗の十二漕倉に就いて」『青丘學叢』21·22, 145~146쪽 ; 최완기,
앞의 논문, 1981, 48쪽. 최완기는 고려 조운제도가 성종 때 성립하고, 문종
때 확립되었다고 보았다.
35) 北村秀人,「高麗時代の漕運制について」『朝鮮歷史論集』上, 1979, 406쪽.
36) 한정훈,「고려시대 조운제와 마산 석두창」『한국중세사연구』17, 2004, 29~36쪽.

중요성 때문에 역사학, 조선공학, 해운학 등 여러 분야에서 선박의 구조와 크기 등에 관한 연구가 진행되었다.[37] 그러나 지금까지 각자의 시각에서 조운선의 크기, 형태 등에 대한 연구를 진행함으로써 상호 간의 고증이나 검토가 충분히 이루어지지 못하였다. 또한 역사학 내에서도 서·남해 연안에서 출토된 고려 선박들이 조운선인지 아닌지를 두고 논의가 분분하다. 따라서 『高麗史』에 수록된 조운선의 크기, 구조와 특징, 다른 선박과의 차이점 등에 대해서도 연구를 진행할 필요가 있다.

넷째, 조운로에 관해서는 기존의 연구 성과를 토대로 내륙 수운로와 해로를 종합적으로 검토할 필요가 있다. 육로가 발달하지 못했던 전통시대에는 산은 길을 막고 물은 길을 이어 주었다. 간선도로는 수로를 중심으로 편성되었으며, 역로는 수로를 서로 잇거나 주변의 군현과 연결되는 것이 일반적이었다. 특히, 조세운송은 무거운 곡식을 운반하는 작업인 만큼 수로를 최대한 활용하였다. 따라서 합포 석두창에서 개경에 이르는 서·남 연안로, 충추 덕흥창에서 개경까지의 내륙 수로, 장연 안란창에서 개경에 이르는 서북 연안로 등 고려시대 주요 뱃길에 대해 살펴보면 각 조창에서 개경에 이르기까지의 구체적인 경로와 함께 운항 기간, 조운선으로 운반된 조세의 총액, 항로의 변천 등에 대한 다양한 자료를 얻을 수 있을 것이다.

---

37) 허일, 「8~9세기 우리나라 서해 및 인접 해역의 항로와 선형 특성에 관한 연구」, 부경대학교 공학박사학위논문, 2000 ; 최근식, 「장보고 무역선과 항해 기술 연구-신라선 운항을 중심으로」, 고려대학교 대학원 박사학위논문, 2002 ; 『신라해양사 연구』, 고려대학교출판부, 2005 ; 최병문, 「조선시대 선박의 선형 특성에 관한 연구」, 부경대학교 공학박사학위논문, 2004 ; 「조선시대 해선과 강선의 선형특성」, 『대한조선학회논문집』 41, 2004 ; 최운봉, 「한·중·일 전통 선박에 관한 비교 연구-16-18세기 조곡운반선을 중심으로」, 한국해양대학교 공학박사학위논문, 2005 ; 김성준, 「봉래 고려 고선의 한국 선박사상 의의」, 『해운물류연구』 52, 2006 ; 최광식 외, 『한국무역의 역사』, 장보고기념사업회, 2010, 216~218쪽 ; 최항순, 「최항순의 우리배 이야기-한선의 우수성에 대한 과학적 검증」, 『해양과 문화』 24·25, 한국해양문화재단, 2011.

　조운로에 관한 연구는 단순히 뱃길을 복원하기보다는 조운제도의
운영에 있어 어떠한 의미를 갖는지, 실제 조창에서 개경까지 소요된
시간은 얼마나 되며, 수로와 해로가 실제적으로 어떻게 이용되었는지
등에 대한 설명이 필요하다. 조운로가 강과 바다에 토대를 둔만큼 역사·
지리적 입장에서 연구를 진행하는 것도 고려해야 한다.

　이와 같은 문제의식을 토대로 이 책은 다음과 같이 구성하였다. 먼저
I장에서는 초기 조운제도의 핵심이라고 할 수 있는 60浦倉[38]의 위치를
비정한 기존의 논의를 재검토하는 것을 시작으로 60포창의 輸京價 제정
에 영향을 끼친 기준이 무엇인지 추론해 보고자 한다. 또한, 12조창제
시행 시기를 둘러싸고 논란이 되고 있는 '國初'의 구체적 시점에 대하여
정리하고,[39] 나아가 13조창의 위치와 수세구역을 연구한 최근 연구
성과를 보완하여 지리적 특성과 생활권, 문화권을 토대로 13개 조창의
수세구역을 추정할 것이다. 수세구역에 관한 연구는 앞서 제시된 두
가지 방법을 절충하는 방안으로 생활권 또는 문화권의 개념을 도입하여
시도하려 한다. 조선 후기 신경준이 작성한 산경표를 토대로 한반도의
지형을 살펴보면 산계와 수계를 토대로 생활권 또는 문화권이 형성됨을
알 수 있다.[40] 같은 하천을 따라 위치한 군현은 멀리 떨어져 있어도
하나의 문화권을 이루지만 산맥을 경계로 양쪽에 위치한 군현은 비록
거리가 가깝더라도 활발히 교류할 수 없었다. 조선 후기의 장시망이
수로망과 밀접한 관계를 맺고 있었던 것도 이러한 이유 때문이다. 따라서

---

38) 이 글에서는 선행 연구에서 60浦 또는 60浦制라는 명칭으로 사용되었던 조창제
　　시행 이전에 조운을 담당한 포구를 浦倉라는 용어로 표현하였다. 자세한 내용은
　　본서의 I장 1절 참조.

39) 『高麗史』 卷79, 志33 食貨 漕運, "國初 南道水郡 置十二倉."

40) 김종혁, 「유역권으로 본 문화권」 『2009 역사문화학회 학술대회 발표집』, 2009,
　　11~19쪽.

산경표에 의해 구분된 생활권(문화권)과 주현의 영속관계, 조선시대의 조창별 수세구역 등을 고려하면 선행 연구의 한계를 극복할 수 있는 하나의 대안이 될 수 있을 것이다.

II장에서는 조운제도 운영에 있어 필수요소라고 할 수 있는 조운선과 조운로에 관한 연구를 진행해 보고자 한다. 조운제도에 관한 연구가 조운제도의 큰 틀을 이해하는 것이라면 조운선과 조운로에 관한 연구는 고려시대 조운제도의 실질적인 운영과정을 살피는 것이라고 할 수 있다.

조운선에 관한 연구는 서·남해 연안에서 출토된 고려시대 선박의 구조와 형태, 크기 등을 분석하여 조운선으로 추정되는 선박을 찾고, 이를 토대로 고려시대 조운선의 특징을 살펴보는 형태로 진행하려 한다. 또한 비교적 자료가 많이 남아있는 조선시대 조운선과 출토 선박들의 적재량을 비교함으로써 십이동파도선, 태안 마도 1호선 등이『高麗史』에 기록된 초마선과 유사한 규모의 조운선이라는 주장의 근거를 제시할 것이다. 침몰 시기가 명확한 태안 마도 1호선과 전후 시기에 제작된 것으로 추정되는 선박들의 구조와 형태를 비교하면 단순히 마도 1호선의 특징을 밝히는 것을 넘어 조운선의 발전과정을 이해하는 데에도 도움이 되리라 기대한다.

조운로의 추정은 다음과 같은 방식을 시도하려 한다. 우선, 삼국시대 이래 한·중 使行路를 분석하여 사행로와 연결되는 연해의 교통로에 대해 살펴보고자 한다.41) 대외관계의 변화와 정치적 관계에 따라 다소

---

41) 이 분야에 대한 연구는 1970년대 후반부터 활발히 진행되어 왔다. 주목할 만한 연구 성과는 다음과 같다.
金謂顯,「麗宋關係와 그 航路考」『關大論文集』6, 1978 ; 金在瑾,「張保皐時代의 貿易船과 그 航路」『海運港灣』85, 1988 ; 金龍吉,「韓國古代의 海上交通路와 貿易活動研究」, 경희대 석사학위논문, 1988 ; 윤명철,「徐熙의 宋나라 使行航路탐

변동이 생기기도 했지만 삼국시대에 형성된 사행로는 후대까지 계속
이용되어 왔다.[42] 따라서 삼국시대의 한중 사행로를 보다 면밀히 분석하
면 서남해와 서북부의 일부 구간이나마 우리나라 초기 연안해로의
실체를 파악하는 데 도움이 될 것이다.

둘째, 1123년 고려를 방문한 서긍의『高麗圖經』을 토대로 당시의
서해 교통로를 추적해 보고자 한다. 서긍 일행이 명주에서 흑산도까지
건너온 바닷길은 당시 고려와 송을 오가는 주요 교통로였으며, 서해
연안에서 머물렀던 群山亭, 安興亭, 慶源亭 등은 고려 조운로의 거점이자
군사적 요충지였다. 따라서 그동안의 연구 성과를 토대로[43] 서긍의

구」『徐熙와 高麗의 高句麗계승의식』, 고구려연구회 학술총서 2집, 1991 ; 권덕
영, 「신라 견당사의 나당간 왕복행로에 대한 고찰」『역사학보』149, 1996 ; 申採
湜, 「10~13세기 東아시아의 문화교류-海路를 통한 동아시아의 문물교류를
중심으로」『중국과 동아시아세계』, 국학자료원, 1997 ; 이기동, 「9~10세기 黃海
를 무대로 한 한·중·일 三國의 해상활동」『韓中文化交流와 南方海路』, 국학자료
원, 1997 ; 정진술 외,『다시 쓰는 한국 해양사』, 신서원, 2007 ; 김철웅, 「고려와
송의 해상교역로와 교역항」『중국사연구』28, 2004 ; 강봉룡, 「신라말~고려시
대 서남해 지역의 한·중 해상교통로와 거점 포구」『한국사학보』23, 2006 ; 한국
해양전략연구소,『한국의 고대 해상교통로』, 2009 ; 金榮濟, 「麗宋交易의 航路와
船舶」『歷史學報』204, 歷史學會, 2009 ; 李錫炫, 「北宋代 使行 旅程 行路考-宋入
境 以後를 中心으로」『東洋史學研究』114, 동양사학회, 2011.
42)『大東地志』卷27·28, 程里考 歷代使路.
43)『高麗圖經』의 항로와 중국 사신 亭館에 대한 주목할 만한 연구 성과는 다음과
같다.
윤용혁, 「서산·태안지역의 조운관련 유적과 고려 영풍조창」『백제연구』22,
충남대학교백제연구소, 1991 ; 「고려시대 서해 연안해로의 객관과 안흥정」『제
1회 태안역사문화학술발표회』, 2008 ; 모리히라 마사히코(森平雅彦), 「高麗群山
亭考」『年報朝鮮學』11(九州大學朝鮮學研究會), 2008 ; 「高麗における宋使船の寄
港地馬島の位置をめぐって」『朝鮮學報』207, 2008 ; 김성호, 「고려시대 조운항로
와 등대의 기원」『중국진출 백제인의 해상활동 천오백년』, 맑은소리, 1996 ; 곽
호제, 「고려~조선시대 태안반도 조운의 실태와 운하굴착」『지방사와 지방문화』
12-1, 2004 ; 김위현, 「여·송관계와 그 항로고」『고려시대 대외관계사 연구』,
경인문화사, 2004 ; 조동원 외,『고려도경』, 황소자리, 2005, 401~402쪽 ; 祁慶
富, 「10~11세기 한중 해상교통로」『한중문화교류와 남방해로』, 국학자료원,

고려 항로를 분석하면 당시의 연안해로 중국 사행로와 어떻게 이어지고 있었는지, 그것이 고려시대 조운로와 어떤 관계가 있는지에 대한 단서를 얻을 수 있을 것이다.

셋째, 최근 진행된 12조창의 위치와 출토된 고려 선박, 포구에 관련된 기록 등을 토대로 고려시대 서남해 일대의 연안 항로를 재구성하려 한다. 이와 관련해서는 『세종실록지리지』, 『신증동국여지승람』, 『增補文獻備考』, 『輿地圖書』, 『大東地志』 등 조선시대의 기록도 참고할 만하다. 고려시대의 항로가 조선시대까지 거의 그대로 사용된 흔적은 여러 곳에서 포착되기 때문이다.[44]

1997 ; 문경호, 「1123년 서긍의 고려항로와 경원정」 『한국중세사연구』 28, 한국중세사학회, 2010, 485~519쪽.

44) 『大東地志』 卷27·28, 程里考 歷代使路.

Ⅰ.
고려시대 조운제도의
성립과 전개

우리나라 전통 왕조의 수도는 대개 큰 강 인근에 자리잡고 있었다.
이들 강은 바다와 이어져 있었으므로 조세운송과 물자의 유통이 水運과
海運을 통해 이루어졌을 가능성이 크다. 그러나 고구려, 백제, 신라가
강이나 바다를 통해 조운했다는 기록을 찾아보기 어려운 것을 보면
고대국가 시기부터 조운제도가 정착된 것은 아니었던 것 같다.

통일 이후 문무왕이 船府를 새로 만들어 舟楫의 업무를 관장하게
했다는 기록이 있지만[1] 귀족들이 녹읍·식읍 등으로 대토지를 소유하고
있는 상황에서 전국의 조세를 수도로 운송하는 것은 쉽지 않았을 것이
다.[2] 『삼국사기』 문무왕 11년 기사에 처음으로 등장하는 조운[3]이라는
용어도 단순히 熊津과 平壤에 비축했던 조세를 운송하느라 사람들과
牛馬가 모두 죽을 정도로 괴로움을 겪었다는 사실을 보여줄 뿐이므로
이를 조운의 근거로 보기에는 어려운 면이 있다.[4] 또한, 후삼국 시기

---

1) 『三國史記』 卷38, 雜誌7, 官職.
2) 『日本後記』에는 현의 곡식을 운반하는 일에 차출되었다가 해중에 도둑을
   만나 배를 잃은 신라인 김파형, 김승제, 김소파 등 3인이 일본에 표착했다는
   기록이 있다(『日本後記』 21, 弘仁 2年(811) 8月 甲戌, "大宰府言 新羅人金巴兄
   金乘弟 金小巴等三人申云 去年被差本縣運穀 海中逢賊 同伴盡沒 唯己等幸賴天佑
   僅着聖邦"). 이들 3인의 신분에 관해서는 현의 관리 또는 유력자로서 곡물
   운송의 책임자로 차출되어 縣民을 이끌고 선박으로 세곡을 운송한 것으로
   보는 견해도 있다(윤용혁, 국립해양문화재연구소, 「중세의 관영 물류 시스템,
   고려 조운제도」『고려 뱃길로 세금을 걷다』, 2009, 115쪽). 현의 곡식을 운반하는
   업무도 공적 운송에 해당하지만 이는 조세를 거두어 수도까지 운송하는 군현의
   임무로 수행된 것으로 국가주도의 조세 운반을 의미하는 조운과는 거리가
   있다.
3) 『三國史記』 卷7, 新羅本紀 文武王 11年 12月, "熊津府城 頻索種子 前後所送 數萬餘斛.
   南運熊津 北供平壤 蕞小新羅 分供兩所 人力疲極 牛馬死盡 田作失時 年穀不熟 所貯倉
   粮 漕運竝盡 新羅百姓 草根猶自不足 熊津漢兵 粮食有餘."
4) 이는 최근 연구를 통해서도 확인된다. 통일 이후에도 신라에서는 징수된 조세의
   상당량이 지방의 창고에 보관되거나 인근의 군사적 요충지로 운송되었으며,
   조세의 납부는 물론 운송까지도 군현에 부과된 의무였다는 것이다(김창석,
   『삼국과 통일신라의 유통체제 연구』, 일조각, 2004, 145~154쪽).

34

견훤이나 궁예가 뱃길이 직접 닿지 않는 철원과 완산주에 도읍을 정한 것도 당시 조운이 크게 중시되지 않았음을 보여주는 것이다. 이러한 사실들을 종합하면 조운제가 제도적으로 정비된 것은 고려 건국 이후부터였다고 할 수 있다.

고려 수도 개경은 곡창지대인 서·남해 지역의 선박이 강과 바다를 통해 용이하게 닿을 수 있는 곳에 자리 잡고 있었다. 또한 선박을 이용하여 중국이나 일본과 인적·물적 자원을 교류하기에도 유리하였다. 이에 지방에서 거둔 조세는 전국의 강가와 해안가에 설치된 13개의 조창에 모아두었다가 漕運을 통하여 수도까지 운송하였으며, 주변국과의 사신 교환과 경제 교류 또한 대부분 선박을 이용하였다.

이와 같이 고려가 전국적인 규모의 조운제도를 체계화할 수 있었던 것에는 중국 唐의 영향이 컸다. 중국에서는 춘추시대에 처음으로 조운의 기록이 등장하지만, 전국적인 조운제도가 자리잡는 것은 제국의 통일이 다시 이루어진 隋·唐시기였다. 특히, 隋 文帝 開皇 3년(583)에는 창을 설치하고 조운을 시작하였다.[5] 隋를 이은 唐은 황하와 운하가 연결되는 지점을 중심으로 9개의 조창을 설치하였는데 처음에는 상서성에서 조운을 관리하다가 중반부터 轉運使가 지휘하는 시스템으로 발전하였다.[6] 唐의 倉制, 그리고 轉運使[7]에 토대를 둔 조운제도가 고려에 도입되어

---

5) 『隋書』卷24, 志29 食貨. 수나라에서는 문제 개황 3년에 衛州 黎陽倉, 洛州 河陽倉, 陝州 常平倉, 華州 廣通倉 등을 설립하였으며, 양제가 광통거, 통제거, 한구, 영제거, 강남하 등을 건설하고 洛口倉, 回洛倉을 설립하면서 6개의 조창이 갖춰졌다.

6) 『舊唐書』卷52, 志28 食貨(上). 당나라 때 설치된 9개의 조창은 河陽, 柏崖, 太原, 永豐, 渭南, 武牢, 洛口, 集津, 河陰倉이다. 창의 자세한 위치는 이준갑 외, 『아틀라스 중국사』, 청아출판사, 2007, 81쪽을 참조.

7) 당의 관직 중에는 지방에서 물자를 징수하고 운송하는 책임을 맡은 轉運使, 度支鹽鐵轉運使, 常平鑄錢鹽鐵使 등이 있었다(『舊唐書』卷48, 志28 食貨(上), "開元 已前 事歸尚書省 開元已後 權移他官. 由是有轉運使 租庸使 鹽鐵使 度支鹽 鐵轉運使 常平鑄錢鹽鐵使 租庸靑苗使 水陸運鹽鐵租庸使 兩稅使 隨事立名 沿革不一").

제도적 기반이 되었던 것이다.[8]

그러나 당과 고려의 조운제도는 운송 방식에 큰 차이가 있었다. 그것은 당나라의 조운이 기본적으로 河運에 토대를 두고 있는 데 비해 고려의 조운제도는 海運 중심이었다는 점이다.[9]

중국의 조운은 13세기 이전까지 황하와 운하를 중심으로 이루어졌다. 원나라가 건국되고 난 후에야 비로소 해운이 시도되었으며, 본격적으로 시행한 것은 그보다 후인 至元 연간(1280년대 초)부터이다.[10] 그나마도 명나라 건국 이후 海禁政策이 시행되면서 海運이 금지되고, 다시 내륙 수운으로 환원되었다.[11] 이후에도 일부 기간 동안 해운을 시행한 적도 있지만[12] 중국 조운의 근본적인 원칙은 운하를 통한 운송이었다. 따라서 해운에 토대를 두면서도 일부 수운을 병행한 고려의 조운제도는 자국의 지리 조건을 최대한 고려하여 고안한 고유의 운송방식이라 할 수 있다.

이러한 관점에서 보면 조운제도의 개념을 좀 더 명확히 정의할 필요가 있다고 생각된다. 단순히 지방의 곡식을 배에 실어 중앙으로 옮겨오는 운송형태를 넓은 의미에서는 조운이지만 이를 조운제도라고 말하기는 어렵다. 제도로서의 조운은 조창이라는 특정한 장소에서 租稅 또는 貢賦를 수집하고, 국가의 지휘·감독 아래 선박을 통해 운송하는 국가 주도의 체계적인 시스템을 의미한다. 『磻溪隨錄』, 『增補文獻備考』 등에서 조운제도의 기원을 고려에서 찾고자 했던 것도 이와 같은 이유

---

8) 고려사 성종 11년 輸京價 제정 기사에 60개의 포와 함께 등장하는 조창이 9개인 점 등이다. 또한 고려의 조창 중 영풍창과 하양창은 당의 조창 명칭을 참고하여 지은 것이 아닌가 생각된다.

9) 김재근, 『우리 배의 역사』, 1989, 159~160쪽.

10) 『元史』 卷11, 本紀 世祖 至元 17年 1月 甲子 ; 卷12, 本紀 世祖 至元 19年 10月 丙申 ; 上海市造船工業局, 『造船史話』, 上海科學技術出版社, 1979.

11) 조영헌, 『대운하와 중국상인』, 2012, 77쪽.

12) 1415년 폐지된 후 157년 만인 1572년에 다시 시행되었으나 이듬해 해난사고를 계기로 폐지되었다(조영헌, 위의 책, 77~89쪽).

때문이다.

따라서 고려시대 조운제도의 성립 시기를 살피는 것은 우리나라 조운제도의 기원을 밝히는 것과 밀접한 관계가 있다는 점에서 중요하다. 또한, 조창의 위치를 확인하는 연구는 조창의 수세구역과 조운로 설정을 위한 기초 작업이 된다.

이러한 점에 착안하여 본 장에서는 조운제도가 시행된 시기, 조창의 구체적 위치, 조운제도의 발전과 변화 과정을 검토하고자 한다.

1. 고려시대 조운제도의 성립

1) 浦倉制의 成立과 輸京價 제정

고려 초기의 조운은 60개의 浦를 중심으로 이루어졌다.[13] 당시의 浦는 단순히 조세를 싣고 내리는 浦口가 아니라 關·驛·江과 함께 행정구역의 성격을 띠는 군현의 하부 구조인 동시에 지방의 조세집결지였다.[14] 주목할 만한 사실은 『고려사』 식화지 조운조의 성종 11년 輸京價 제정 기사에 이미 9개의 조창이 기록되어 있다는 점이다.[15] 따라서 수조처의 역할을 하였던 60개의 포는 초기 형태의 조창, 즉 '浦倉'이라고 부르는 것이 더 명확하다. 본래부터 있었던 9개의 조창은 이후에 설치된 덕흥창·흥원창·영풍창과 함께 12조창으로 굳어졌다.

이러한 현상은 조선에서도 그대로 반복되었다. 『세종실록지리지』에 기록된 각 도의 16개 수조처 역시 고려 초와 마찬가지로 浦와 倉이 혼합되어 있다. 그러나 당시에는 고려로부터 이어진 영산창·흥원창뿐만

13) 『高麗史』 卷79, 志33 食貨2 漕運.
14) 北村秀人, 「高麗初期の漕運についての一考察」 『古代東アジア論集(上)』, 吉川弘文館, 1978, 359쪽.
15) 丸龜金作, 「高麗の十二漕倉に就いて」 『靑丘學叢』 21, 1935, 145~146쪽.

아니라 창고시설을 갖추지 못한 가흥창16)은 물론, 利浦(梨浦), 亏音安浦까지도 梨浦倉, 宇萬倉이라고 불렀다.17) 이는 고려 초 60개의 浦를 倉의 초기 형태로 볼 수 있는 근거가 된다.18)

浦倉을 중심으로 하는 고려의 조운제도가 언제부터 시작되었는지를 명확히 말해주는 자료는 없다. 그러나 건국 초기인 태조 시기부터 이미 지방 조세를 선박으로 운송하였을 가능성은 크다.19)

A-① 견훤이 일길찬 相貴를 시켜 수군을 거느리고 예성강으로 쳐들어와서 鹽州, 白州, 貞州 등 세 고을의 배 1백 척을 불사르고 猪山島 목장에 있는 말 3백 필을 약탈하여 갔다.20)

A-② 한찬 金行濤를 廣評侍中으로 임명하고 한찬 黔剛을 內奉令으로, 한찬 林明弼을 徇軍部令으로, 波珍粲 林曦를 兵部令으로, 蘇判 陳原을 倉部令으로, 한찬 閻萇을 義刑臺令으로, 한찬 歸評을 都航司令으로, 한찬 孫逈을 物藏省令으로 … 임명하였다.21)

A-①은 후백제의 공격으로 수도 인근의 선박들이 불타버렸다는 기사이다. 이때 공격을 당한 선박들의 소속지는 浿江鎭을 무대로 성장한

---

16) 본래 금천에 있었던 것을 세조 때 가흥역 부근으로 옮겼으며, 창고 건물은 중종 16년에 건립하였다(『成宗實錄』 21年 5月 25日 丙子 ; 『新增東國輿地勝覽』 卷14, 忠淸道 忠州牧 倉庫條).

17) 『成宗實錄』 1年 9月 1日 丙子.

18) 고려의 浦倉은 漕倉으로 전환된 후에도 이전과 마찬가지로 독립된 행정구역으로 운영되었다(北村秀人, 「高麗時代の漕運制について」 『朝鮮歷史論集』上, 龍溪書舍, 1979, 412쪽). 따라서 조창은 포라는 행정구역이 그대로 계승된 것으로 볼 수 있다.

19) 『高麗史』 卷78, 食貨 田制 租稅.

20) 『高麗史』 卷2, 世家 太祖 15年.

21) 『高麗史』 卷1, 世家 戊寅 元年.

패서 호족들의 근거지였다.[22] 후백제 군대에 의해 불탄 선박들을 兵船이
라고 기록하지 않은 것으로 보아 그것은 商船이나 漕運船이었을 것이다.
A-②를 통해서는 고려 건국과 동시에 창부, 도항사라는 중앙관서가
설치되었다는 것을 알 수 있다. 倉部는 신라의 倉部를 계승한 것으로
당나라의 戶部와 유사한 역할을 맡았던 것으로 추정된다.[23] 신라의
창부는 大阿湌에서 大角干까지의 관등을 가진 관리들로 구성된 令 2명과
卿 3명으로 구성되어 있었으며, 그 아래 大舍 2명, 租舍知 1명, 史 30명이
소속되어 국가 재정 업무를 맡아 보는 관청이었다.[24] 고려의 창부 역시
이와 유사한 역할을 맡았을 것이며, 그 중에서도 가장 큰 업무는 都航司와
함께 지방의 조세를 개경으로 운송하여 출납하는 일이었을 것이다.
    태조대의 이러한 기반을 토대로 성종 재위시기에 이미 체계적인
조운이 이루어졌음은 여러 자료에서 확인할 수 있다.

> B-① 성종 2년(988)에 州, 府, 郡, 縣의 아전들의 직제를 개정하여 兵部를
>   司兵으로 하고 倉部를 司倉으로 하고 堂大等을 戶長으로 하고 大等을
>   副戶長으로 하고 … 倉部卿을 倉正으로 하였다.[25]

> B-② 성종 11년(992)에 判하기를 공전의 租는 4분의 1로 하되, 논은 상등
>   1결에 조 3석 11두, 중등 1결에 조 2석 11두, 하등 1결에 조 1석 11두로
>   하고, 밭은 1결에 조 1석 12두, 중등 1결에 조 1석 10두이며, 하등은
>   (이하 缺).[26]

---

22) 정청주, 『신라 말 고려 초 호족연구』, 일조각, 1996, 27~33쪽.
23) 김대식, 「고려 초기 중앙관제의 성립과 변화」 『고려 중앙정치제도사의 신연구』,
    한국중세사학회, 2009, 66~67쪽.
24) 『三國史記』 卷38, 志7 職官.
25) 『高麗史』 卷75, 志29, 選擧 銓注 鄕職. 호장 휘하 향리들의 업무에 대해서는
    이혜옥, 「고려시대의 향역」 『이화사학연구』 17·18, 1988 참조.
26) 『高麗史』 卷78, 食貨 田制 租稅.

B-③ 戶曹는 戶口, 공물과 부세, 돈과 식량에 관계되는 정사를 맡아 본다. 건국 초기에 民官이라고 하였고 여기에 御事, 시랑, 낭중, 원외랑이 있었으며 그 소속 관아로서 司度, 金曹, 倉曹가 있었다. 성종 14년에 尚書戶部로 고쳤고 또 동시에 司度은 尚書度支로, 금조는 尚書金部로, 倉曹는 尚書倉部로 고쳤다가 그 후에 소속 관아였던 度支, 金部, 倉部는 모두 폐지하였다.[27]

B-①은 12목에 외관이 파견됨에 따라 지방호족이 향리로 개편되었다는 기사이다. 명칭을 통해 알 수 있는 것처럼 司倉, 倉正 등은 조세의 징수와 조운에 관여하였을 것이다. 이와 같은 향직개편이 이루어지면서 국초부터 지방에 파견되었던 今有와 租藏은 폐지되었다.[28] 今有, 租藏이

---

27) 『高麗史』卷76, 志30 百官 戶曹.

28) 今有와 租藏은 둘을 하나의 관직으로 이해하려는 견해와 구분해서 이해하려는 견해가 있다. 전자는 다시 今有租藏이 향촌 지배층을 연결하는 기능을 갖고 있다고 보는 견해(①)와 조장이라는 명칭에 초점을 맞추어 租賦를 징수하고 보관하는 것이 그들의 임무라고 보는 견해(②)로 나뉜다. 후자 또한 조장은 조세의 징수, 금유는 지방 세력에 대한 감리를 맡았을 것으로 추정하는 견해(③)와 조장은 속군·현에서 조세를 거두어 주현의 창고에 보관하고 금유는 일반 행정을 담당하는 것으로 파악하는 견해(④)로 나뉜다. 한편, ①의 입장에 있는 이기백 선생은 柳邦憲의 墓誌(『朝鮮金石總覽』上, 265쪽)에 기록된 '檢務租藏'과 今有, 租藏을 같은 의미로 추정하기도 하였다(윤용혁, 「중세의 관영물류 시스템, 고려의 조운제도」『고려 뱃길로 세금을 걷다』, 2009, 116쪽 6번 각주에서 재인용). 今有라는 말에는 한자로 별다른 뜻이 없지만 檢務라고 한다면 '조세를 저장하는 것을 점검하는 관리'라는 의미 정도로 해석할 수 있을 것 같다. 그러나 『高麗史』와 『高麗史節要』에는 今有, 租藏이라고 적혀 있으므로 본래부터 한자가 아닌 이두가 아니었을까 생각되기도 한다. 이에 대한 보다 자세한 내용은 구산우, 『고려전기 향촌 지배체제 연구』, 혜안, 2003, 145~147쪽 참조.
① 이기백, 『고려병제사연구』, 一潮閣, 1968, 183쪽.
② 邊太燮, 『高麗政治制度史研究』, 1971, 119쪽 ; 河炫綱, 『韓國中世史研究』, 1988, 187~188쪽 ; 金아네스, 「高麗 太祖代의 地方支配體制」『高麗太祖의 國家經營』, 1996, 245쪽.
③ 金杜珍, 『均如華嚴思想研究』, 一潮閣, 1983, 71~73쪽.
④ 金甲童, 『羅末麗初의 豪族과 社會變動 研究』, 1990, 143~145쪽.

성종 2년에 지방관 파견과 동시에 폐지되었다는 사실은 이들의 역할을
가늠하는 중요한 근거가 된다.[29] 즉 금유, 조장이 담당하던 조세의
수집과 운송은 성종 2년 지방관 파견과 향직 개편을 계기로 지방관과
향리에게 넘어간 것으로 파악할 수 있기 때문이다. 이는 호족의 협조
하에 운영된 조운제가 국가 중심의 조운제로 전환되었음을 보여주는
중요한 대목이다.

B-②는 국가가 수조하는 토지의 조세액을 규정한 조항이다. 호족들에
의해 자의적으로 징수되어 개경으로 운송된 조세는 성종 11년 공전
수조식이 정해져 국가에 의한 체계적인 징수 형태로 전환되었다.[30]
이는 定宗 4년(광종 즉위년)에 제정된 공부 징수 규정[31]과 함께 국가가
지방에서의 조세를 정기적·규칙적으로 징수하였음을 보여주는 사실이
다. 이처럼 지방에서의 조세가 해마다 안정적으로 징수되었다면 국가는
이를 보다 안전하고 신속하게 운송할 수 있는 방안을 반드시 마련해야
했을 것이다. 성종 11년의 輸京價 제정은 이러한 사실들과 연계되어
시행된 정책으로 볼 수 있다.

B-③은 성종 2년에 마련된 중앙 관제 중 戶部와 관련된 자료이다.
이를 통해 고려 초에 호부는 民官이라고 불렸으며, 그 산하에 司度,
金曹, 倉曹가 소속되어 있다는 사실을 알 수 있다. 戶曹를 民部라고 한
것이나 산하에 司度(度支), 金曹(金部), 倉曹(倉部)라는 부서를 둔 것은
그 명칭을 통해 볼 때 당나라의 관제를 모방한 것으로 보인다.[32] 『舊唐書』

---

29) 『高麗史節要』 卷2, 成宗文懿大王 2年 2月, "二月, 始置十二牧 罷今有租藏 今有租藏者
   並外邑使者之號."
30) 『高麗史』 卷79, 志33 食貨2 漕運.
31) 『高麗史』 卷78, 志32 食貨2 田制 貢賦.
32) 고려 초에 지방에 파견되었다는 今有, 租藏, 轉運使는 金曹 또는 倉曹에 소속된
   관리이었던 것으로 파악된다. 司度(度支), 金曹, 倉曹 등의 명칭은 『舊唐書』에
   度支, 金部, 倉部 등으로 기록되어 있다(『舊唐書』, 志23 職官2).

식화지에 의하면 度支는 조운 업무를 총괄하였고, 金部는 창고에 보관된 錢帛의 출납을 관리하였으며, 倉部는 지방에서 징수한 조세를 수도에 있는 창고에 보관한 업무를 주관하였다.[33] 명칭을 통해 볼 때 고려의 司度, 金曹, 倉曹도 이와 크게 다르지 않았을 것이다.

이러한 사실들을 종합하면 고려는 태조 시기부터 이미 지방의 조세를 선박으로 운송해왔으며, 60개의 浦倉을 중심으로 하는 체계적인 조세운송 시스템은 성종 2년~11년 사이에 정비되었을 가능성이 크다고 결론지을 수 있을 것이다.

60浦倉 시기의 조운은 지방 호족의 협조 아래 조세를 징수하고 운송하는 등의 편의를 도모하는 방식으로 진행되었다.[34] 포창이 설치된 포가 호족들의 관할 아래 있어 조운의 실제적인 운영도 호족의 손에 맡겨져 있었던 것이다. 이러한 상황은 성종 11년에 국가가 浦의 명칭을 개정하고, 개경까지의 운송료를 일괄적으로 규정함으로써 변화를 맞게 되었다. 따라서 포창의 명칭 개정과 輸京價 제정은 호족에 의존하던 조운을 국가 차원의 조직적인 조운제도로 전환하기 위한 기초 작업으로 볼 수 있다.[35]

성종 11년에 정해진 輸京價는 최대 5석당 1석에서부터 최저 21석당 1석까지 10단계로 구분되어 있었다. 포창별 輸京價에 차이가 생긴 원인에 대해서는 명확히 설명하기 어려운 부분이 있지만 대체로 거리의 원근,[36]

---

33) 『舊唐書』 志28 食貨(上).

34) 최완기는 당시의 포가 군현의 하부 행정 기구로서 본래 호족의 지배하에 있었던 촌락이었으므로 포에서 조세의 조운을 담당했다는 것은 곧 포를 장악한 호족이 조운을 관장한 것으로 보아야 한다고 하였다(최완기, 앞의 논문, 1981, 34쪽).

35) 연구자에 따라 흔히 60포, 60포제 등의 용어로 불리고 있지만 『고려사』의 기록대로 60개만 있었던 것인지 더 많은 수가 있었는데, 60개만 소개된 것인지에 대해서도 밝혀진 바가 없다. 따라서 이를 60포제라고 부르는 것은 합당하지 않다.

42

항해의 난이도,37) 포창의 설치시기38) 등이 고려된 것으로 추정하고
있다. 그러나 이후 12조창을 중심으로 하는 조운제도가 자리를 잡게
되면서 조창이 설치된 포구 외의 다른 포창에 관한 자료는 흔적을
찾기 어려워졌다. 조선 후기에 이르러 각 浦의 위치에 대하여 韓致奫,
柳馨遠 등의 실학자들이 관심을 갖기는 했지만 자료의 부족으로 별다른
성과를 얻지 못하다가 金正浩에 이르러 비로소 포창의 소재지가 일부
비정되기에 이르렀다.39) 浦倉制가 사라지고 난 이후 수 백 년 후의

---

36) 한정훈, 「고려초기 60포제의 실시와 그 의미」『지역과 역사』 25, 부경역사연구
소, 2009, 136쪽.

37) 한정훈, 위의 논문, 136~139쪽. 한정훈은 내륙수운을 이용하는 경우 강물
깊이에 영향을 많이 받았을 것이므로 수운하는 조운선이 해운하는 조운선보다
많은 輸京價를 받았을 것이라고 추정하였다. 대개 조운이 이루어지는 2~5월은
비교적 봄가뭄으로 고난을 겪을 수 있는 시기이기 때문이다. 대표적인 구간으로
는 양평군에 위치하는 大灘을 꼽았다. 실제로 내륙 수운 구간 중에서도 대탄을
기점으로 그 전후 구간은 輸京價 면에서 많은 차이를 보이고 있다. 그러나
후술하겠지만 조선시대의 기록을 통해 볼 때 내륙 수로의 험로가 대탄뿐이었던
것은 아닌 것으로 파악된다.
또한, 해로를 이용하는 조운선의 경우 울돌목, 안흥량, 손돌목 등을 통과하는
구간이 輸京價 산정에 많은 영향을 주었다고 하였는데, 조선 후기에 조운선이
가장 자주 파선했던 곳은 안흥량과 칠산 앞바다였다. 상대적으로 울돌목이나
장산곶에 관한 기록은 많지 않다. 포창의 설치 지역이나 후대의 기록을 통해
울돌목이나 손돌목, 장산곶이 험로였을 것이라고 짐작하는 것은 가능하지만
그곳에서 파선했다는 기록은 찾아보기 어렵다.

38) 『高麗史』 卷78, 食貨2 漕運條 輸京價 제정기사 후반에 기록된 20개 포창의
추가 기록 가능성에 대해서는 김성호(김성호, 「고려시대 조운항로와 등대의
기원」『중국진출 백제인의 해상활동 천오백년』, 맑은소리, 1996)가 최초로
의문을 제기하였으며, 그 후 한정훈 역시 추가 기록의 가능성을 제기한 바
있다(한정훈, 위의 논문, 132쪽). 앞의 40개 포창의 경우에는 호족들의 영향력이
인정되지만 뒤에 기록된 한강 주변 20개 포창까지도 호족들의 영향권 안에
있었는지에 대해서는 의문의 여지가 있다. 한강 주변에 특별히 큰 세력을
가진 호족이 없었던 점이 더욱 의심스럽다. 따라서 나중에 첨가된 것으로
보이는 한강 주변 포구 20개에서 조세를 운송하고, 輸京價를 받아낸 사람들은
호족세력보다 상인들로 보는 것이 합리적이다.

39) 『大東地志』 卷32, 方輿總志4 高麗.

인물인 金正浩가 어떤 기록을 근거로 포창의 위치를 추정했는지에 대한
명확한 근거는 없다. 『신증동국여지승람』의 山川條와 古跡條를 참고한
것으로 판단되지만 반드시 일치하지는 않는다. 『고려사』 식화지와 『大東
地志』에 기록된 浦倉의 위치를 연계하여 정리하면 다음 <표 1>40)과
같다.

〈표 1〉60浦倉과 輸京價

浦倉名	前號	高麗 地名 (漕倉)	輸京價	大東地志	新增東國 輿地勝覽	現在 地名41)	비고
通潮浦	末潮浦	泗州 (通陽倉)	1/5	泗川 南十七 里	縣南17里	경남 사천	해운
螺浦	骨浦	合浦縣 (石頭倉)		昌原 螺浦	-	경남 마산	해운
波平浦	夫沙浦	樂安郡		樂安		전남 순천만	해운
潮陽浦	沙飛浦	昇平郡 (海龍倉)		順天府 南十 里	府南10里 (海龍山土城)	전남 순천 홍내동 해룡산42)	해운
風調浦	馬西良浦	昇平郡		順天		전남 순천43)	해운
海安浦	麻老浦	光陽郡		光陽	-	전남 광양 마로산44)	해운
安波浦	冬烏浦	兆陽郡	1/6	寶城	-	전남 보성 해평리 조양마을45)	해운
利川浦	召丁浦	麗水縣		順天	-	전남 순천	해운
麗水浦	金遷浦	大原郡		忠州	州西10里 (北津下流)	충북 충주 서쪽 40리	수운
銀蟾浦	蟾口	平原郡		原州	州南30里 蟾江 北岸	강원 원주 섬강변	수운

40) 포창의 순서와 輸京價는 『高麗史』를 토대로 하였으며, 조선시대의 지명은
    『大東地志』를 참고하였다. 고려 지명의 경우 『高麗史』의 기록과 다른 경우
    『高麗史』에 기록된 군현명을 ( ) 안에 별도로 표기하였다. 수운과 해운의 구분은
    비정된 위치를 토대로 『여지도서』에 기록된 조선 후기의 조운방식을 고려하여
    구분하였다.
41) 별도의 주석을 달지 않은 지명에 대해서는 北村秀人, 앞의 논문(1978), 349~355쪽
    과 권영국 외, 『역주 고려사 지리지』, 한국정신문화연구원, 1996, 364~382쪽을
    참고하였다.
42) 丸龜金作, 앞의 논문, 146~162쪽 ; 최완기, 앞의 논문, 45쪽 ; 변동명, 「海龍山城
    과 順天」 『역사학연구』 19, 전남사학회, 2002, 108쪽.
43) 北村秀人은 전북 옥구로 추정하였으나 輸京價를 토대로 볼 때 『대동지지』의
    기록대로 순천으로 보는 것이 타당하다.

潮東浦	薪浦	靈巖郡(長興倉)		靈岩郡	-	전남 영암군 해창리46)	해운
南海浦	木浦	通義郡		羅州	州南 11里	전남 나주	해운
通津浦	置乙浦	羅州(海陵倉)		羅州(榮山江)	-	전남 나주	해운
德浦	德津浦	務安郡	1/8	務安	(靈岩)郡北 5里47)	전남 무안군 사창리 덕암마을48)	해운
崑岡浦	白岩浦	陰竹縣		陰竹		경기 여주 흔암리49)	수운
黃麗浦	黃利內地	驪興郡		驪州	-	경기 여주	수운
海葦浦	葦浦	長淵縣		長淵	-	황해 장연 대동만 연안	해운
利通浦	屈內浦	合豊郡		咸豊縣	縣西15里	전남 함평	해운
勵涉浦	主乙在浦	希安郡		疑扶安茁浦	-	전북 부안50)	해운
芙蓉浦	阿無浦	靈光(芙蓉倉)		靈光	-	전남 영광군 법성면	해운
速通浦	所津浦	承化郡	1/9	全州	-	전북 전주	해운
朝宗浦	鎮浦	臨陂(鎮城倉)		臨陂	縣北17里	전북 군산 성산면 서포51)	해운
濟安浦	無浦	保安(安興倉)		扶安縣	-	전북 부안 검모포52)	해운
古塚浦	大墓浦	安山郡		安山	-	경기 안산	수운
西河郡浦	豊州	豊州		豊川(長淵)		황해 송화53)	해운

---

44) 권영국 외, 앞의 책, 369쪽.
45) 고석규·강봉룡 외, 『장보고 시대의 포구조사』, 해상왕장보고기념사업회, 2005, 146쪽.
46) 丸龜金作, 앞의 논문(21집), 1935.
47) 「備邊司方案地圖」에는 "海門北至德津江五里"라고 하여 덕진포를 海門으로 표기하고 있다.
48) 변남주, 「前近代 榮山江 流域 浦口의 歷史地理的 考察」, 목포대학교대학원 박사학위논문, 2010, 124~125쪽.
49) 김양진, 「『高麗史』食貨志 漕運條 所載의 몇몇 地名에 대하여」『지명학』16, 2010, 217쪽.
50) 北村秀人은 未詳이라고 하였으나 『대동지지』와 喜安이라는 별호를 통해 볼 때 현재의 부안군 보안면 일대이다.
51) 김민영 외, 『금강하구의 나루터·포구와 군산·강경지역 근대 상업의 변용』, 선인, 2006, 57쪽.
52) 군산시사편찬위원회, 『群山市史』, 군산시, 195쪽. 제안포의 옛 이름이 無浦라는 점에 착안하여 검모포의 毛浦는 無浦의 異寫字로 추정하였다.
53) 『高麗史』 지리지에 의하면 서하군은 황해도 풍천의 옛 이름이다. 『高麗史』에 의하면 풍천에는 안악군, 유주, 은율현, 청송현, 가화현, 영녕현 등 1군 4현이 속해 있었다. 풍천의 초도는 예부터 중국의 배가 신라에 올 때 도착하는 곳으로 교통의 요지였으므로 세곡선이 조세를 운반하기에는 적합한 곳으로 판단된다.

利渉浦	葛城浦	禮山縣(豊山縣)	1/13	禮山	-	충남 예산54)	해운
豐海浦	松串浦	海豐郡		洪州	-	충남 당진 우강면 송산리55)	해운
懷海浦	居伊彌浦	新平郡		洪州(新平)	-	충남 당진 신평면	해운
便渉浦	打伊浦	牙州(河陽倉)		稷山 慶陽浦	縣西44里(慶陽廢縣)	경기 평택 팽성읍 노양리56)	해운
媚風浦	夫支浦	漢南郡	1/15	水原	-	경기 수원	해운
息浪浦	加西浦	漢南郡		水原	-	미상	해운
白川浦	金多川浦	大川郡		未詳	-	미상	-
潮海浦	省草浦	-		疑在安岳	-	황해 안악	해운
淸水浦	加乙斤實浦	-		未詳	-	경기 김포 운양동 청수마을57)	수운
廣通浦	津浦	孔巖縣	1/21	陽川	-	미상	수운
楊柳浦	楊等浦	金浦縣		金浦	-	한강 하류	수운
德陽浦	所支浦	德陽郡		高陽	-	한강 하류	수운
靈石浦	召斤浦	德陽郡		高陽	-	미상	수운
居安浦	居乙浦	金浦縣		金浦	-	한강 하류	수운
慈石浦	甘岩浦	金浦縣		金浦	-	한강 하류	수운
澄波浦	登承浦	驪興郡	1/10	驪州	-	한강유역(여주)	수운
安石浦	犯貴伊浦	驪興郡		驪州	-	한강유역(여주)	수운
柳條浦	柳頂浦	驪興郡		驪州	-	한강유역(여주)	수운
梨花浦	梨浦	驪興郡		驪州	-	경기 여주 금사면 이포리58)	수운
涑花浦	花因守寺浦	驪興郡		驪州	-	한강유역(여주)	수운
文巖浦(丈嵓浦)	仰岩浦	驪興郡		驪州	-	한강유역(여주)	수운
陽原浦	荒津浦	楊根郡		楊根	-	한강유역(양평)	수운
花梯浦	花連梯浦	楊根郡		楊根	-	한강유역(양평)	수운
恩波浦	仇知浦	楊根郡		楊根	-	한강유역(양평)	수운
虞山浦	山尺浦	楊根郡		楊根	-	한강유역(양평)	수운
神魚浦	小神寺浦	楊根郡		楊根	-	한강유역(양평)	수운
尙原浦	上津材浦	淮安郡		廣州	-	한강유역(광주)	수운
和平浦	無限浦	淮安郡		廣州	-	한강유역(광주)	수운
鹵水浦	末音浦	廣陵郡	1/18	楊州	-	경기 남양주 미음나루59)	수운
從山浦	居知浦	廣陵郡		楊州	-	한강유역	수운
德原浦	置音淵浦	廣陵郡		廣州	-	한강유역	수운
深原浦	果州浦	栗津郡		果川	-	한강하류	수운
同德浦	同志浦	淮安郡	1/20	廣州	-	한강하류	수운
深逐浦	下置音淵浦	始興郡		始興	-	경기 시흥60)	수운
丹川浦	赤於浦	始興郡		始興	-	경기 시흥	수운

다만 이해가 되지 않는 부분은 풍천보다 개경에서 더 가까운 거리에 있는 장연은 輸京價가 1/8석인데 비해 그보다 더 먼 풍천은 1/9석이라는 점이다.

46

<표 1>에 기록된 고려시대의 군현명칭은『高麗史』식화지에 일부 제시된 것도 있지만 그렇지 않은 곳도 있다.『高麗史』에 누락된 지명의 정보를 담고 있다는 점에서 김정호의 포창 위치 비정은 나름대로 중요한 의미를 갖는다. 그러나『大東地志』에 기록된 포창의 위치가 얼마나 정확성을 띠고 있는지에 대해서는 고증이 필요하다.『大東地志』는 서산 의 영풍창을 성연면 명천포로 비정하는 등 일부 잘못된 정보도 포함하고 있기 때문이다. 그러나 그가 자신의 판단만으로 그런 오류를 남긴 것이라 고 생각되지 않는다. 위의 표를 통해 알 수 있는 것처럼 김정호는 기록을 통해 위치를 추정할 수 없는 곳이나 힘든 경우에는 비정을 생략하였으 며,[61] 조금이라도 석연치 않은 부분이 있을 경우 '疑'라는 글자를 붙여 자신의 견해임을 밝히고 있다. 또한, 일부 포창의 위치에 대해서는『新增

---

54) 윤경진,「고려 성종 11년의 읍호 개정에 대한 연구」『역사와 현실』45, 2002, 181쪽.

55) 문경호,「고려시대 충청도 연안의 포구에 관한 연구」『역사와 담론』56, 호서사 학회, 2010, 314쪽.

56) 평택시사편찬위원회,『평택시사』, 2001, 265쪽.

57) 김양진은 加乙斤實浦의 전호가 淸水浦인 것에 착안하여 加乙斤實浦가 勿乙斤實의 오기로 보았다(김양진,「『高麗史』食貨志 漕運條 所載의 몇몇 地名에 대하여」 『지명학』16, 2010, 210쪽). 이 경우 勿乙斤實은 '믈근실'로 발음되어 '물맑은 마을'이라는 뜻의 청수리가 된다. 청수리는 현재의 김포시 운양동 청수마을 부근에 있다. 김포시 운양동 일대는 한강하구에 위치하고 있으므로 포구가 들어서기에 알맞은 조건을 갖추고 있다.

58) 김양진, 위의 논문, 215쪽.

59) 김양진은 齒水浦의 전호 末音浦가 未音浦의 오기로 보았다. 따라서 미음포는 '믜음ᄂᄅ'라고 불렸던 남양주시 수석동에 있는 미음나루 부근이 된다(김양진, 위의 논문, 211쪽). 이는『島潭行程記』4월 12일조에 기록된 渼陰渡이다.『도담행 정기』의 내용은 다음과 같다. "해가 저물고 언덕을 끼고 渼陰渡를 지났으며, 달빛을 받으며 平邱驛에 도착했다."

60)『역주 고려사 지리지』등에서는 서해 연안이라고 하였으나 조선시대까지도 시흥은 관악산 아래 한강변에 있었다(권영국 외, 앞의 책, 381쪽).

61) 淸水浦와 白川浦가 대표적이다.

東國輿地勝覽』의 기록과도 대체로 일치하고 있다. 이는 김정호가 기록에 없는 지역을 무리하게 추정하는 것을 피하고, 이전 시기의 기록에 대한 나름대로의 고증을 거쳐 포창의 소재지를 파악하였음을 입증하는 것이라 할 수 있다.

한편, 최근 연구자들의 포창에 대한 연구 결과가 『大東地志』에 비정된 포구의 위치가 매우 유사하다는 점도 흥미롭다. 예를 들면 김정호는 利涉浦의 소재지 豊山縣을 禮山縣의 誤記 또는 古字로 보았는데 이는 윤경진, 한정훈 등도 같은 입장이다.[62] 또한, 合豊郡을 咸豊郡으로 비정한 것이나 勵涉浦의 소재지를 保安縣 茁浦 등으로 파악한 것도 그렇다.[63] 그러나 白川浦의 소재지 大川郡과 古塚浦의 소재지 安山郡의 경우는 다르다. 김정호가 안산군을 경기도 안산, 대천군을 未詳지역으로 기록한 반면 한정훈과 윤경진은 각각 대산군[64]과 이천군[65]의 誤記라고 하였다. 우선, 윤경진이 '大川郡=利川郡의 오기'라고 추정한 근거는 백천포와 동일한 輸京價를 인정받은 식랑포, 미풍포 등 水州 주변에 위치한 포창 때문이다. 息浪浦와 媚風浦의 소재지 漢南郡이 수원의 古號이므로 그들과 함께 기록된 대천군 역시 이천군의 오기로 본 것이다. 대천군을 이천군의 오기로 본 것은 근거없는 추정은 아니지만 몇 가지 문제가 있다. 동일한 輸京價를 적용받은 한남군[水州]은 바닷길을 통해 조세를 운송하였을 가능성이 큰 반면, 이천은 한강의 수운을 통해 조세를 운송하는 수운 지역이기 때문이다. 후술하겠지만 60포창의 輸京價 제정에는 수운과 해운의 여부가 가격 결정에 영향을 끼쳤음이 확인되므로 단순히 대천군을 이천군의 오기로 보기에는 어려운 면이 있다.

---

62) 윤경진, 앞의 논문, 2002, 181쪽 ; 한정훈, 「고려 초기 60포제의 실시와 그 의미」 『지역과 역사』 25, 부경역사연구소, 2009, 133~136쪽.
63) 한정훈, 위의 논문, 134쪽.
64) 한정훈, 위의 논문, 134쪽.
65) 윤경진, 앞의 논문, 181쪽.

고총포의 소재지인 安山郡이『高麗史』에 기록된 大山郡의 誤記일 수 있다는 주장은 한정훈에 의해 제기되었다.[66] 한정훈은 古塚浦가 濟安浦 (보안군), 速通浦(승화군), 朝宗浦(임피군) 등과 동일한 輸京價를 적용받은 것을 근거로 이들 지역과 유사한 위치에 있는 대산군[67]을 주목했다. 대산군은 부안, 흥덕, 고창 등에 의해 서해와는 떨어져 있지만 동진강을 따라 서해와 연결되는 지점이므로 포창이 들어서기에 충분한 곳이다. 따라서 김정호가 비정한 경기도 안산보다는 훨씬 설득력이 있다. 그러나 대산군은『高麗史』지리지를 제외한 세가편과 田元均의 묘지명, 삼국사 기 등에 泰山郡으로 기록된 것으로 보아 고려시대의 명칭이 태산군일 가능성도 있다.[68] 泰와 大는 모두 크다는 의미를 가지고 있어 혼용되었을 가능성이 없지 않지만 이에 대해서는 구체적인 고증이 요구된다.

한편,『高麗史』의 60포창 기사에는 몇 가지 이해되지 않는 부분도 있다. 첫째, 같은 지역에 있는 서로 다른 포구의 소재지를 다르게 표현한 경우가 있다는 점이다. 羅州 通津浦와 通義郡 南海浦의 경우가 대표적인데, 通義는 성종 때 제정된 나주의 별호이므로 나주군과 통의군은 같은 지역이다. 그러나 통진포는 나주, 남해포는 通義郡이라고 기록하였다. 여러 가지 가능성이 있겠지만 이는 포구가 생겨난 시기가 서로 달라서 생겨난 현상이 아닐까 생각한다. 즉, 통진포는 고려 건국 이전부터 이용된

---

66) 한정훈, 앞의 논문, 134쪽.

67) 고려시대의 大山郡은 지금의 전라북도 정읍시 태인면과 칠보면, 신태인읍, 감곡면 일대였다(『新增東國輿地勝覽』卷34, 全羅道 泰仁縣).

68) 태인 일대가 大山郡이라고 기록된 것은『高麗史』地理志가 유일하다. 같은 『高麗史』라고 하더라도 세가편의 최세연(『高麗史』卷122, 列傳35 최세연)이나 무신집권기에 살았던 田元均의 墓誌銘, 이규보가 지은「金紫光祿大夫守司空尙書 左僕射太子賓客田公墓誌銘」등에는 大山郡이 아니라 泰山郡으로 기록된 것으로 보아 당시 대산군과 태산군이 함께 사용되었을 가능성이 크며, 오히려 더 많이 사용한 것은 태산군이었다. 물론, 泰와 大가 같은 의미로 사용된 사례가 많은 것은 사실이지만『三國史記』에도 泰山郡이라고 기록되어 있다(『三國史記』 卷36, 雜誌5 地理3 新羅).

포구이고, 남해포는 고려 건국 이후에 새롭게 등장했을 가능성이 있다. 이러한 예는 希安郡 勵涉浦와 保安 濟安浦에서도 찾아진다. 희안군69)과 보안군은 모두 부안군 보안면 일대를 가리키는 말이기 때문이다. 그 중 희안군은 경덕왕 때 생겨난 명칭이고, 보안은 고려 건국 이후에 붙여진 이름이다. 성종 때 정해진 浪州라는 별호가 있으나 그것이 사용되지 않은 것으로 보아 희안의 여섭포는 고려 건국 이전부터 이용된 포구임을 알 수 있다. 통일신라 말 중국 유학을 마치고 돌아온 선승 靜眞大師 兢讓(878~956)이 입국한 포구가 희안에 있었는데70) 그 희안의 포구가 여섭포이었을 가능성도 있다.

두 번째는 輸京價가 반드시 거리에 비례하여 설정되지는 않았다는 점이다. 표면적으로는 거리상으로 훨씬 가까운 수운로의 포창들이 전라도 남서해안의 해안 포구들과 유사한 輸京價를 적용받고 있다. 그러나 만약 해운(초마선)과 수운(평저선)을 담당한 선박의 크기와 적재량이 달랐다면 이야기는 달라진다. 『世宗實錄地理志』에 비교적 구체적인 거리가 남아있는 淵遷(덕흥창 추정지, 수운 지역, 200석 적재가 가능한 평저선으로 수송)과 경양포(하양창 추정지, 해운 지역, 1000석 적재가 가능한 초마선으로 수송)의 輸京價를 통해 살펴보자.

『世宗實錄地理志』에 의하면 忠州 淵遷에서 개경 벽란도 부근까지의 거리는 355리였으며,71) 『高麗史』 식화지 조운조의 성종 11년 기사에 의하면 충주 麗水浦에서 조세를 개경까지 운송하고 받는 輸京價는 1/6석

69) 『三國史記』 卷36, 地理3 新羅.
70) 「鳳巖寺靜眞大師圓悟塔碑」, "後唐 同光 2년 7월 全州 喜安縣 浦口로 돌아와 배를 포구에 매어 놓고부터 대사는 筌筏인 교를 버리고 端的하고 깊은 禪境에 통철하였으니 …."
71) 『世宗實錄地理志』에 의하면 淵遷에서 한양까지의 물길이 260리(『世宗實錄地理志』 忠淸道 總論), 벽란도 맞은편 배천군 금곡포에서 한양까지의 거리가 95리(『世宗實錄地理志』 黃海道)이므로 이를 합치면 355리가 된다.

50

이었다. 따라서 충주에서 개경까지 조세 200석을 실어온 평저선은 그
대가로 33.33석(200석의 1/6)을 받을 수 있다. 이 33.33석을[72] 운송거리인
355리로 나누면 충주 연천에서 개경까지 조세를 운송한 선주는 운송거리
1里당 0.094석의 輸京價를 받은 셈이 된다.

반면, 바닷길을 이용하여 조세를 운송한 경양포는 서울까지의 뱃길이
540리였다.[73] 경양포(평택시 팽성읍)에서 조세를 싣고 북쪽으로 올라온
선박은 강화도를 거쳐 한강을 따라 한양으로 들어왔다. 이때 강화도에서
한양까지의 거리와 강화도에서 벽란도까지의 거리가 유사하다고 가정
할 경우 경양포에서 1,000석을 싣고 하양창에서 개경까지 온 선주는
1,000석의 1/13인 76.92석을 받게 된다. 이것을 운송거리인 540리로 나누
면 해로를 통해 조세를 운송해 온 선주는 1里당 0.142석을 받은 셈이
되어 남한강 수로를 이용하여 조세를 운송한 선주보다 약 1.5배나 많은
輸京價를 받게 된다. 이 경우 해운을 통해 조세를 운송한 조운선은
1,000석이 아니라 650석 정도만 적재하더라도 두 지역의 輸京價는 거의
비슷한 수준이 된다.[74] 이것은 江運보다 海運이 훨씬 더 위험하고 어려웠
음을 보여주는 대목이다.

운송거리와 輸京價에 차이를 보이는 기타 다른 지역도 이러한 운송
여건이 작용했을 가능성이 크다. 각 포구에서 거느리고 있던 선박의
운송량, 배가 드나들 수 있는 지형 여건 등이 작용했을 수 있다는 것이다.
실제로 강을 따라 깊숙이 자리잡고 있는 경우의 포구는 바다로 빠져나와

---

72) 『高麗史』 식화지에 의하면 바닷가 조창에 배치된 초마선은 1000석, 강가 조창에
   배치된 평저선은 200석을 싣는다고 하였으므로 그것을 기준으로 계산하였다.
73) 『世宗實錄地理志』 忠淸道.
74) 이 경우 경양포까지 운행한 조운선은 2회 왕복하고(2,130리 운행), 연천까지
   운행한 조운선은 3회 왕복하게 되면(2,160리) 그 운송거리는 거의 일치하게
   된다. 그렇지만 운송료는 여전히 海運하는 선박이 水運하는 선박보다 1.5배
   정도 많이 받는다.

개경까지 조세를 운송하더라도 선체의 조건 때문에 적재량에 제한을 받을 수밖에 없다.[75] 예를 들면, 풍천의 서하군포는 개경까지의 輸京價가 1/9석인 반면, 장연의 해위포는 1/8석이었다. 단순히 거리상으로만 비교하면 풍천이 장연보다 원거리이므로 더 많은 輸京價를 받아야 함에도 불구하고 그렇지 않다. 이는 장연의 해위포는 비교적 강을 따라 깊숙한 곳에 자리잡은 반면, 풍천의 서하군포는 바닷가 가까이에 자리잡고 있었을 가능성이 크다는 추론을 가능케 하는 단서이다. 실제로 「광여도」를 통해 비교해보면 풍천의 海倉은 業淸江 하구인 바다에 닿아있는 반면, 長淵은 그보다 더 깊은 장연만의 남대천 일대에 자리잡고 있다.

2) 漕倉制의 확립

60개의 포창을 중심으로 운영되던 고려의 조운제도는 지방에 대한 중앙 정부의 통제력이 강화되면서 조창을 중심으로 하는 조운제도로 전환되었다. 이에 따라 포창에서 사선을 동원하여 조세를 징수하던 방식은 지역의 거점 포구에 설치된 조창에서 관선을 통해 직접 운송하는 방식으로 변화하였다. 이는 국가가 지방의 포구와 해로를 완전히 장악하고 통제하게 되었음을 의미하는 것이다.

조창은 해로나 수로를 따라 서남해안과 한강로를 따라 설치되었다. 초기에는 12개 조창을 거점 삼아 조세를 운송하였으나 문종 중엽에 안란창이 추가로 설치되면서 13개 조창으로 늘어났다.

안란창 설치 이전 12조창을 근간으로 하는 조운제도가 언제 정착되었는가에 대해서는 태조 시기로 보는 견해부터 문종 시기로 보는 견해까지 다양하다. 그러나 특정한 시기에 12개 조창이 한꺼번에 설치되면서 60포창 중심의 조운제도가 조창제 중심의 조운제도로 갑자기 전환되었

---

75) 강선과 해선의 구조와 적재량에 대한 자세한 내용은 최병문, 「조선시대 해선과 강선의 선형특성」, 『대한조선학회논문집』 41, 2004, 102~113쪽 참조.

다고 생각되지는 않는다. 현종 이전 시기에도 일부 조창이 존재했을 가능성은 충분하기 때문이다.[76] 다음의 자료를 살펴보자.

> C. 國初에 南道의 州郡에 12倉을 설치하였는데, 忠州의 德興倉, 原州의 興元倉, 牙州의 河陽倉, 富城의 永豐倉, 保安의 安興倉, 臨陂의 鎭城倉, 羅州의 海陵倉, 靈光의 芙蓉倉, 靈巖의 長興倉, 昇州의 海龍倉, 泗州의 通陽倉, 合浦의 石頭倉이 그것이다. 또 西海道에 安瀾倉을 설치하였는데, 창에는 判官을 두어 각 고을의 租稅를 각각 부근의 창에 운송하였다가, 이듬해 2월에 漕運하되, 가까운 곳은 4월까지 기한하고 먼 곳은 5월까지 기한하여 모두 京倉에 운송하게 하였다.[77]

우선 첫 구절에서 조창이 처음 설립된 시기가 이른 시기인 '國初'였다는 사실을 확인할 수 있다. 여기에서의 國初를 언제로 보는가에 대한 이견이 많은 것은 사실이지만[78] 『高麗史』에서 사용하고 있는 '高麗初'는 태조 시기, '國初'는 대체로 태조~성종 시기를 의미하고 있다는 사실을 고려할 때 최소한 성종 조를 넘지 않는 시기일 가능성이 크다고 생각된다.[79]

---

76) 60포제 시행 시기에 9개의 조창이 이미 존재하고 있었을 가능성에 대해서는 이미 丸龜金作이 문제를 제기한 바 있다(丸龜金作, 앞의 논문, 145~146쪽).

77) 『高麗史』 卷79, 志33 食貨2 漕運.

78) 국초의 시점에 대해서는 丸龜金作의 경우 성종 조(981~997)로 보고 있으나, 연구자에 따라서는 태조 시기로 보는 견해도 있다. 그러나 北村秀人의 논증 이후 근년에는 대략 정종 연간(1035~1046)의 일로 인정되어 왔다. 그러나 한정훈은 北村秀人 주장의 문제점을 제기하고 22역로가 확립되고, 전운사가 폐지되는 시점인 현종 20년을 조창제가 확립된 국초로 보아야 한다는 주장을 제기하였다.

79) 『高麗史』에는 '國初'라는 말과 '高麗初'라는 말이 함께 등장한다. 국초의 시기에 대해서는 앞서 살펴본 바와 같다. 반면, '高麗初'의 용례는 주로 지리지에서 나타나는데, 이에 대해서는 이미 활발한 논의가 있었다. 우선 이수건 교수는 고려 초가 태조 23년(940)을 의미하는 것으로 보았다(이수건, 『한국중세사회사 연구』, 일조각, 1984, 64~65쪽). 김갑동 교수는 후백제를 병합한 태조 19년(934) 이전을 고려 초, 그 이후부터 태조 23년(940)까지를 '고려', '지고려'로 보았다(김

다음의 표는 『高麗史』에 기록된 國初의 구체적인 시기를 분석한 것이다.

〈표 2〉『高麗史』에 기록된 '國初'의 범위

구분	횟수	비고
구체적으로 태조 시기를 지칭하거나 다른 자료를 통해 태조대라는 것이 확인됨	4	其人, 事審, 黑倉, 金樂·申崇謙
건국 초기 또는 특정한 제도가 처음 제정된 시기를 지칭함(施行 時期 不明)	14	史館80), 節度使81), 都兵馬使82), 漕運 등
국초에 시행된 것을 성종조에 개정함	14	司憲府, 常平義倉, 掖庭局 등(選官, 民官, 禮官, 工官 등이 마련된 성종 1년 시기를 국초라고 칭한 사례 포함)
국초에 시행된 것을 현종조에 개정함	6	書雲觀, 舘驛使, 按廉使 등
국초에 시행된 것을 문종조에 개정함	2	判門下, 視朝之服
총계	40	

위의 <표 2>에서 주목할 만한 점은 태조 시기를 구체적으로 國初라고

갑동, 「고려왕조의 성립과 군현제의 변화」 『국사관논총』 35, 국사편찬위원회, 1992, 232쪽). 반면 윤경진 교수는 명호 개정은 태조대, 영속관계 변화는 현종 9년(1018)까지로 보고 있다(윤경진, 「고려 태조대 군현제 개편의 성격 - 신라 군현제와의 상관성을 중심으로」 『역사와 현실』 22, 한국역사연구회, 1996, 167~171쪽). 종합해 보면 고려 초라고 기록된 시기는 고려사가 편찬되는 시점에 서 태조대를 가리키는 용어로 사용되었을 가능성이 크다. 그러나 <표 2>에 나타난 것처럼 국초라고 기록된 시기의 시점은 이보다 좀 복잡하다. 따라서 '국초'라는 말은 '고려 초'라는 말과는 달리 이제현이 편찬한 『增補編年綱目』, 『史略』, 『太祖紀年』 등에 나타난 고려 말의 시점이 그대로 『고려사』에 채록된 것으로도 볼 수 있다.
80) 춘추관의 본래 이름이 國初에 史館이었으며, 책임관이 監修國史였다는 내용이다. 『高麗史節要』에 따르면 995년에 세상을 떠난 崔亮이 감수국사를 역임하였다고 한다. 이를 통해 감수국사가 성종 14년 이전에 설치된 관직임을 알 수 있다(『高麗史節要』 卷2, 成宗文懿大王 14年 4月).
81) 『高麗史』 지리지에 의하면 성종 2년에 처음 설치되었다(『高麗史』 卷57, 志11 地理2 晉州牧).
82) 『高麗史』 '諸司都監各色'에 의하면 국초에 '도병마사'가 있었는데 문종 때 관제를 정하였다고 한다. 도병마사라는 관직명이 현종 1년 기사에도 등장하는 것으로 보아 문종 이전부터 있었던 것으로 추정된다(『高麗史』 卷127, 列傳 40 叛逆1 康兆).

54

지칭한 것과 국초에 시행된 제도를 성종 조에 개편했다는 기사가 전체 용례의 80%나 된다는 사실이다. 특히, 성종 1년에 選官, 民官, 禮官, 工官 등의 관직명이 사용되다가 성종 14년에 이부, 호부, 예부, 공부 등으로 바뀌자 '국초에 ○○이라고 불리다가 성종 14년에 ○○로 바뀌었다'라고 기록한 용례는 국초의 시점이 언제인가를 파악하는 데에 있어 매우 중요한 단서이다.[83] 그것은 국초가 성종 이전의 시기를 의미하는 말일 가능성이 크다는 점을 시사하기 때문이다. 그러나 성종 이후 시기에 시행된 것을 '국초에 시행되었다'고 기록한 예는 없다. 현종, 문종 시기는 대개 국초에 제정된 것이 1차 수정되는 시기이지 제도가 처음 마련된 시기가 아니기 때문이다.

요컨대 조창이 처음 설치되었다는 국초 역시 태조~성종 시기로 보는 것이 합당해 보인다.[84] 그 말은 곧 성종 11년 輸京價 기사에 포함된 9개 조창이 12조창제 확립 이전에 이미 존재했을 가능성이 크다는 이야기가 된다.[85] 『舊唐書』 식화지에 기록된 조창이 9개라는 점을 고려하면 이러한 추론은 더욱 설득력이 있다.[86] 우연의 일치일 수도 있지만 9개 조창 중에서 河陽倉은 당나라의 조창 이름과 한자까지도 같으며, 浦倉制 시기에 보이지 않다가 나중에 등장하는 永豊倉 역시 당나라 조창과 명칭과 한자가 같다.[87] 이는 당나라 또는 당 이후의 역사를 잘 알고

---

83) 『高麗史』 卷76, 志30 百官1.
84) 물론, 기존의 연구(北村秀人, 앞의 논문, 1978)에서도 지적되었던 것처럼 식화지의 첫 번째 기사는 훗날에 정비된 조창까지를 포함하여 총괄적인 의미로 기록되었을 가능성을 배제할 수 없으므로 이 시기에 12조창이 완전히 갖추어졌다고는 확신할 수 없다.
85) 이에 대해서는 최완기 교수도 일부 포에 창이 설치되어 있었다고 보고 있다(최완기, 「고려조의 세곡운송」, 1981, 39쪽).
86) 당나라의 9개 조창은 河陽, 柏崖, 太原, 永豊, 渭南, 武牢, 洛口, 集津, 河陰倉이다.
87) 고려의 조창제도가 당나라 조창의 영향을 받았음을 시사하는 구절은 『弘齋全書』에도 남아있다. "중국은 양쯔강(長江), 황하(黃河), 海의 세 가지 조운이 있고, 우리나라는 강과 해의 두 가지 조운이 있어 강에서는 站船을 이용하고 바다에서

있던 인물, 즉 신라 말 도당 유학생 출신이나 歸化漢人들에 의해 조창제도
가 처음 마련되었을 수도 있음을 의미한다. 또한, 9개 조창이 설치된
지역 또한 통일신라 말 대당 교역의 중심지이거나 고려 초에 명성을
떨친 호족 출신 고위관료의 근거지인 경우가 대부분이다.[88]

이러한 사실들은 『高麗史』에 기록된 것처럼 이미 國初부터 지방의
조세를 개경으로 조운할 수 있는 토대가 마련되어 있었으며, 성종 11년
무렵에는 조운과 관련된 9개의 조창 시설이 다른 포구와 공존하다가
이후의 어느 시점에 포창제는 사라지고 12조창제로 자리잡았을 가능성
을 시사한다. 浦倉과 공존했던 9개의 漕倉은 조선시대와 마찬가지로
'浦'라는 행정구역 내의 조세 집결처 정도를 가리키는 용어였다.[89] 따라
서 이 시기의 조창은 浦와 같은 행정구역을 가리키는 용어로 보기 어렵다.
단순히 창고라는 의미를 가졌던 조창은 이후 60개의 포창 중 12개(문종
이후에는 13개) 만이 남아 조창으로 전환되면서 이전의 포가 갖는 행정구
역의 성격을 그대로 계승하여 독립된 행정구역으로 분류된 것으로

는 漕船을 이용하며, 또 각 포구에는 洛口와 武牢의 제도를 모방하여 漕倉을
설치해 두고, 그 부근 읍의 조세인 쌀과 콩을 그곳에 거두어 모은다(『弘齋全書』
卷12, 序引)."

88) 보안(안흥창), 임피(진성창), 나주(해릉창), 영암(부용창), 사주(통양창), 승주(해
룡창) 등은 신라 말 당나라와 이어지는 항로였다. 이들은 대부분 신라 말
당으로 유학을 떠난 선종 승려들과 6두품 학자들이 귀국한 포구와 일치하거나
그 근방에 자리잡고 있다. 891년부터 924년까지 선종 승려들이 귀국한 항구는
무주 회진, 무주 승평, 전주 임피, 강주 덕안포, 전주 희안 등이다(이도학,
「신라말 진훤의 세력형성과 교역」『신라문화』 28, 2006, 200~201쪽). 또한,
합포(석두창)는 진례산성을 토대로 활동한 김인광, 영암(부용창)은 최지몽,
승주(해룡창)는 박영규, 아주(하양창)는 임희, 나주(해릉창)는 오다련의 근거지
였다.

89) 하양창의 사례에서 보이는 것처럼(『高麗史』 卷56, 志10 地理1, 淸州牧 天安府)
浦와 마찬가지로 漕倉 역시 일정한 행정구역적 성격을 띠고 있음이 확인된다.
따라서 60포창의 輸京價 제정기사에 세주로 표기된 漕倉은 浦와 같은 행정
구역이 아니라 순수한 조세 집결지라는 의미였을 것이다.

56

판단된다.

　물론, 이에 대한 반론이 없는 것은 아니다. 60개의 포창과 함께 기록된 9개 조창 중 昇州 海龍倉, 牙州 河陽倉, 泗州 通陽倉 등에 보이는 승주와 아주, 사주라는 군현 명칭의 예를 들어 조창이 설치된 시기가 현종 이전으로 소급될 수 없다는 주장이 그것이다.90) 실제로 『高麗史』 地理志 기록에만 근거할 경우 그러한 주장은 타당해 보인다. 그러나 『高麗史』 '世家'와 '列傳'의 기록까지 고려하면 사정은 달라진다. 다음의 기록을 보자.

　　D-① 계해일에 熊州[공주], 運州[홍주] 등 10여 주현이 모반하여 백제에게
　　　　로 가서 붙었다. 前 시중 金行濤를 東南道招討使知牙州軍事로 임명하였
　　　　다.91)

　　D-② 朴英規는 昇州 사람이니 견훤의 딸에게 장가들었으며 견훤의 장군이
　　　　되었다. 神劍이 반역을 일으키자 견훤이 귀순하여 왔다.92)

　우선 아주 하양창이 있던 경기도 평택시 팽성읍 일대는 본래 稷山의 월경지로 현종 9년 이후 천안에 소속되었다가 몽골 간섭기 이후 河陽倉이 慶陽縣으로 승격되면서 독립된 縣이 되었다. 그 후에도 慶陽은 여전히 稷山 또는 천안의 영역이었을 뿐 牙州의 영역이 된 적이 없다. 따라서 하양창이 있던 평택시 팽성읍 일대가 牙州로 불렸던 시기는 현종 9년 본래 仁州였던 아산 지역이 아주로 바뀐 시기가 아니라93) D-①에 나타난

　90) 한정훈, 「고려초기 60포제의 실시와 그 의미」 『지역과 역사』 25, 부경역사연구
　　　소, 2009, 148쪽 각주 44번. 『高麗史』 지리지를 근거로 牙州, 昇州, 泗州는 현종
　　　때 생성된 지명이므로 12조창제의 성립은 현종대 이후의 사실로 보는 것이
　　　합당하다고 하였다.
　91) 『高麗史』 卷1, 世家 太祖 元年 8月, "癸亥 以熊運等十餘州縣叛附百濟命前侍中金行濤
　　　爲東南道招討使知牙州諸軍事."
　92) 『高麗史』 卷92, 列傳5 朴英規, "朴英規昇州人娶甄萱女爲萱將軍 及神劍爲逆萱來投."

것처럼 김행도가 知牙州軍事로 임명된 태조 시기로 보는 것이 더 타당하다. 태조 당시 牙州는 왕건에 반기를 든 홍주, 공주를 견제할 만한 지역으로 천안, 아산 일대를 광범위하게 일컬었을 가능성이 크기 때문이다.

그것은 해룡창의 소재지 昇州도 마찬가지이다. 『高麗史』 지리지에 의하면 지금의 순천은 신라 경덕왕 이래 고려 초까지 昇平郡이라고 불리다가 성종 14년에야 비로소 승주로 승격되었다. 따라서 『高麗史』의 기록대로라면 해룡창이 설치된 시기는 성종 14년, 즉 승평군이 승주로 승격한 이후로 보아야 한다. 그러나 D-②의 기록에는 성종 14년 이전에 사망한 것으로 추정되는 박영규의 열전에는 그가 승평군이 아니라 승주 사람이라고 기록되어 있다.[94] 박영규가 고려로 망명하던 934년 당시의 순천이 『高麗史』 지리지에는 승평군이라고 기록되었지만 실제 승주라고 불렸을 가능성도 없지 않은 것이다. 이는 『高麗史』 지리지에 일부 누락된 사실들이 있을 수 있음을 보여주는 예가 된다.[95]

그렇다면 고려 초에 牙州, 昇州라고 불렸던 두 지역의 지명이 『高麗史』

---

93) 牙州는 원래 백제의 迂述縣인데 신라 경덕왕 때 陰峰으로 고쳤으며, 고려 초에 仁州라고 불리다가 후에 아주로 다시 고쳤다(『高麗史』 卷56, 志10 地理1 淸州牧 天安府).

94) 박영규 뿐만 아니라 정종의 왕비였던 문공왕후 편에도 승주 사람이라고 기록되어 있다. 박영규의 생몰연대에 대해서는 알려진 바 없지만 박영규가 승평을 승주로 개칭한 성종14년(995) 무렵까지 살아있었을 가능성은 매우 희박하다. (『高麗史』 卷88, 列傳1 后妃1 文恭王后 朴氏)

95) 이 경우 사주 통양창에 대해서는 별도의 설명이 필요하다. 『高麗史』에 의하면 泗州는 경덕왕 이후 泗水縣이라 불리다가 현종이 즉위한 후 豊沛의 땅이라 하여 사주로 승격되었다고 한다. 현종 이전에 사천이 사주로 불렸다는 기록은 찾아보기 어렵다. 그러나 승주의 사례에 나타나는 것처럼 『高麗史』에는 기록되어 있지 않지만 태조 이후 사천이 사주로 불렸을 가능성을 완전히 배제할 수는 없다. 통일신라 말 중국과의 교역항으로 활용된 포구들의 상당수는 주로 승격하였으며, 『高麗史』 식화지 60포창 기사에 기록된 지명의 경우 신라 시기의 지명이 그대로 사용되기도 하고, 군과 현이 명칭이 혼동되어 사용되는 경우도 있기 때문이다.

58

에 누락된 이유는 무엇일까. 그것은 기록과정에서 누락되었을 가능성도 있지만, 혜종 사후 서·남해 호족들이 세력을 잃고, 패서 호족들의 힘이 강화되는 과정에서 세력이 약화되어 쇠락의 길을 걷게 된 것이 하나의 원인이 될 수 있을 것이다.[96] 이러한 사실들을 종합하면 조창이 자리잡고 있던 지역의 호칭만을 근거로 조창의 설립 시기를 추론하는 것은 한계가 있음을 알 수 있다.

또한, 12조창의 확립 시기를 현종 말엽으로 산정하는 근거인 '역로의 정비'와 '전운사의 폐지', '판관의 설치'에 대해서도 좀 더 신중할 필요가 있다.[97]

우선 22역도 정비를 조창제 확립과 연결시켜 설명하는 경우에 대해 살펴보자. 원활한 조세 운송을 위해 역로와 조창을 유기적으로 연결시켰을 가능성은 충분하다. 각 군현에서 개별 징수한 조세는 육로나 수로를 통해 인근의 조창으로 운송되었을 것이므로 도로의 형편을 고려하여 조창을 설치했을 가능성도 없지 않다. 그러나 조창으로 연결되는 도로(역로)가 조운제에 있어 매우 결정적인 역할을 하였다면 그것은 조창이 위치한 해안과 인접하여 직접 연결되어야 함에도 불구하고, 역로의 종결지가 조창이었다는 근거는 찾기 어렵다.[98] 역참의 정비는 새로운

---

96) 정청주, 『신라말 고려초 호족연구』, 일조각, 1996, 27~33쪽.
97) 한정훈, 「고려초기 60포제의 실시와 그 의미」, 『지역과 역사』 25, 부경역사연구소, 2009.
98) 역로가 조창과 가까이까지 연결된 경우가 있으므로 역로와 조창은 유기적으로 연결되었을 가능성이 크다고 생각되지만 역로의 종결지가 조창이었던 것 같지는 않다. 충청지역 조창과 역로를 예로 들면, 영풍창의 경우 가장 인접했던 충청주도의 역로는 득웅(서산시 인지면 풍전리) - 여미(당진군 정미면) - 몽웅(서산시 해미읍 동암리) 등이었던 것으로 추정된다. 이 중에서도 영풍창이 있었던 서산시 팔봉면 어송리와 가장 가까운 득웅역의 경우 영풍창에서 멀리 벗어나 있다. 하양창의 경우도 유사하다. 하양창은 평택시 팽성읍 노양리와 본정리 일대에 있었던 것으로 추정되는데, 고려시대 역로는 평택에서 팽성으로 이어지는 것이 아니라 성환 - 아산시 영인면 일대(牙州) - 아산시 신창면 일대로

길을 만들기보다는 기존의 도로를 어느 정도 활용하며 정비되었을 가능성도 크다. 또한, 고려의 조운제도를 계승한 조선시대에도 조창 인근의 역로는 조운선의 출발을 알리는 서한을 한양에 보내거나[99] 진상품을 상납할 때에 주로 이용될 뿐[100] 역로를 따라 조세를 운송했다는 기록은 찾아보기 어렵다. 이러한 측면에서 생각해보면 22역도를 먼저 정비하고 12조창을 설립했을 가능성 만큼이나 이미 설립되어 있던 12조 창을 중심으로 22역도를 재정비했을 가능성도 크다고 할 수 있다.

다음으로 "12판관은 현종 20년에 전운사가 폐지되면서 조창업무를 전담하기 위해 설치한 관직이며, 그것은 60포창제 중심의 조운제도가 12조창 중심의 조운제로 전환된 근거로 보아야 한다"[101]는 주장에 대해 살펴보자. 만약 전운사가 조세 운송의 업무만을 담당하고, 판관이 전운사 폐지와 동시에 설치되었다면 그것은 의심의 여지가 없다. 그러나 다음의

연결된다. 이 또한 하양창과는 거리가 있다.

99) 이와 관련하여 성종 1년 가흥창 주변의 우만창과 이포창 폐지를 건의한 기사가 참고된다. 이 기사를 살펴보면 두 조창을 폐지하자고 하는 이유 중 하나가 사헌부 관리와 경차관이 역로를 자주 왕래하여 폐단을 일으키기 때문이라고 하고 있다(『성종실록』, 1年 9月 1日, "戶曹啓 忠淸道淸安鎭川靑山報恩沃川黃澗永 同陰城等邑 皆與可興倉不遠而乃於京畿設梨浦倉 以收淸安鎭川田稅 又設宇萬倉 以 收靑山以下六邑田稅 非徒設倉太多監收行臺敬差官住來驛路有弊. 請革梨浦宇萬倉 上項八邑田稅竝於可興倉收納從之"). 고려시대에도 역로와 조창이 밀접한 관련 을 맺고 있었다면 이와 같이 조운을 감독하는 관리들의 왕래와 조운선의 발선 등을 중앙에 빠르게 알리기 위한 목적이었을 가능성이 크다. 조운선의 출발을 조정에 즉각 보고("發船具由啓知")한 사례는 허균의 「漕官紀行」에도 보인다.

100) 『世祖實錄』, 3年 7月 17日, "兵曹啓 慶尙左道進上及倭人輸貢之物 皆經由忠淸道長 林·黃澗·水山·連原·可興 京畿安平·新津·楊花·阿川·留春·吾川·慶安·奉安·娛賓·德 豐·平丘等驛 彫弊爲甚 宜革驛丞 以右道水站判官兼差察訪 或用驛馬 或用站船 隨宜 轉輸."

101) 한정훈, 「고려초기 60포제의 실시와 그 의미」, 『지역과 역사』 25, 부경역사연구 소, 2009, 153~155쪽. 한편, 손홍렬은 조창 판관이 파견된 시기가 성종 2년 무렵일 것이라고 보고 있다.

기사는 전운사가 조세 운송뿐만 아니라 절도사와 더불어 각 도의 수장 역할을 담당했음을 알려준다.

E-① (성종)7년에 명령하기를 "여러 도의 轉運使 및 지방관들이 백성의 하소연[告訴]을 잘 처리하여 주려 하지 않았을 때에는 모두 서울의 해당 관청에 제기하여 판결을 구하게 한다. 그리고 앞으로는 관할구역을 거치지 않고 상급 관청에 고소한 자와 즉시 판결하지 않은 주, 현의 관원도 처벌한다"고 하였다.102)

E-② (大中祥符) 8년, 등주에 조서를 내려 바다에 使臣館을 설치하여 순서대로 使者를 대접하게 하였다. 그 해에 또 御事民官侍郎 郭元이 와서 조공하였다. 郭元이 스스로 말하기를, "본국의 도성에는 담장이 없습니다. 京府를 開城이라고 하는데, 6縣을 관할하고, 주민은 3000호에서 5000호를 밑돌지 않습니다. 州軍 100여 개가 있고, 10路에 轉運司를 설치하여 그들을 통합하고 있습니다. 주마다 5, 6개의 현을 관할하는데, 작은 주도 3, 4개의 현을 관할하며, 현마다 3, 4백 호가 삽니다. …"라고 하였다.103)

E-②에서 轉運使가 轉運司라고 기록된 것은 송의 직제대로 기록했기 때문이며, 10로는 성종 14년 이후 설치된 10도를 뜻하는 것으로 보인다.104) 따라서 위의 두 자료를 통해 전운사는 절도사와 더불어 10도에

---

102) 『高麗史』 卷84, 志38 刑法1 公式 職制.

103) 『宋史』 卷487, 列傳246 高麗, "八年, 詔登州置館於海次以待使者. 其年, 又遣御事民官侍郎郭元來貢. 元自言, 本國城無垣牆 府曰開城 管六縣 民不下三五千 有州軍百餘, 置十路轉運司統之 每州管縣五六 小者亦三四 每縣戶三四百 …."

104) 路와 道는 공통적으로 길이라는 의미가 있으므로 10道와 10路는 같은 의미로 사용된 것으로 보인다. 『周禮』의 註記에는 "俓은 牛馬가 다닐만한 오솔길이고, 畛은 수레가 다닐 수 있는 小路이며, 途는 乘車 한 대, 道는 乘車 두 대, 路는 乘車 세 대가 다닐 수 있는 길"이라고 설명되어 있다.

파견된 최고 관직이며, 단순히 조운에 관한 업무만을 담당한 것이 아니라 훗날 파견되는 안찰사와 매우 유사한 역할을 담당하고 있었음을 알 수 있다.[105] 이는 조선시대의 轉運判官과는 성격이 다른 것이다. 만약, 전운사가 조선시대의 전운판관과 유사한 역할을 했다면 성종 11년 이후 關內道 전운사는 30개 이상의 포구를 오가며 조운 상황을 감독해야 했을 것이다. 또한, 전운사는 앞서 살펴본 것처럼 고려의 전체 행정구역인 10도에 파견되었다. 만약 전운사 폐지와 판관의 설치가 직접적인 연관이 있는 것이라면 조창이 설치된 지역 이외의 조세 징수와 운송은 어떤 관리가 담당했는지에 대해서도 설명이 모호하다.

그러므로 현종 20년의 전운사 폐지는 조창제도의 확립과 관련되기보다 안찰사 제도가 자리잡아 가는 과정에서 불필요한 외관직으로 인식되었기 때문이라고 보는 편이 합당하다.[106] 이는 안찰사가 담당한 임무

105) 최규성은 이러한 사실을 토대로 10도 전운사가 외관보다 상위에 있었으며, 후대의 안찰사와 유사한 임무를 띠고 파견된 비상근직 고위 지방관으로 각 지역 최고 지방 통제 관리 역할을 수행하였을 것이라고 보았다(최규성,『고려 태조 왕건 연구』, 주류성, 2005, 245~247쪽).
106) 이러한 이유 때문에 변태섭 선생은 안찰사가 전운사 폐지(현종 20년) 이후 정종대에 설치되었다고 보았다(변태섭,「高麗按察使考」『역사학보』50, 1968),. 이에 대해서는 박종진 교수도 대체로 동의하고 있다(박종진,「고려시기 안찰사의 기능과 위상」『동방학지』122집, 연세대학교 국학연구원, 2003, 223쪽). 한편, 전운사의 폐지 이유를 추론할 수 있게 해주는 흥미로운 연구도 있다. 박종진 교수는 고려 전기의 절도사가 폐지된 이유를 현종의 나주 몽진 당시 겪었던 전주절도사 趙容謙의 횡포에 대한 불안감 때문으로 파악하고 있다(박종진, 앞의 논문, 224쪽). 그런데 전주절도사 조용겸이 현종을 볼모로 세력을 잡으려던 계략을 꾸몄을 때 함께 공모했던 인물 중에 轉運使 李載도 있었다. 그렇다면 절도사와 마찬가지로 현종이 이때부터 전운사에 좋지 않은 감정을 가지고 있다가 지방제도가 정비되는 과정에서 폐지시켰을 수도 있다. 또한, 박종진 교수는 안찰사의 파견 이유를 잦은 임시 사행의 파견을 줄이고 현종 9년 이후 늘어난 수령을 규찰하여 수령들의 자의적인 통치를 견제함으로써 주현-속현 체제의 한계를 보완하기 위해서라고 설명하고 있는데(박종진, 위의 책, 224쪽), 이러한 관점에서 보아도 전운사는 불필요한 임시 관직이었다.

62

중에 백성들의 어려움을 살피고 그 대책을 논의하는 일과 조세 징수
등이 포함되어 있었다는 사실을 통해서도 확인할 수 있다.[107) 현종
20년 이전 절도사와 전운사가 담당했던 임무 중의 상당 부분을 안찰사가
담당하게 되는 것이다.

또한, 조창에 파견되었다는 판관은 파견 시기가 명확하지 않을 뿐
아니라 조창제도가 확립된 것으로 생각되는 현종 말엽에도 정식으로
임명된 것 같지 않다. 外官祿에 조창 판관에 관한 기사가 처음 등장하는
시기가 인종조라는 점도 그렇고,[108) 조선시대의 경우에 비추어도 조창에
상설 판관이 설치되는 것은 조창 설립 시기보다 훨씬 후대의 일로
여겨지기 때문이다.[109) 조운은 해마다 시행된 연례행사이지만 대개

---

107) 박종진, 「고려시기 안찰사의 기능과 위상」『동방학지』 122집, 연세대학교
국학연구원, 2003, 227~240쪽.
108) 조선왕조실록에 의하면 1392년(태조 1) 설치되어 전함의 수리와 운수에 관한
일을 감독하던 司水監이 1403년(태종 3)의 감제개편으로 司宰監에 병합되었고
1432년(세종 14) 司水色으로 부활되었다가 1436년 修城典船色으로 개편되었으
며 1465년(세조 11) 전함사로 개칭되었다.『경국대전』에 기록된 전함사의 주업
무는 京外의 선박과 전함을 관장하는 것이고, 관원은 도제조·제조 각 1명,
提檢·別坐·別提 등 5명과 수운판관 2명, 해운판관 1명이 소속되어 있었다.
109) 조선시대 해운판관의 경우 초기에는 漕轉敬差官이라는 임시직으로 파견되었다
가『경국대전』이 편찬되면서 전라도·충청도의 수참전운판관이 해운판관으로
개칭되었다. 이때의 해운판관은 조창마다 1명씩 파견된 것도 아니며, 常設職도
아니었다. 실록에 따르면 전라도와 충청도의 水站轉運判官이 해운판관으로
바뀐 것은 세조 11년의 일이지만, 성종 9년(1478) 12월 각도의 관찰사로 하여금
직접 수납과 발선을 책임지도록 함으로써 해운판관은 폐지되었다고 한다.
그 후 1509년(중종 4)에 부활되었으나 임진왜란 이후 다시 폐지되었다. 이러한
사실은 1601년에 작성된 허균의 「漕官紀行」에도 잘 나타나 있다. '漕官紀行'에
의하면 허균은 1601년 6월 전운판관에 임명되어 6월 10일부터 연말까지 3창(공
진창, 득성창, 법성창)을 순회하며 조운업무와 조운선 제작하는 일을 감독하였
다(『惺所覆瓿藁』 卷18, 紀行(上), 漕官紀行). 이를 통해 해운판관이 상설직이던
시기에도 특정한 창고에 주재한 것이 아니라 여러 창고를 순회하며 업무를
담당하고 있었음을 알 수 있다. 그래서 유형원은 수운판관을 폐지하고 그
대신 각 창에 주재하며 세곡 수송을 전담하는 전임판관을 둘 것을 주장하기도
하였다(『磻溪隨錄』 卷3, 전제후록(상) 조운). 이러한 주장은 영조대에 이르러

추수가 끝난 겨울부터 4·5월까지 한시적으로 행해졌으므로 처음부터 상설 판관이 배치되었을 가능성은 적다.

따라서 최소한 성종 7년 이전에 설치된 고려의 전운사는 절도사와 더불어 지방 행정의 상부를 구성하였으며, 단순히 조운업무 만이 아닌 행정·사법 업무까지도 담당하였다고 보는 것이 더 합당하다. 그 후 5도 안찰사 제도가 확립되는 예종·인종 시기에 이르러 전운사가 담당했던 행정·사법 업무는 안찰사에게, 漕運·貢賦 운송 관련 업무는 판관에게 넘어 갔던 것이다. 이러한 사실들을 종합해 볼 때 전운사의 폐지를 근거로 12조창이 설치된 시기를 현종 말엽까지 내려 잡는 것은 무리라고 생각한다. 고려 건국 초기에 마련된 초기의 조운제도는 성종 11년 무렵까지 9개 조창이 포함된 60浦倉制의 형태로 유지되다가 중앙과 지방의 제도가 정비 되는 성종 14년 무렵에 12漕倉制로 자리잡게 되었다고 정리할 수 있다.

3) 조창의 구조와 조창 사람들

고려시대의 조창은 조세의 1차 수집기관인 동시에 군현과 유사한 독자적인 행정구역이었다.[110] 따라서 각 조창은 창고 소재지를 중심으로 몇 개의 자연촌락으로 구성되었으며, 조세를 수집·보관·선적·운송할 수 있는 시설을 갖추고 있었다.[111] 조선시대 성당창의 경우 배를 댈

조운사가 신설됨에 따라 각 창에 전임판관이 상주하게 되면서 비로소 실현되었 다(강만길, 「이조조선사」『한국문화사대계』III, 고려대민족문화연구소, 1968, 885쪽).

110) 北村秀人, 앞의 논문, 1979, 412쪽.

111) 진성창터를 예로 살펴보면 창고터, 성, 성문, 창고뜰 등의 지명이 아직까지 남아있음이 확인된다(한글학회, 『한국지명총람』, 1981, 전북편12, 39~40쪽). 이외에도 고려시대 조창에는 조세를 안전하게 보호하기 위해 토성을 쌓기도 하였다. 영풍창터에는 창고터로 추정되는 축대와 토성의 흔적이 남아있다(윤용 혁, 「서산·태안지역의 조운관련 유적과 고려 영풍조창」『백제연구』22, 충남대 학교백제연구소, 1991). 창성은 진성창, 통양창, 해룡창 등에서도 목격되는 것으로 보아 조세를 안전하게 보호하기 위한 조치로 처음부터 쌓았을 것으로

수 있는 포구를 비롯하여 각 군현에서 운송해 온 조세를 계량하여 수납하는 넓은 마당(창마당, 창뜰)과 수납한 조세를 보관하는 창고시설, 판관과 색리가 머무는 공간(봉세청) 등이 마련되어 있었음이 확인되는데, 고려시대의 조창 역시 이와 유사한 구조로 되어 있었을 것이다. 공세창에 남아있는 축성 흔적이 고려시대 조창터에서 종종 목격되는 것으로 보아 조창터에 축성하는 관습은 고려시대로부터 비롯된 것으로 보인다. 조창이 조세를 보관·조운하는 중간 거점의 역할을 하였다면 외부의 침입을 막기 위한 축성은 꼭 필요했을 것이다.

조창의 실질적인 관리자는 중앙에서 파견된 판관이었다. 이들은 지방의 縣尉·監務와 같은 20석의 녹봉을 받았다.[112] 조운선이 패몰했을 때의 배상 규정에 판관과 색전의 죽음에 대한 조건 조항이 없는 것을 보면 판관과 색전은 조운선에 승선하지 않았을 가능성이 크다.[113] 그러나 판관은 조운을 총괄하는 책임자로서 조운선이 패몰하는 경우 색리, 초공, 수수들과 함께 책임을 져야 했다.[114]

판관이 조창의 업무를 총괄하는 감독관이었다면 실질적인 업무는 色典이 맡았다. 향리 신분의 색전은 백성들로부터 조세를 직접 수납하고, 倉에 일정기간 동안 보관하다 조운선에 적재하여 경창까지 가져가는 업무를 담당하였다. 조운선이 경창에 도착하면 그것을 말[斗]로 계량하여 직접 납부하는 것까지가 색전의 업무였다.

경창에 도착하면 담당 관리가 물량을 확인한 후 수납하였다. 그런데 이때 조세를 수납하는 관리들이 규정보다 큰 계량용기를 사용하여

추정된다.

112) 『高麗史』卷80, 志34 食貨3 祿俸 外官祿.

113) 조운선이 침몰했을 때 배상하는 규정에는 초공과 수수·잡부의 사망인원만 있을 뿐 색전이나 관의 사망인원은 언급되어 있지 않다(『高麗史』卷79, 志33 食貨2 漕運).

114) 『高麗史』卷79, 志33 食貨2 漕運.

조세를 납부하는 농민들과 그것을 수송해 온 향리들이 고통을 겪었다. 이는 조운의 과정에서 생겨난 구조적인 문제였다. 조세를 조운하려면 수차례 곡식을 옮겨야 했으므로 그 과정에서 필연적으로 손실이 발생하였다. 이를 耗米라고 하였는데, 고을의 아전들은 모미를 충당하기 위해 말과 밀대를 조작하거나 백성들로부터 더 많은 곡식을 징수하였다. 이러한 상황은 경창에서 조세를 수납하는 관리와 아전들의 부정이 더해지면서 더욱 심해졌다. 이에 명종 6년에는 쌀 1섬에 모미 2말을 덧붙여 17말을 넘지 못하게 하라는 명을 내렸으며,[115] 공민왕 때에는 농민들이 자신들의 말[斗]로 계량하도록 하는 한편,[116] 경창의 관리가 조세를 계량하는 것을 금지하고 납부하는 아전들이 자신의 되로 직접 계량한 후 경창에 수납하도록 하는 조치를 취하였다.[117] 그러나 이러한 조치들은 관리들과 향리들의 반발로 큰 효과를 거두지는 못하였다.

판관과 색전의 임무가 주로 행정적인 것이었다면 조운선의 운항과 관리에 대한 실질적인 책임은 梢工에게 있었다. 초공은 수수·잡부들과 함께 창에 소속된 주민이었으며, 그들을 지휘하여 배를 운항한 조운선의 선장이었다. 이외에도 조운선에는 노를 젓는 水手와 조세를 싣거나 내리는 雜夫가 승선하였다.[118]

---

115) 『高麗史』 卷78, 志32 食貨1 租稅 明宗 6年 7月.
116) 『高麗史』 卷78, 志32 食貨1 租稅 恭愍王 5年 6月.
117) 『高麗史』 卷78, 志32 食貨1 租稅 恭愍王 12年 5月. 경창에 도착한 후에는 담당 관리가 물량을 확인한 후에 납부하였는데, 이때 조세를 받는 관리들의 부정으로 규정보다 큰 계량용기를 사용하여 아전들이 고통을 겪었다. 이에 공민왕 12년 경창의 관리가 조세를 계량하는 것을 금지하고, 납부하는 아전들이 자신의 되로 직접 계량한 후 경창에 수납하도록 하는 조치를 취하였다.
118) 『高麗史』 卷79, 志33 食貨2 漕運. 水手는 『入唐求法巡禮行記』를 비롯하여 고대로부터 고려에 이르기까지 여러 기록에서 확인되는데, 대체로 배의 운항과 그 과정에서 발생하는 업무를 담당한 운항 담당요원이었다(이창섭, 「고려시기 수군」, 고려대학교 석사학위논문, 2004, 7~15쪽). 조선시대에는 이들을 格軍이라고 하였는데, 바람이 약하거나 강을 거슬러 올라갈 때 노를 젓는 일을 주로

조운선 1척에 승선한 초공과 수수, 잡부의 인원이 얼마나 되었는가에
대한 연구자의 의견은 13명~45명까지 각기 다르다.[119] 이들의 인원
구성을 엿볼 수 있는 근거는 『고려사』의 다음 구절이다.

> F. 제 기한 내에 출발하였으나 바람이 순조롭지 못하여 키잡이 3명
> 이상, 水手, 雜人 5명 이상이 미곡과 함께 침몰한 경우에는 조세를
> 다시 징수하지 않으며 제 기한보다 늦어서 출발하였고 키잡이 뱃군의
> 3분의 1까지의 인원이 빠져 죽은 경우에는 그 고을의 관리, 色典,
> 키잡이, 뱃군 등에게 평균하게 징수하게 하였다.[120]

우선 조선시대와 마찬가지로 같은 조창에 속한 조운선 6척이 한꺼번에
운항하였다고 가정하면 조운선의 실제 책임자인 초공(사공)은 선박
6척당 각 1명, 노 젓는 일이나 잡역을 담당한 수수와 잡부는 선박당
10씩 60인이었을 것이다. 키잡이가 3명 이상, 수수와 잡부가 5인 이상
빠져 죽은 경우에는 배상을 면제한다고 하였는데, 키잡이 3명은 각

담당하였다(『을해조행록』). 雜夫는 梢工, 水手와 별도로 기록한 것으로 보아
조곡을 적재하거나 하선하는 노동을 담당한 사람들로 보인다.
119) 조운선의 승선인원에 대한 견해는 다양하다. 강진철은 『만기요람』을 근거로
고려시대에도 그에 준하는 20명 정도의 인원이 승선하였을 것으로 보았으며(강
진철, 『고려토지제도사 연구』, 1980, 288쪽), 김옥근은 침수된 세곡의 배상을
면제받는 조건인 초공 3명, 수수와 잡부를 각각 5명씩으로 계산하여 초마선
1척당 梢工 3명, 水手 5명, 雜人 5명 등 총 13명이 乘船한 것으로 보았다(金玉根,
『高麗財政史研究』, 一潮閣, 1996, 87~88쪽). 강석오는 '水手·雜人五人以上'을 水
手·雜人 각각 5인 이상으로 해석한 뒤, 1/3을 적용시켜 梢工 9인, 水手 15인,
雜人 15인 이상으로 漕船 1척당 45餘人이 승선한 것으로 보았다(姜錫五, 「高麗時
代漕運制度에 관한 研究」, 성균관대 석사학위논문, 1994, 23~24쪽). 이와 달리
한정훈과 김덕진은 초공 3인 이상, 수수와 잡인 5인 이상을 전체 인원의 1/4로
보아 조운선 1척당 초공 12인, 수수와 잡인 20인 등 총 32명 이상이 승선한
것으로 보았다(한정훈, 앞의 박사학위논문, 105쪽 ; 김덕진, 『고려 뱃길로 세금
을 걷다』, 국립해양문화재연구소, 2009, 146쪽).
120) 『高麗史』 卷79, 志33 食貨2 漕運.

조창에 배치된 초마선 6척의 절반, 수수와 잡부 5인은 각 초마선에 배치된 인원 10명의 절반으로 파악되기 때문이다. 실제로 충렬왕 30년 呂文就 등이 원의 요청으로 盖州까지 쌀을 운반한 기록을 보면 배 483척에 뱃사람이 1,314명으로 1척당 평균 2.7명꼴이다.121) 당시의 배에는 1척당 쌀을 264석 정도씩 싣고 있었다.

비록 조선시대의 기록이기는 하지만 『성종실록』에는 이보다 더 구체적인 단서가 있다.

> G-① 戶曹에서 아뢰기를, "漕軍蘇復節目을 典艦司提調와 함께 의논하여, 아래에 조목으로 기록합니다. 전에는 배 1척마다 조군 30명으로 정하고 3番으로 나누어 번갈아 쉬게 하였으니, 금년에 1, 2번을 부리고 명년에 2, 3번을 부리고 또 명년에 3, 1번을 부리고, 이렇게 하면 3년에 한 번 쉬게 되므로 참으로 가엾으니, 배 1척마다 10명을 더 주어 40명으로 정하고 좌·우번으로 나누어 서로 갈아가며 漕轉하게 하소서."122)

> G-② 戶曹에서 아뢰기를, "이 앞서 典艦司에서 受敎하기를, '漕船은 1船마다 漕軍 10명을 加定하여 모두 40명으로 하되, 2番으로 나누어 해마다 遞次하여 漕轉한다.' 하였으나, 다만 배[船]의 大小와 容載의 數를 구분하지 않고 모두 40명으로 定한 까닭으로 漕卒이 너무 많아 充定하기가 어려우니, 청컨대 금후로는 1천석 이상을 容載할만한 조선은 22명, 7백석 이상이면 20명, 6백 석 이상이면 18명으로 差等있게 나누어 정하소서." 하니, 그대로 따랐다.123)

위의 기록대로라면 1천석을 적재한 조선에 승선한 조졸의 수가 10

---

121) 『高麗史』 卷30, 世家 忠烈王 3年 3月.
122) 『成宗實錄』 5年 7月 8日 辛酉.
123) 『成宗實錄』 6年 9月 22日 戊辰.

68

명~22명에 지나지 않는다. 조선과 고려의 도량형 차이를 고려하면
성종 때의 1천석은 고려시대의 1,684석이었다. 따라서 고려시대 조운선
에 승선한 수수와 잡부의 수는 22명에 크게 미치지 못했을 것이다.
이러한 추정은『을해조행록』을 통해서도 가능하다. 함열군수 조희백이
영솔하여 경창으로 올라간 조운선 12척에 승선한 인원은 총 228명이었는
데, 이중에서 관리와 심부름꾼(급창, 사령, 방자 등)·향리들을 제외한
실제 선박 운항 인원은 사공 12명(1척당 1명), 격군 180명(1척당 15명)뿐이
었다.124) 1200석이 넘는 많은 곡식을 적재한 조운선의 노를 저은 실제
인원이 고작 조졸 15명이었던 것이다. 실제로 성당창에 속한 조운선의
경우 매 선척마다 沙工이 1명, 格軍이 12명이었으며, 3番을 합한 인원은
모두 40명으로 규정되어 있었다.125) 적재량이 해선의 1/5에 지나지 않았
던 참선의 경우에는 그보다 훨씬 적은 인원인 사공 1명, 격군 3명이
배정되었을 뿐이었다.126)

　따라서 초마선 1척당 초공 1명, 수수·잡부 10명씩 승선했다면, 바닷가
조창의 경우 각 창마다 배속된 조운선이 6척이었으므로127) 한 번 출범할
때마다 약 70명 정도가 한꺼번에 동원되었다. 만약 고려시대의 조운이
조선시대와 같이 2교대로 운영이 되었다면 조창에 거주하는 주민은
초공·수수·잡부만도 140명이 넘는다. 이는 정창원 민정문서에 기록된
4개 촌락 男丁 인원 92명의 약 1.5배에 가깝다.128)

---

124) 「『조행일록』으로 본 19세기 조운의 운영실태」『사림』 29, 수선사학회, 2008,
　　143~144쪽.
125) 『林下筆記』 卷23, 「文獻指掌編」 漕船隻數.
126) 『속대전』 卷2, 호전, 조전.
127) 『高麗史』 卷79, 志33 食貨2 漕運.
128) 兼若逸之, 「신라 <均田成冊>의 연구―이른바 민정(촌락)문서의 분석을 중심으로
　　―」『한국사연구』 23, 한국사연구회, 1979, 93쪽. 신라 장적의 전체 인원이 442명이
　　었음을 고려하면 당시 조창의 인구는 600명이 넘었을 것으로 추정된다. 한편,
　　강진철은 초마선 1척당 20명 정도가 승선한 것으로 파악하여 조창에 소속된

험악한 파도를 이기고 경창까지 곡식을 무사히 운반해야 하는 일 이외에도 조창민들에게 부과된 의무는 많았다. 조운선이 파손되면 수리를 해야 하는 것은 물론이고, 때에 맞춰 改槊을 하거나 煙燻도 해야 했다.[129] 정기적으로 조운선을 제작하는 것도 조창민의 몫이었다.[130] 또한, 倉에 보관된 곡식을 도난당하지 않도록 지켜야 했으며,[131] 운반 도중에 축나는 곡식을 배상해야 하는 의무도 있었다.[132] 조선시대의 漕卒이 身良役賤이었음을 고려하면 고려시대의 조창민 역시 그와 유사한 대우를 받는 사람들이었을 것이다.[133]

조졸의 인원이 약 240명 정도일 것으로 추정하였다(강진철, 앞의 책, 288쪽).

129) 김재근,『우리 배의 역사』, 1988, 125쪽. 改槊은 배 전체를 해체하여 썩은 목재를 새 것으로 교체하는 작업이며, 煙燻은 목선천공충(shipworm)과 바다나무좀(limnoria) 등의 벌레들이 배를 갉아먹지 못하도록 외판의 표면을 불로 그을리는 작업이다.

130)『定宗實錄』1年 1月 7日 戊寅. 조선시대의 경우 배의 제작, 수리, 조운 등이 모두 조졸의 몫이었다. 조선시대의 예에 비춰보면 조운선은 10~15년 마다 새로 제작해야 했다(『경국대전』工典 舟車). 이에 따르면 5년마다 개삭하고, 10년에 새로 배를 짓는 것이 원칙이었던 것으로 보인다. 그러나『大典會通』에는 해선의 경우 10년에 개삭하고, 20년에 새로 짓고, 참선의 경우 7년마다 개삭하고, 14년마다 새로 짓는다고 하였다(『大典會通』卷2, 戶典 漕轉). 배의 사용 연한이 조선 후기에 들어 두 배로 증가한 원인에 대해서는 명확하지 않다.

131)『成宗實錄』6年 2月 24日 癸卯. 조선시대에는 인근 백성들이 지켰으나 고려시대에는 조창민들의 역이었을 것이다.

132)『高麗史』卷78, 志32 食貨1 田制 租稅 文宗 7年 6月. 耗米에 관한 규정이다. 본래 모미를 징수한 목적은 조운 시행 이후 원거리 이동을 하면서 도중에 축난 쌀을 뱃사람들이 배상하게 되자 그 폐단을 줄이기 위해 마련한 것이었다. 본래 1석당 2승씩 거두었는데, 문종 7년에 이르러 1斛당 7승씩 부과하였다.

133) 강진철,『고려토지제도사연구』, 고려대학교출판부, 1980, 287쪽.

2. 조창제의 운영과 변화

1) 13漕倉의 위치

정종 무렵까지 12조창을 중심으로 운영되던 고려의 조운제도는 문종 때 장연군에 안란창이 추가되어 13조창제로 완성되었다.[134] 13개의 조창은 영풍창을 제외하면 대개 기존 60포창 시기에 포창이 자리잡고 있던 지역에 설치되었다.[135] 이후의 논의 진행을 위해 선행 연구 성과를 종합하여 정리하면 다음과 같다.

〈표 3〉 13조창의 위치

조창명		丸龜金作이 추정한 위치[136]	최근 연구성과를 반영한 위치
忠州	德興倉	충북 충주군 가금면 창동	충북 충주시 가금면 창동리[137]
原州	興元倉	강원도 원주군 부론면 흥호리	강원도 원주시 부론면 흥호리[138]
牙州	河陽倉	경기도 진무군 안성천 하구	경기도 팽성읍 노양리·본정리[139]
富城	永豊倉	충남 서산군 성연면 명천리	충남 서산시 팔봉면 어송리 창개마을[140]
保安	安興倉	전북 부안군 검모포와 흥덕 사비포의 중간 지점	전북 부안군 보안면 영전리[141]
臨陂	鎭城倉	전북 옥구군 임피면 북안 금강 하구	전북 군산리 성산면 창오리[142]
羅州	海陵倉	나주읍과 목포만 사이 영산강 연안	전남 나주시 다시면 회진리 풍호마을[143]
靈光	芙蓉倉	전남 영광군 법성면 법성리	전남 영광군 입암면 고법성[144]
靈岩	長興倉	전남 영암군 덕촌리 부근	전남 영암군 해창리[145]
昇州	海龍倉	전남 순천군 해룡면 해룡산성	전남 순천시 홍내동·오천동 해룡산성[146]
泗州	通陽倉	경남 사천군 사천읍 남쪽	경남 사천시 용현면 선진리[147]
合浦	石頭倉	경남 마산시 합포동	경남 창원시 마산합포구 산호동[148]
長淵	安瀾倉	황해도 장연군	황해도 장연군 해안면 구진리 덕동[149]

---

134) 최완기, 앞의 논문, 1981, 38~39쪽.

135) 정종조의 조운선 배치 규정에 따르면 바닷가 조창에는 초마선 6척씩, 수운로 상의 조창에는 평저선 20~21척이 배정되어 있었다.

136) 丸龜金作의 논문을 토대로 작성하였으나 나주 해릉창, 합포 석두창, 장연 안란창은 최완기의 논문을 참고하였다. 그밖에 『譯註 高麗史 地理志』에도 유사한 내용이 수록되어 있으나 그것은 대개 최완기의 비정에 토대를 두고 있다(丸龜金

위의 <표 3>에 비정된 조창 중에서 흥원창, 덕흥창, 영풍창, 석두창, 통양창과 전라도 지역의 6개 조창에 대해서는 구체적인 연구가 어느 정도 이루어졌다. 이 절에서는 선행 연구를 토대로 조창의 위치, 특징 등을 재검토하는 한편, 그동안 논란이 있었던 조창의 위치를 새로 비정해 보고자 한다.

(1) 충주 덕흥창

남한강의 중류에 자리잡은 충주는 삼국시대부터 서해로 유입된 고대 중국의 문화가 경상도 지역으로 전파되는 교통과 문화의 중심지였다.

作, 앞의 논문, 146~162쪽 ; 최완기, 앞의 논문, 45~47쪽 ; 권영국 외,『譯註 高麗史 地理志』, 한국정신문화연구원, 1996, 364~382쪽). 丸龜金作의 논문을 그대로 정리하였으므로 일부 소재지의 행정구역 명칭은 현재와 차이가 있다.

137) 최일성,『충주의 역사와 문화』, 백산자료원, 2010, 218쪽.
138) 원주시,『원주의 지명유래』, 1999, 287~288쪽.
139) 이정숙,「牙山灣 沿岸 浦口聚落의 變化에 關한 硏究」, 한국교원대학교 석사학위논문, 2000 ; 평택시사편찬위원회,『평택시사』, 2001, 265쪽.
140) 윤용혁, 앞의 논문, 1991, 224쪽.
141) 한정훈,「고려시대 조운제와 마산 석두창」『한국중세사연구』17, 한국중세사학회, 2004, 49쪽.
142) 나도승,「개항 전후기 금강 함토항(含吐港) 군산과 그 배후지 형성에 관한 연구」『논문집』20, 공주교육대학, 1984, 164쪽.
143) 변남주,「前近代 榮山江 流域 浦口의 歷史地理的 考察」, 목포대학교대학원 박사학위논문, 2010, 140~141쪽.
144) 김영남,『법성향지』, 법성향지편찬위원회, 1988, 131~132쪽. 1988년에 발간된 『법성향지』에서는 창지와 휘바람재, 강똥바다라는 지명으로 유추하여 '고려시대 창이 있었다고 전한다'라고 했다가 1992년에 발간된 재판본에서는 고법성의 입암리와 대삿고개 부근을 부용창지로 비정하였다.
145) 최완기, 앞의 논문, 1981, 46쪽.
146) 변동명,「海龍山城과 順天」『역사학연구』19, 전남사학회, 2002, 108쪽.
147) 김재명, 앞의 논문, 175~176쪽.
148) 박희윤,「개항 이전 마산시 도시형성 및 변화과정에 관한 연구」, 한양대학교 석사학위논문, 2002, 16~25쪽.
149) 吉田光男,「高麗時代の水運機構 '江'について」『社會經濟史學』46, 1980, 422쪽.

중원 고구려비, 누암리 고분군, 봉황리 마애불, 중앙탑 등은 이러한 사실을 입증하는 대표적인 유적이다. 여말 선초에 이 지역을 중심으로 劉兢達, 劉權說과 같은 호족들이 성장한 것도 충주의 지리적 이점에 힘입은 것이었다.

충주에 설치된 고려시대의 덕흥창은 본래 金遷浦라고 불리다가 성종 때 麗水浦로 개칭된 곳에 설치되었다.

A-① 덕흥창은 주 서쪽 10리 淵遷에 있던 경원창의 북쪽에 있다.[150]

A-② 본래 덕흥창은 金遷 서쪽 언덕에 있었는데 세조 때 가흥역 동쪽 2리 지점으로 옮겨왔다.[151]

위의 두 기록대로라면 덕흥창의 구체적인 위치는 충주 동쪽 10리 지점의 金遷(또는 淵遷) 서쪽 언덕이다. 『신증동국여지승람』에 따르면 金遷은 영춘현의 南津, 단양현의 上津, 청풍의 北津, 괴산의 達川 등이 합류하는 남한강 상류를 일컫는 말이었다.[152] 좀 더 구체적으로 金遷이라는 지명은 '金'과 '遷'의 합성어로 보이는데, 金은 '쇠'를 뜻하고 遷은 신라의 방언으로 '강가의 절벽을 따라 생겨난 길(新羅方言多以水崖石路稱遷)'을 일컫는 말이었다.[153] 이는 현재까지도 충주시 가금면 창동리

---

150) 『新增東國輿地勝覽』 卷14, 忠淸道 忠州牧. 덕흥창은 조선 초까지 충청도와 경상도 지역의 조세를 거두었는데, 충청도 지역 조세는 덕흥창에서, 경상도 지역의 조세는 경원창에서 징수하였다. 창의 선후 관계에 대해서는 덕흥창 설치 후 경원창이 설치되었다는 주장이 있다(丸龜金作, 「高麗の十二漕倉に就いて」『靑丘學叢』 21, 1935, 161쪽).

151) 『新增東國輿地勝覽』 卷14, 忠淸道 忠州牧.

152) 주민들의 전언에 따르면 쇠꼬지는 가금면 창동리 뒤편에 예전 철광산(창동광산)이 있던 곳이며, 쇠삐루는 가금면 창동리 일대의 예전 지명으로 한자로 금천(金遷)을 의미한다고 한다. 삐루 꼬지는 모두 벼랑, 낭떠러지 등을 의미하는 말이라고 한다.

일대를 일컫는 쇠꼬지, 쇠삐루 등과 같은 말이다.154) 강가에 인접한
창동리, 누암리 일대의 바위 벼랑에는 지금도 검붉은 녹물이 흘러내린
흔적들이 쉽게 목격되는데, 그런 특징 때문에 금천이라는 지명이 생겨난
것 같다.

따라서 덕흥창이 있었다는 '금천의 서쪽 10리' 지점은 현재의 충주시
가금면 누암리, 창동리의 강변 지대로 압축된다.155) 고려시대에 두 마을
이 모두 덕흥창에 속한 지역이었는지는 알 수 없지만 지명과 관련시켜
본다면 덕흥창과 직접적인 관련이 있을 곳은 누암리보다는 倉洞으로
추정된다. 창동의 옛 행정구역은 금천면 창동리였으며,156) 강가에 인접
한 곳에 창골이라고 불리는 마을도 있다. 창골은 조창에 소속된 조운선이
정박하거나 세곡을 적재하는 곳이었을 것이다.

실제로 창골 인근에서 덕흥창으로 추정되는 유적이 2007년 중앙문화
재연구원에서 시행한 발굴조사 과정에서 드러난 바 있다.157) 발굴 조사

153) 『新增東國輿地勝覽』 卷6, 京畿 廣州牧 山川.
154) 한글학회, 『한글지명총람』3 충북편, 1970, 414쪽. 창동리에는 쇠꼬지라 불리는
　　　지역이 있는데, 쇠꼬지는 금천의 金은 쇠라는 의미가 있고, 遷은 낭떠러지
　　　또는 절벽이라는 의미가 있으므로 쇠꼬지라는 지명은 쇠가 나는 절벽, 또는
　　　쇠처럼 솟은 언덕이라는 의미의 금천과 뜻이 같다. 실제로 이 지역에서 덕흥창,
　　　경원창터가 조사되었다(조길환, 「충주 금천창 연구」 『문화재』 41-1, 국립문화
　　　재연구소, 2008, 40쪽).
155) 누암리는 조선 후기까지도 경상도 지역의 포목이 집결되어 한양으로 운송되었
　　　던 곳이었다(김재완, 「경부선 철도 개통이전의 충북지방 소금 유통 연구」
　　　『중원문화논총』4, 2000, 238쪽). 이를 통해 누암, 창동 두 지역이 모두 남한강
　　　수운과 관련이 있는 지역이었음을 알 수 있다.
156) 1914년까지 금천면지역이었으나 주변 가금면과 합쳐져 금가면이 되었다(조길
　　　환, 위의 논문, 40쪽).
157) 중원문화재연구원에서 발표한 발굴조사보고서에 따르면 달천과 남한강이
　　　합류하는 지점의 쇠꼬지라는 지역에서 창고터가 발굴되었는데 출토된 유물
　　　중에 해무리굽 청자 등이 포함되어 있었다. 따라서 그 중 일부는 고려시대
　　　덕흥창 관련 유적으로 추정할 수 있다(중앙문화재연구원, 『충주 용두-금가간
　　　우회도로건설구간 내 충주 창동리유적』, 2007, 103~105쪽).

가 진행된 곳은 남한강 일대가 잘 조망되는 곳으로 동쪽의 쇠꼬지와
서쪽의 청금대라는 두 벼랑과 남쪽의 수용산이 자연적 울타리를 형성하
고 있는 곳이다.158) 또한, 바위골짜기의 상부에 자리잡고 있어 강물의
피해로부터 비교적 안전하다.

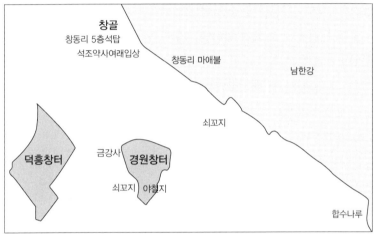

〈그림 1〉 **충주 덕흥창터와 경원창터**　충주시 중앙탑면 창동리 쇠꽂이 일대에서 출토된 두
창고터를 지도에 표시한 것이다. 경원창 인근 북쪽에 덕흥창터가 남아 있는데, 이는 덕흥창이
경원창의 북쪽에 있다는 『신증동국여지승람』의 기록과도 일치한다.

　창고터로 추정되는 곳에는 축대, 건물지 등이 남아 있으며, 특히
6호 건물지로 명명된 곳에서는 해무리굽 청자와 분청사기편 등이 출토되
었다.159) 이는 해당 건물이 고려로부터 조선 초에 이르기까지 이용되었
음을 보여준다. 그러나 건물의 규모로 볼 때 그것이 창고 자체였는지,
아니면 창고를 관할하는 관아시설이었는지 명확하지 않다.

---

158) 조길환, 앞의 논문, 42쪽. 다른 조창이 토성 안에 자리잡고 있는 것과 달리
　　덕흥창 추정지 인근에서는 성터의 흔적이 발견되지 않았는데, 그것은 이러한
　　지리적인 조건과 관련이 있을 것이다.
159) 조길환, 위의 논문, 44~49쪽.

〈사진 1〉 창동리 마애불   창동리 창터에서 남한강으로 이어지는 강가 절벽에 남아 있는 창동리 마애불이다. 고려시대에 제작된 것으로 추정되는데, 이를 통해 창동리 일대가 남한강의 수운과 더불어 매우 중요한 역할을 하고 있었음을 알 수 있다.

덕흥창과 관련하여 또 한 가지 주목되는 것은 창터 추정지보다 약간 하류에 위치한 창동리 사지와 창동리 마애불이다. 이 두 유적은 모두 남한강변에 접해 있으며, 덕흥창 추정지로부터 강을 따라 내려오는 지점에 있다. 특히, 창동리 마애불은 강가의 절벽에 있어 현재와 같은 계단이 조성되기 전에는 강에서만 접근할 수 있었을 것으로 추정된다. 이를 통해 볼 때 창동리 사지와 창동리 마애불은 덕흥창을 비롯하여 남한강을 오가는 선박들의 안전을 기원하기 위해 제작된 것으로 이해할 수 있다. 창동리의 지리적 위치가 남한강과 달천의 합류지점이자 경상도 지역에서 충주로 오는 길목에 있음을 고려하면 당시 이 지역을 오가는 선박의 안녕을 기원하기 위해 제작되었을 것이다.

(2) 원주 흥원창

치악산과 남한강의 사이에 위치한 원주는 예로부터 교통, 문화, 상업의 도시였다. 읍치로부터 남한강까지 길게 흐르는 섬강을 따라 나서면 동쪽으로는 충주, 제천 등지에 이르고, 서쪽으로는 여주와 서울, 서해 바다로도 진출할 수 있었다. 또한, 강을 거슬러 오르면 횡성에도 쉽게 이르렀다. 삼국이 영토를 다투던 시기에 이 지역의 소유권이 백제－고구려－신라의 순으로 바뀐 것은 당시 이 지역을 둘러싸고 삼국이 얼마나 치열하게 대립했는가를 잘 보여주는 사실이다.

흥원창은 원주의 남쪽 30리 지점이자 蟾江의 北岸, 즉 지금의 강원도 원주시 부론면 흥호리에 있었다고 한다.[160] 창터라고 전해지는 곳(강원도 원주시 부론면 흥호리 창말)은 섬강과 남한강이 만나는 지점의 북쪽이며, 나지막한 산을 등지고 있다. 별도의 토성을 수축하지 않은 점이나 창터 양쪽으로 산자락이 흘러내려 마치 자연적인 울타리 역할을 하고 있는 점은 충주의 덕흥창터와 매우 유사하다.

흥원창의 지리적 입지를 이해하기 위해서는 먼저 흥호리라는 이름부터 분석해 볼 필요가 있다. 옛 사람들은 같은 강이라도 물의 많고 적음이나 흐름의 빠르기에 따라 다양하게 불렀다. 경사가 급해 물살이 빠르고 수심이 얕으면 여울[灘]이라 하고, 여울이 끝나는 곳이면서 물살이 깊고 호수처럼 잔잔해진 곳은 湖·淵·沼라고 하였다.[161] 덕흥창 부근의 '淵遷'이나 흥원창 소재지의 '興湖'라는 이름도 물이 깊고 잔잔하여 배를 정박시키기 유리한 지점이라는 자연적 특징 때문에 붙여진 이름일 것이다.

흥원창 앞을 지나는 섬강과 남한강은 주변에 비교적 넓은 평지를 여러 곳에 만들어 놓았다. 때문에 원주 일대는 강원도 지역이긴 하지만 밭보다 논이 많다. 이러한 지리적 이점 때문에 부론면 일대는 일찍부터 사람들의 왕래가 활발하고, 물자유통이 활발했다.[162] 특히, 소금을 비롯

---

160) 원주시, 『원주의 지명유래』, 1999, 287~288쪽. 현재의 강원도 원주시 부론면 흥호리 창말(흥원창)이다. 이는 신증동국여지승람에 기록된 '蟾江北岸 距州南三十里'와 대략 일치한다(『新增東國輿地勝覽』 卷46, 江原道 原州牧 倉庫).
161) 과천시, 『과천시지』 5, 2006, 14쪽.
162) 오명교, 「원주 역사 문화자원의 가치와 활용 방안」『2005년도 북원문화권 조성계획 문화 실무 관계자 워크숍 자료집』, 강원발전연구원, 2005, 8~9쪽. 조선총독부가 조사하여 작성한 자료에 따르면 흥원창의 소재지 흥호에서 조류의 영향을 받는 용산강까지는 약112.4km였으며, 100섬을 적재한 선박의

하여 서해를 통해 유입되는 물산들은 섬강을 따라 동해안으로 팔려나갔
다.163) 흥원창을 기점으로 반경 15km이내 지역에서 신라 말에 법천사,
거돈사, 흥법사, 원향사 등 규모가 큰 사찰이 창건되어 고려 초까지
번영을 누린 것 역시 이러한 지리적 특징과 관련이 있다.164)

　다만, 흥원창과 관련하여 이해하기 어려운 점은 충주 덕흥창보다
수세구역이 적었음에도 불구하고 창에 배치된 평저선의 수가 많았다는
점이다. 그것은 흥원창이 관할 구역의 조세 징수에 그치지 않고, 한강
유역에 위치한 지역들의 조세를 함께 운송하였기 때문이 아닐까 생각된
다. 앞서 살펴본 바와 마찬가지로 조창제가 시행되기 이전까지 남한강이
지나는 여주, 광주, 양평 등 남한강 인근 지역은 인근에 지정된 포창에
조세를 모아 개경으로 운송하던 지역이었기 때문이다. 배를 통해 조세를
납부하던 군현들이 조창제 시행 이후 갑자기 陸運으로 모두 운송방식을
바꾸지는 않았을 것이다.

　그렇다면 흥원창 以西의 한강 하류 지역에 조창이 설치되지 않은
이유는 무엇일까. 그것은 세 가지 정도로 추정해 볼 수 있다. 첫 번째는
사선을 이용하여 군현별로 직접 납부했을 가능성이고, 두 번째는 비교적
관할 군현이 적었던 흥원창의 평저선이 하강하면서 특정 포구에 집적된
세곡들을 덧싣고 개경으로 향했을 가능성이며, 세 번째는 강을 거슬러
올라와 흥원창에 납부했을 가능성이다. 조창제 시행 이후 국가가 조운선
을 조창에 배치하여 조세를 운송한 사례를 고려하면 세 번째 가능성이
가장 크지만165) 앞의 두 가지 가능성도 완전히 배제할 수는 없다. 물론

　운항이 가능하였다.
163) 최영준은 원주 일대의 번성이 경기만에서 생산되는 소금의 유통과 관련이
　　있다는 있다고 보았다(최영준,「남한강 수운연구」,『지리학』35, 1987, 54쪽).
164) 오명교, 앞의 논문, 9쪽.
165)『成宗實錄』1年 9月 1日 이포창·우만창 폐지 건의 내용 참조. 우만창(여주군
　　여주읍 우만리로 추정)과 이포창(여주군 금사면 이포리)은『세종실록지리지』

그보다 하류에 있는 개경 인근의 沿江지역은 배를 얻어 운송하고 배삯을 지불하는 경우도 많았을 것이다. 이러한 관례가 고려 말 수참제도로 자연스럽게 굳어졌을 수도 있다.

흥원창에 관한 기록은 『고려사』에 두 번 더 등장한다. 도적 安悅이 원주의 고성을 근거로 반란을 일으키자 장군 尹君正과 낭장 權賛 등이 이를 물리쳤다는 것166)과, 충렬왕 때 합단이 흥원창을 치자 興元倉判官 曹愼과 원충갑 등이 이를 물리쳤다는 기록이 그것이다.167)

그러나 왜구가 창을 약탈했다는 기록이 없는 것을 통해 볼 때 고려 말 왜구의 침입이 극심하던 시기에도 흥원창의 기능은 계속 유지된 것으로 추정된다. 『신증동국여지승람』을 비롯한 지리지에 창고의 이설에 관한 기사가 없는 것으로 보아 창고의 위치도 큰 변동은 없던 것으로 추정되며, 그 기능과 역할 역시 조선시기까지 그대로 계승된 것으로 보인다.

(3) 아주 하양창

하양창의 소재지 便涉浦[前號 打伊浦]는 경기도 평택시 팽성읍 노양리의 마을 앞 포구인 경양포의 옛 이름이다.168) 팽성읍 일대는 아산만을 통해 서해로 열려 있어 일찍부터 慶陽浦, 億賊浦, 市浦 등 많은 포구가 생겨났다.169)

의 우음안포와 이포이다. 우만창에서는 옥천, 영동, 황간, 청산, 보은 청안의 조세를 수납했고, 이포창은 죽산과 진천의 조세를 수납했다. 이들 포구는 성종 1년 가흥창에 모두 합쳐졌다.

166) 『高麗史』 卷24, 世家24 高宗 44年 4月.
167) 『高麗史』 卷104, 列傳17 元冲甲.
168) 『大東地志』, 方興總志 高麗, "河陽倉在牙州今稷山慶陽浦海倉前號打伊浦又改便涉浦."
169) 『新增東國輿地勝覽』 卷16, 忠淸道 稷山縣.

『고려사』 지리지와 『신증동국여지승람』에 남아있는 다음의 기록은
이 지역의 역사적 변천과정을 잘 보여준다.

B-① 稷山縣은 원래의 尉禮城이다. 백제의 始祖 溫祚王이 나라를 창건하고
    이곳에 수도를 정하였으며 후에 고구려가 탈취하여 蛇山縣으로 고쳤
    고 신라에서도 그대로 부르면서 白城郡의 관할 하에 현으로 만들었다.
    고려 초에 지금 명칭으로 고쳤고 현종 9년에 본 부에 소속시켰으며
    후에 감무를 두었다.[고려는 河陽倉을 慶陽縣으로 고쳐서 縣令을 두어
    鹽場官을 겸임케 하였다.][170]

B-② 왜적이 慶陽縣을 노략질하였는데 양광도 도순문사 한방언이 이와
    접전하였으나 패전하였다.[171]

B-③ 慶陽廢縣 고을 서쪽 44리에 있다. 본래 고려의 河陽倉인데, 뒤에
    지금 이름으로 고쳤다. 令을 두고 鹽場官을 겸임시켰다.[172]

위의 기록에서 주목할 만한 점은 하양창이 고려 후기에 이르러 경양현
이 되었다는 점이다. 하양창이 경양현으로 바뀐 정확한 계기나 시기는
확인할 수 없지만 하양창이 없어지면서 아주(또는 직산현)에서 떨어져
나와 독립된 현이 된 사실은 주목할 만하다.[173] 고려시대의 조창의
지역적 규모를 파악하는 중요한 단서가 되기 때문이다.[174] 이를 고려하

---

170) 『高麗史』 卷56, 志10 地理1, 淸州牧 天安府.
171) 『高麗史』 卷133, 列傳46 辛禑 元年 3月.
172) 『新增東國輿地勝覽』 卷16, 忠淸道 稷山縣.
173) 조창제도가 붕괴된 것은 왜구의 잦은 침입으로 14세기 이후 군현별 납부
    체제로 전환되었기 때문으로 추정된다. 공민왕 8년조에 보이는 홍주창 역시
    군현창이었을 것이다(주 38) 참조). 이에 따라 하양창 지역에도 경양창이라는
    창고가 설치된 것으로 보인다. 조선시대에 제작된 「해동지도」에 나타난 경양창
    역시 고려로부터 기원하였을 것이다.

〈사진 2〉 망해산 전경   조선시대 망해산 봉수가 있었던 나지막한 야산으로 바다와 둔포천이 만나는 곳에 있다. 중앙에 보이는 논은 본래 바닷물이 들어오던 갯벌이었는데, 제방을 막아 논으로 만든 것이다.

면 경양현 지역인 경기도 평택시 팽성읍 일대가 고려시대에는 하양창의 관할 구역이었을 것으로 추정된다.[175] 아주 하양창을 경양현으로 고친 기록, 몽골의 군대가 하양창에 진을 친 기록, 왜구가 하양창을 노략질한 기록도 이와 같이 해석하면 쉽게 이해된다.

현재 경기도 팽성읍 노양리와 본정리 일대에 하양창과 관련된 유적이나 지명 등은 남아있는 것이 없다. 노양리와 아산 둔포리 사이를 흐르는 둔포천도 1990~1991년 직선화 사업으로 이전과는 크게 달라졌다. 다만 같은 시기의 다른 조창들이 포구를 끼고 산자락에 자리잡은 경우가 많다는 사실을 고려할 때 하양창의 창고 시설은 팽성읍 노양리와 본정리에 걸쳐있는 망해산 기슭에 자리잡고 있었을 가능성이 크다.

174) 北村秀人, 「高麗時代の漕倉制について」『조선역사논총』, 1979, 410~412쪽 ; 최완기, 「고려조의 세곡 운송」『한국사연구』 34, 39쪽 ; 김재명, 「고려의 조운제도와 사천의 통양창」『한국중세사연구』 20, 2004, 176쪽.

175) 평택시사편찬위원회, 『평택시사』, 평택시, 2001, 265쪽.

(4) 부성 영풍창

영풍창은 고려 13조창 중의 하나로 아주 하양창과 함께 양광도 남부 지역의 조세 集送을 담당하였다. 다른 12개 조창이 60포창 시기의 포구에 설치된 것과 달리 영풍창은 12조창 설치 시기에 처음 등장하였다. 그것은 영풍창의 위치와 관련이 있을 것으로 생각된다. 나머지 12개 조창이 하천과 바다가 만나는 포구에 위치한 것과 달리 영풍창은 하천이 없는 만입부의 가장 깊은 곳에 자리를 잡고 있기 때문이다. 이는 배로 물자를 운송하는 데에 매우 불리한 조건이다. 조선 건국 이후 영풍창터에 조창이 설치되지 못하고 범근내포에 충청도의 조창이 설치된 것이나, 조선 후기 군현별 납부 시기에 명천포에 서산의 조창이 설치된 것도 이와 관련이 있을 것이다.

영풍창의 위치에 대해 김정호는 성연면의 명천포로 비정하였으나 박정현과 윤용혁의 연구를 통해 실제 위치가 팔봉산 아래의 창개[倉浦][176]와 인접한 서산시 팔봉면 어송리 3구 782번지 일대였음이 밝혀졌다.[177] 창포에 영풍창이 있었다는 것은 17세기 초에 편찬된 서산지역의 읍지 『湖山錄』에서도 확인된다.

> C. 아! 永豊倉의 倉浦와 같은 곳은 우리나라의 힘으로 불과 3개월이면 배가 다니는 길을 뚫게 될 것이다. 그렇게 된다면 저 安興梁 같은 먼 바다 속의 험한 길이라 하여도 전라도의 도민이 바치는 만만석의 세미가 어찌하여 해마다 참패하는 데 이르겠는가?[178]

---

176) 倉浦는 『高麗史』에서 확인되는 유일한 포구이다(『高麗史』 卷116, 列傳29 王康).
177) 박정현, 「韓國 中世의 漕運과 泰安槽渠-掘浦 및 漕倉遺蹟을 중심으로」, 공주사범대학 석사학위논문, 1988 ; 윤용혁, 앞의 논문, 220~225쪽.
178) 『湖山錄』 東西里名. 『호산록』은 서산에 수령으로 부임했던 高敬命의 제안에 의해 재지사족이었던 한경춘, 한여현 부자가 萬曆己未年(광해군 11, 1619)에 편찬한 私撰 邑誌이다.

82

창터로 추정되는 곳은 가로림만을 정면으로 하는 남향의 구조이며, 축대와 초석이 남아있고, 기와편과 자기편 등이 목격된다.[179) 또한 동쪽과 북쪽에 높이 3m, 저폭 1m 정도의 토축이 'ㄱ'자 형으로 둘러져 있어 마을 사람들 사이에서 영풍창, 담안집 등으로 불려져 왔다.[180)

어송리 창터 주변에 산재된 유물[181)과 창고 건물 추정지 앞의 창개라는 포구와 조선 후기 지도에 남아있는 '永豊倉面'이라는 지명 등을 통해 볼 때 어송리의 창고터는 영풍창터가 분명해 보인다. 그러나 『高麗史』의 기록 중 王康이 굴포 운하의 개착을 건의하는 과정에서 탄포·흥인교·창포·순제성 등을 모두 거론하면서도 영풍창에 대해 전혀 언급하지 않은 것은 의아한 일이다. '서산·태안의 남쪽 경계로부터 영풍창 아래까지'라고 설명하면 위치가 명확함에도 불구하고, 王康은 탄포·흥인교·창포·순제성 등을 모두 거론하면서도 정작 영풍창에 대해서는 언급하지 않았다.

『高麗史』에 따르면 왕강은 종실로서 위화도 회군 이후 鹽鐵과 漕轉에 공을 세워 국가에 많은 도움을 준 인물이라 하였다.[182) 그런 그가 영풍창을 몰랐다는 것은 영풍창이 14세기 말보다 훨씬 이른 시기에 쇠락했음을 의미하는 것으로 이해해야 할 것 같다. 또한, 어떤 이유에서인지 김정호는 『大東地志』에서 영풍창의 소재지를 서산시 성연면에 위치한 명천포로 비정하고 있다. 김정호가 『大東地志』의 서산군 방면조에 영풍면을 기록하면서도 정작 영풍창이 성연면에 있었다고 비정한 것은 이해되지 않는 일이다. 그것이 단순히 김정호의 오류인지, 팔봉면 어송리에서

---

179) 박정현, 앞의 논문, 37쪽.
180) 박정현, 위의 논문, 37쪽.『한국지명총람』에는 水豊倉터로 조사되어 있는데(한글학회, 『한국지명총람』 4, 82쪽), 이는 영풍창의 오기로 보인다.
181) 영풍창 추정지에 고려시대 기와편, 주춧돌, 청자편 등이 산재되어 있는 것이 목격된다(윤용혁, 앞의 논문, 224쪽).
182) 『高麗史』 卷106, 列傳29 諸臣 王康.『고려사』의 기록대로라면 왕강은 공을 많이 세운 인물이다.

〈사진 3〉 **영풍창 추정지 전경** 영풍창이 있었던 곳으로 나지막한 토성의 흔적이 아직까지 남아있다. 앞쪽의 축대 아래로 개울이 흐르는데, 불과 수십 년 전까지만 해도 개울을 따라 바닷물이 들어왔다고 한다. 창터 오른쪽으로 팔봉산이 보인다.

성연면 명천포로의 이동을 의미하는지에 대해서는 좀 더 검토가 필요하다.

(5) 임피 진성창

임천, 서천, 한산, 임피, 옥구 등 금강 하구에 자리잡은 고을에는 일찍부터 渡津이 발달하였는데 이를 한데 모아 진포라고 불렀다.[183] 이러한 수운의 이점으로 인해 고려에서 조선에 이르기까지 진포 인근 군현에는 진성창, 득성창, 성당창, 군산창 등 여러 개의 조창이 설치되었다.[184] 그 중에서도 고려 13조창 중의 하나인 진성창은 임피의 朝宗浦(前號

---

183) 『新增東國輿地勝覽』 卷19, 忠淸道 舒川郡.
184) 왜구의 침입으로 진성창이 기능을 상실하자 盧嵩은 전라도 지역의 원활한 조운을 위해 용안에 倉城을 쌓았다. 이것이 조선 건국 후 德成倉이 되었다. 덕성창은 이후 세종 때 물길이 막혀 함열의 서피포로 옮겼으며, 이름도 성당창으로 바뀌었다. 성종 즉위 후 성당창은 다시 용안으로 옮겨져 득성창이라고

84

鎭浦)에 있었다. 진성창의 위치와 규모에 관련해서는 다음의 기록이
참고된다.

> D-① 鎭浦는 현의 북쪽 17리에 있다. 공주의 熊津이 扶餘에 이르러 꺾어져
> 남쪽으로 龍安縣의 동쪽에 이르고, 돌아 나와서 서쪽으로 바다로
> 들어가는데, 진포는 곧 바다로 들어가는 입구이다.[185]

> D-② 海倉은 서쪽으로 10리에 있다. 본래 고려의 漕倉중의 하나인 鎭城倉
> 이다. 흙으로 둘레 10여 리의 성을 쌓았다.[186]

> D-③ 古鎭城은 서쪽 10里에 있는데, 흙으로 쌓았다[둘레가 10여 里이다.]
> 高麗 초기에 漕倉으로 삼았으니, 곧 12倉의 하나였다.[187]

이를 통해 진성창이 현의 서쪽 10리 지점에 있었으며, 성터에 토축
흔적이 남아있었음을 알 수 있다.

조선시대 임피현의 서쪽에 해당하는 군산시 성산면에는 진성창의
흔적으로 여겨지는 지명이 두 곳에 남아있다. 그 중 하나는 성산면
挑岩里(도암골)이고, 다른 하나는 성산면 倉梧里이다.[188] 그 중 桃岩里는
약 70m 정도의 낮은 야산 아래 자리잡은 마을이다. 도암리에는 창암과
창감이라고 불리는 두 개의 마을이 있는데, 전하는 말에 의하면 창암
마을에 진성창이 있었다고 한다.[189] 그렇다면 창감은 창고를 관리하는

명칭이 바뀌었으며, 중종 때에는 다시 옥구 군산포로 옮겨져 군산창이라고
불렸다.
185) 『新增東國輿地勝覽』 卷19, 忠淸道 舒川郡.
186) 『大東地志』 全羅道 臨陂縣.
187) 『增補文獻備考』 卷27, 輿地考15 關防3 全羅道 臨陂.
188) 한글학회, 『한국지명총람』 12 전북편(하), 1981, 38쪽, 40쪽.
189) 군산시사편찬위원회, 『군산시사』, 군산시, 1991, 195쪽.

시설이 있었던 것에서 유래한 지명이 아닐까 생각된다.

한편, 倉梧里는 도암리의 동쪽 대명산 아래에 있다. 이 마을은 본래 임피군 상북면 倉洞里라는 지역이었는데, 1914년 행정구역 통폐합에 따라 창동리와 중오리가 통합되면서 각각 한 글자씩 취하여 창오리라고 부르게 되었다고 한다.[190] 이를 통해 본래 마을 이름은 창고가 있는 마을을 뜻하는 창동이었다는 것을 알 수 있다. 이 마을 어귀의 창안제라는 저수지 앞에 진성창터라고 전해지는 창고터가 있다.

현재 남아있는 지명이나 토축 시설, 성곽 관련 지명 등을 고려하면 진성창은 도암리가 아니라 창오리에 있었던 것으로 보인다. 임피현 관아가 있었던 현 임피초등학교에서 창안마을까지는 약 4km 남짓 정도 인데, 이는 현치에서 10리 떨어져 있다는 『대동지지』와 『증보문헌비고』 의 기록과도 일치한다.

그러나 진성창이 있었다는 두 마을이 공교롭게도 창암재[도암치, 창암치, 창감재]라는 고개를 사이에 두고 나란히 자리잡은 것은 분명 흥미로운 사실이다. 간척 이전의 지형을 고려하면 두 지역 모두 창고가 들어서기에는 손색이 없다. 굳이 구분하자면 도암리 쪽은 금강 하구에서 곧바로 들어설 수 있고, 창오리는 금강을 타고 내려온 함열, 용안 등의 마을에서 곧바로 닿을 수 있는 이점이 있다.

따라서 창오리와 도암리가 한데 묶여 진성창이라는 행정구역으로 불렸던 것인지, 서해를 거슬러 올라온 남쪽 군현과 금강을 타고 내려온 동쪽 고을의 편의를 고려하여 창고시설을 양쪽에 두었던 것인지, 아니면 본래는 도암리에 있다가 공민왕 7년 왜구의 침입을 받은 후 내륙으로 옮기는 과정에서 창오리로 옮겨간 것인지[191]에 대해서는 아직 확실히 판단하기 어려운 면이 있다.

---

190) 한글학회, 앞의 책, 1981, 39쪽.
191) 『高麗史』卷39, 世家 恭愍王 7年 4月 丁酉.

〈사진 4〉진성창 추정지 전경 산으로 둘러싸인 자연지형을 그대로 살려 성벽을 삼고, 남동쪽에만 토성을 쌓았다. 성벽을 쌓은 곳에는 동문지, 서문지 등의 지명이 남아있으며, 가운데로 난 오솔길을 따라 산을 넘으면 또다른 진성창터(지명)인 도암리에 이른다. 성 안쪽의 지명은 창안이며, 인근에 창동이라는 마을도 있다.

또 한 가지 확인이 필요한 것은 『대동지지』에 남아있는 김정호의 기록이다. 『대동지지』에는 古鎭城이 성의 서쪽 10리에 있는데, 그것이 임피현의 海倉이라고 하였다.[192] 그러나 조선 후기 지도나 기록에 의하면 임피현 해창은 서쪽 10리가 아니라 오성산과 금강이 만나는 서쪽 20리 지점의 서시포에 있었다.[193] 서시포는 오성산 동쪽, 지금의 군산시 나포면 서포리의 옛 지명이다. 고진성이라는 지명만 고려하면 고려시대 진성창터로 생각되지만 그것은 임피의 해창과 연결시키기에는 어려운 점이 있다. 따라서 고진성과 임피 해창을 동일한 지역으로 기술한 것은 김정호의 착오에서 기인한 것이 아닐까 생각된다. 이 같은 오류는 「대동여지도」나 「대동방여전도」에서도 확인된다.

---

192) 『大東地志』全羅道 臨陂縣.
193) 김민영 외, 『금강하구의 나루터·포구와 군산·강경지역 근대상업의 변용』, 선인, 2006, 57~58쪽.

(6) 보안 안흥창

지금은 바닷물이 막혀 육지가 되었지만 보안현의 앞바다 곰소항은 조선시대까지만 해도 熊淵[곰소]이라 불리는 섬이었다. 또한, 웅연에서 줄포로 이어지는 줄포만 일대는 위도라는 천연 방파제를 끼고 있는 해상 교통의 요지였다. 보안이나 변산에서 순풍을 얻으면 쉽게 산둥에 도달할 수 있었으며, 남방항로가 이용되던 시기에는 흑산도를 떠난 사신의 배가 개경에 이르기 전에 정박하는 곳이었다.[194] 이러한 역사적 사실을 입증하는 유적이 변산 죽막동에서 발견되기도 하였다.[195] 이는 삼국시대부터 변산반도 일대가 해상활동 부분에서 중요한 역할을 담당 했음을 말해 준다.[196]

이외에도 변산과 곰소만 일대는 고려시대에 세 가지 측면에서 중요한 곳이었다. 그 중 첫째는 변산반도의 소나무가 안면도의 소나무와 더불어 고려시대, 조선시대에 선박의 재료로 사용되면서 이 일대에 배를 만드는 造船시설이 들어서 있었다는 것이다. 원의 일본원정 당시 군선을 제작한 곳도 변산이었고,[197] 허균이 해운판관으로 임명되었을 때 조운선 제작을 감독했던 곳도 변산이었다.[198]

---

194) 『高麗圖經』 卷37, 海道4 고섬섬. 1123년 고려를 방문한 서긍 역시 위도에 정박한 바 있다.

195) 國立全州博物館, 『扶安 竹幕洞 祭祀遺蹟』, 1994. 부안 죽막동 발굴보고서에 의하면 이 지역에서는 백제시대로부터 조선시대까지의 해상활동과 관련된 제사 의식 이 거행된 것으로 추정하고 있다.

196) 실제로 죽막동 유적은 바다를 한 눈에 전망할 수 있는 시야가 트인 곳에 자리잡고 있으며, 거리상으로도 중국과 매우 가까워 이러한 추측이 사실일 가능성도 매우 크다. 이규보가 지은 「全州重祭保安縣馬浦大王文」의 축문이 죽막동 제사유적지과 관련이 있는 것으로 볼 수도 있지 않을까 생각된다(『東國 李相國全集』 卷37, 祭文, 「全州重祭保安縣馬浦大王文」). 죽막동 제사유적과 변산 의 마포는 실제로 가까운 거리에 있다.

197) 윤용혁, 「여원 연합군의 일본 침입과 고려 軍船」, 『군사』 69, 국방부 군사편찬연구 소, 2008, 81~90쪽.

둘째, 이 지역이 강진과 더불어 전성기 고려청자의 생산지였다는
점이다. 이 지역에서 제작된 고려청자는 선박을 이용하여 중앙과 지방의
귀족들에게 전달되었다.

셋째, 이 지역에 전라도 서북 해안 지역의 조세를 집송하던 안흥창이
자리잡고 있었다는 점이다. 만경강, 동진강 일대에서 생산된 곡물들이
보안의 제안포에서 조운선에 실려 개경으로 운송되었던 것이다.

그렇다면 보안의 안흥창은 어느 곳에 자리잡고 있었을까. 그것은
안흥창의 소재지 제안포의 위치를 찾는 것으로부터 시작해야 할 것이
다. 『增補文獻備考』에는 제안포와 관련하여 다음과 같은 기록들이
남아있다.

> E-① 濟安浦는 북쪽으로 35리 지점에 있으며, 海浦의 넓이는 10리이다.
> 그 북쪽은 扶安 땅이고, 남쪽은 本縣의 땅으로 서쪽은 큰 바다와
> 연해 있다. 그 굽은 해안에는 西施浦·黔堂浦·今勿蟹浦 등의 浦口가
> 있다.[199]

> E-② 富安串은 興德의 沙津浦 남쪽 가로 넘어가 있어서 본군의 땅과는
> 서로 연접하지 아니하였으니, 바로 濟安浦의 포구이다. 본군과의 거리
> 는 46리이며, 무장 고을에서 제안포에 이르기까지는 35리이고, 부안(扶
> 安) 고을에서 제안포에 이르기까지는 50리이다.[200]

> E-③ 沙津浦는 서쪽으로 6리 지점에 있다. 장삿배가 닿는 곳으로, 북쪽으로
> 흘러서 가면 扶安의 濟安浦가 된다. 濟安浦는 남쪽으로 50리 지점에
> 있으니, 바로 興德縣 沙津浦의 하류로서 그 아래가 黔毛浦이고 또

---

198) 『惺所覆瓿藁』 卷18, 紀行(上) 漕官紀行.
199) 『增補文獻備考』 卷33, 여지고21 관방9 전라도 무장.
200) 『增補文獻備考』 卷33, 여지고21 관방9 전라도 고부.

玉浦가 되고, 서쪽으로 큰 바다에 연하였다. 고려 초기에 제안포라고 불렀다.[201]

　E-①~③ 기록대로라면 조선 후기까지 제안포라 불렸던 포구는 두 곳이다. 그 중 하나는 고부의 부안곶 일대이고, 다른 하나는 검모포와 줄포 사이이다. 즉, 서로 마주한 고창군 부안면과 부안군 보안면이 같은 이름으로 불렸던 것이다. 이는 「대동여지도」와 「동여도」에서도 확인할 수 있다.

　더 자세한 내용의 확인을 위해서는 조선 후기에 제작된 부안현 지도와 1914년 조선총독부가 발행한 지도를 살펴볼 필요가 있다. 두 지도에 따르면 검모포진이 있었던 진서면 구진마을과 柳川書院이 있었던 보안면 영전리 사이, 즉 지금의 영전저수지를 포함하여 보안현의 치소가 있었던 남포 일대까지의 계곡은 모두 갯벌이었다. 따라서 제안포 역시 유천리와 영전리 사이의 갯벌과 보안현의 치소가 있었던 남포리의 사이에 있었다고 보아야 할 것이다. 그렇다면 고려시대의 제안포가 혹시 조선 초기의 유포가 아니었을까하는 생각도 해 볼 수 있다. 『신증동국여지승람』에 의하면 부안의 유포와 검모포는 부안현으로부터 각각 50리, 51리 떨어져 있었던 것으로 기록되어 있기 때문이다. 유포는 유천리 고려청자 도요지와도 매우 가까운 곳에 있다.

(7) 영광 부용창

　칠산 앞바다라는 험로를 끼고 있던 영광은 조수 간만의 차가 크고 파도가 험하여 良港이 들어서기 어려운 곳이다.[202] 그러나 와탄천과 구암천이 합류하는 灣入部에 들어선 법성포[203]만은 예외여서 일찍부터

---

201) 『增補文獻備考』卷33, 여지고21 관방9 전라도 흥덕.
202) 『經世遺表』卷1, 地官戶曹 敎官之屬 漕運司 ; 『弘齋全書』卷177, 日得錄17 訓語.

외래 문화가 전래되는 창구의 역할을 해왔다. 백제에 불교를 전한 마라난
타가 법성포로 들어왔다는 전언[204]이나 신라 사신들이 법성포를 통해
중국으로 건너갔다는 등의 기록[205]은 이미 그 포구가 삼국시대부터
중요하게 활용되고 있었음을 말해준다. 또한, 영광은 고려 태조대의
명신 김심언의 고향이었으며,[206] 조선시대에는 상업이 발달하여 팔도의
고기배가 몰려드는 곳이기도 하였다.[207] 고려시대에 부용창이 설치된
이래 조선시대까지도 그 명맥이 이어진 것은 이러한 역사적 전통과
관련이 있을 것이다.

　부용창의 위치를 정확히 전하는 기록은 없지만 마을 노인들이 부용창
터라고 지목하는 곳은 두 곳이다. 하나는 와탄천이 바다로 흘러들어가는
길을 따라 들어간 고법성의 대덕산 아래쪽 공동묘지 부근이고, 다른
하나는 역시 고법성 입암리 대덕산 중턱의 평부등이다. 먼저 대덕산
공동묘지의 창터 추정지는 복룡·신덕 두 마을 사이 대삿고개라는 곳에
자리잡고 있다. 세곡을 노적했다고 전해지는 곳은 오른쪽으로 산을
끼고 동남쪽을 향해 있으며, 햇볕이 잘 들고 바람도 잔잔한 평지이다.
지금은 아래쪽에 농가 몇 채가 들어서 있지만 조선시대까지만 해도
그 아래쪽 마을까지 바닷물이 들어왔었다고 하는 것을 보면 고려시대에

203) 조선 이전의 법성포는 현재 고법성이라고 불리는 법성면 입암리 일대이다.
204) 법성포의 '法聖'은 물론이고, 古號였던 아무포와 부용포(연꽃) 등도 모두 불교와
　　관련이 있는 용어라고 전한다.
205)『法聖鎭誌』古蹟 ; 변동명,『한국 중세의 지역사회 연구』, 학연문화사, 2002,
　　218~219쪽.
206)『高麗史』卷93, 列傳6 金審言, "金審言靜州靈光縣人."
207)『新增東國輿地勝覽』卷36, 全羅道 靈光郡, "波市田은 군 북쪽 20리에 있는데,
　　조기가 생산된다. 매년 봄에 온 나라의 상선이 사방에서 모여들어 그물을
　　던져 고기를 잡아 판매하는데, 서울 저자와 같이 떠드는 소리가 가득하다.
　　그 고깃배들은 모두 세를 낸다." ;『만기요람』, 군정편 4 海防 西海之南, "옛적엔
　　七山이라고 하였는데, 조기가 많이 잡히어 해마다 봄철로 원근의 상선들이
　　사방에서 모여들어 시끄럽기가 시장과 같으므로 波市田이라 한다."

도 바닷가에 가까운 지점이었을 것 같다.

평부등의 조창 추정지는 대덕산 중턱의 절터라고 불리는 곳에 있다. 산 아래턱에서 창터 추정지까지 오르는 산등성이는 쉬파람골(휘파람골), 세운골(稅運谷) 등으로 불리는데, 전하는 이야기에 따르면 대덕산 아래에서 평부등까지 조세를 지고 산등성을 오르던 백성들의 숨소리가 휘파람 소리 같다고 해서 붙여진 이름이라고 한다.208) 조창이 있었다는 곳에는 마치 성벽처럼 돌을 쌓아 두른 담장이 네모반듯하게 남아있고, 주변에서는 기와편, 청자편 등이 목격된다.209) 또한, 담장 안에는 우물지와 함께 마당으로 쓰인 것으로 추정되는 공터도 있다. 만약 그 곳이 부용창터라면 현재 남아있는 고려시대 조창 중 가장 보존이 잘된 것에 속할 것이다. 그러나 조창터 추정지 일대가 절골이라고 불리는 데다가 실제로 6·25이 전까지 그곳에 사찰이 들어서 있었다고 하므로 현재 남아있는 것 중 어떤 것이 부용창 관련 유적인지 알기 어렵다. 목격되는 기와 중에는 고려시대 것으로 추정되는 것도 있으나 조선시대에 제작된 것으로 보이는 것도 적지 않다.

고법성의 입암리 일대까지 바닷물이 들어왔었다는 사실과 창터 추정지, 세운골 등의 지명, 그리고 고려 말·조선 초 2회에 걸쳐 세워진 매향비210)가 인근에 남아있는 것을 보면 부용창이 인근에 있었다는 사실은 의심의 여지가 없어 보인다. 그러나 두 창터 중 어느 것이 진짜 부용창터인지는 단정 짓기 어렵다. 왜구의 약탈을 피하기 위해 바닷가 조창을

208) 김영남, 『법성향지』, 법성향지편찬위원회, 1988, 131~132쪽 ; 정홍일, 앞의 논문, 18~19쪽.
209) 평구동은 산 중턱 500~600미터 지점(거리 기준)에 있다. 약간 가파른 산등성이를 타고 오르면 산 중턱에 이상하리만큼 넓은 평지가 나오는데, 그 곳을 마을 사람들은 평고등, 평구동, 또는 평부등, 팽부등이라고 부른다.
210) 입암리 매향비는 공민왕 20년(1371)과 태종 10년(1410)에 걸쳐 같은 돌에 두 개의 매향 사실을 기록한 것으로 현재 입암리 마을 회관 담장 안에 보관되어 있다.

92

내륙으로 옮겼다는 공민왕 7년 4월의 기사를 토대로[211] 공동묘지에 있는 것을 고려 전기의 부용창터, 산 중턱에 있는 것을 고려 말의 조창터로 볼 수도 있겠지만[212] 왜구의 침입을 피하기 위해 불과 500미터 위쪽으로 조창을 옮기는 것이 어떤 효과가 있었을지는 의문이다. 권근의 「용안성 조전기」에 따르면 고려 말 조전성이 등장하기 이전까지의 조창은 내륙 깊은 곳의 산성에 있어 그것을 운반하느라 삼동을 다 보냈으며, 봄이 되면 다시 바다로 수송하는데 길이 멀고 험하여 며칠이 걸려야 바닷가에 닿게 된다고 하였기 때문이다.[213] 이에 비춰보면 평부등의 조창터는 산 중턱에 있긴 하지만 권근이 묘사한 당시의 상황과는 부합되지 않는다. 인근에 산성이 있었다는 기록이나 흔적도 없어 방어시설을 갖춘 고려 말의 조창으로 보기 어렵다. 따라서 몇몇 학자들의 추정처럼 실제로 부용창이 대덕산 아래에서 중턱으로 이전하였다면 그것은 왜구 침략 이전의 사실일 것이다.

14세기 이후 부용창은 다른 조창과 마찬가지로 삼별초의 공격과 왜구의 침입으로 역할을 상실한 것으로 추정된다.[214] 삼별초의 근거지 진도와 가까운 위치에 있었으므로 공격을 받는 일이 잦았을 것이다. 그러나 조선 건국 후 다시 법성포에 법성포창이 설치되면서 부용창은 조창으로서의 기능을 회복하였다. 조창의 위치는 좀 더 해안가 쪽으로 내려갔지만 전라도 남부 지역에 조창이 설치되지 않은데다가 영산창에 서 올라오던 조운선이 침몰하는 일이 잦아지자 역할이나 규모는 오히려

---

211) 『高麗史』 卷39, 恭愍王 7年 4月.
212) 왜구의 침입으로 인한 부용창의 이전 가능성에 관한 추정은 『영광신문』, "향리학회 답사기 - 부용창"에도 언급되어 있다(『영광신문』, 2010. 8. 6).
213) 『陽村先生文集』 卷11, 「龍安城漕轉記」.
214) 『高麗史』 卷113, 列傳26 鄭地, "4년에 왜적이 靈光, 光州, 同福 등지에 침입하였다. 정지가 도순문사 池湧奇, 助戰元帥 李琳, 韓邦彦 등과 함께 추격해 玉果縣까지 가니 적은 彌羅寺로 들어갔다."

더욱 강화되었다.[215]

   그렇다면 조선시대 조창은 어떤 모습이었을까. 19세기 후반 영광 법성창의 모습을 보여주는 자료가 『지도군총쇄록』에 있다.

   F. 80여 리를 돌아 들어가면 항구가 있는데 사방에 산이 껴안은 가운데 하나의 별세계가 열려있다. 인가 천여 호가 고기비늘처럼 붙어 있어 제비집 같다. 항구 앞에 이르면 배의 노가 화살촉처럼 빼곡하게 들어차 있어 마치 삼밭 같다. 또 동헌은 반쯤 언덕진 곳에 있어 각 관아 건물을 차례로 배치하였고, 관아 오른쪽에 객사가 있고 좌기청이 있으며, 또 12읍의 조창이 좌우에 나열해 있고 ….[216]

   위의 자료에 따르면 법성창에는 포구를 중심으로 군현의 조세를 각각 보관하는 창고가 별도로 존재하고 있었던 것 같다. 인용구절에 있는 12읍의 조창이란 『속대전』에 기록된 12개 읍의 조창을 가리킨다. 고려시대 부용창도 이와 크게 다르지 않았을 것이다. 관아 건물과 군현별 조창이 함께 결합된 구조를 이루고 있었으며, 조창에 소속된 백성들의 가옥이 조창 인근에 자리잡고 있었을 것이다. 또한, 창고 건물은 조선 후기와 같이 군현별 조창 건물이 마련되어 있지는 않더라도 방어시설을 갖춘 곳에 관아와 함께 자리잡고 있었을 가능성은 크다.

---

215) 『中宗實錄』7年 9月 27日 戊戌.
216) 『智島郡叢瑣錄』, 5월 13일.

94

〈사진 5〉 **대덕산 기슭 대삿고개의 부용창 추정지 전경** 대덕산 동쪽 기슭 대삿고개에 부용창터라고 불리는 지명이 남아있다. 700~800m 앞쪽에 개울이 하나 있는데, 지금도 그 개울까지 바닷물이 들어온다고 한다.

〈사진 6〉 **대덕산 중턱 평부등의 부용창 추정지** 대덕산 중턱 평부등이라는 편편한 곳에 남아있는 건물지이다. 돌을 쌓아 성벽처럼 울타리를 만들었는데, 마을 사람들 사이에서는 절터라고 불린다. 실제로 1940년대까지 절이 있었는데 6·25 때 폭격을 받아 불타 없어졌다고 한다. 울타리 안에 우물터도 남아있으며, 주변에서는 청자편이 간혹 목격된다.

(8) 나주 해릉창

나주의 해릉창은 현재의 목포시 삼영동 일대에 있었다고 알려져 있다.[217] 그러나 나주 영산포에 있었던 것은 해릉창이 아니라 고려 말에 축조된 조전성[榮山城]이다. 이에 관해서는 다음의 자료들이 참고된 다.

> G-① 南海浦(前號木浦 通義郡), 通津浦(前號置乙浦 羅州海陵倉在焉)[218]

> G-② 錦江津은 一名 錦川, 木浦이며, 혹은 南浦라고도 한다. 곧 광탄의 하류인데 주의 남쪽 11리에 있다.[219]

> G-③ 榮山倉 - 錦江津 언덕에 있으니 곧 榮山縣이다.[220]

> G-④ 榮山倉은 錦江津가에 있는데 菜山縣(榮山縣의 誤記로 추정 _필자 주)의 옛 터이다. 國初(조선 초 _필자 주)에 漕倉을 두고 倉城을 쌓아, 나주·광주·순천·강진·진도·樂安·광양·화순·남평·동복·興陽·무안·능주·영암·보성·장흥·해남 등의 田稅를 이곳에서 서울로 운송하였다.[221]

위의 기록들을 통하여 고려시대 이래 나주 남쪽 영산강변에는 조운과 관련된 2개의 포구가 자리잡고 있었음을 알 수 있다. 남해포와 통진포가 그것인데, 남해포는 성종 11년 이전의 명칭이 목포였으며 나중에는 영산포, 금강진 등으로 바뀌었다. 반면, 통진포는 옛 이름이 置乙浦였으며, 해릉창의 소재지였다. 즉, 해릉창이 있었던 곳은 남해포가 아니라

---

217) 국립해양문화재연구소, 『고려 뱃길로 세금을 걷다』, 121쪽.
218) 『高麗史』 卷79, 志33, 食貨2 漕運.
219) 『新增東國輿地勝覽』 卷35, 羅州牧.
220) 『新增東國輿地勝覽』 卷35, 羅州牧.
221) 『大東地志』 全羅道 羅州牧.

통진포였던 것이다. 따라서 금강진 언덕에 자리잡고 있었던 고려시대 조창은 고려 말에 새로 만들어진 조전성, 즉 영산창일 뿐 해릉창이 아니다.

해릉창의 소재지에 대해서는 보다 면밀한 연구가 필요하겠지만 비교적 큰 배가 드나들었던 나주의 서남쪽 영산강변 會津 일대에 자리잡고 있었을 가능성이 크다.[222] 나주 회진성 발굴조사 보고서에 따르면 회진성은 백제시대에 처음 축조되어 통일신라시대를 거쳐 고려시대까지 이용되었다고 한다.[223] 이는 회진성 일대가 고려시대 해릉창과 일정부분 관련을 맺고 있었음을 입증하는 증거라고 할 수 있다.

(9) 영암 장흥창

장흥창의 소재지 영암은 일찍부터 남중국으로 가는 뱃길이 발달한 곳이었다. 흔히 서해 남부 사단 항로라고 불리는 이 길은 신라시대에 개척된 이래 상인들과 도당 유학생들에게 널리 이용된 것으로 알려져 있다.[224] 이에 대해서는 다음의 기록을 참고할 만하다.

H. 신라가 당나라로 들어갈 때에는 모두 본군(나주) 바다에서 배가 떠났다. 하루를 타고 가면 흑산도에 이르고, 이 섬에서 또 하루를 가면 홍의도에

---

222) 회진현은 신라 말·고려 초 당에서 귀국한 승려들이 가장 많이 이용한 포구였다. 그것은 회진현 일대까지 큰 선박이 드나들 수 있었다는 이야기가 된다. 따라서 해릉창도 회진현 부근에 자리잡고 있었을 가능성이 크다. 이에 관해서는 변남주도 유사한 주장을 펴고 있다(변남주, 「前近代 榮山江 流域 浦口의 歷史地理的 考察」, 목포대학교대학원 박사학위논문, 2010, 140~141쪽).

223) 문화재청·국립나주문화재연구소, 『羅州 會津城』, 문화재청 국립나주문화재연구소, 2010. 발굴보고서에 따르면 성곽유적지에서는 고려시대 어골문 기와편과 청자편 등이 출토되었다.

224) 『硏經齋全集』 外集 卷64, 雜記類 名塢志, "靈巖之月出山南爲月南村 山西爲鳩林村 並新羅時名村也 月出山極淸秀 俗稱本國外華盖山 又云小金剛山 又名曹溪山 地在西南海之交 新羅朝唐 發船於此."

이르며, 또 하루를 타고 가면 곧 치주의 영파부 정해현에 이른다.
… 또 남송이 고려와 통하던 때에도 정해현 해상에서 출발하여 고려
국경에 상륙하였는데, 그곳이 곧 영암군이다.[225]

이 시기 영암에서 중국으로 떠나는 사람들이 이용했던 포구는 영암
월출산과 영산강 하류 사이 구림촌 일대에 자리잡은 상대포였다고
한다.[226] 상대포는 왕인이 일본으로 떠났다는 설화가 전해지는 곳이기도
하다.[227] 이를 통해 당시 상대포가 중국은 물론 일본과도 연결되는
거점 포구였음을 알 수 있다. 이러한 지리적 이점으로 인해 일찍부터
영암에는 德津浦, 潮東浦 등의 포구가 형성되어 조세 集送의 역할을
맡고 있었다.

장흥창의 위치는 아직까지 정확히 추정된 바 없으나 최근 현장 조사를
통해 연구를 진행한 학위논문 두 편이 발표되어 주목을 끈다. 공교롭게도
두 논문의 저자가 장흥창 추정지로 지목한 곳은 월출산을 사이에 두고
남과 북의 서로 다른 곳에 있다. 먼저 북쪽에 있었다고 보는 연구자는
조선시대 영암군의 해창터를 고려 장흥창터로 비정하고 있다.[228] 현재
영암의 해창터로 지목이 되는 곳은 영암군 영암읍 망호리[229]와 군내면
해창리의 해창터[230] 두 곳이다. 이처럼 두 개의 같은 이름이 전하는

---

225) 『擇里志』, 全羅道 羅州條. 이와 관련하여 강봉룡은 이중환의 『택리지』와 기경부
의 논문을 토대로 구림촌→ 흑산도→ 홍의도(홍도)→ 가거도→ 영파로 이어지
는 코스를 소개하기도 하였다(강봉룡, 「신라말~고려시대 서남해 지역의 한·중
해상교통로와 거점 포구」 『한국사학보』 23, 2006, 383쪽).

226) 강봉룡, 위의 논문, 390~391쪽.

227) 강봉룡, 위의 논문, 391쪽.

228) 변남주, 앞의 논문, 68쪽.

229) 『輿地圖書』 全羅道 靈巖郡 田稅. "田稅 元米 一千七百五石三斗九升 太六百六十三石七
斗二升 位太一百九十八石一斗五升 … 合隨歲豐歉或減或增正月開倉 二月收捧自海倉
裝載歷本郡梨津前洋右水營 靈光法聖 忠淸道元山 永宗浦 達于廣興倉前二十日程."

230) 『大東地志』 全羅道 靈巖郡 倉庫, "海倉在郡五里 西倉在郡四十里 在郡八十里 在郡一

이유는 망호리에 있었던 해창이 해창리의 해창으로 이동했기 때문이라고 이해되고 있다.²³¹⁾ 망호리 해창이 토사에 의해 막히자 좀 더 바다쪽에 가까운 해창리의 해창으로 옮겼다는 것이다. 이는 장흥창의 위치를 영암 관내에서 찾고자 하는 기존 연구자들의 입장과 크게 다르지 않다.²³²⁾

이와 달리 정홍일은 장흥창의 위치를 강진만의 남포마을에 비정하였다.²³³⁾ 기존의 장흥창 추정지인 군서면 해창리 해창터는 해릉창으로부터 너무 가깝고, 영산강 하구에서 내륙으로 치우친 곳에 자리잡고 있어 군현에서 조창으로의 운송이 여의치 않다는 것이다.²³⁴⁾ 다른 조창들이 바다와 강이 만나는 지점, 특히 조세를 납부하는 지역과의 접근성이

百二十里." 梨津은 본래 영암군 북평종면이었으나 지금은 해남군 북평면에 속해 있다. 공식적 지명은 전남 해남군 북평면 이진리이다. 이진은 조선시대에도 제주로 가는 배를 타는 곳으로 알려져 있다. 이에 대한 기록은『大東地志』,『南槎錄』 등에 자세하다. 『南槎錄』에는 제주를 오고 가는 곳이 다음과 같이 실려 있다. "강진·해남 두 현은 모두 바다에 있다. 무릇 제주를 왕래하는 公行은 반드시 여기에 와서 배를 탄다. 해남은 館頭浦이고 강진은 白道浦이며 영암의 梨津浦가 강진과 서로 가까이 있으므로 바람을 기다리는 사람은 모두이 세 곳에 모이고 매년 해남·강진의 두 읍은 모여 이 호송하는 일에 輪番을 정한다."

231) 변남주, 앞의 논문, 68~69쪽.
232) 국립해양문화재연구소,『고려 뱃길로 세금을 걷다』, 121쪽 ; 한정훈,「고려시대 교통과 조세운송체계 연구」, 부산대학교 박사학위논문, 2009, 170쪽 ; 김경수,「영산강 수운 연구」, 고려대학교 석사학위논문, 1987, 25쪽.
233) 정홍일,「고려시대 전라도 지방 조창연구」, 목포대학교대학원 석사학위논문, 2012, 22~23쪽. 정홍일이 장흥창의 소재지로 강진만을 지목한 가장 큰 이유는 강진만의 지리적 입지 때문이다. 남포마을은 장흥 가지산에서 발원한 예양강과 영암 월출산에서 발원한 작천이 합류하는 지점으로 수운을 이용하여 조창에 도달하기에 적지라는 것이다. 또한, 장흥이라는 지명의 유래를 장흥창에서 찾고 있는 것도 주목된다. 본래 영암의 정안현으로 불리던 장흥은 인종대에 공예태후 임씨의 고향이라는 이유로 승격되었는데, 이때 이 고을에 장흥창이 있었기 때문에 지역 이름이 장흥이 되지 않았나 하는 것이다.
234) 정홍일, 위의 논문, 21쪽.

좋은 곳에 위치하고 있다는 점을 고려하면 정흥일의 주장은 매우 설득력 있게 들리는 것이 사실이다. 그러나 그러한 주장을 뒷받침할 만한 구체적 근거를 제시할 수 없다는 한계가 있다. 새롭게 추정한 장흥창 추정지에는 남포라는 포구 명칭만 남아있을 뿐, 조창터이었음을 입증할 토성이나 문헌자료가 남아있지 않다.

위의 두 주장과는 다르지만 장흥창 소재지로 추정되는 유력한 곳이 하나 더 있다.[235] 행정구역 상 전남 해남군 마산면 맹진리 맹진포인데, 『신증동국여지승람』 해남조에는 죽성포라고 기록되어 있다.[236]

I-① 竹城浦는 현의 북쪽 30리에 있다. 浦 위에 山城의 옛터가 있는데,
　　전하는 말에 田稅를 거두어들이던 곳이라 한다.[237]

---

235) 맹진포를 장흥창의 소재지로 보는 연구자가 있다는 것은 강봉룡·변남주에 의해 이미 소개된 바 있다(고석규·강봉룡 외, 『장보고 시대의 포구조사』, 해상왕 장보고기념사업회, 2005, 41쪽). 위 연구자들은 그러한 주장에 대해 적극 동의하지는 않았지만 맹진포 일대에서 고려청자가 다수 목격되는 점, 신증동국여지승람에 옛 수조처로 기록되어 있는 점, 법성포와 마찬가지로 매향비가 남아있는 점 등을 통해 볼 때 고려시대에 일정 부분의 역할을 했던 포구라는 사실에는 주목하고 있다.

236) 孟津의 이전 명칭은 馬浦였다. 본래 해남군 마포면에 속한 지역으로 큰 나루가 있으므로, 맏나루, 맏나리, 말나리 또는 맹진 등으로 불렀는데, 1914년에 인근 지역과 합쳐지며 맹진리가 되었다. 마포의 馬는 크다는 의미이므로 맏, 우두머리를 뜻하는 孟과 馬는 같은 의미이다(한글학회, 『한국지명총람』16, 138쪽). 맹진리 만대산 북서쪽 장군바위에는 조선 초에 제작된 매향비가 남아있기도 하다(國立木浦大學 博物館 외, 『海南郡의 文化遺蹟』, 1986). 마포 일대의 옛 이름이 죽성포였다는 사실은 남아있는 지명에 '대생이', '대성평'이라는 지명을 통해서도 알 수 있다. 이들은 모두 죽성산 밑에 있다.

237) 『신증동국여지승람』卷37, 全羅道 海南縣. 일제 강점기에 발간된 『조선보물고적 조사자료』에는 성에 관한 기록이 다음과 같이 적혀 있다. "맹진리의 상부 작은 구릉에 있다. 해남과의 거리는 북방 2리, 海南車道 가장자리에 있다. 바다에 臨해 있으며, 城壁은 鉢卷狀(일본에서 투구를 쓸 때 머리에 감는 수건모양)이며, 산 정상을 둘러쌓았다. 記錄口碑 같은 것은 없다."(朝鮮總督府, 『朝鮮寶物古蹟調査資料』, 1942).

100

I-② 竹城浦城은 북쪽 30리에 있는데, 山城의 古基址가 있다. 세상에서 傳하기를, "옛날에 田稅를 收納하던 곳이다"라고 한다.[238]

맹진리가 속한 마산면은 영암과 해남의 사이이며, 고려시대에는 영암에 속해 있었다. 지리적으로는 포구에서 서해로 나가는 입구가 달리도라는 섬으로 막혀 있어 바다에서 밀려오는 파도의 영향을 직접 받지 않는다. 달리도는 잘 알려진 것처럼 '달리도선'이라는 고려시대 선박이 출토된 곳이기도 하다.

또한 맹진리는 영암 방면에서 내려오는 계곡천과 해남 방면에서 흘러내려오는 옥천천이 합류하는 지점이다. 화원반도 안쪽에 자리잡고 있어 물길이 빠르기로 유명한 명량해협도 피해갈 수도 있다.

이러한 여러 가지 조건에 비춰볼 때 마산면 맹진포는 영암, 해남, 강진, 진도, 압해 등 인근 지역의 조세를 모으기에 적합한 지역이라고 판단된다. 맹진리 서남쪽에 해남의 북창이 있었고,[239] 맹진리 포구 위에 조세를 수납한 곳이라고 전하는 작은 토성이 남아있다는 사실은 이 지역이 조세 수납과 발송에 유리한 지역이었음을 보여준다.[240] 조선 후기 실학자 유형원이 새로 증설할 창고를 언급하면서 그 중 하나를 해남(영암의 남쪽 접경)으로 지목한 것도 매우 흥미로운 사실이다.[241]

맹진리 토성의 축조 시기에 대해서는 백제시대로 파악하고 있으나 주변에서 목격되는 유물 중에 청자편이 포함되어 있는 것으로 보아 고려시대에도 활용된 것은 확실해 보인다. 또한 성이 조세 수납처로

238) 『增補文獻備考』卷27, 輿地考15 關防3 全羅道 海南.
239) 한글학회, 『한국지명총람』16, 138쪽.
240) 『해남신문』 2008년 01월 18일.
241) 『磻溪隨錄』卷3, 田制後錄(上) 漕運, "(此擬增置) 海南境置一倉宜於靈巖南境連境處." 새로 증설할 창고로 제안한 것은 瑞山, 扶安, 海南, 順天, 泗川, 昌原 등 안란창을 제외한 고려시대 조창 전부이다.

활용된 시기는 『신증동국여지승람』이 발간되기 이전이므로 고려시대
로 보아도 무방할 것이다.

〈사진 7〉 맹진리 마을유래비(위)와 조
운선이 들어왔을 것으로 추정되는 하천
(아래)   맹진리 마을유래비 뒤편으로
보이는 낮은 산에 옛 토성터가 있다.
그것이 『신증동국여지승람』 등에 남
아있는 조세를 거두었다는 산성이
다. 마을 앞 개울은 물이 많이 줄었지
만 하구둑 공사 이전에는 이곳까지
바닷물이 들어왔었다고 한다.

마산면 장촌리 은적사라는 절에 통일신라 말 조성된 것으로 보이는 철불이 모셔져 있는 것도 나말·여초 이 지역의 위상을 보여주는 사실이라 고 할 수 있다.[242]

이러한 사실들을 종합적으로 고려하면 백제시대에 축조된 토성을 고려시대 수조처로 활용했다고 이해할 수도 있을 것이다.

세 곳의 장흥창 추정지 가운데 가장 유력한 곳은 해남군 마산면 맹진리 맹진포 일대라고 판단된다. 맹진포의 소재지 해남의 옛 이름은 塞琴縣이었는데,[243] 이는 김양진이 추정한 바와 같이 潮東浦의 옛 이름인 薪浦 즉 '새애'[244]도 이와 관련이 있을 것으로 추정된다.

(10) 승주 해룡창

『신증동국여지승람』에 의하면 해룡창은 순천부의 해룡산에 있었 다.[245] 해룡산은 전남 순천시 홍내동에 있는 해발 54~76m의 비교적 낮은 산이다. 그 위에 나말여초에 축조된 것으로 추정되는 성터가 있는데, 그것이 해룡창터로 추정되는 유적이다. 성의 북쪽에서는 순천 東川이, 서남쪽에서는 伊沙川이 각각 흘러와 해룡산성의 남쪽에서 만나 바다로 유입된다.[246]

---

242) 문화재관리국, 『문화유적총람』, 1977 ; 전라남도, 『해남의 문화유적』, 1986. 이 철불은 마산면 공세포 바다에서 떠내려 온 것을 조선시대에 절을 새로 지으면서 은적사에 모시게 되었다고 한다. 맹진리 토성의 하류에 위치한 산막리 토성 인근, 산막천에도 공세포라고 불리는 포구가 있다. 이러한 사실은 이 지역이 오랜 기간동안 조세 수납과 밀접한 관련을 맺고 있었음을 보여주는 사실이다.

243) 국토해양부 국토지리정보원(편), 『한국지명유래집』(전라·제주편), 국토지리정 보원, 2010, 807쪽.

244) 김양진, 「『高麗史』食貨志 漕運條 所載의 몇몇 地名에 대하여」 『지명학』 16, 2010, 217쪽.

245) 『新增東國輿地勝覽』 卷40, 全羅道 順天都護府 古跡, "海龍倉 — 海龍山에 土城 옛터 가 있는데, 세상에서 전하기를 세금을 받아서 바다로 운반하던 곳이라 한다."

해룡산성 발굴보고서에 따르면 성이 축조된 시기는 통일신라 말이며, 고려 전기에 한 차례 증축이 이루어진 것으로 추정된다고 한다.[247] 이를 통해 해룡창은 수운이 편리한 지역에 위치한 낮은 산의 토성 안에 자리잡고 있었음을 알 수 있다. 이는 고려시대 조창의 전형적인 입지양상이다.

해룡산성과 함께 주목할 만한 인물은 나말여초 이 지역에서 활약한 호족인 박영규이다. 박영규는 견훤의 사위로 견훤이 왕건에게 귀부하자 자신도 고려에 와서 출사하였다. 그 후 승승장구하여 세 딸을 태조와 혜종에게 출가시킨 후 벼슬이 삼중대광에 이르렀으며, 사후 해룡산을 지키는 산신이 되었다고 전한다.[248]

『신증동국여지승람』에 박영규와 함께 기록된 박난봉 역시 순천 박씨로 사후 麟蹄山神이 되었다고 전하고 있다.[249] 인제산은 해발 346.2m이며, 지도상에는 남산으로 표기되어 있다. 전하는 이야기에 의하면 박난봉은 고려 定宗 때 외적을 무찌르고 순천을 지켜낸 인물이라고 한다. 지금도 인제산에는 박난봉 사당터가 남아있다. 이를 통해 볼 때 박난봉은 박영규의 후손으로 여겨지며, 대대로 순천 박씨들이 이 지역의 호족으로 득세하고 있었음을 알 수 있다. 박영규에 대한 보다 자세한 내용은 『江南樂府』에 전한다.

> J. 『平陽舊志』에 이르기를 박영규는 江南君의 후손이다. 甄萱의 사위가 되었으며 이 땅(순천)의 君長이 되어 해룡산 아래 鴻雁洞을 근거지로 활동하였다. 후에 고려에 항복하여 좌승의 벼슬을 받았으며, 죽은

---

246) 丸龜金作,「高麗の十二漕倉に就いて」『靑丘學叢』 21, 1935, 156쪽.
247) 순천시·순천대학교박물관,『順天 海龍山城』, 순천대학교박물관, 2002 ; 변동명, 「海龍山城과 順天」『역사학연구』 19, 전남사학회, 2002, 108쪽.
248) 『新增東國輿地勝覽』 卷40, 順天都護府, 人物條.
249) 『新增東國輿地勝覽』 卷40, 順天都護府, 人物條.

후 해룡산신이 되었다.[250]

『신증동국여지승람』을 비롯하여 조선시대 기록에 순천부 남쪽 10리
에 위치한 해룡산성 인근의 포구는 기록되어 있지 않다. 따라서 박영규가
활동했다는 해룡산 아래 홍안동이 어디인지는 명확하지 않지만 해룡산
성의 소재지 홍내동과 위의 기록에 등장하는 홍안동을 연결지어 생각하
는 것은 가능하다.[251] 이를 통해 조양포 역시 홍내동 일대에 있었음을
알 수 있다.

지리적으로 해룡창은 주변 지역의 수운 또는 해운과 연결되기 쉬운
곳에 자리잡고 있다. 순천의 동천과 이사천의 물길이 내륙까지 깊게
파고든 것은 아니지만 동쪽 광양만으로 내륙과 연결되는 섬진강이
흐른다. 섬진강을 타고 내려온 선박들은 광양만으로 나와 순천시 해룡면
신성포에 닿거나 여수반도를 돌아 직접 해룡산 아래에 닿았다. 신성포는
정유재란 당시 조·명연합군과 일본군 사이의 최대 격전지이자 이순신
장군의 마지막 전투인 노량해전이 일어난 곳이기도 하다.

해룡창은 고려 말 왜구의 침입으로 전라도 일대가 초토화되면서
세력을 크게 잃은 것으로 추정된다. 또한, 조선 초 조운이 재개될 때
전라도 지역의 조창이 법성포와 영산포, 진성창 등지에만 설치되면서
조운창으로서의 기능을 완전히 상실한 것으로 보인다.[252] 조선 태종
때 경상도 지역의 조세를 순천 해룡창에서 모았다가 조운했다는 기록이

---

250) 『江南樂府』 麟蹄山條, "平陽舊志曰 朴英規江南君之後也 爲甄萱婿而君長於此土
據道里海龍山下鴻雁洞(有古城址)後降於高麗賜爵左丞 死後海龍山神(古有祠今廢)
爲順天朴氏中始祖."

251) 정청주, 「新羅末·高麗初 順天地域의 豪族」 『역사학연구』 18, 전남사학회, 2002,
30~32쪽.

252) 조선 건국 이후 해룡창이 재건되지 못한 이유는 원거리 수송에 따른 패몰사고를
우려했기 때문이 아닐까 싶다. 조선초에 설치된 경상도 남해안의 조창도 태종
이후 폐지되었다.

있긴 하지만 구체적인 사실과 置廢 시기에 대해서는 알기 어렵다.[253] 해룡창의 역할이 줄어드는 또 하나의 요인을 제공한 것은 토사의 축적이었다.[254] 앞서 언급한 것처럼 해룡산을 감싸고 흐르는 두 줄기 강물은 해룡산을 천혜의 요새로 만드는 동시에 끊임없이 토사를 운반해 와서 해룡산 앞 포구 지역을 메웠다. 이는 배가 드나드는데 큰 장애가 되었다. 조선 후기 海倉이 해룡산성보다 훨씬 더 서남쪽인 해룡면 해창리에 설치된 것은 이러한 상황이 반영된 것이다.[255]

(11) 사주 통양창

통양창의 소재지 泗州는 신라 경덕왕 이래 고성의 관할이었다가 고려 초에 康州[현재의 진주]에 소속되었다. 당시의 사천은 지금의 사천시[삼천포 일대]가 아닌 사천읍 일대였다.[256] 지리적으로는 바다에서 육지로 움푹 들어간 곳에 위치하였으므로 선박의 정박에 유리한 조건을 갖추고 있었다. 따라서 사주 일대는 康州로 들어가는 길목으로 활용되었을 가능성이 크다.[257]

나말여초 강주 지역의 호족 세력은 짧은 기간 동안 여러 번 교체된 것으로 알려져 있다. 고려 건국 직후인 920년 무렵 강주의 유력한 호족은 친고려적 성향의 인물인 윤웅이었다. 그는 아들을 고려에 인질로 보내고 친선을 도모하였다.[258] 그러나 924년 견훤의 대대적인 공격을 받아

---

253) 『成宗實錄』 卷216, 19年 5月 25日 戊子.

254) 변동명, 「海龍山城과 順天」 『역사학연구』 19, 전남사학회, 2002, 116쪽.

255) 정청주, 「新羅末·高麗初 順天地域의 豪族」 『역사학연구』 18, 전남사학회, 2002, 29쪽.

256) 『高麗史』 卷57, 志11 地理2 晉州牧. 사주는 본래 신라의 史勿縣인데 경덕왕은 泗水로 고쳐서 固城郡의 관할 하에 현으로 만들었으며, 고려 초에 진주에 복속되었다. 고성군 역시 진주의 관할이었다.

257) 신라 경명왕 시기 강주 호족 왕봉규의 해상활동은 사주지방을 통해 이루어졌을 가능성이 크다(『三國史記』 卷12, 新羅本紀 景明王 8年 春 正月).

윤웅은 몰락하고, 그 대신 왕봉규가 득세하였다.259) 의천주 지역에서
독립적 세력을 형성하여 강주까지 세력을 확장한 왕봉규는 독자적으로
후당에 사신을 보내기도 하는 등 활발한 해상활동을 전개하였으나260)
927년 왕건이 이 지역을 장악한 후에는 유문에게 자리를 내주었다.
그후 928년 견훤이 다시 이 지역을 장악함에 따라 후백제 영역으로
넘어갔다.

이처럼 고려와 후백제가 강주 지역을 둘러싸고 오랫동안 치열한
경쟁을 벌인 것은 강주의 해안에서 중국 또는 일본으로 건너가는 뱃길이
열린 중요한 지역이었기 때문이다. 따라서 사천 통양창이 설치된 통조포
는 강주 호족 왕봉규가 해상활동을 전개하던 시기 중국과 이어지던
관문이었을 것이다.

『신증동국여지승람』에 의하면 통양창은 현의 남쪽 17리, 통양포는
남쪽 20리에 있다.261) 이처럼 조선 건국 이후에도 포창과 조창의 위치가
함께 남아있었던 것은 통양창이 조선 건국 이후에도 金海의 佛巖倉,
昌原의 馬山倉과 함께 경상도 지역의 조세를 수집·발송하는 역할을
담당하였기 때문이다. 그러나 태종대에 이르러 해로가 험악하여 파선·
침몰이 잦아지자 결국 경상도 지역의 조운은 중단되었으며,262) 그에
따라 통양창도 기능을 상실하였다.

---

258) 『高麗史節要』卷1, 太祖神聖大王 3년 정월.
259) 이 시기 왕봉규의 활동을 연구한 논문으로는 김상기, 「나말 지방군웅의 대중통
교-특히 왕봉규를 중심으로」『황의돈박사고희기념 사학논총』, 동국대학교
사학회, 1960 ; 『동방사논총』, 서울대학교 출판부, 1974 ; 이도학, 「後百濟의
加耶故地 進出에 관한 檢討」『白山學報』58, 2001 ; 이현모, 「羅末麗初 晋州地域의
豪族과 그 動向」『역사교육논집』30, 2003 ; 최영호, 「나말여초 김해지역의
대중국(對中國) 해상교섭」『石堂論叢』, 2011 등이 있다.
260) 위와 같음.
261) 『新增東國輿地勝覽』卷31, 慶尙道 泗川縣.
262) 『世宗實錄地理志』, 慶尙道.

이후 통조포의 통양창은 임진왜란 중에 왜장 石曼子가 이곳에 웅거한 이래 왜성이라고도 불리다가[263] 전선소로 변화하였다. 다음의 구절은 통조포의 위치를 가늠하는 데에 중요한 역할을 한다.

> K. 通洋倉城은 현의 남쪽 17里에 있고 土城의 둘레가 3,086尺이며 즉 옛날에 租稅를 거두어들인 곳이다. 戰船所는 縣에서 남쪽 17里인 通洋倉城 안에 있다.[264]

즉 통양창과 통조포가 형성된 장소가 곧 조선시대의 戰船所였던 것이다. 통양의 전선소는 통양면 통양리에 있었다. 통양리라는 명칭 역시 통조포로부터 비롯된 것으로 보인다.[265] 따라서 통양리 일대가 통조포, 선진리 일대가 통양창성이었을 것으로 보는 기존의 비정[266]에 큰 무리가 없어 보인다.

(12) 합포 석두창

석두창의 소재지 合浦는 본래 경덕왕 이전까지 骨浦라고 불렸다. 『三國史記』와 『三國遺事』에 骨浦는 고대 浦上八國 중 骨浦國으로 해상네트워크를 장악하기 위해 주변 국가들과 가야와 신라를 공격한 해상세력으로 등장한다.[267] 이들 여덟 나라가 가야와 신라를 공격한 작전은 실패했지

---

263) 『大東地志』卷9, 경상도, 사천, 창고.
264) 『泗川縣 餘地勝藍』古蹟條 ; 『東國輿地志 泗川縣』.
265) 김재명, 「고려의 조운제도와 사천 통양창」, 『한국중세사연구』20, 한국중세사학회, 175~176쪽. 김재명은 그의 논문에서 통양리라는 지명이 통양창에서 유래했으며, 통조포를 비롯하여 통양창 역시 몇 개의 마을로 구성된 복수 촌락이었을 것이라고 보고 있다.
266) 김재명, 위의 논문.
267) 鄭孝雲, 「九州 海岸島嶼와 東아시아의 戰爭 - 고대 韓·日지역세계의 대외적 교섭을 중심으로」, 『동아시아고대학』15, 동아시아고대학회, 2007, 238~242쪽.

만 이 기록을 통해 일찍부터 골포 지역에 해상세력이 존재했음이 확인된다. 이후 경덕왕이 골포를 合浦로 고친 후 충렬왕 8년(1282) 회원현으로 개칭될 때까지 합포라는 지명은 그대로 이어졌다. 『高麗史』에 의하면 성종 11년에 浦倉의 명칭이 개칭될 때 骨浦가 螺浦로 바뀌었다고 하는데, 이를 통해 지명이 합포로 개칭된 후에도 여전히 합포의 포구는 골포라고 불렸음을 알 수 있다.

고려 건국 이전의 합포는 창원시 토월동에 있는 진례산성과 관련이 있었다고 생각된다.[268] 신라 말 창원의 進禮山城 일대에서 세력을 떨친 호족은 伽倻係 新金氏의 대표 인물이자 6두품 출신의 유학자 출신인 金仁匡이었다. 김인광은 본래 진례성의 知諸軍事였던 소율희가 김해지역을 장악하게 되자 그 뒤를 이어 진례성의 지제군사가 되었으며,[269] 훗날 봉림사 개창을 도운 인물로 알려져 있다. 이러한 사실들을 고려하면 합포 석두창의 소재지 나포(골포)는 김해와 함께 창원 진례산성의 해문 역할을 하는 포구였을 가능성이 매우 크다.[270] 9산 선문 중의 하나인 봉림사가 진례산성을 중심으로 서쪽인 합포 인근에 세워졌으므로 진경대사를 만나러 봉림사에 드나들던 사람들 역시 합포 또는 그 부근의 포구를 이용하였을 것이다.

합포 일대는 김해보다 조창이 들어서기에 유리한 지리적 조건을

관련기록은 『三國史記』 卷48, 열전 勿稽子 ; 『三國遺事』 卷5, 避隱 勿稽子편에 있다. 浦上八國의 가야 공격에 관해 『三國史記』에는 구체적 연도가 없으나 『三國遺事』에는 奈解王 17년(212)으로 기록되어 있다. 이들은 3년 후 다시 신라의 변경을 침입하였다가 실패하였다.

268) 진례산성의 위치에 대해서는 많은 이견이 있다. 본서에서는 하현강의 창원설(국사편찬위원회, 『한국사』 4, 1974, 32쪽)에 따라 글을 전개하고자 한다. 이에 대한 자세한 내용은 정선용의 「고려태조의 대신라동맹 체결과 그 운영」(『한국고대사탐구』 3, 한국고대사탐구학회, 2009, 130쪽)에 잘 정리되어 있다.

269) 『新增東國輿地勝覽』 卷32, 慶尙道, 金海都護府.

270) 구산우 외, 『경남 창원 진례산성』, 선인, 2011. 진례산성에서 마산쪽으로 이어지는 길목에서 신라시대 도로 유적이 발굴되기도 하였다.

갖추고 있었다. 거제도·가덕도 등의 섬이 바다로부터 밀려오는 거센
바람과 파도를 막아주는 천혜의 포구였으며, 낙동강과 바다가 직접
만나는 지점에 위치한 김해보다 자연재해의 위험도 적었다. 또한, 깊숙한
만에 자리잡고 있어 배를 정박시키기거나 제작하는 데 적격이었다.
여·몽연합군이 일본을 공략할 때 합포를 군사기지로 활용한 것 역시
합포가 갖는 이러한 자연조건을 고려했기 때문이라고 생각된다.[271]
석두창으로 조세를 수납하는 시스템을 활용하여 군량을 모을 수 있다는
점도 크게 부각되었을 것이다.

석두창 위치에 대해서는『신증동국여지승람』에 "合浦는 부 서쪽 10리
지점에 있다"고 기록되어 있다. 그러나 이와 별도로 조선 후기에 조창이
설치되었던 마산포가 별도로 존재하고 있어 두 개의 포구가 같은 것인지
아니면 서로 별개인지 혼란스럽게 한다.

현재 석두창의 소재지로 지목되고 있는 곳은 조선시대 마산창 자리(마
산합포구 남성동),[272] 용마산 일대(마산합포구 산호동),[273] 창원시 마산
합포구 석전동 일대[274] 등이다. 이처럼 연구자에 따라 서로 다른 곳으로
비정되는 것은 앞서 언급한 대로 합포의 위치를 명확히 추정하기 어렵기
때문이다. 합포의 위치에 따라 석두창의 위치도 달라지는 것이다.

석두창의 위치 추정은 매립 이전의 해안선, 다른 조창들의 입지에서
나타나는 공통적인 특징, 그리고 포구의 위치가 곧 조창의 위치를 의미하
는 것은 아니라는 인식이 함께 고려되어야 한다. 특히, 일제 강점기에

271) 김광철, 「고려시대 합포 지역사회」『한국중세사연구』 17, 한국중세사학회,
2004, 18쪽.
272) 허정도, 「근대기 마산 도시변화과정 연구」, 울산대학교 박사학위논문, 2002,
21~25쪽.
273) 박희윤, 「개항 이전 마산시 도시형성 및 변화과정에 관한 연구」, 한양대학교
석사학위논문, 2002, 16~25쪽.
274) 한정훈, 「고려시대 조운제와 마산 석두창」『한국중세사연구』 17, 한국중세사학
회, 2004, 54쪽.

진행된 대규모 매립사업은 마산의 지형을 크게 변화시켰음을 상기해야
한다.275) 고려시대 조창은 비교적 바다에서 멀리 떨어진 깊은 灣, 강과
바다가 만나는 곳일 경우 바다보다는 강쪽의 깊숙한 곳에 자리잡은
경우가 많았다. 그러한 면에서 매립 이전의 해안선을 고려하여, 반월산
일대에 석두창이 있었다고 주장한 한정훈의 견해가 주목된다.276) 석두창
이 석전동 일대에 있었을 가능성을 제기한 한정훈은 石田洞이 '石前'의
다른 표기라면 '바위 앞', '바위 앞머리'를 뜻하는 石頭와 관계가 있을지도
모른다는 의견을 제시하고 있다.277) 석두와 석전을 같은 의미로 볼
수 있는가에 대해서는 선뜻 동의하기 어렵지만 다른 조창이 위치한
곳의 지형을 고려하면 바닷가에 지나치게 인접한 여타의 지역보다는
반월산 일대로 보는 것이 타당해 보인다.

　몽골 침입 이후 합포는 여러 차례 삼별초의 공격을 받았다. 삼별초가
합포를 공격한 것은 경상도 남부 연해 지역에 대한 지배권을 확보한다는
목적도 있지만 合浦가 金州와 함께 대일 진출거점이었다는 점도 크게
작용하였다.278) 또한, 둔전으로 설정된 인근 금주를 비롯하여 屯田經略司
를 통해 수송된 군량이 석두창에 집결되어 있었기 때문이기도 했다.279)
여·몽연합군의 일본원정은 실패하였지만 침략 기지의 기능을 수행한
합포는 원정 이후 회원현으로 승격하였으며,280) 이후 여말선초에 이르러

275) 허정도, 앞의 논문, 268~296쪽.
276) 한정훈, 앞의 논문, 2004, 51쪽.
277) 한정훈, 위의 논문, 54쪽.
278) 윤용혁, 『고려 삼별초의 대몽항쟁』, 일지사, 2000, 181~185쪽. 『고려사』에
　　　의하면 원종 12년(1271) 3월, 13년(1272) 11월, 14년(1273) 1월 등 여러 차례
　　　침입하였다.
279) 김광철, 「고려시대 합포 지역사회」『한국중세연구』 17, 한국중세사학회,
　　　2004, 17~20쪽.
280) 충렬왕 8년에 원나라 세조가 동정할 때 협조한 공로를 표창하기 위하여 會原으로
　　　고치고 현령으로 승격시켰다(『高麗史』 卷57, 志11 地理 金州).

조운제도가 부활되면서 이 지역에 마산창이 새롭게 설치되었다. 마산창은 불암창(김해), 통양창(통양)과 함께 경상도 지역의 대표적인 조창으로 기능하다가 태종 3년에 경상도 지역의 바다를 통한 조운이 금지되면서 폐지되었다. 폐지된 마산창은 이후 영조 36년에 관찰사 趙曮의 장계에 의하여 진주 駕山倉, 밀양 三浪倉과 함께 다시 설치되었다.

조선 건국 이후 조창이 설치된 지역은 합포가 아니라 마산포 일대였다. 이후 합포의 조창에 관한 기록은 더 이상 등장하지 않는 것으로 보아 마산포가 부각되고 지형적인 변화가 생기면서 합포는 조세운송을 담당하는 포구로서의 역할을 상실한 것으로 보인다.

(13) 장연 안란창

안란창이 자리잡은 海葦浦의 옛 이름은 葦浦였으며, 황해도 장연에 자리잡고 있었다. 장연에는 중국과 통하는 창구로 알려진 장산곶[281] 외에도 비석포, 고암포, 아랑포 등의 포구와 古城, 佛陀山古山城 등의 성곽도 있었다.[282] 이를 통해 장연이 일찍부터 경제적·군사적 요충지였음을 알 수 있다.

안란창의 위치에 대해서는 남은 기록이 없다. 그러나 장연군 장연읍 남대천의 고암포가 지금도 갈대 생산으로 유명한 곳이라는 점을 고려하면[283] 고암포가 옛 해위포였을 가능성도 있다. 장연창의 소재지로 기록된 위포와 해위포가 모두 갈대를 뜻하는 '葦'라는 글자로 이루어져 있기 때문이다.

---

281) 『增補文獻備考』 卷34, 輿地考 關防 黃海道 長淵.
282) 『輿地圖書』 黃海道 長淵郡 古跡, "佛陀古山城 在府南二十里千佛寺洞口後移屬首陽山城遺地尙存人稱城寺洞也." ; "舊鎭 在府西五十里海安坊卽吾義古營今防船留泊處也."
283) 국가지식포털, 북한지역정보넷(http://www.cybernk.net/infoText/InfoAdminstList. aspx?mc=AD0101&ac=A0504010).

안란창의 경우 위치보다 주목되는 것은 그 기능이다. 앞서 살펴본 바와 같이『高麗史』식화지 조운조에는 '國初에 12조창을 설치한 사실'과 함께 조창의 소재지와 명칭을 일일이 거론한 후 안란창의 추가설치 사실을 총론의 형식으로 기록하고 있다. 이를 통해 볼 때 조운조의 기록 시점은 고려 말 또는『고려사』가 편찬되던 시기로 생각된다.

그러나 이 부분에 몇 가지 의문이 있다. 첫 번째 의문은 '왜 처음부터 13조창이 아니라 12조창과 안란창을 구분해서 기록했는가'에 관한 것이다. 단순히 12개 조창과 안란창이 설치된 시기가 달랐기 때문이라고 생각할 수도 있다. 靖宗朝에 12개 조창의 조운선 배정 규정이 마련될 때까지 없었던 안란창이 문종 21년 무렵에 새롭게 설치되었다고 이해하면 되는 것이다. 그러나 그렇게 단순히 이해할 경우 안란창이 설치되기 이전 이 지역의 조세는 어떻게 운송되었는가의 문제가 남는다. 서경 이남 지역은 60포창 시기에 2개의 포창이 설치되었던 조운지역이었기 때문이다. 그렇다면 12개 조창과 안란창의 역할이 처음부터 달랐다고 가정해 볼 수도 있다. 실제로『高麗史』속의 안란창은 개경으로 조세를 운반하는 지역이 아니라 주변 북방지역에 흉년이 들거나 식량이 부족할 때 식량을 조달하는 역할을 담당하고 있다. 다음의 두 기사를 살펴보자.

L-① (문종) 21년 4월에 왕이 명령하기를 "관내도와 패서도에서 지난해에 곡식이 잘 되지 않았기 때문에 인민들이 주리고 궁핍하여졌으니 安瀾倉을 열어서 그 곡물로 구제해 주도록 할 것이다"라고 하였다.[284]

L-② (문종) 21년 6월에 安瀾倉 쌀 2만 7천 6백 90석을 삭북 지방으로 운반하여 군량에 충당케 하기로 결정하였다.[285]

---

284)『高麗史』卷30, 志34 食貨 賑恤.
285)『高麗史』卷82, 志36 兵 屯田.

안란창에 대한 기사의 전부라고 할 수 있는 위의 두 기사를 보면,
4월에는 관내도와 패서도의 흉년을 구휼하기 위해 안란창을 열(發)었으
며, 6월에는 안란창의 쌀 27,690석을 조운하여 朔北의 軍資에 충당하였다.
첫 번째 기사는 4월의 사실이므로 조운시기에 해당하지만 두 번째
기사의 시기인 6월은 조운이 끝난 시기이다. 6월까지 안란창의 곡식을
조운하지 않은 것은 안란창의 기능과 역할이 다른 조창과 달랐음을
말해준다. 이와 관련하여 『高麗史』식화지 녹봉조에 다음과 같은 기사가
눈길을 끈다.

> M. 서경 관원의 녹봉은 서경에 있는 太倉으로 해마다 서해도의 조세
> 받은 양식 17,702석 13말을 운반하여다 주었다. 지방 관원의 녹봉은
> 절반은 좌창에서 주고, 절반은 그 지방의 外邑에서 주었다.[286]

해마다 서해도의 조세 중 17,702석 13두를 서경 太倉으로 옮겨 서경
관원들의 녹봉으로 지급하였다는 것이다. 서경 태창에서 넘겨받은 서해
도의 조세 17,702석 13두는 안란창에서 징수하여 경창으로 보내는 조세
중 매우 큰 비중을 차지하였을 것이다.[287] 이러한 사실들을 종합하면
안란창은 다른 조창과 달리 서경으로 조세를 운송했거나 유사시 북방에
곡식을 조달하기 위해 평소 곡식을 비축하고 있었다고 결론지을 수
있다. 서경의 재정구조가 다른 고을의 조세를 수취하여 사용하는 개경
정부와 유사한 사실을 고려하면 어느 정도 수긍할 만하다.[288] 흥미롭게
도 이와 유사한 제도를 시행하자고 건의한 사실이 『세종실록』에 전하고
있다.

---

286) 『高麗史』 卷80, 志34 食貨 祿俸.
287) 안병우, 「고려시기 서경의 재정구조」 『典農史論』 7, 2001, 257~261쪽.
288) 안병우, 위의 논문, 259쪽.

N. 漢城府 尹 李明德이 상소하기를, "황해도 長淵 지경인 長山串은 남쪽으로 바다에 4, 5息쯤이나 들어가 水路가 험난하기 때문에 京畿道로부터 平安道에 이르는 漕轉이 통하지 못하오니 진실로 염려하지 않을 수 없는 일입니다. 청컨대 松禾縣의 창고를 海安古縣(장연군 해안면 구진리 일대 _필자 주)에 옮겨 짓고, 본도 각 官의 租稅를 이곳에 운수해 바치도록 하여, 만일 평안도에 급한 일이 있으면 長山串 서쪽에 있는 兵船으로 阿郎浦에서 실어 가면 平壤의 浿江과 安州의 薩水의 漕運이 가히 통할 것이오며, 만일 京畿에 급한 일이 있으면 長山串 동쪽의 병선으로 大串에서 실어 가면 平安道의 租稅를 또한 京江으로 가져올 수가 있을 것입니다.[289]

　장산곶에서 파선하는 일이 많으니 송화군에 있는 창고를 장산곶 아래로 옮겨짓고, 평안도에 급한 일이 생기면 장산곶 이북 아랑포(몽금포)에서 배에 싣고 평양으로 가고, 경기도에 급한 일이 생기면 장산곶 이남 대곶에서 배에 싣고 경기도로 가져오자는 것이다. 창고를 장산곶 아래에 짓자는 주장만 제외하면 장연에서 평안도로 곡식을 옮긴다는 이야기의 맥락은 다르지 않다.

　인종 외관록에 13창 판관의 녹봉에 관한 규정이 있는 것으로 보아[290] 안란창의 이러한 역할은 12세기 전반까지 지속되었던 것으로 추정된다. 그러나 조위총의 난 이후 서경기 4도가 독립군현으로 독립하고, 서경에서 거둔 조세를 개경으로 운송하게 하는 조치가 내려짐에 따라 서북지역에서 개경으로 운송하는 조운의 양은 크게 증가하였다.[291] 이에 따라 안란창에서 개경으로 운반하는 조세의 양도 크게 늘어났을 것이다.

---

289) 『世宗實錄』 8年 12月 15日.
290) 『高麗史』 卷30, 志34 食貨 祿俸 外官祿. 인종 외관록에 13창 판관의 녹봉 규정이 있는데, 이는 기존의 12조창과 안란창을 합친 숫자로 추정된다.
291) 『高麗史』 卷30, 志34 食貨 祿俸 西京官祿.

이상과 같이 13조창의 위치에 대해 살펴보았다. 지금까지의 논의를
반영하여 조창의 위치를 새로 설정하면 다음과 같다.

〈표 4〉 새로 추정한 13조창의 위치

조창 이름	조창 추정지(창터)
흥원창	강원도 원주시 부론면 흥호리 창말
덕흥창	충북 충주시 중앙탑면 창동리 쇠꼬지 수용골산 북쪽 기슭
하양창	경기도 팽성읍 노양리·본정리 망해산
영풍창	충남 서산시 팔봉면 어송리 3구 782번지 일대
안흥창	전북 부안군 보안면 영전리·남포리 경계
진성창	전북 군산리 성산면 창오리 창안 마을
부용창	전남 영광군 법성면 입암리 고법성 대덕산
해릉창	전남 나주시 다시면 회진리
장흥창	전남 해남군 마산면 맹진리
해룡창	전남 순천시 홍내동·오천동 해룡산성
통양창	경남 사천시 용현면 선진리 선진리성(선진리 왜성)
석두창	경남 창원시 마산합포구 석전동 반월산
안란창	황해도 장연군 용연면 남대천 일대

요컨대 고려시대 조창은 입지면에서 일정 부분 공통점이 있었던
것으로 보인다. 바닷가에 자리 잡은 11개의 해창은 대개 하천이 바다로
유입되는 만입부에 설치되었다. 대부분 신라시대 이후 크게 번성한
포구에 들어섰는데, 그 포구는 앞쪽이 섬으로 막혀 있어 먼 바다로부터
밀려오는 파도와 바람을 막아 주는 천혜의 자연 조건을 갖춘 곳이다.
창고 건물이 들어선 곳은 조류가 강물을 거슬러 오르는 지점의 나지막한
산기슭이며, 창을 중심으로 관아 건물과 창마당이 갖춰져 있었다. 대부분
조선시대의 해창에 비해 더 육지쪽으로 들어온 것이 확인되는데, 그것이
토사의 누적으로 대선이 드나들기 어렵게 되었기 때문인지, 아니면
해수면에 변화가 생겼기 때문인지는 명확하지 않다.[292]

---

292) 여말 선초, 특히 조선 전기에는 조창의 위치가 토사로 인해 기존 위치보다
　　훨씬 해안가 가까이로 옮겨지는 경우가 많았다. 면천의 범근내포, 용안의

강창인 흥원창과 덕흥창은 모두 남한강에 있었는데, 공교롭게도 창이 설립된 지점은 두 개의 강이 합류하는 지점이다. 그것은 각 군현에서 강창으로 세곡을 운반할 때 배를 이용했음을 의미하는 것이다.

끝으로 몇몇 조창 추정지 인근에서 매향비 또는 대형 철불이 조사되는 것은 매우 흥미로운 점이다. 좀 더 여러 지역에서 그런 현상을 찾게 된다면 대형 철불 또는 매향비와 조창의 관계를 밝히는 데에도 도움이 되리라 생각된다.

2) 13漕倉의 수세구역

(1) 충주 덕흥창

산경표293)에 따르면 백두대간은 백두산에서 시작하여 동쪽 해안선을

덕석창, 개경의 동강 등이 대표적인데, 이는 소빙기의 시작으로 인한 해수면 변화와도 연관이 있을 것으로 생각된다. 기후 학자들에 따르면 15~17세기에 이르기까지 전세계의 해수면은 50~100㎝ 정도가 낮아졌다고 한다. 그것이 사실이라면 기존에 배가 닿던 포구에 대선들이 드나들기는 쉽지 않았을 것이다. 이에 대한 자세한 내용은 문경호, 「여말 선초 조운제도의 연속과 변화」『지방사와 지방문화』 17-1호, 역사문화학회, 2014, 86~88쪽 참조.

293) 『山經表』는 영조 때 신경준이 조선의 산맥 체계를 산줄기와 하천 줄기를 중심으로 파악하여 구조화 시킨 것이다. 이에 따르면 산줄기 체계는 하나의 大幹과 하나의 正幹, 그리고 이로부터 갈라져 나온 13개의 正脈으로 이루어졌다. 이들 산줄기의 특징은 모두 강을 기준한 분수산맥이라는 점이며, 그 이름도 대부분 강 이름에서 비롯되었다.

『山經表』에 대해서는 지리학자들 사이에서도 의견이 분분하다. 일제 강점기 日人 학자들의 연구를 그대로 답습해 온 지리학의 문제점을 극복할 수 있는 대안으로 큰 의미를 부여하는 입장이 있는가하면, 현실과는 다른 관념적인 지리인식 체계에 지나지 않는다는 비판적 입장도 있다. 그러나 지리학의 측면에서 비록 여러 가지 문제점이 제기되고 있다고 하더라도『山經表』에 반영된 지리인식은 산과 강을 중심으로 하는 생활권 개념에 바탕을 두고 있으므로 수세구역을 구분하는 데에는 적합하다고 생각된다. 전근대시대에는 산과 강에 따라 교통권, 생활권, 통혼권 등이 형성되거나 구분되었기 때문이다.『山經表』에 대해서는 다음의 연구가 참고된다.

양보경, 「조선시대의 자연인식체계」『한국사시민강좌』 14, 일조각, 1994, 70~97

끼고 남으로 맥을 뻗어 내리다가 태백산에 닿은 후 다시 남서쪽으로 방향을 돌려 소백산, 죽령, 이화령, 속리산, 추풍령, 황악산, 삼도봉, 덕유산, 지리산 등과 같은 높은 산지를 조성한다. 이 산줄기로부터 다시 한북·한남·금북 정맥 등이 갈라져 나오며, 이들을 중심으로 남한강과 달천 등의 水系가 형성된다.

남한강은 강원도의 영월지방에서 흘러와 영춘, 단양을 거쳐 충주로 흘러들며, 달천은 속리산에서 발원하여 괴산군에서 星城川, 陰城川과 합류하여 물길이 커진 후 충주에서 남한강에 유입되어 원주로 흘러나 간다.

덕흥창의 소재지 충주는 백두대간과 한남금북정맥 사이의 분지 지형 으로 남한강과 달천이 합쳐지는 곳에 위치하고 있다. 따라서 山系와 水系를 중심으로 살펴보면 충주 인근 지역은 크게 제천·단양·충주시를 포함한 남한강 유역의 북부 지역, 청주·청원·음성·진천·괴산·보은을 포함하는 중부 지역, 옥천과 영동 등이 포함되는 남부 지역으로 구분된 다.[294] 이 중에서 덕흥창에 조세를 납부한 군현은 남한강, 달천 수계와 밀접한 관련을 맺고 있는 북부 지역, 즉 고려시대 충주 관내의 槐州, 長延縣, 長豊縣, 陰竹縣, 陰城縣, 淸風縣[295]과 원주 관내의 堤州, 永春縣, 丹山縣 등이다.[296]

쪽 ; 권혁재, 「韓國의 山脈」『대한지리학회지』 35, 2000, 389~400쪽 ; 김종혁, 「산경표의 문화지리학적 해석」『문화 역사 지리』 14-3, 한국지형학회, 2002, 88~92쪽 ; 조화룡, 「산경표 산맥 체계로는 우리 나라 지체 구조를 설명할 수 없다」『한국지형학회지』 10-1, 한국지형학회, 2003, 107~109쪽 ; 황상일, 「태백산백과 산경표 산맥 체계의 지형학적 의미 - 종합토론문」『한국지형학회지』 10-1, 2003, 138~140쪽 ; 박철웅, 「한반도 산맥체계 논의에 대한 연구」『한국지형학회지』 13-1, 한국지형학회, 2006, 35~58쪽.

294) 박희두, 「충북 각지역의 지형환경이 인구분포와 생활권 형성에 미치는 영향」 『호서문화논총』 13, 서원대학교 호서문화연구소, 1999, 7~12쪽.

295) 『高麗史』 卷56, 地理 忠州牧.

296) 남한강 상류의 수계에 위치한 지역으로 하나의 생활권에 속하는 지역이다.

이들 군현 중에서 달천 수계에 자리잡은 괴주, 장연현, 장풍현 등은 괴주의 괴진에서 조세를 배에 실은 후 달천을 통해 덕흥창에 이르렀으며,[297] 남한강 상류에 자리잡은 청풍, 제주, 단산, 영춘 등은 단양의 上津[298]과 청풍의 北津을 지나 남한강에 합류한 후 덕흥창에 이르렀다.

덕흥창의 수세구역과 관련하여 또 한 가지 고려할 사항은 고려시대에도 덕흥창이 경상도 지역의 조세수납과 운송에 직접적인 관여를 하였는가에 관한 것이다. 『新增東國輿地勝覽』 淸風縣條[299]와 槐山郡條[300] 『大東地志』 高麗 浦倉條[301]에 기록된 槐山 柳倉, 淸風漕倉 등에 관한 기사가 남아있다. 이들 조창이 통양창·석두창과 별도로 경상도 북부 지역의 조세 수납을 맡아왔는지 아니면 고려 말 왜구침입으로 경상도 지역의 조세 운송이 어려워지면서 새롭게 조세 수납을 담당하게 되었는지에 대해서는 알려진 바가 없다. 그러나 조선시대의 기록을 참고하면 경상도 지역의 조세가 충주 경원창을 거쳐 수도로 운송된 것은 매우 오래된 관행이었음이 확인된다.

1895년 유인석이 제천의병을 일으켰을 때도 충주, 제천, 청풍, 단양 유생들이 가담하였다(오영섭, 「을미·제천의병의 참여세력 분석」 『한국독립운동사 연구』 14, 2000, 24쪽).

297)『신증동국여지승람』 卷14, 忠淸道 槐山郡. 장연, 장풍은 괴산의 달천을 통해 충주로 이어진다.

298)『신증동국여지승람』 卷14, 忠淸道 丹陽郡 산천조에 따르면 "상진은 군 북쪽 13리에 있으며, 혹은 馬津이라고도 한다. 근원이 江陵府 五臺山에서 나와서 흘러 忠州 金遷으로 들어간다."고 하였으며, 청풍군 산천조에는 "北津은 병풍산 밑에 있으며, 근원이 江陵府 五臺山에서 나와서 金遷으로 흘러 들어간다."고 기록되어 있다.

299)『新增東國輿地勝覽』 卷14, 忠淸道 淸風縣, "茂岩山 在郡東十里有倉庫遺址高麗時輸慶尙道田賦于此."

300)『新增東國輿地勝覽』 卷14, 忠淸道 槐山郡, "柳倉 古稱世伊倉在郡東二十里古之收貢稅處."

301)『大東地志』 卷32, 方輿總志4 高麗.

O-① 경상도 紬布의 稅를 회복하였다. … "가만히 보건대, 경상도는 산이 막히고 바다가 막히어, 조세 輸納의 어려움이 다른 도의 배가 되기 때문에, 高麗朝 이래로 그 지방 産物의 편의에 따라 혹은 紬布로 거두고, 혹은 綿絮로 거두어, 일찍이 粟와 米을 거두지 않았으니, 백성의 희망에 따른 것이었습니다. 이처럼 제도를 정하여 5백 년을 내려오며 행하였어도 폐단이 없었습니다."[302]

O-② 삼부(三府)가 함께 의논하여 상소하기를, "… 경상도 上道 州縣의 전부터 육로로 운반하던 것 외에는 모두 바다로 수운하게 하고, 그 배는 각각 그 官에서 만들게 하며, 沙工과 格人은 해로에 익숙한 사람을 모집하여, 私船의 例에 의하여 稅價를 주어 실어 보내게 하고, 각도의 兵船으로 호송하게 하소서."하니 兪允하였다.[303]

O-③ 경상도 租稅를 육로로 운반할 것인지, 水路로 운반할 것인지의 可否를 의논하였다. "경상도 下道의 漕運數가 4만여 석에 지나지 못하는데, 가끔 바람과 물이 순조롭지 못하여 배가 깨어지고, 사람이 빠져 죽고, 또 매년 船軍이 한 番은 漕轉으로 인하여 서울로 올라오고, 한 番은 防禦로 인하여 모두 農時를 잃는다. 지금 그 道의 밭 19만 5천여 結로 따져 보면, 忠州 金遷까지 3, 4일 程途 되는 것이 2분의 1이고, 5, 6일 정도 되는 것이 3분의 1이고, 7, 8일 정도 되는 것이 4분의 1이고, 9, 10일 정도 되는 것이 5분의 1이니, 백성들로 하여금 그 耕作하는 것의 多少에 따라서, 10월부터 2월까지 각자가 金遷에 輸納하게 하고, 그런 뒤에 漕運船과 私船으로 서울에 輸運하면, 漕運하는 수보다 조금 많을 것이니, 금후로는 여기에 의하여 수운하는 것이 어떠한가?[304]

302) 『太宗實錄』 2年 9月 24日 甲辰.
303) 『太宗實錄』 1年 8月 2日 戊午.
304) 『太宗實錄』 3年 6月 5日 癸未.

O-①은 고려 이전 경상도 지역의 조세가 고려시대부터 곡식이 아닌 紬布나 면으로 징수되고 있었음을 보여준다. 그러나 이는 통양창과 석두창이 설치된 사실이나 고려 후기에 경상도 지역의 漕輓之費가 곱절이 된다는 기록305) 등을 통해 볼 때 경상도 전체 지역에 대한 이야기가 아니라 일부 지역에 한정된 사례였던 것 같다.306)

이와 관련하여 조세를 곡식 이외의 물품으로 납부한 지역에 대한 단서는 O-②, ③에서 찾아볼 수 있다. O-②는 남도 지역 조세를 모두 조운하는 문제를 논의한 것인데, 이때에도 경상도 지역 중 上道 지역은 제외되었다. O-①에 비춰볼 때 조운에서 제외된 지역은 곡물이 아닌 紬布로 징수한 후 陸運했을 것이다. O-③은 태종 3년 5월 경상도 조운선 34척이 침몰한 사건을 계기로 경상도 지역 조운의 폐지를 논의한 것이다.307) 그러나 자세히 살펴보면 논의의 대상은 경상도 전체가 아닌 下道 지역에 한정되어 있다.

세 기록을 종합하면 O-①에서 언급된 조세를 포로 납부하는 경상도 지역은 뱃길이 닿지 않는 곳이나 낙동강 상류 지역으로 한정된다고 결론지을 수 있다. 즉, 조선 초기에도 경상도 上道 지역은 收布田, 收綿田, 收蜜田 등으로 지정된 토지들이 있어 곡식 이외의 물품으로 운송하는 경우가 있었던 것이다.308) 이는 고려로부터 조선으로 이어진 관례로 보아도 큰 문제가 없을 것이다.

경상도 上道 지역의 범위에 대해서는 명확한 기록을 찾기 어렵지만 조선 후기의 사례를 고려하면 낙동강 수계를 기준으로 선산 이북 지역이

---

305) 『高麗史』 卷78, 志32 食貨1 田制 租稅 恭愍王 5年.
306) 강진철은 이와 관련하여 경상도 전체지역은 아니지만 강이나 바다와 멀리 떨어진 山間僻地 군현들은 고려 전기부터 布貨로 代納했을 가능성을 제기한 바 있다(姜晋哲, 『高麗土地制度史硏究』, 高麗大學校出版部, 1980, 261~264쪽).
307) 『太宗實錄』 태종 5권, 3년(1403 계미/명 영락(永樂) 1년) 5월 5일(신사).
308) 『太宗實錄』 1年 5月 3日 辛卯.

없을 것으로 추정된다.309) 이는 고려시대 행정구역으로 尙州牧 安東府와
京山府에 해당하는 지역이다.

　영남 지방의 조세 운송 경로는 당시의 교통로를 통해 추론할 수
있다. 안동부의 경우에는 죽령 또는 저수재·벌재를 거쳐 단양에 이른
후 덕흥창으로 향했다.310) 상주의 경우에는 계립령－송계－황강을 거쳐
청풍에 이른 후 덕흥창에 납부하거나311) 새재를 넘어 달천에 이른 후
충주 덕흥창에 납부하였다.312)

---

309)『輿地圖書』에 따르면 선산까지는 부산 동래창으로 조세를 운반하였으며, 그
　이북 지역은 가흥창에 납부하거나 布·錢으로 바꾸어 직접 한양에 납부하였다.
310) 崔永俊,『嶺南大路』, 高麗大學校民族文化硏究院, 1990, 69쪽.『경상도속찬지리지』
　에 따르면 조선 초에도 풍기, 예안, 영천, 봉화 네 현의 조세는 죽령을 넘어
　충주에 이르렀고, 나머지 군현은 새재를 넘어 충주에 도착하였다.
311) 최일성은 삼국시대~고려시대 유적지를 통해 이 길을 복원한 바 있다(최일성,
　「역사지리적으로 본 계립령」『호서사학』14, 1986, 36~37쪽). 주요 내용을
　옮기면 다음과 같다. "상주에서 함창을 지나 문경군의 유곡역을 지나 지금의
　문경에 있는 불정역을 거쳐 고모성의 동쪽 옛길을 지나면 문경의 경성에
　당도한다. 여기서 지금의 문경 도심지를 거치지 않고 동북쪽 길을 따라 갈평리에
　도달하고, 관음리를 지나면 옛 계립령 정상에 이르고, 북으로 계곡을 따라
　가다보면 충북 중원군 상모면 미륵리(미륵사의 본래 이름은 출토 기와에 나온
　것처럼 大院寺였다. 따라서 이 고개는 고려시대 大院嶺이라고 불렸다._필자
　주)에 도착한다. 미륵리에서 다시 북으로 계곡을 따라가면 월악산 서쪽으로
　덕주산성 남문이 있으며, 이곳에서 다시 북쪽으로 가면 월광사터가 나온다.
　이 계곡을 지금은 송계계곡이라고 한다. 계속 이 계곡을 따라 북으로 오면
　중원군 살미면 신당리에 이른다. 이곳에서 계곡의 물을 따라 가면 역리에
　이르러 남한강 어귀인 함암나루에서 물길을 따라 충주 금천창(덕흥창_필자
　주)에 이른다."
312) 계립령·죽령과 함께 영남에서 남한강 유역으로 이어지는 새재의 개척 시기에
　대해서는 왜구 침입으로 조세가 육로로 운송되던 고려 말 무렵이었을 것으로
　추정하는 견해가 있다(최일성,「역사지리적으로 본 계립령」『호서사학』14,
　1986, 47쪽). 이는 국어 어원을 통해서도 확인된다. 새재의 한자어는 초점인데,
　초의 우리말은 '새애'이고 이는 '새'를 훈차한 것이며(김양진, 앞의 논문, 2010,
　217쪽), 점은 고개이다. 따라서 새재는 본래 새로 난 고개라는 뜻의 새재가
　우리말 그대로 草岾으로 한자화 되었다가 이후 새가 鳥로 바뀐 것으로 볼
　수 있는 것이다.『世宗實錄地理志』에 이미 草岾, 이화령이라는 지명이 등장하는

본래 尙州와 京山府 관할이었다가 태종 13년 충청도에 편입된 보령[報恩] 옥천[管城 또는 沃州], 黃澗 등 5개 군현은 괴산 달천을 따라 덕흥창에 이르는 것이 편리하였다. 『新增東國輿地勝覽』 淸風縣條[313]와 槐山郡條[314] 『大東地志』 高麗 浦倉條[315]에 기록된 槐山 柳倉, 淸風漕倉 등은 이러한 조세 운송 경로를 보여주는 중요한 근거이다.

(2) 원주 흥원창

흥원창이 자리잡은 강원도 지역은 백두대간을 기준으로 영동과 영서로 나뉜다. 그리고 다시 영서는 산계와 수계에 따라 철원을 중심으로 회양과 평강을 포함하는 한탄강 유역권, 춘천을 중심으로 화천·양구·인제·홍천군을 포함하는 북한강 유역권, 섬강 유역의 원주를 중심으로 원주시·횡성군·평창·정선·영월 등을 포함하는 남한강 유역권으로 구분된다.[316]

그 중에서도 흥원창에 조세를 납부한 지역은 남한강과 섬강을 중심으로 하는 원주 관내에 속한 군현이다. 구체적으로는 『고려사』에 원주 관내의 속군·현으로 기록된 寧越郡(강원 영월군), 堤州(충북 제천시), 平昌縣(강원 평창군), 丹山縣(충북 단양군 적성면 일대), 永春縣(충북 단양군 영춘면 일대), 酒泉縣(영월군 주천면 일대), 黃驪縣(경기 여주시) 등이다.[317] 그러나 이들 중 제주·단산·영춘은 흥원창까지 도달하기 위해

것으로 보아[『世宗實錄地理志』 慶尙道 聞慶縣) 이 두 고개는 조선 건국 이전부터 사용되었을 가능성이 크다.

313) 『新增東國輿地勝覽』 卷14, 忠淸道 淸風縣, "茂岩山 在郡東十里有倉庫遺址高麗時輸 慶尙道田賦于此."
314) 『新增東國輿地勝覽』 卷14, 忠淸道 槐山郡, "柳倉 古稱世伊倉在郡東二十里古之收貢 稅處."
315) 『大東地志』 卷32, 方輿總志4 高麗.
316) 金慶秋, 「嶺東地方의 地域中心都市 生活圈 體系研究(II)」 『관대논문집』 22, 1994, 100~102쪽.

남한강을 이용해야 했다. 따라서 이들 3개 군현은 흥원창보다 덕흥창에
납부하는 것이 더 편리하였다. 영월 역시 남한강을 따라 충주에 닿을
수 있었지만 영월의 주천강이나 동강은 곡식을 실어 운반하기에는
물길이 험하였으므로 육로를 이용했을 것이다.[318] 조선 건국 이후 영월
이 강원도, 제천과 단양이 충청도에 소속된 것은 수로교통과 생활권을
고려한 조치로 파악된다. 이에 따라『新增東國輿地勝覽』이 편찬되던
16세기에는 원주·평창·영월·정선·횡성 등은 흥원창에, 괴산·단양·보은·
연풍·영동·영춘·음성·제천·진천·청산·청안·청풍·충주·황간은 가흥창
에 조세를 납부하였다.[319] 고려시대 흥원창 역시 이와 유사한 범위에서
군현의 조세를 수합했을 것이다.

　원주와 평창은 육로나 섬강을 따라 흥원창에 이를 수 있었으며, 황려현
은 남한강을 이용하여 흥원창으로 운송하였을 것이다. 그러나 황려현이
흥원창에서 개경으로 가는 길목에 자리잡고 있는 것을 고려하면 강을
거슬러 흥원창에 이르기보다는 흥원창 소속의 평저선을 별도로 배치하
거나 흥원창에서 발선한 평저선이 추가로 적재하고 개경으로 향했을
가능성도 배제할 수 없다.

(3) 아주 하양창

　하양창 관할에 속한 양광도 남부 지역은 한남정맥과 금남정맥을
따라 물길이 형성되었다. 비교적 높은 산에 속하는 것은 차령, 가야산,

---

317) 한정훈은 이들 중 黃驪縣을 제외하고 蟾江 以東에 위치한 원주 관내 군현은
　　平丘道를 통해 丹丘驛이나 幽原驛을 거쳐 섬강을 따라 흥원창에 이르렀을
　　것으로 보았다(한정훈,「고려시대 교통과 조세운송체계 연구」, 부산대학교
　　박사학위논문, 2009, 135쪽).
318) 洪錦洙,「역사지역지리의 기초연구 : 호서지방을 사례로」『문화역사지리』
　　16, 2004, 28쪽.
319)『新增東國輿地勝覽』卷14, 忠淸道 忠州牧 倉庫.

광덕산, 계룡산 등이며, 주요 하천은 금강, 삽교천, 안성천이다.[320] 『세종
실록지리지』에 충청도 지역의 수조처가 경양포, 공세곶포, 범근내포로
설정된 것은 이러한 山系와 水系를 고려한 것이다.[321] 안성천 유역에는
평택, 직산, 아산이 자리잡고 있으며, 삽교천 유역에는 홍주·면천·덕산·
대흥·예산·온양·천안 등이 있고, 금강유역에는 공주·청주 등의 대도시를
비롯하여 많은 중·소 도시들이 형성되어 있다.[322] 또한, 이 지역은 금북정
맥을 경계로 금강문화권과 내포문화권으로 구분되기도 한다.

그 중에서도 하양창에 조세를 납부한 군현은 한남금북정맥의 서쪽에
위치한 청주목 관내 금강문화권에 속하는 군현이었을 것으로 추정된다.
그것은 대개 조선 초 공세곶에 조세를 납부한 청주, 공주, 천안 관할
군현과 일치한다. 선행연구에서는 이들 지역이 해로를 이용할 경우
안흥량이라는 걸림돌이 있으므로 큰 산이 없는 비교적 평탄한 지형을
이용하여 육로로 조세를 운송했을 것으로 추정되었지만[323] 도로 교통이
발달하지 않은 시기에는 육로로 운송하기가 쉽지 않았다. 금강 이북
지역의 경우 하양창에 이르려면 금북정맥을 넘어야 했으며, 부여·강경·
은진 등 금강 이남에 있는 지역들은 금강을 건넌 후 다시 차령을 넘어야
했다.

예를 들어 공주의 경우 하양창이 자리잡은 평택시 팽성읍에 이르려면
유구로 돌아가거나 반드시 車嶺山脈을 넘어야 했는데, 차령은 수리고
개,[324] 즉 '높이 나는 수리처럼 높은 고개'라고 불릴 정도로 높은 고개였

320) 조선총독부, 『조선하천조사서(1929)』, 국토해양부, 2010, 277쪽.
321) 『世宗實錄地理志』 忠淸道.
322) 홍금수, 「역사지역지리의 기초연구 : 호서지방을 사례로」 『문화역사지리』
16, 한국문화역사지리학회, 2004, 3~5쪽.
323) 한정훈, 「고려시대 교통과 조세운송체계 연구」, 부산대학교 박사학위논문,
2009, 136쪽.
324) 姜秉倫, 「淸州地域의 近代 地名語 硏究」 『湖西文化論叢』 12, 1998, 45~46쪽 ; 한국
학중앙연구원, '모바일 한국전자문화향토대전'. 차령의 기원이 되는 말은 백제

다.325) 『속대전』이 편찬되던 18세기 전반에 공주, 부여, 연산, 홍산,
이산 등 금강 인근 지역이 모두 공진창이 아니라 자기 군현의 해창에서
바다를 통해 한양으로 조세를 운송한 사실은 이를 입증하는 중요한
근거이다.326) 따라서 금강을 끼고 있는 공주와 주변 지역은 조창 중심으
로 조세가 납부되던 시기에도 船積하여 하양창에 운송했을 가능성을
생각해 볼 수 있다.

이러한 가설에 무게를 실어주는 것이 군산 나포에 있는 公州山이다.327)
공주산은 진성창 인근의 羅浦에 자리잡은 산으로『신증동국여지승람』
에 다음과 같이 기록되어 있다.

> P. 공주산은 현의 북쪽 13리에 있는데, 전하는 말에 "공주로부터 떨어져
> 왔기 때문에 이름한 것이다." 했다. 산 밑이 곧 鎭浦인데, 민가들이
> 즐비하고 배 부리는 것을 생업으로 한다.328)

어로 산봉우리를 뜻하는 '술(述)'·'수리[述尒]'·'수니(首泥)' 등인데 이는 '봉우
리'나 '높다'로 해석된다. 국어학자들은 본래 수리라는 말이 한자어로 전환되는
과정에서 수레를 뜻하는 車로 표기된 것으로 추정하고 있다. 차령의 경우
'령'이 고개를 뜻하므로 봉우리라는 뜻보다는 높이 나는 (독)수리처럼 높은
고개라는 의미가 더 적합하다.

325) 실제로 차령터널이 생기기 전까지 공주에서 천안으로 이어지는 국도 23호선은
시외버스가 넘어 다니기에도 위태로운 험한 고갯길이었다. 지리학에서 차령을
대나무와 쌀보리의 북한계선으로 분류하여 지역 구분의 기점으로 삼는 것은
이러한 지형적 특징과 무관하지 않다(최영미 외, 「고등학교 한국지리의 식생,
임업 단원 내용 분석」 『한국지리환경교육학회지』 9, 2001, 58쪽).

326) 『輿地圖書』 忠淸道. 조선 후기에 군현별 조운제도가 시행되면서 금북정맥
이남의 군현들이 공세곶으로 조세를 수납하지 않고 모두 해로를 이용하였다.
특히, 공주의 경우에는 강경포에서 출발했는데, 이는 400~500석을 실을 수
있는 대형 선박이 강경까지 소강할 수 있었기 때문이다(조선총독부, 『조선하천
보고서』, 1929, 281쪽).

327) 공주산의 형성과 명칭의 기원, 금강의 하운과 공주산과의 관련성 등에 대해
자세한 내용은 윤용혁, 「금강의 하운(河運)과 공주산」 『공주 역사문화론집』,
서경, 2005, 141~151쪽을 참조.

『동국여지승람』이 편찬된 시기가 15세기였다는 점과 조선 후기 조세를 군현별로 납부할 때 공주의 조운선이 강경포에서 출발한 점 등을 고려하면 고려 말 군현별 납부 시기의 상황을 설명하는 것으로 볼 수도 있겠지만 한편으로는 조창제 시기에도 조창까지 조세를 운송하기 위해 선박을 이용했을 가능성도 배제할 수는 없다. 후자의 측면에서 보면 공주산의 조운관련 역할은 조창제 시기의 사실이며, 이후에도 금강 하구에 위치하고 있으면서도 진성창(조선 전기에는 덕성창)과 가까운 위치에 있어 水運 관련 활동에 종사하는 사람들이 많이 모여 살았던 것이라고 이해할 수 있다.

요컨대 공주 관내 군현이 육로로 조세를 운송하는 경우 유구→ 송악(아산시)→ 아산→ 둔포(현재의 39번 국도 경로)로 가거나 유구→ 차유령→ 형제현→ 예산→ 아산→ 둔포(현재의 32번 국도 경로) 등을 거쳤다. 금북정맥 이북의 천안부에서는 이보다 용이하게 성환을 거쳐 둔포천을 건너면 하양창에 이를 수 있었다. 淸州 관할의 군현들 역시 조치원을 지나 천안에 이른 후 같은 경로를 거쳤다. 금강변의 군현들은 금강을 따라 나온 후 서천→ 보령→ 태안→ 당진→ 아산으로 조세를 운송했을 것이다.

(4) 부성 영풍창

영풍창의 수세구역은 한남금북정맥의 서쪽과 금북정맥 남북에 위치한 무한천 서쪽에 자리잡은 내포 문화권에 속하는 군현들이다.[329] 구체

---

328) 『新增東國輿地勝覽』 卷34, 全羅道 臨陂縣.
329) 내포문화권의 범위와 특징에 대해서는 임병조, 「문화권으로서 내포의 상징경관」, 『문화역사지리』 21, 한국역사문화지리학회, 2009, 176~180쪽, 아산만 지역의 문화적 특징에 대해서는 이정숙, 「牙山灣 沿岸 浦口聚落의 變化에 關한 硏究」, 한국교원대학교 석사학위논문, 2000, 4쪽 참조.

적으로는 홍주목, 부성현, 가림현 관내 속군·현이며, 조선 초에 범근내포
에 조세를 납부한 군현과도 유사하다.[330]

영풍창이 위치한 서산은 남북이 바다에 닿아 있고, 동쪽과 북쪽은
각각 금북정맥의 가야산, 성왕산, 상왕산 등에 막혀 주변 지역과의 교통이
어려웠다. 이는『湖山錄』의 形勝條에 잘 나타나 있다.

Q. 형승은 바다가 삼면을 감싸고 있다. 朴元亨이 지은 詩에 "바다의
   삼면을 에워싸고 있으니 신선의 고을"이라 하였으며, 申叔舟가 지은
   詩에는 "산세가 둘렀으니 작은 배를 만든 것과 같다"고 했다. 아!
   도비산은 남쪽에 있고, 가야산은 동쪽에 있고, 성왕산은 북쪽에 있으
   니 가히 산세가 둘러싸였다고 하겠으며, 본군의 동·남·북쪽에는 모두
   큰 바다가 가로막고 있으니 생각할 수도 없는 깊은 지점에 고을이
   형성된 것 같으니 가히 바다가 삼면을 에워쌌다고 할 수 있겠다.
   육로의 일면은 곧 덕산의 큰 고개와 홍주의 큰 고개가 중중첩첩으로
   높고 험준하여 동·남쪽으로는 수레를 끌고 다닐 수도 없고 말도
   타지 못한다.[331]

이러한 자연환경 때문에 1930년대 무렵까지도 서산 주민들이 홍성이
나 주변의 도회로 나가려면 배를 타야 했다.[332]

따라서 금강 이북 황해 연안에 위치한 홍주 관내의 結城·驪陽 등과
가림현 관내의 西林·庇仁·鴻山·藍浦·韓山 등 일부 군현들은 선박을 이용

330)『世宗實錄地理志』忠淸道.
331)『湖山錄』, 形勝.
332) 주민 증언에 의하면 1936년 충남 서산시 부석면 대동리 주민들의 경우 홍성으로
    갈 때면 배를 타고 해미면으로 이어지는 강어귀에 내려 썰물 때 강을 건넌
    후 해미면 석포리를 지나 홍성의 갈산에 정오 무렵에 도착한 후 다시 홍성장이
    서는 곳까지 걸어서 도착하면 저녁 무렵이 되어 객주에 머물렀다고 한다(유철인
    외,『인류학과 지방의 역사』, 역사인류학연구회, 2004, 54쪽).

하여 천수만으로 조세를 운송한 후 육로를 통해 영풍창까지 운송하였을 것이다.333) 이는 현종 때 안흥량을 피하기 위해 安民倉을 설치하여 육로로 운송한 경로와도 같다.334) 고려~조선에 걸쳐 여러 차례 태안·서산 지경에 운하를 굴착하려 했던 것도 이러한 경험과 관련이 있을 것으로 생각된다.

면천, 신평, 합덕 등도 사정이 다르지 않다. 이들 지역은 육로 거리상으로는 영풍창에서 멀지 않지만 창에 이르려면 많은 산과 갯벌을 지나야 했다. 따라서 면천의 교통 요지인 한진[大津]이나 倉宅山 등지에서 배에 싣고, 가로림만을 거쳐 영풍창으로 향하는 것이 훨씬 편리하였다.

요컨대 여미현·정해현 등과 부성현 관할의 소태현, 지곡현과 홍주 관내의 정해현, 여미현 등 영풍창과 가까운 거리에 있었던 일부 군현을 제외하면 해안가에 위치한 홍주의 여러 군현과 가림현 관할 군현은 선박을 통해 영풍창으로 조세를 운반하였을 것이다.

(5) 임피 진성창

백두대간에서 갈라져 나온 금남정맥은 동쪽으로부터 주화산과 연석산, 남당산, 작봉산, 미륵산, 함라산, 망해산, 대명산, 오성산 등을 이루며 서해 바다에서 멈춘다. 이러한 산맥에 의해 이 지역의 수계는 금강과 만경강으로 나뉜다. 진성창에 조세를 납부한 군현은 금남정맥의 서남쪽 전주목, 임피현·진례현·김제현과 동쪽의 금구현에 해당하는 지역이었을 것으로 추정되고 있다.335)

---

333) 『新增東國輿地勝覽』 卷20, 忠淸道 結城縣. 천수만으로 조세를 운송한 후 육로를 통해 영풍창에 이르면 이동하면 안흥량을 거치지 않으면서도 선박을 통해 효과적으로 조세를 운송할 수 있는 이점이 있다.
334) 『燃藜室記述』別集 卷11, 政敎典故 漕運.
335) 한정훈, 「고려시대 교통과 조세운송체계 연구」, 부산대학교 박사학위논문, 2009, 167쪽.

이들 지역으로부터 진성창에 이르는 길에 대해서는 서로 다른 의견이 있다. 한정훈은 진례현을 제외한 대부분의 지역이 만경강 수계에 해당하므로 삼례역에서 강을 건넌 후 역로를 통해 진성창에 이르렀다고 보았다.[336] 그 외 금강 수계에 속하는 진례현의 경우에는 금강을 따라 형성된 小路와 全公州道를 통해 고산현에 도착한 후 만경강의 수운을 이용하여 임피의 진성창에 도착하였을 것으로 파악하였다.[337]

반면, 정홍일은 낭산·함열 등 금강 수계에 속한 군현은 금강을 이용하고, 나머지는 모두 만경강을 이용했을 것으로 추정하였으며, 두 강을 이용할 수 없는 진례현과 부리현은 진성창의 수세구역에서 제외하였다.[338]

선행연구에서 공통적으로 지적한 바와 같이 만경강 수계에 속하는 전주, 김제 등은 만경강을 이용하여 서해로 나간 뒤 다시 진성창에 이르는 것이 편리하였다.

R-① 南川의 근원은 礪峴에서 나오는데 부의 동남에 이르러 성을 둘러 북으로 可連山을 지나 추천이 되고, 母岳山에서 나온 물과 합해서 參禮驛 남쪽에 이르러 다시금 高山 熊峴의 물과 합쳐서 서쪽으로 흘러 洄浦가 되며, 潮水가 여기까지 들어온다.[339]

R-② 泗水江은 근원이 龍潭의 珠崒山에서 나와 서쪽으로 흘러서 高山에 이르고, 동쪽으로 佛明山川과 雲梯山川을 지나 서남쪽으로 흘러서 雁川·良正浦가 되며, 參禮驛 앞에 이르러서 秋川을 지나서 橫灘이 되고,

336) 한정훈, 위의 논문, 140쪽.
337) 한정훈, 위의 논문, 140쪽.
338) 정홍일, 앞의 논문, 52쪽. 그러나 제외한 두 현이 어느 조창에 속하였는지, 어떤 방식으로 조세를 납부했는지에 대해서는 언급하지 않았다.
339) 『新增東國輿地勝覽』 卷33, 全州府 山川.

參禮의 東川을 지나 回浦의 경계로부터 益山 龍花山(龍華山)의 春浦를 지나 樂巖에 이르며, 黃登洞川을 지나 利城倉에 이르고, 利城川을 지나 東倉을 경유하여 新倉院에 이르러 新倉津이 되며, 臨陂의 앞 내를 지나 立石·進鳳·吉串의 북쪽을 경유하고, 群山浦를 경유하여 바다에 들어간다.[340]

위의 두 자료를 통해 전주에서 배를 이용할 수 있는 최대 선적지가 삼례까지였음을 알 수 있다. 따라서 고산현의 조세는 삼례까지 육로로 운송한 후 삼례에서 비로소 배에 조세를 싣고 만경강을 따라 바다로 나간 후 진성창에 이를 수 있었다.[341] 전주 주변 군현도 이와 같았을 것이다.

김제현과 금구현의 경우에는 만경강 하구 즉, 新倉津에서 강을 건넌 후 진성창에 이르는 육로가 최단거리였다. 그러나 다음 자료에 나타난 것처럼 신창진을 건너는 것은 생각만큼 용이하지 않았다.

S. 전라도에서 올라올 때에 臨陂의 新倉津과 林川의 南堂津이 곧은 길이 되므로 모두 이 길을 경유하는데, 조금 바람이 요란하면 건너기가 매우 어려워서 여러 고을에서 조세를 바치는 사람이 물가에서 머물게 되어 그 고통이 막심하다.[342]

강의 하류이기는 하지만 조수의 영향을 많이 받는 지역이므로 물때를 잘못 맞추거나 바람이 심하면 발이 묶이는 경우가 많았던 것이다.

---

340) 『增補文獻備考』 卷20, 輿地考8 山川 湖南沿海川.
341) 『조선하천조사보고서』에 의하면 만경강의 수계는 조류가 닿는 곳과 일치하였 는데, 그 종착지점이 장정촌(익산시 춘포면 춘포)이었다(조선총독부, 『조선하 천보고서』, 1929, 282쪽). 조선시대에는 그보다 좀 더 깊은 곳인 삼례의 回浦까지 조수가 드나들었던 것이다.
342) 『成宗實錄』 4年 4月 20日 庚辰.

따라서 김제현이나 금구현 역시 수레보다는 海船을 이용했을 것이다. 김제현의 東津이나 長信浦 등의 해포에서 배를 띄우면 어렵지 않게 진성창에 도착할 수 있었다.[343]

진성창에서 가장 멀리 떨어진 진례현은 조선 후기에 금강 수계에 속한 고산·용담현이 함열에서 조세를 배에 싣고 한양으로 향했던 것을 고려하면[344] 금강의 수운을 이용하여 진성창에 이르렀을 것으로 추정된다. 진례현에서 금강까지는 예로부터 육로를 통해 珍山→ 大芚山(왼편)→ 梨峙를 거치는 길이 이용되었다.[345] 이치를 넘으면 현재 논산의 양촌·가야곡에 도달할 수 있었으며, 이후 논산천이나 강경에서 배에 조세를 실어 운송하면 하루 이내에 군산까지 도착할 수 있었다.[346]

진례현의 속현이었던 무풍현과 용담현은 부리현을 통해 진례에 닿은 후 같은 길을 따라 수송하는 것이 편리하였다. 그 외에도 함열, 낭산, 여산 등 금강 수계에 있는 군현들 역시 금강의 수운을 이용하여 진성창으로 조세를 운송하였을 것이다.

(6) 보안 안흥창

안흥창이 설치된 보안은 모악산·내장산을 중심으로 하는 호남정맥에

343) 『新增東國輿地勝覽』 卷33, 全羅道 金堤郡 山川.
344) 『輿地圖書』 全羅道 長水·茂朱·高山.
345) 금산군사편찬위원회, 『금산군지』, 2011, 560쪽. 금산에서 대둔산−이치로 이어지는 길은 논산과 전주로 나갈 수 있는 주요 교통로였다. 이치는 임진왜란 때 금산에서 전주로 진격하려는 일본군을 관군이 크게 격퇴한 전적지이기도 하다(郭鎬濟, 「壬辰倭亂期 倭峙大捷의 意義와 再檢討」『忠南史學』 12, 2000, 137쪽).
346) 김민영 외, 『금강하구의 나루터·포구와 군산·강경지역 근대상업의 변용』, 선인, 2006, 137, 143쪽. 군산에서 강경까지의 거리는 약 37km였으며, 강폭이 넓고 수심도 5~7m나 되어 배의 운항이 순조로웠다. 운행 소요 시간은 간만에 따라 달랐는데, 溯行의 경우에도 만조 때는 6시간, 간조 때에도 5시간이면 이를 수 있었다. 下行의 경우에는 이보다 더 수월했을 것이다.

132

의해 서쪽 남원권과 구분되며 동진강을 경계로 만경강권과 구분된다.[347]
따라서 안흥창에 조세를 납부한 군현은 호남정맥 서쪽의 평야지대에
속한 동진강 수계의 군현, 즉 古阜郡 소속의 군현인 古阜郡, 保安縣,
扶寧縣, 井邑縣, 大山郡, 仁義縣, 尙質縣, 高敞縣으로 추정된다.

　보안 안흥창 수세구역은 총 8개로 다른 지역에 비해 군현 수가 적다.
이는 조선시대에 비해 전라도 지역의 조창이 촘촘히 설치되었을 뿐
아니라 다른 조창과 달리 수로 이용이 불편했기 때문으로 추정된다.
물론, 변산반도 동쪽으로 동진강과 고부천이 있기는 하지만 이들 하천은
남에서 북으로 흐르기 때문에 조세 운송에 별다른 도움이 되지 않는다.
부녕현의 경우 고부천을 따라 大浦에 이른 후 다시 육로를 이용하는
방법도 고려해 볼 수 있지만 크게 효율적이지는 못하다. 해로를 이용할
수 있는 구간도 고부군 沙津浦[348]에서 출발하여 보안에 이르기까지의
비교적 단거리이다. 따라서 안흥창에 조세를 납부하는 대부분의 군현은
육로를 이용하여 안흥창에 이르렀을 것으로 추정된다.

　육로 운송의 구체적인 경로는 1894년 동학농민운동 당시 농민군들의
행보가 참고된다. 고창에서는 해안가를 따라 상질현 사진포, 줄포를
거쳐 보안에 닿았으며, 정읍에서는 고부를 거쳐 줄포에 이른 후 다시
보안에 도착하였다.[349] 부령에서는 변산의 동쪽 길을 따라 내려오거나

---

347) 고성호는 『택리지』에 나타난 마이산·모악산·덕흥산·노령을 기준으로 전라도
　　지역의 장시망을 4개의 권역으로 구분한 바 있다(高星鎬, 「조선 후기 地方
　　場市의 분포와 특징－전주·남원을 중심으로－」『대동사학』3, 대동사학회,
　　2004, 38쪽). 첫째는 무주 덕유산에서 시작하여 진안 마이산과 금구 모악산을
　　거쳐 옥구에 이르는 전주를 중심으로 한 북부권, 둘째는 금구 모악산과 노령의
　　사이에 있는 임실·장수·순창·남원을 포함하는 내륙의 동쪽인 동부 남원권,
　　셋째는 영광·장성을 포함하는 남부권, 넷째는 해안 지역을 묶는 부안·고창권이
　　다. 이는 고려시대 조창의 수세구역을 구분하는 데에도 유효하다. 북부권은
　　대개 진성창 관할 구역, 동부 남원권은 해룡창 관할 구역, 남부권은 법성창
　　관할 구역, 넷째는 안흥창 관할 구역이다.
348) 『新增東國輿地勝覽』卷34, 全羅道 興德縣 山川.

현의 동쪽 東津350)에서 조수를 타고 고부천으로 들어와 大浦351)에 이른 후 고부와 줄포를 거쳐 보안에 이르렀다.

(7) 영광 법성창

영광 법성창에 조세를 납부한 군현은 호남정맥의 서쪽 중간 지대에 속하는 군현들로 다음과 같이 정리할 수 있다. 우선『世宗實錄地理志』에 기록된 영산창과 덕성창 소속 군현 중 법성창의 설치로 영산창에서 빠져나간 고을은 고창, 곡성, 담양, 무장, 영광, 옥과, 장성, 진원, 창평, 함평, 흥덕 등 11개 군현이다.352) 또한 법성창 신설 후 덕성창에서 빠져나간 고을은 고부, 구례, 부안, 순창, 정읍 등 5개 군현이었다. 이를 모두 합치면 16개 군현이 된다. 이 중에서 보안 안흥창으로 조세를 납부했을 것으로 추정되는 고부군 소속의 군현인 부안(보안현, 부녕현), 정읍(정읍현), 흥덕(상질현), 고창(고창현), 고부(고부군)를 제외하면 곡성, 담양, 무장, 영광, 옥과, 장성, 진원, 창평, 함평, 구례, 순창 등 11개 군현이 남는다. 이 중에서 호남정맥 우측에 위치한 곡성, 구례, 순창은 섬진강을 이용하여 해룡창에 조세를 납부했을 가능성이 크므로 이들 두 군현을 제외하면 결국 8개 군현만이 남게 된다. 이들 8개 군현과 부용창 앞에 위치한 압해·해제현을 포함한 10개 군현에 해당하는 고려시대 군현들이 부용창에 조세를 납부했던 군현일 것이다. 이는 조선 후기『속대전』에 기록된 법성창 관할의 10개 군현과 거의 유사하다(<표

349) 裵亢燮,「제1차 동학농민전쟁 시기 농민군의 진격로와 활동양상」『동학연구』 11, 한국동학학회, 2002, 36~70쪽.
350)『新增東國輿地勝覽』卷34, 全羅道 扶安縣 山川.
351)『新增東國輿地勝覽』卷33, 全羅道 古阜郡 山川.
352) 해진현이 해남현과 진도현으로 나뉘어졌고(『新增東國輿地勝覽』卷37, 全羅道 珍島郡·해남군), 고흥은 세종 때 신설되었으며, 광산은 무진에서 광산현으로 개칭되었다(『新增東國輿地勝覽』卷35, 全羅道 光山縣).

134

5> 참고).353)

<표 5> 조선시대 전라도 지역의 조창354)

세종실록 지리지	영산창	강진, 고창, 고흥, 곡성, 광양, 나주, 낙안, 남평, 능성, 담양, 동복, 무안, 무장, 무진, 보성, 순천, 영광, 영암, 옥과, 장성, 장흥, 진원, 창평, 함평, 해진, 화순, 흥덕(27읍)
	덕성창	고부, 고산, 구례, 금구, 금산, 김제, 남원, 만경, 무주, 부안, 순창, 여산, 옥구, 용담, 용안, 운봉, 익산, 임실, 임피, 장수, 전주, 정읍, 진산, 진안, 태인, 함열(26읍)
동국여지 승람	득성창	고산, 금구, 금산, 김제, 남원, 만경, 무주, 여산, 옥구, 용담, 용안, 운봉, 익산, 임실, 임피, 장수, 전주, 진산, 진안, 태인, 함열(21읍)
	법성창	고부, 고창, 곡성, 구례, 담양, 무장, 부안, 순창, 영광, 옥과, 장성, 정읍, 진원, 창평, 함평, 흥덕(16읍)
	영산창	강진, 광산, 광양, 나주, 낙안, 남평, 능성, 동복, 무안, 보성, 순천, 영암, 장흥, 진도, 해남, 화순, 흥양(17읍)
속대전	성당창	고산, 금산, 남원, 용담, 운봉, 익산, 진안, 함열(8읍)
	군산창	금구, 옥구, 임실, 장수, 전주, 진안, 태인(7읍)
	법성창	고창, 곡성, 광주, 담양, 동복, 순창, 영광, 옥과, 장성, 정읍, 창평, 화순(12읍)
	직납	해창 집송 25읍, 육운 1읍

부용창에 조세를 납부한 군현은 바다와 내륙 지역이 섞여 있으므로 창에 도착하기 위해서는 육로와 해로를 고루 이용하였다.

먼저 담양은 나주목의 속군이 되기 이전까지 潭州都團練使였다.355) 담양과 인근의 창평에서 부용창에 이르기 위해서는 長城郡을 거쳤으며, 장성에서는 황룡강을 건넌 후 영광에 이르렀다.356) 압해·해제현을 비롯

353) 법성창 소속의 10개 군현은 영광, 담양, 무장, 순창, 영광, 옥과, 장성, 진원, 창평, 함평이다(『續大典』卷2, 戶典 漕轉).
354) 김덕진, 「三南 稅穀의 운송과 江華 燕尾亭의 풍경」, 『인천학연구』 7, 2007, 6쪽을 참고하여 작성하였다.
355) 『高麗史』 卷57, 志11 地理2 羅州牧.
356) 『正祖實錄』 23年 5月 7日 甲子. 황룡강은 조선시대에도 물길이 험하기로 유명하였다. 따라서 황룡강은 담양·창평에서 부용창에 이르는 경로 가운데 가장 험하였다.

하여 함평현과 같은 해안 군현의 경우에는 해운을 통해 부용창에 조세를
수납하였다.

(8) 나주 해릉창

호남정맥의 하나인 추월산에서 발원한 영산강은 북에서 남쪽으로
흘러내리면서 전라남도 전체 면적의 23%에 해당하는 광활한 전남평야
를 이룬다.[357] 이 지역은 전남 인구의 절반 이상이 영산강 유역에 밀집되
어 있다는 말이 있을 만큼 예로부터 유명한 곡창지대였다. 조선 건국
이후 칠산 앞바다의 험한 물길 때문에 여러 번 존폐논란이 반복되었음에
도[358] 영산창이 그 기능을 유지한 것은 이러한 지형적 특징과도 관련이
있다.

나주 해릉창에 조세를 납부한 군현은 호남정맥 서쪽 영산강 수계에
위치한 나주목 직할 군현, 해양현, 능성현 등이었다. 이들 지역 중 영산강
에 접해 있는 군현들은 해릉창까지 내륙수운을 통해 조세를 운송하였다.
하구언이 생기기 이전 영산강에는 나주 동쪽 노정포(42.3km 지점)까지
조수가 드나들었으며, 지류인 고막원천, 함평천 등 하류 지역에도 만조
시 100섬을 적재한 범선의 운행이 가능하였다.[359] 그보다 작은 배는
현재의 광주광역시 서구 서창동까지 올라갈 수 있었다.[360] 하류 사포(나
주시 공산읍 신곡리 사포나루)로부터 영산포에 이르기까지 3개의 여울
이 있었으나 썰물을 이용하면 큰 장애가 되지 않았다.[361]

357) 전경숙, 「전라남도지역의 생활권 및 중심지 변화」, 『대한지리학회지』 22, 1987,
    39쪽.
358) 『成宗實錄』 4年 4月 20日 庚辰 ; 『燕山君日記』 9年 9月 5日 戊辰 ; 『中宗實錄』
    7年 9月 27日 戊戌 ; 『肅宗改修實錄』 8年 1月 8日 丙辰.
359) 조선총독부, 『조선하천조사서(1929)』, 국토해양부, 2010, 284쪽.
360) 조선총독부, 위의 책, 284쪽.
361) 조선총독부, 위의 책, 284쪽.

따라서 해양현을 비롯하여 남평군, 화순현 등 영산강 상류의 군현들은 수운을 이용하여 해릉창에 조세를 납부하였다. 화순현의 경우에는 소룡봉, 갈미봉, 종괘산 등으로 북쪽 해양현과 서쪽 남평현과 막혀있지만 경전선이 가설된 하천로 또는 지석천을 따라 남평에 이른 후 영산강의 수운을 이용할 수 있었다.

그 외 영산강 하구에 있었던 무안군·반남현, 해도로 구성된 장산현 등도 썰물을 타고 영산강을 따라 해릉창에 닿았다. 그러나 본래의 나주 관할이 아니었던 담양군,[362] 곡성군,[363] 낙안군[364]은 제외되었다.

(9) 영암 장흥창

금남정맥으로부터 갈라져 내려와 남에서 북쪽으로 급하게 달려온 호남정맥은 남해 끝자락 여러 곳에 큰 산을 형성하고 동쪽을 향해 방향을 바꾼다. 호남정맥이 지나간 남서 해안가에는 월출산, 두륜산, 천관산 등 해발 600m 이상이 되는 높은 산들이 형성되었다. 이 세 개의 산이 자리잡은 영산강 이남, 호남정맥 남서쪽의 영암군, 장흥부, 진도현 등이 장흥창에 조세를 납부한 군현에 해당한다. 이외에도 달마산, 금강산, 만덕산, 부용산 등 높은 산들이 많지만 연결된 산맥의 형태가 아니기 때문에 지역 간의 교통에 큰 장애가 되지는 않는다.

따라서 두륜산 남쪽의 海南縣,[365] 도암만 북서쪽의 長興府는 海運을

---

362) 『高麗史』 卷57, 志11 地理2 羅州牧.
363) 곡성군과 낙안군은 본래 승평군의 속군이었다가 나주에 이속된 것으로 보인다(『순천시사』, 순천시사편찬위원회, 1997, 9쪽. 한정훈, 앞의 박사학위 논문, 143쪽에서 재인용).
364) 『고려사』에는 곡성군이 승평군 소속이었다가 나주로 이속된 사실은 기록되어 있으나 낙안에 대한 기록은 없다. 그러나 위치상 낙안은 본래 보성 또는 승주 소속 지역으로 판단되므로 위의 『순천시사』 내용은 옳은 추정이라고 생각된다.
365) 『新增東國輿地勝覽』 卷37, 全羅道 海南縣 古跡. 이에 따르면 고해남현은 두륜산 남쪽 해안가에 있었다.

통해 명량을 지난 후 화원반도를 돌아 영암호로 들어섰으며, 昆湄縣[366])에
서는 영산강을 따라내려 온 후 장흥창에 도달하였다. 진도·압해·완도
등은 선박을 이용하여 운송하였다. 월출산을 사이에 두고 통곡역, 별진
역, 녹산역, 남리역 등이 설치되어 있었던 것을 보면[367] 월출산 남쪽의
道康郡,[368] 진도 맞은편의 黃原郡 등은 일부 구간에서는 육로 운송도
가능하였을 것이다.

장흥창의 수세구역과 관련하여 짚고 넘어가야 할 것이 태안 마도
1호선과 함께 출토된 죽간의 지명이다. 마도 1호선에서 출토된 죽간은
죽산현으로 해독된 것이 7개, 회진현 3개, 수령현 1개, 안로현 1개였다.[369]
죽산현은 고려시대 영암군의 속현으로[370] 현재 전라남도 해남군 마산면
일대이며, 수령현은 장흥부의 속현으로[371] 현재의 전라남도 장흥군
장흥읍 일대이다. 회진현과 안로현은 모두 나주목의 속현으로[372] 각각
현재의 나주시 다시면과 나주시 세지면·영암군 금정면 일대이다. 목간의
지명만을 통해 보면 해릉창 수세구역과 장흥창 수세구역이 섞여 있지만
운송로를 중심으로 보면 모두 영산강 수계에 있으며, 영산강 수계에서
벗어난 수령현 역시 선박을 이용하면 쉽게 닿을 수 있는 곳이다.

그것은 동반 출토 유물인 도자기를 통해 볼 때도 마찬가지이다. 마도
1호선과 함께 출토된 유물의 대다수는 청자이며, 강진에서 제작된 것으

---

366) 곤미현은 현재의 전남 영암군 세지면 일대이다.

367) 한정훈, 앞의 부산대학교 박사학위논문, 146쪽.

368) 『신증동국여지승람』에 따르면 옛 강진은 월출산 아래의 송계 즉 작천 근처에
있었다(『신증동국여지승람』 卷37, 전라도 강진현 고적). 이 지역은 육로 운송도
가능하지만 대구소에서 제작된 청자는 해운을 통해 장흥창까지 운송되었을
것이다.

369) 국립해양문화재연구소, 『태안 마도 1호선 수중발굴조사 보고서』, 2010, 612쪽.

370) 『高麗史』 卷57, 志11 地理2 羅州牧 靈岩郡.

371) 『高麗史』 卷57, 志11 地理2 羅州牧 長興府.

372) 『高麗史』 卷57, 志11 地理2 羅州牧.

로 추정되고 있다.373) 따라서 마도 1호선은 장흥창에서 관할 구역의
조세와 강진산 도자기를 싣고 출항하여 개경으로 향하다가 태안의
마도 해역에서 침몰한 것으로 볼 수 있을 것이다.

(10) 승주 해룡창

호남정맥의 동쪽 지역은 장수군과 진안군 경계에서 발원한 섬진강
수계가 좁은 분지를 형성하고 있다. 이 분지를 따라 형성된 평야를
중심으로 곡성, 구례, 보성 등의 군현들이 자리를 잡았는데,374) 그 중에서
도 중심도시는 승주(순천)와 남원이었다. 순천의 지리적 중요성은 다음
자료를 통해서도 확인된다.

> T. 순천은 남해에 위치한 중요한 성곽읍으로 구례·남원·전주를 지나는
> 전라도의 남북 방향 간선도로의 시발점이자 종착점이다.375)

승주에 해룡창이 설치된 것도 이러한 교통·지리적인 이점 때문일
것이다.

해룡창에 조세를 납부한 지역은 승평군, 보성군, 남원부 등 금남호남정
맥과 호남정맥 사이의 섬진강 수계에 위치한 군현이었을 것으로 추정된
다. 남원부 관내의 속군·현은 진성창까지는 거리가 멀고, 법성창에 이르
려면 금남정맥을 넘어 險路인 황룡강을 건너야 했으므로 해룡창에 납부
하는 것이 가장 용이하였다.376)

---

373) 국립해양문화재연구소, 앞의 책, 2010, 508쪽.
374) 田京淑,「全羅南道地域의 生活圈 및 中心地 體系의 變化(1940~1985)」,『지리학』
    36, 대한지리학회, 1987, 39쪽.
375) 고토분지로(손일 옮김),『조선기행록』, 푸른길, 2010, 71쪽.
376) 안길정에 의하면 남원에서 함열 성당창까지의 거리가 약 220리였다(안길정,
    「『조행일록』으로 본 19세기 조운의 운영실태」『사림』29, 수선사학회, 2008,

다음의 자료는 남원 지역의 조세운송과 관련한 몇 가지 사실들을 말해주고 있다.

U-① 羅州의 赴擧儒生이, 上道·下道를 左道·右道로 고쳐 줄 것을 청하니 監司가 따랐다. 좌도는 光州·綾城·和順·長興·順天·淳昌·南原 등의 고을로 하고, 우도는 全州·羅州·海南·靈巖·靈光·古阜·扶安 등의 고을로 하였다.[377]

U-② 여름 4월 왜선 백여 척이 順天府에 침입하여 남원, 구례, 영광, 장흥 등지의 조운선을 약탈하였다.[378]

U-③ (3월) 왜적이 곡성에 침입하고 또 남원에 침입해서 判官을 죽이고 3일간 있었으며 또 順天府에 침입하였다.[379]

U-①은 호남정맥의 동쪽에 위치한 남원이 전주·나주와는 다른 문화권을 형성하고 있었음을 보여준다. 또한, U-②를 통해서는 남원의 조세운송선이 순천 일대에 정박하고 있었음을 알 수 있다. 남원의 조세운송선은 섬진강을 따라 순천에 도착했을 것이다. U-③은 곡성과 남원을 약탈한 왜구들이 순천부까지 공격했음을 보여준다. 곡성, 남원은 모두 섬진강 수계에 있으므로 섬진강을 따라 올라가는 길에 곡성과 남원을 공격하고, 다시 내려와 순천을 공격한 사실을 기록한 것이다. 이를 통해 이 남원, 곡성, 순천 세 지역이 모두 하나의 교통로 안에 있음을 확인할

138쪽). 진성창까지의 거리도 이와 유사했을 것으로 추정된다. 또한 순창·담양·남원 등에서 법성창으로 가려면 황룡강을 건너야 했는데 황룡강은 물살이 거세 번번이 배가 전복되던 곳이었다(『正祖實錄』 23年 5月 7日 甲子).

377) 『宣祖實錄』 2年 7月 甲申.
378) 『高麗史』 卷37, 忠定王 2年 4月, "倭船百餘艘寇順天府掠南原求禮靈光長興漕船."
379) 『高麗史』 卷134, 列傳47 辛禑 5年 3月.

수 있다.

섬진강을 따라 해룡창에 이르는 길은 다음과 같다. 우선 섬진강을 끼고 있는 구례, 곡성 등은 수운을 최대한 활용하였다. 구례군 토지면 송정리까지는 50석을 실은 하선 운항이 가능하였고, 그보다 상류인 곡성군 오곡면 압록리 압록원까지는 30석을 적재하는 선박의 운항이 가능하였다.[380] 압록원에서 하동까지는 평상시에는 하루 반나절, 물이 불어나면 하루면 도달할 수 있었다. 곡성의 바로 위에 위치한 남원부 역시 선박을 이용하면 어렵지 않게 해룡창에 닿을 수 있었을 것이다.[381]

보성군 관내 군현은 경전선이 가설된 해안 경로를 따라 운송할 수 있었으며,[382] 여수·고흥·돌산·두원현 등 해안가 군현들은 선박을 이용하여 조세를 운송하는 것이 용이하였다.

(11) 사주 통양창

통양창에 조세를 납부한 군현은 낙남정맥 남서쪽의 사주, 하동·고성·남해 등과 낙동강 서쪽의 남강과 황강 수계에 위치한 晉州, 陜州 관내 지역이었다.[383] 통양창의 수세구역과 관련해서는 조선 후기 경상 좌·우 창에 조세를 납부한 군현의 사례가 참고 된다.[384]

---

380) 조선총독부, 『조선하천조사서(1929)』, 국토해양부, 2010, 283~284쪽. 압록원은 현재의 전라남도 곡성군 오곡면 압록리 일대로 보성강과 섬진강이 합류하는 지점이다.

381) 이를 근거로 정홍일은 居寧縣(남원 북쪽 임실군 지사면 지역) 등 남원부 일부 지역이 해룡창에 조세를 납부했을 것으로 보았다(정홍일, 앞의 논문, 2012, 42~44쪽).

382) 이 지역의 경전선은 1936년에 완공되었으며, 보성-벌교-순천으로 연결된다. 경전선 철도가 지나는 해안 지역은 비교적 지형이 평탄하므로 이전부터 교통로로 이용되었을 가능성이 높다.

383) 구체적으로는 사천·진주·하동·산청·함양·거창·협주·의령·고성·통영·거제·남해 일대이다. 이와 관련한 자세한 내용은 김재명, 「고려의 조운제도와 사천 통양창」, 『한국중세사연구』 20, 한국중세사학회, 177~182쪽 참조.

V. 左漕倉(馬山倉) — 昌原·咸安·金海·漆原·熊川·鎭海·宜寧·巨濟·固城(경상도
　　　동남면 군현, 조선 25척)
　　右漕倉(駕山倉) — 晉州·昆陽·河東·南海·丹城·泗川·固城(경상도 서북면 군
　　　현, 조선 25척)

위 자료에서 주목되는 것이 고성현과 거제현이다. 고성의 경우에는
거리와 교통의 편이에 따라 조세를 좌·우 조창에 나누어 납부하였다.
그러나 거제는 인근 마산의 좌조창에 소속되었다. 선행연구에서는 22역
도 중 산남도의 분포를 고려하여 거제현을 통양창의 수세구역에 포함시
켰으나,[385] 영조 41년(1765)에 설치된 삼랑창[386] 설치 이전에도 거제는
마산창 소속이었으므로 고려시대에도 통양창이 아닌 석두창에 조세를
납부했을 것이다.[387] 거제가 다른 지역과 달리 섬이었던 점을 고려하면
역로와 관련을 맺기보다 교통로와의 관계를 고려했을 가능성이 크다.
　　이들 중 통양창과 가까운 진주 등 인근 지역은 육운이 가능하였고,
陜州 관내의 북부 지역은 황강, 낙동강과 남강을 이용하여 진주까지
운송한 후 진주에서 사천으로 넘어와 통양창에 조세를 납부하였을
것이다. 해안 군현인 고성현이나 남해현은 선박으로 운송하였다. 진주에
서 사천으로 넘어오는 길은 「대동여지도」를 통해 볼 때 망진산의 좌측－
사천 팔음산·천금산 우측으로 이어지고 있다. 이는 진주에서 사천으로
통하는 현재의 3번 국도와 매우 유사하다.

(12) 합포 석두창

384) 『增補文獻備考』卷157, 財用考 漕運.
385) 김재명, 앞의 논문, 179쪽 ; 한정훈, 앞의 부산대학교 박사학위논문, 147쪽.
386) 『萬機要覽』財用篇2 漕轉 漕倉.
387) 『萬機要覽』財用篇2 漕轉 漕倉. 따라서 마산창 소속의 조운선이 거제에 설치된
　　屬倉에 정박하여 거제와 고성 두 읍의 조세를 적재한 후 한양으로 향하였다.

　　석두창에 조세를 납부한 군현은 낙남정맥의 남동쪽(여항산과 적석산 동쪽) 지역과 낙동강 동쪽 지역의 군현과 거제현으로 추정된다. 이는 『世宗實錄地理志』에 기록된 다음의 沿江 고을과 대체로 일치한다.

　　W. 道內의 貢賦는 각각 가까운 곳에 따라, 金海의 佛巖倉, 昌原의 馬山倉, 泗川의 通洋倉 등으로 나누어 수송하여 바다를 따라 전라·충청도 海路를 지나서 서울에 이르는데, 水路가 험악하여 매양 파선하여 침몰되므로, 태종 3년 갑신에 漕船을 폐하고 각각 농민들로 하여금 충청도의 忠州 慶源倉으로 바로 바치게 하였다. 그 가운데 낙동강 하류의 沿江 각 고을[金海·昌原·密陽·梁山·咸安·昌寧·漆原·鎭海·(草溪)·(宜寧)]은 三價稅[船價·人價·馬價]를 거두어서 사람을 모집해 배에 싣고(배 삯과 사람 삯을 준다.), 거슬러 올라와 尙州에 이르러서, 陸路로 운반하여 聞慶 草岾을 지나(사람 삯과 말 삯을 준다.) 경원창에 바치면, 站船으로 서울에 이른다.388)

　　위의 자료에서 확인되는 것처럼 조선 태종 이후 조령을 통해 충주 덕흥창에 조세를 납부한 경상도 남부 고을은 대개 낙동강의 수운을 이용할 수 있다는 공통점이 있었다. 위의 沿江 군현389) 중에서 통양창 수세구역과 겹치는 초계와 의령을 제외한 나머지 9개 고을은 석두창에 조세를 납부했을 것이다. 창녕에서는 甘物倉津(甘勿倉津)390)에서 배에 곡식을 싣고 買浦津391) 또는 伽倻津392)에 도착한 후 육로를 이용하여 석두창에 닿았다. 육로에 내린 후에는 영포역, 창인역, 근주역 등으로 이어지는 육로를 이용하였을 것이다.[393] 함안, 칠원은 석두창의 인근에 있지만 산으로 막혀 산과 계곡을 지나야 했다.

한편, 해운이 가능한 울주, 밀성군, 양주, 금주, 거제 등은 배를 이용하여 석두창에 닿을 수 있었다. 이러한 사실은 원종 4년 웅신현 일대에서 공물을 수송하던 여러 군현의 貢船이 왜구에게 약탈을 당했다는 기록[394]이나 공민왕 때 울주·동래의 漕船이 약탈을 당했다는 기록[395]을 통해서도 확인된다.

(13) 장연 안란창

안란창에 조세를 납부한 지역은 해서정맥 이북 지역으로 다음과 같은 방식으로 추론이 가능하다. 먼저 서경으로 조세를 납부한 지역을 제외하고 남은 지역 중에서 장연현으로 조세를 운송할 수 있는 지역의 교통망을 파악해 보는 것이다. 서경 태창에 조세를 납부한 것은 서해도를 포함하여 서경기 4도라고 불리는 평양 주변의 군현이었다. 서경기 4도의 영역에 대해서는 명확한 자료가 없지만 대체로 조위총의 난 이후 서경에서 독립시킨 7향 16촌 6부곡이 7개현(강동현, 강서현, 중화군, 순안현, 삼화현, 삼등현, 증산현)으로 추정되고 있다.[396] 이들을 제외하면 서경 이남이자 멸악산맥의 서쪽에 위치한 군현, 즉 황주·풍주·옹진 지역이

---

392) 위와 같음. 가야진의 조선 전기 지명은 岐音江이다. 창녕현 감물창진의 하류로 의령현 鼎嚴津과 합쳐졌다.

393) 한정훈, 앞의 부산대학교 박사학위논문, 148-149쪽.

394) 『高麗史』卷25, 世家 元宗 4年 2月, "(春二月)癸酉 倭寇金州管內熊神縣勿島掠諸州縣 貢船."

395) 『高麗史』卷39, 世家 恭愍王 10年 8月, "倭焚掠東萊蔚州奪其漕船又寇梁州金海府泗州密城郡."

396) 안병우, 앞의 논문, 255~256쪽.

남는다. 이들 지역이 안란창의 수세구역에 해당하는 군현이었을 것이다. 단, 황주 소속의 信州는 서경기 4도에 속했으므로 안란창이 아니라 서경으로 직접 조세를 납부했다.

　안서대도호부를 비롯하여 황주, 풍주 등 해안가에 위치한 군현에서는 해운이 가능하였으며, 비교적 평탄한 지형이었으므로 육로 운송도 어렵지 않았을 것으로 추정된다.

　이상으로 13조창의 수세구역에 대하여 살펴보았다. 지금까지의 논의를 정리하면 다음의 <표 6>[397)]과 같다.

〈표 6〉 13조창의 수세구역

조창명	선행 연구에서 설정한 수세구역	새로 설정한 수세구역
덕흥창	忠州牧直轄·尙州牧直轄·京山府管內·安東府管內·慶州直轄·禮州管內	忠州牧 및 속군·현, 원주목의 堤州·영춘현·단산현,[398)] 상주목·경산부·안동부·경주·예주 및 속군·현 등
흥원창	原州管內	原州 및 속군·현(堤州·단산·영춘현 제외), 교주도 일부 지역(정선·횡성 등) 포함[399)]
하양창	淸州牧直轄, 天安府管內·公州管內	淸州牧·天安府·公州 및 속군·현
영풍창	洪州管內·嘉林縣管內·富城縣管內	洪州[400)]·嘉林縣·富城縣 및 속군·현
진성창	全州牧直轄·臨陂縣管內·進禮縣管內·金堤縣管內·金溝縣管內	全州牧·臨陂縣·進禮縣·金堤縣·金溝縣 및 속군·현

---

397) 한정훈, 「고려시대 조세 운송 경로」, 부산대학교 박사학위논문, 2009, 131쪽과 정홍일, 「고려시대 전라도 지방 조창연구」, 목포대학교대학원 석사학위논문, 2012의 37~53쪽 표를 참고하여 재작성하였다. 밑줄 친 부분은 필자가 기존 견해를 일부 수정한 것이다. 두 연구자의 추정에 일부 차이가 나타난 것은 한정훈이 역로를 중심으로 수세구역을 고려한 것에 비해 정홍일은 연안항로 또는 내륙수운로를 고려하여 수세구역을 추정하였기 때문이다. 예를 들면 한정훈은 영광 부용창의 수세구역을 압해, 장성, 삼계, 육창, 해제, 모평, 함풍, 임치, 장사, 무송으로 보았으나(한정훈, 「고려시대 교통과 조세운송체계 연구」, 부산대학교 박사학위논문, 2009, 142쪽), 정홍일은 장성과 삼계의 경우 내륙하천이나 해로를 통해 해릉창으로 운송하는 것이 용이하다고 보고 이를 해릉창 수세구역에 포함시켰다(정홍일, 38쪽). 대신 무안지역 일부와 고창은 연안항로와 내륙항로의 이용 가능성을 고려하여 부용창 수세구역에 포함시켰다.

안흥창	南原府管內·古阜郡管內	古阜郡 및 속군·현
부용창	靈光郡管內	靈光郡 및 속군·현, 나주목의 창평현·담양군 포함[401]
해릉창	羅州牧直轄·海陽縣·陵城縣	羅州牧 및 속군·현, 海陽縣·陵城縣
장흥창	長興府管內·靈巖郡管內·珍島縣管內	長興府·靈巖郡[402]·珍島縣 및 속군·현
해룡창	寶城郡管內·昇平郡管內	昇平郡·寶城郡·南原府 및 속군·현[403]
통양창	晉州牧直轄·陝州管內·固城縣管內·南海縣管內·巨濟縣管內	晉州牧·陝州·固城縣·南海縣 및 속군·현
석두창	蔚州管內·金州管內·梁州管內·密城郡管內	蔚州·金州·梁州·密城郡·巨濟縣 및 속군·현
안란창	豊州管內·瓮津縣管內	豊州·甕津縣 및 속군·현, 黃州[404]

수세구역은 수계와 육로 교통의 관계가 종합적으로 반영되어 설정되었을 가능성이 크다. 계수관 아래의 속군현이 모두 같은 조창에 조세를 납부하기보다는 산맥과 수계를 고려하여 편리한 지역으로 설정되었을 것이다.

---

398) 堤州(제천), 永春縣(단양), 丹山縣(단양) 이 세 지역은 고려시대 원주 관할 구역이지만 남한강 수계에 해당하므로 덕흥창을 이용했을 가능성이 큰 지역이다.

399) 흥원창에 인접해 있을 뿐 아니라 조선시대의 사례를 참고하면 흥원창에 납부했을 가능성이 크다.

400) 홍주 소속 군현 중 혜성군, 신평현 등은 아산만, 삽교천을 마주보고 하양창과 가까운 거리에 있다. 이들 지역은 가야산을 넘어 영풍창에 이르기보다는 아산만을 통해 하양창에 이르는 것이 훨씬 유리하므로 유동성이 있다.

401) 조선시대 내내 영광 법성창에 조세를 납부하였다. 따라서 행정구역보다는 도로 교통의 영향을 받았을 가능성이 크다. 정홍일은 선행연구의 부용창 관할구역 중에서 영산강 수계에 속하는 장성군·삼계현·장사현을 제외하고, 무안군의 일부와 고창군의 일부를 포함시켰다(정홍일, 앞의 논문, 2012, 37쪽).

402) 정홍일은 영산강 수계에 속하는 영암군 소속의 곤미현과 죽산현을 장흥창 관할 구역에서 제외하였다(정홍일, 위의 논문, 41쪽).

403) 섬진강 수계에 속하므로 해룡창 구역에 포함시켰다.

404) 한정훈의 논문에는 빠져 있으나 서경기 4도에 해당하지 않는 지역이므로 안란창 수세구역에 포함시켰다. 단, 황주목 관할 구역 중 신주와 동주는 제외된다. 신주는 서경기 4도에 포함되었으며, 동주는 예성강 수운을 이용하여 운송이 가능하였다.

3) 漕倉制의 변화

몽골의 침입은 고려의 존망을 뒤흔든 위태로운 사건이었다. 6차례에 걸친 몽골의 침입으로 고려의 국토는 황폐화되었으며, 백성들은 뿔뿔이 흩어졌다. 이에 따라 조세를 거두고 운송하는 일도 어려움을 겪었다. 그러나 이 시기에도 조운은 시행되고 있었다.[405] 몽골군이 여러 차례 조운로를 차단하기 위한 조치를 취했음에도 불구하고,[406] 연안의 해로만은 고려가 끝까지 장악하고 있었기 때문이다.

고려의 조운제도가 본격적인 타격을 입은 것은 삼별초가 봉기하면서부터였다.[407] 삼별초는 바닷길을 이용하여 강화에서 진도까지 이동하였는데, 이 과정에서 식량을 확보하고 개경 정부에 대한 경제적 압박을 위해 해안가 마을을 습격하는 일이 잦았다. 특히, 원종 11년(1270), 진도에 정착한 삼별초는 지리적 이점을 이용하여 명량을 지나는 조운선을 탈취하거나 인근의 서·남해 군현을 공격하고 약탈하였다. 이러한 상황은 제주로 옮겨간 후에도 계속되었다.

X-① (원종 13년 3월) 삼별초의 나머지 무리들이 會寧郡에 침입하여

---

405) 강화 천도 이후에도 조운선과 상선들이 빈번히 운항하였음은 최부의 삼도부를 통해서도 확인된다(『東文選』 卷2, 賦). 이에 대한 내용은 한정훈, 앞의 논문, 189~190쪽 ; 윤용혁, 「중세의 관영 물류 시스템 고려 조운제도」, 『고려 뱃길로 세금을 걷다』, 국립해양문화재연구소, 2009, 128쪽 참조.

406) 몽골군은 고종 23년 8월, 남경·平澤·牙州·河陽倉 등에 나누어 둔을 쳤으며(『高麗史節要』 卷16, 高宗安孝大王 23년 8월), 동왕 43년에는 영광, 충주, 압해 등을 공격하였다(『高麗史』 卷24, 世家24 高宗 43年 3月, 4月 ; 『高麗史節要』 卷17, 同王 43年 6月). 이때 몽골이 공격한 지역은 대개 조창이 자리잡고 있었던 지역이거나 조운선이 개경으로 올라가는 길목이었다.

407) 2011년 태안에서 출토된 마도 3호선은 1265~1269년 경에 침몰한 선박으로 추정되고 있다. 이 시기는 고려 정부가 개경으로 환도하기 직전의 시기이다(임경희, 「목간」, 『태안 마도 3호선 수중발굴조사 보고서』, 국립해양문화재연구소, 2012).

漕船 4척을 약탈하였다. … (5월) 삼별초가 大浦에 침입하여 漕船 13척을 약탈하였다. … (8월) 삼별초가 전라도의 上供米 8백 석을 약탈하였다.408)

X-② (원종 13년 6월) 제주도에 아직도 역적들이 있어서 금년 3월, 4월에 會寧, 海際, 海南 등 세 현의 포구들에 침범하여 노략질하고 여러 주, 현의 조운선을 빼앗아 갔다. 또 5월에는 회령, 耽津 두 현에서 크게 노략질해 갔다. 그리하여 무릇 전후 수차에 걸쳐 빼앗긴 배가 20척이요, 알곡이 3천 2백여 석이요, 피살자가 12명, 잡혀간 자가 24명이나 된다. 일찍이 역적들에게 붙잡혀 갔다가 이달 14일에 도망해 나온 盧孝悌란 자가 이번에 보고하기를 '역적들이 배 11척에다 군사 3백 90명을 나누어 싣고 경상, 전라도의 조세 운반선을 빼앗으려고 꾀하고 있으며 또 바닷가의 주, 현들을 공격하여 함락시키려고 하고 있다'고 한다. 바로 그 때문에 바닷가의 주, 현들에서는 소동이 일어나서 편안하지 못하다는 것은 전에도 글로써 보고한 바 있다.409)

X-①에서 삼별초의 공격을 받은 會寧郡은 전라도 장흥 부근, 大浦는 정읍시 영원면 앵성리의 대포(눌제천, 현재의 고부천)이다.410) 장흥과

408) 『高麗史節要』 卷19, 元宗順孝大王 13年 3月·5月·8月.
409) 『高麗史』 卷27, 世家 元宗 13年 6月.
410) 大浦에 관한 기록은 『新增東國輿地勝覽』 卷33, 全羅道 古阜郡에 "大浦 군의 서쪽 10리에 있다. 訥堤川의 하류가 되는데 潮水가 드나든다."고 하였고, 또한 같은 기록에 "蘆橋는 大浦에 있다."고 하였다. 노교는 현재의 영원면 앵성리 노교마을 일대이다. 이를 근거로 김상기는 삼별초가 침입한 대포를 정읍으로 추정하고 있다(김상기, 『동방문화교류사논고』, 을유문화사, 1948, 182쪽). 한편, 대포가 목포의 오류일 가능성도 있다는 의견도 제시되었다. 삼별초가 공격한 주현이 주로 남해안이나 서해안의 남쪽 군현임을 고려하면 정읍일 가능성보다는 목포의 오기로 보았던 것이다(윤용혁, 『고려 삼별초의 대몽항쟁』, 일지사, 2000, 246쪽 주23 참조). 대포를 목포의 오기로 보는 견해는 충분히 가능성이 있지만 본서에서는 『신증동국여지승람』에 따라 정읍의 대포로 비정하고 논의를 진행한다.

정읍의 눌제천 하류는 고려시대 12조창의 소재지가 아니었다. X-②의 조운선이 약탈당했다는 會寧, 海際, 海南 지역도 마찬가지이다. 이러한 기록들을 통해 볼 때 이미 13세기 무렵에는 해안가 조창의 역할이 약화되면서 군현별 조운 체제로 전환된 것이 아닌가 생각된다. 그러나 그것이 조창이 완전히 폐지된 것을 의미하는 것은 아니다. 이보다 늦은 고려 말에도 조창이 여전히 존재하고 있었음은 공민왕 7년에 진성창이 왜구의 공격을 받았다는 사실과[411] 전라도의 조세를 운송하던 唐船이 黔毛浦에서 습격당했다는 기사를 통해서도 확인된다.[412] 또한, 충정왕 2년 4월에는 왜선 백여 척이 順天府에 침입하여 남원, 구례, 영광, 장흥 등지에 있는 운수선을 약탈하였으며,[413] 6월에는 합포에 침입하여 그곳의 병영 및 고성, 회원 등 여러 군을 불살랐다.[414] 그리고 다시 얼마 후에는 장흥부 安壤鄕 등을 침입하였다.[415] 이때 왜구에게 약탈당한 순천, 영광, 합포 등은 모두 조창이 있었던 지역이다. 이러한 사실들을 고려하면 13세기 후반에는 조선 후기의 조운제도와 마찬가지로 조창제와 군현별 납부제도가 병행되는 형태로 전개되었던 것으로 이해된다.[416] 조창은

---

411) 『高麗史』 卷39, 恭愍王 7年 4月. 이때의 진성창이 조창을 일컫는 것인지, 아니면 행정구역으로서의 진성창을 일컫는 것인지는 명확하지 않다. 그러나 전라도 鎭邊使 高用賢이 바닷가 지역 창고를 내지로 옮길 것을 청했다는 기사가 바로 뒤에 이어진 것을 보면 전자를 의미할 가능성이 크다.

412) 『高麗史』 卷39, 恭愍王 7年 7月. 검모포는 안흥창이 있었던 보안의 연안에 있다. 따라서 이때 습격당한 조운선은 안흥창에서 조세를 싣고 개경으로 가던 길이었을 것이다.

413) 『高麗史』 卷37, 世家 忠定王 2年 4月.

414) 『高麗史』 卷37, 世家 忠定王 2年 6月.

415) 위와 같음.

416) 조선시대 조운제도의 경우 관선에 토대를 둔 체제는 16세기 이후 동요되기 시작하였다. 그 후 양난을 거친 후에는 일부 조창이 유지되는 가운데 조창에서 멀리 떨어진 지역의 군현들은 각기 자기 군현에서 바다 가까운 곳에 해창을 마련하여 자체적으로 조운하는 방식으로 변화하였다. 『續大典』 漕轉조에 따르면 전라도에는 함열의 덕성창을 개명한 성당창, 옥구의 군산창, 영광의 법성창

조창대로 인근 지역의 조세를 수납하여 조운하고, 조창에서 좀 떨어져 있어 운송이 편리하지 않은 지역은 자체적으로 조운선을 마련하여 조운하는 체제가 병행되었던 것이다. 물론, 조창의 수세범위가 줄어들면서 규모나 역할은 크게 축소되었을 것이다.

고려의 조운제도는 몽골과의 전쟁이 종식된 후 더욱 악화되었다. 원이 제주도에 주둔한 삼별초의 토벌과 일본원정을 위해 조선 기술자와 梢工, 水手 등을 동원하였는데,[417] 이때 강제 동원된 船匠·梢工·水手 중에는 조창 소속의 주민들도 상당수 포함되어 있었을 것이다. 이에 따라 조창의 기능은 더욱 약화되었으며, 군현별 조운은 더욱 확산되었다. 고려 말의 군현별 조운 상황을 보여주는 자료는 다음과 같다.

Y-① (공민왕 8년) 6월 병인일에 知沔州事 郭仲龍이 洪州倉을 관리하면서 쌀 20석을 내어 官妓와 官奴에게 주었으므로 그의 관직을 박탈하고 병졸로 편입하였다.[418]

Y-② (공민왕 10년) 8월 계사일에 왕이 중 普印 등을 내전에 맞아들여 날마다 傳燈錄을 강의케 하였다. 왜적이 東萊와 蔚州에 침입하여 불을 지르고 약탈하였으며 그 漕船을 빼앗아 갔다.[419]

3곳에 조창이 개설되어 있었다(『續大典』 卷2, 戶典 漕轉). 3조창에 소속된 고을을 살펴보면, 전체 53읍(진원은 임진왜란 이후 폐읍) 가운데 성당창에 8읍, 군산창에 7읍, 법성창에 12읍 등 모두 27읍뿐이었다. 나머지 26읍은 면포로 납부하는 육운읍 1읍, 賃船으로 직접 상납하는 직납 해운읍 25읍이었다(김덕진, 「三南 稅穀의 운송과 江華 燕尾亭의 풍경」 『인천학연구』 7, 2007, 137~138쪽).

417) 1차 원정을 준비하던 원종 15년 12월에 배 3백 척과 초공, 뱃사람 1만 5천 명을 준비할 것을 요구하였으며(『高麗史』 卷27, 世家 元宗 15年 12月), 2차 원정이 시도된 충렬왕 6년에도 병선 900척과 초공, 수수 15,000명을 동원하였다(『高麗史』 卷29, 世家 忠烈王 6年 11月).

418) 『高麗史』 卷39, 世家39 恭愍王 8年 6月.

419) 『高麗史』 卷39, 世家39 恭愍王 10年.

150

Y-③ (공민왕 18년) 11월 왜적이 寧州·溫水·禮山·沔州의 조운선을 빼앗아 갔다. 처음에 왜인이 巨濟에 살면서 길이 화친을 맺기를 원하므로, 국가에서 믿고 이를 허락하였더니, 이때에 침범하여 왔다.[420]

　　Y-①, ③에 따르면 홍주 관내 沔州 땅에 홍주창이라 불리는 군현창이 있었으며, 면주 소속의 조운선이 별도로 마련되어 있었다.[421] 홍주창의 설치시기에 대해서는 정확히 알려진 바가 없으나 이 무렵 홍주는 하양창과는 별도로 관내인 면주에 창을 설치하여 조세를 보관했던 것으로 보인다.[422] 면주는 지금의 충남 당진군 면천면 일대로 훗날 범근내포가 설치되어 공주 관내의 조세를 수취하였던 곳이다. Y-②, ③은 東萊와 蔚州, 寧州·溫水·禮山·沔州에 소속된 조운선이 있었음을 보여주는 예이다. 이때 약탈당한 조운선은 조세를 싣지 않은 빈배이었을 가능성이 크다. 배를 빼앗긴 시기가 조운과는 관계없는 8월, 11월인데다가 곡식을 약탈당했다는 기사가 없기 때문이다.
　　군현별 조세 운송은 각 군현에서 제작한 조운선[官船]을 이용하는 경우도 있었지만 관선보다는 사선에 의지하는 형태로 시행된 것 같다.[423]

---

420) 『高麗史節要』 卷28, 恭愍王 18年 11月.
421) 면천은 신라시대부터 고려 현종 이전까지 혜성군으로 불리다가 현종 때 홍주에 속하게 되었다. 충렬왕 때 면주로 승격되었으나 여전히 합덕과 신평이 홍주의 월경지로 남았다. 따라서 범근내 일대에 있었던 홍주의 조창은 여전히 홍주창이라고 불렸을 가능성이 크다.
422) 홍주창의 위치에 대해서는 당진시 송산면 유곡리의 창택산이 주목된다. 창택산은 『新增東國輿地勝覽』에 기록된 충청 지역의 지명 중에서 유일하게 '倉宅'이라는 글자를 포함하고 있다(『新增東國輿地勝覽』 卷19, 沔川郡). 창택산에서는 산성의 흔적도 발견이 되고 있는데, 이는 창고시설을 보호하기 위한 관방유적으로 볼 수 있다.
423) 손홍렬, 「고려조운고」, 193쪽. 이 논문에서는 충혜왕이 "선세를 과도하게 징수하여 세금으로 걷은 재물과 비단을 나르는 우마가 쓰러져 죽고, 연해 백성들이 섬과 산으로 도망가서 조운이 통하지 않게 되었다"라는 『高麗史』 食貨志 科斂條의 기록을 사선 조운의 단적인 증거로 보고 있다. 조운이 불통될 정도로 지장을

따라서 공민왕 11년 密直提學 白文寶의 箚子에 기록된 漕輓之費는 성종 시기에 정비된 輸京價와 유사한 성격의 운반비로 이해된다.[424] 우왕 14년에 간관 이행이 올린 상소에도 원근을 헤아려 운임을 주어 조운하자는 건의가 있는데,[425] 이 또한 조운에 사선이 이용되고 있었음을 보여주는 구절이다. 私船이 稅價를 받고 조운에 참여한 사례는 조선 전기에도 흔했으며,[426] 관선에 의한 조운제도가 확립된 세조 이후에도 사선을 조운에 이용하자는 건의는 꾸준히 제기되었다.[427]

군현별 조운 시기의 특징 중 주목되는 점은 각 군현이 개별적·자율적으로 조세를 개경에 납부했던 것은 아니었다는 것이다. 이 시기의 조운방식은 각 군현에서 조세를 적재한 조운선이 정해진 장소[浦]로 운송하면 정부에서 파견한 관리가 조운선을 호송하여 개경에 이르는 형태였다. 다음의 자료는 전라도의 조운선 200여 척이 한꺼번에 운항하였으며, 都巡問使 또는 兵馬使 등이 그 호송과 책임을 맡았음을 보여준다.

Z-① (공민왕 4년 4월) 신사일에 왜적이 전라도의 조운선 2백여 척을 약탈하였다.[428]

Z-② 전라도 도순문사 李金剛은 재물을 탐하고 주색을 좋아하는 자로서

받은 것은 연해의 백성들이 도망하여 사선을 징발할 수 없어 발생하였다는 것이다. 같은 기사가 '『고려사』권124, 열전37 폐행 민환'에도 보인다. 이는 14세기의 상황을 설명한 것이지만 군현별 조운은 그보다 더 이른 시기가 될 수 있다.

424) 『高麗史』卷78, 志32 食貨 田制 租稅.
425) 『高麗史』卷78, 志32 食貨 田制 祿科田.
426) 고려시대의 輸京價와 유사한 의미로 조선시대에는 稅價라는 용어가 사용되었다 (『太宗實錄』1年 8月 2日 戊午).
427) 『太祖實錄』7年 12月 29日 辛未 ; 『太宗實錄』15年 6月 25日 庚寅 ; 『世宗實錄』 28年 9月 16日 辛巳 ; 『世祖實錄』8年 2月 30日 乙未 외 다수.
428) 『高麗史』卷38, 世家38 恭愍王 4年 4月 辛巳.

152

··· 조운에 시기를 늦추었기 때문에 선박의 표류 침몰 사고를 발생하였
으므로 사헌부가 장차 그를 추궁하려 하니 ···.429)

Z-③ 邊光秀는 恭愍王 때에 兵馬使가 되었다. 國家에서 全羅 軍需의 漕運을
맡게 하였는데 倭에 막혀 通하지 못하므로 ··· 邊光秀 및 兵馬使 李善에
게 命하여 나누어 거느리고 가서 漕運을 호위케 하였다.430)

Z-①에서 약탈당한 200여 척의 조운선은 어느 한 군현의 조운선으로
보기 어렵다. 또한, 왜구가 동시 다발적으로 여러 군현을 침입하여 한꺼번
에 200여 척을 약탈했다고 보기도 어렵다. 그보다는 특정 포구에 집결되
어 있다가 혹은 떼를 지어 개경으로 올라오다가 중간에 약탈당한 것으로
보는 것이 합리적이다. 이와 같이 무리지어 운항하는 조운선을 보호하기
위해 조정에서는 Z-②, ③과 같이 군사를 보내 호송하는 등의 조치를
취했던 것이다.

그러나 이러한 조치에도 불구하고 왜구들이 조세와 조운선을 약탈하
는 일이 더욱 잦아지자 고려 조정은 조운제도를 더 이상 유지하지
못하였다.431) 당시에 고려를 침입한 왜구들의 배는 고작 10명 정도가
탈 수 있을 정도로 빈약하기 그지없었지만 대규모로 침략하는 경우가
많아 이전에 있었던 몽골이나 삼별초에 비해 그 피해의 정도가 훨씬
심각하였다.432) 따라서 왜구 침략 이후 해안가의 마을이 황폐화되었다는

---

429) 『高麗史』 卷117, 列傳30 李詹.
430) 『高麗史』 卷114, 列傳27, 邊光秀(李善).
431) 이 시기 왜구의 침입 양상과 피해에 대해서는 羅鐘宇,「高麗 末期의 麗·日
關係-倭寇을 中心으로」『전북사학』, 전북사학회, 1980 ; 朴宗基,「고려 말
왜구와 지방사회」『한국중세사연구』24, 한국중세사학회 ; 이영,「왜구의 단
계별 침구 양상과 고려의 대응」『동북아 문화연구』31, 동북아시아문화학회,
2012 등에 자세하다.
432) 김재근,『우리배의 역사』, 서울대학교출판부, 1989, 63쪽.

당시의 기록은 결코 과장된 것이 아니었다.[433] 이는 곧 재정의 파탄으로 이어져 공민왕 6년에는 9품 이상 관원의 녹을 주지 못하는 지경에 이르렀다.[434]

상황이 더욱 악화된 것은 1370년대에 이르러 왜구의 침입이 절정에 이르게 되면서부터였다. 이에 공민왕 20년(1371)에는 驛路와 院館을 정비하여 육로 운송을 시도하기에 이르렀으며,[435] 이듬해인 21년(1372)에는 마침내 전라도의 조세를 조운하는 것을 금지하자는 의견이 대두되기에 이르렀다.[436]

왜구의 침탈을 피하기 위해서는 육로 운송이 불가피한 조치였으나 수백 년을 이어온 조운을 갑자기 육로 운송으로 바꾸는 것은 결코 쉬운 일이 아니었다. 육로 운송은 대개 牛馬를 이용하였는데, 이로 인하여 목숨을 잃는 농민과 牛馬가 생겨났다. 정부에서 조운을 금지시키고 육로를 통해 조운하라는 명령을 여러 차례나 내렸던 것은 육로 운송이 그만큼 어려웠기 때문이다. 특히, 운송거리가 먼 전라도의 조세는 조운 외에 별다른 운송 방법이 없었다. 그러나 왜구의 규모가 점차 커지고 침입 횟수가 더 빈번해지자[437] 결국 우왕 2년(1376)에는 조운을 전면적으

---

433) 『高麗史』卷104, 列傳17 金方慶 ; 『高麗史』卷56, 志10 淸州牧 嘉林縣 ; 『高麗史』卷57, 志11 晉州牧 南海縣.

434) 『高麗史』卷34, 食貨3 祿俸.

435) 『高麗史』卷34, 食貨3 賑恤 恭愍王 20年 12月. 같은 내용의 기사가 공민왕 세가 5년 6월조에도 보인다.

436) 『高麗史』卷43, 世家43 恭愍王 21年 2月, "二月庚辰 諫官以全羅道漕運 常被倭掠 請今陸轉."

437) 『高麗史』에 따르면 우왕 재위 14년 동안 왜구의 침입이 무려 266회나 있었다. 특히, 조운이 중단되기 바로 前月인 9월에는 왜구가 保安, 瑞州, 靈光 등지에 침입하였다(『高麗史節要』卷30, 辛禑 2年 9月). 이 시기의 왜구 특징에 대해서는 규슈 남조(征西府)와 연관하여 서술한 이영의 「경신년 왜구와 기쿠치씨」에 잘 나타나 있다(『2011 한국중세사학회 제85회 학술발표회 자료집』, 70~115쪽 ; 「여말~선초 왜구 발생의 메카니즘 - 왜구의 실체에 관한 용어 분석을 중심으로」『한국중세연구』34). 경신년(우왕 6년, 1380)에 고려를 침입한

로 금하였다.438) 조운이 시작된 고려 초부터 조운이 역사에서 자취를
감추는 갑오개혁 시기까지 조운이 공식적으로 중단된 시기는 이때부터
공양왕 2년까지 약 14년밖에 없었다. 그러나 조운이 중단된 후에도
조운은 지역에 따라 여전히 시행이 되었으며,439) 이에 따라 왜구들은
조창이 있었던 지역을 지속적으로 약탈하였다. 辛禑 3년에는 順天과
牙州에 침입하였으며,440) 신우 5년에는 왜적 5백 척이 鎭浦口에 침입하여
사람들을 살상하고 곡식을 빼앗아갔다.441) 이때 왜구에게 약탈당한
순천, 아주, 진포 등은 모두 조창이 있었던 지역이다. 물론, 이 시기에
왜구의 침입을 받은 것이 이들 지역에만 국한된 것은 아니었지만 예부터
조창이 설치되었던 지역은 해상교통의 요지였으므로 더 심하게 약탈당
했던 것이다. 이들 기사에 조창에 관한 정보가 빠져 있는 것은 이 시기에
조창이 완전히 기능을 상실했음을 보여주는 것이다.

　우왕 때 중단된 조운제도가 다시 부활한 것은 위화도 회군 이후인
공양왕 2년이었다. 1388년 위화도 회군으로 집권한 이성계와 혁명파
사대부들은 자신들의 경제기반 확립을 위하여 조운을 재개하고 전제
개혁을 단행하는 한편, 왜구 침입으로 인해 붕괴된 지방사회를 복구하기
위해 감무를 파견하였다.442) 이 시기 조운제도의 부활에 중요한 역할을
한 것은 왕강이었다. 왕강은 密直副使兼全羅慶尙楊廣三道水軍都體察使가
되어 鹽鐵·漕轉에 큰 공을 세웠으며, 안흥량 험로를 피하기 위해 굴포에

왜구는 그 선박이 500척이나 되었으며, 강력한 무장을 갖추고 뛰어난 전투
수행 능력을 지닌 집단이었다.
438)『高麗史』卷133, 列傳46 辛禑 2年 閏 9月.
439)『高麗史』卷133, 列傳46 辛禑 9年 8月. 이에 관해서는 한정훈, 앞의 논문, 212쪽
　　각주 95 참조.
440)『高麗史節要』卷30, 辛禑 3年 6月.
441)『高麗史節要』卷31, 辛禑 5年 8月.
442) 朴宗基,「고려 말 왜구와 지방사회」『한국중세사연구』24, 한국중세사학회,
　　2008, 194~203쪽.

운하를 건설하려는 시도를 하기도 하였다.[443]

공양왕 2년의 조운제도 부활은 화포의 개발 등으로 왜구와의 전투에서 우위를 차지하였기에 가능한 일이었지만[444] 왜구의 침입은 조선 초기까지 계속 이어졌으며, 이는 모처럼 재개한 조운제도를 위협하기에 충분하였다. 이에 각 지방의 군현에서는 바닷가 지역의 봉수를 정비하고, 수군을 배치하여 만약의 사태에 대비하였다. 그러나 그마저 별다른 효력을 발휘하지 못하게 되자 옛 조창이 있던 지역이나 인근의 보다 안전한 지역에 조전성을 쌓기에 이르렀다.[445] 지금까지 그 존재를 알 수 있는 조전성은 용안의 용안성, 나주의 영산성, 신창의 당성, 사천의 통양창성,[446] 김해의 漕轉城[447] 등이다. 조전성이 축조된 지역의 입지와 당시의 조운 방식에 대해서는 다음의 글이 참고된다.

A´. 倭가 일어나면서부터는, 租稅받는 곳을 海口에 두지 않고 산에 있는 모든 城에 두었으므로 조세 바치는 백성들이 소와 말에 싣고 험한 산천을 발섭하며, 빙판과 눈길을 오르내려 三冬을 지나서야 겨우 끝난다. 봄이 되어 조운할 때가 되면 또 바다로 수송하게 되는데, 길이 멀고 험하여 며칠이 걸려야 닿게 되므로 그들의 농사일은 하지도 못하고 여름이 되어야 끝나게 되니, 겨울에는 얼고 굶주리며 봄에는

---

443) 『太祖實錄』 卷4, 2年 8月 10日 癸未. 조선 건국 이후에도 태조의 왕강에 대한 신임은 계속되었던 것으로 보인다. 왕씨 일가들이 몰살당할 때에도 태조는 그를 옹호하고 지켜주려 하였으나 대간들의 빗발치는 상소가 이어지자 결국 공주로 귀양보냈다(『太祖實錄』 卷5, 3年 2月 26日 丙申).

444) 우왕 말년 이후 왜구의 감소는 최영과 이성계의 활약이 큰 영향을 끼쳤지만 일본 내부에서 남북 쟁란이 종식된 것과도 관계가 있었다(박종기, 앞의 논문, 194쪽).

445) 六反田豊, 「高麗末期の漕運運營」 『久留米大學文學部紀要』, 國際文化學科編 第2號, 1993.

446) 『新增東國輿地勝覽』 卷31, 慶尙道 泗川縣 古跡.

447) 『新增東國輿地勝覽』 卷32, 慶尙道 金海都護府 古跡.

156

주리고 지쳐, 사람과 가축 죽은 것이 길에 즐비하게 되고, 또 그
斗量의 소모가 두량할 때마다 줄어들어 반드시 조세를 더 받아 보충하
는데, 심지어 빚을 내서라도 정액을 내게까지 하니, 백성의 병폐가
이보다 심한 것이 없다. … 장구한 계책을 세워 백성을 이롭게 하려
하매 바다를 따라 그 지형을 관찰하여, 全州에서는 鎭浦의 龍安을
발견하고, 羅州에서는 木浦의 榮山을 발견했는데, 모두 바닷가에 언덕
이 활처럼 구부정하게 둘러 있고 앞에는 바다가 활짝 트였다.[448]

조전성이 설치되기 이전의 조창은 내륙의 산성에 있었으므로 백성들
이 산꼭대기까지 힘겹게 조세를 납부하였다가 조운할 시기가 되면
다시 조운선이 정박한 포구까지 조세를 운송하여만 했다. 무거운 조세를
산성까지 올렸다가 다시 내리는 것도 어려운 일이었지만 그보다는
운송과정에서 생겨난 손실미를 배상하는 것도 백성들에게는 큰 어려움
이었다. 그러나 바닷가 가까이에 조전성이 설치되면서 그러한 병폐가
사라졌다. 당시 조전성이 설치된 지역은 대개 '활처럼 휘어있는 형태로
바닷가에 돌출되어 있으면서도 앞에는 바다가 활짝 트여 있는' 지형을
갖춘 곳이었다.[449] 바다에 닿아 있어 조세를 조운선에 적재하기 편하면
서도 왜구가 쉽게 배를 정박시키지 못하는 천혜의 요새가 조전성의
적격지로 선택되었던 것이다.

조전성이 설치된 지역과 조운선이 지나가는 해로의 요충지에는 만호

448) 『陽村先生文集』 卷11, 「龍安城漕轉記」.
449) 이는 영산성, 용안성뿐 아니라 통양창이나 당성창에도 적용된다. 당성창이
    위치한 선장면 獐浦는 노루목과 같이 돌출되어 삼면이 바다로 둘러싸인 곳이며,
    통양창이 위치한 사천시 용현면 선진리 역시 사천만 중앙의 돌출부에 위치하고
    있어 동쪽에서만 성 내부로의 진입이 가능하고 나머지 3면은 배를 이용하지
    않으면 접근이 불가피한 바다에 닿아 있다(김재명, 앞의 논문, 189~190쪽).
    六反田豊은 불암창을 김해 조전성으로 보고 있으나 근거는 명확하지 않다(六反
    田豊, 「李朝初期の田稅輸送體制」 『朝鮮學報』 123, 1987, 48쪽).

를 배치하여 호송하도록 하였다.[450] 이러한 조치에 힘입어 조운은 다시
활기를 띠기 시작하였다. 공양왕 3년, 西江(예성강)에 豊儲倉과 廣興倉을
짓고 배로 실어온 미곡을 저장하였다는 『고려사』의 기록은 이 시기의
조운이 성공적으로 이루어지고 있었음을 말해준다.[451]

이렇게 부활된 조운제도는 조선왕조의 개창과 더불어 더욱 체계적으
로 보완되었다. 태조는 건국 초기부터 조창을 復設하는 한편, 戰艦과
戍卒의 수를 늘렸다.

> B′. 전하는 즉위하자 유사에게 명하여 戰艦을 수리하고 戍卒을 늘려서
> 바다에서의 공격과 육지에서의 방어를 강화한 결과, 왜구는 앞으로
> 나아가도 약탈할 수가 없고 뒤로 물러가도 얻는 것이 없어졌다.
> 그리하여 왜구는 마침내 멀리 달아나 해운이 트이게 되니, 육로
> 수송을 하는 내륙 지방의 州郡은 아무리 멀어도 4백~5백 리만 가면
> 강에 닿을 수 있게 되어 백성들의 노력이 절감되고 나라의 재정이
> 풍족하게 되었다.[452]

위와 같이 조운이 재개되고, 조창이 복설되어 가자 정부는 군사의
호송 체계도 강화하였다. 이에 따라 해운이 다시 활기를 띠면서 국가
재정은 풍족해졌다. 태종은 박돈지의 건의를 받아들여 경상도 上道
지역을 제외한 삼남지방의 모든 조세를 조운하도록 하였다.[453] 조운에
필요한 선박은 해당 군현에서 각각 제작하도록 하였으며, 선박 운항에
필요한 사공과 격군은 뱃길에 익숙한 사람들을 모집하여 私船을 이용할
때 지급했던 만큼의 수고비를 지급하도록 하였다.[454]

---

450) 『高麗史』 卷56, 志10 地理 淸州牧 天安府.
451) 『高麗史』 卷46, 世家 恭讓王 3年 3月 戊戌.
452) 『三峰集』 卷13, 朝鮮經國典(上) 賦典 漕運.
453) 『太宗實錄』 卷2, 1年 8月 2日 戊午.

158

이 무렵의 조세 운송 형태에 대해서는 『世宗實錄地理志』에 비교적 상세히 기록되어 있다. 『世宗實錄地理志』에 기록된 조선 초 浦倉과 그 수세범위는 다음과 같다.

〈표 7〉『世宗實錄地理志』에 수록된 각도의 포창과 수세범위

도 명	포·창명	위 치	수세범위	주요경로	비고
忠淸道	淵遷[455]	忠州 西10里	忠州, 丹陽, 淸風, 槐山, 延豐, 堤川, 永春, 陰城	楊津[456]→仰巖→한양(260里)	덕흥창
	仰巖	忠州 西60里	忠州, 丹陽, 淸風, 槐山, 延豐, 堤川, 永春	양진→驪興→한양(220里)	
	亏音安浦	驪興 東10里	沃川, 永同, 黃澗, 靑山, 報恩, 靑安	驪江→한양(210里)	
	推乎浦	驪興 西1里	靑安, 陰竹	驪江→梨浦→한양(194里)	
	利浦	川寧縣 東5里	竹山, 鎭川	(160里)	
	慶陽浦	稷山縣 西1里	稷山, 平澤	貢稅串→西海→西江(540里)	하양창
	貢稅串	牙山縣 西8里	牙山, 淸州, 木川, 全義, 燕岐, 溫水, 新昌, 恩津, 連山, 懷德, 公州, 定山, 懷仁, 天安, 鎭岑, 尼山, 文義	犯斤川→서해→西江(500里)	
	犯斤川	沔川 東30里	沔川, 林川, 韓山, 舒川, 藍浦, 庇仁, 鴻山, 洪州, 泰安, 瑞山, 海美, 康津, 德山, 禮山, 壽陽, 保寧, 結城, 大興, 石城, 扶餘	大津→서해→西江(510里)	
全羅道	榮山倉(榮山城)[457]	羅州 木浦	羅州, 順天, 長興, 潭陽, 樂安, 寶城, 海珍, 靈岩, 靈光, 茂珍, 康津, 高興, 光陽, 綾城, 南平, 和順, 同福, 谷城, 玉菓, 昌平, 珍原, 長城, 興德, 茂長, 咸平, 務安	-	
	德成倉	咸悅縣 西皮浦	咸悅, 全州, 南原, 益山, 古阜, 金堤, 錦山, 珍山, 淳昌, 臨陂, 沃溝, 萬頃, 扶安, 井邑, 金溝, 泰仁, 任實, 求禮, 雲峯, 長水,	-	

454) 위와 같음.

		鎭安, 龍潭, 茂朱, 高山, 礪山, 龍安		
慶尚道	佛巖倉, 馬山倉, 通洋倉→태종 3년 漕船 폐지, 이후 慶源倉에 납부	金海昌原泗川	金海, 昌原, 密陽, 梁山, 咸安, 草溪, 昌寧, 漆原, 鎭海, 宜寧 [三價稅(船價, 人價, 馬價)를 거두어 운임으로 납부]	水路→尚州→陸路→聞慶, 草岾→경원창→站船→한양	석두창 통양창
江原道	興原倉	州 西南 蟾江			흥원창
黃海道	金谷浦	白川郡 東20里	海州, 延安, 豐川, 康翎, 瓮津, 長淵, 松禾, 信川, 文化, 長連, 殷栗 等	水站船→龍山江	
	助邑浦	江陰縣 南5里	黃州, 瑞興, 鳳山, 谷山, 遂安, 安岳, 載寧, 新恩, 平山, 牛峯, 免山 等	水站船→金谷浦→龍山江	

<표 7>에 나타나 있는 바와 같이 고려시대 13개 조창에서 수합하던 방식은 조선 건국 초 16개 포창에서 조세를 납부하는 방식으로 변화하였다. 고려시대의 조창이 그대로 계승된 예는 通陽倉(고려 通陽倉), 馬山倉(고려 石頭倉), 淵遷(고려 德興倉), 慶陽浦(고려 河陽倉), 흥원창(고려 興元倉) 등 5개이다. 14세기에 설치된 조전성 중에서는 영산창성이 그대로 영산창이 되었으며, 용안성458)과 당성창이 사라지고, 그 인근에 덕성창과 범근내포가 생겨났다. 이는 토사의 축적 등으로 포구에 배가 들어서기

---

455) 淵遷과 金遷은 같은 곳의 다른 표현으로 추정된다. 금천은 충주시 중앙탑면 창동리의 쇠꼬지, 쇠벼루 등으로 불리는 절벽길을 일컫는 말이고, 연천은 그 아래의 합수머리 일대를 일컫는 말일 것이다. 본래 淵遷의 연은 배가 닿을 수 있는 깊은 곳이다.

456) 충주 탄금대 아래의 양진명소이다. 신증동국여지승람에 "彈琴臺는 犬門山에 있다. 푸른 벽이 낭떠러지라 높이가 20여 길이요, 그 위에 소나무·참나무가 울창하여 楊津溟所를 굽어 임하고 있는데, 于勒이 거문고를 타던 곳이다."라고 기록되어 있다.

457) 『成宗實錄』에는 榮山城으로 기록되어 있다(『成宗實錄』 3年 8月 13日).

458) 태종 17년 용안에 창고를 새로 짓고 得成倉이라고 불렸으나 세종 10년 咸悅의 皮浦로 옮긴 후 폐지되었다. 이후 득성창은 덕성창으로 이름이 바뀌었다(『世宗實錄』 10年 12月 22日).

160

어려워졌기 때문이다.

주목할 만한 점은 조선 초의 조운 역시 고려 초와 마찬가지로 포창제의 형태로 조세를 수집하여 운송했다는 점이다. 다만, 차이가 있다면 고려시대에는 60개나 되던 포창이 16개로 대폭 축소된 것 정도이다.

이러한 조운방식은 세종 때 경상도 남해안의 조창이 폐지되고 경원창에서 수납하게 되면서 14개 포창제도로 바뀌었다가 『經國大典』이 편찬되는 15세기 말에 이르러 可興倉(충주), 興原倉(원주), 昭陽江倉(춘천), 金谷浦倉(배천), 助邑浦倉(강음), 貢稅串倉(아산), 德成倉(용안), 法聖倉(영광), 榮山倉(나주) 등 9개 조창에서 조세를 거둬들이는 9조창제로 변화하게 된다. 이후 조선 후기에 들어 마산창, 하산창, 삼랑창, 시진창 등이 설치되기도 하였으나 대동법 시행 이후에는 사선을 이용하여 군현 단위로 조세를 납부하는 방식으로 종결된다. 이는 고려시대 조운방식의 변화와 매우 유사하다. 포창제 중심의 조운제도가 조창제 중심의 조운제도로 바뀌고, 그것이 다시 군현별 조운방식으로 변화한 것이다. 이를 표로 간단히 요약하면 다음과 같다.

〈표 8〉 조선시대 조창의 설치와 변천

地域\資料	忠淸道	全羅道	慶尙道	江原道	黃海道	비고
世宗實錄地理志	淵遷, 仰巖, 亏音安浦, 推乎浦, 利浦, 慶陽浦, 貢稅串, 犯斤川	榮山倉, 德成倉	佛巖倉, 馬山倉, 通洋倉→慶原倉	興原倉	金谷浦, 助邑浦	16포창→14포창
經國大典	可興倉, 貢稅串倉	德成倉, 法聖浦倉, 榮山倉	(可興倉)	興原倉, 昭陽江倉	金谷浦倉, 助邑浦倉	9조창
新增東國輿地勝覽	可興倉, 貢稅串倉	得成倉, 法聖倉, 榮山倉	(可興倉)	興原倉, 昭陽江倉	金谷浦倉, 助邑浦倉	9조창
續大典	可興倉, 貢津倉, 各邑 海倉	聖堂倉, 群山倉, 法聖倉	(可興倉)	興原倉	金谷浦倉, 助邑浦倉	조창·군현별 해창 병행

萬機要覽	可興倉, 貢津倉, 各邑 海倉	聖堂倉, 群山倉, 法聖倉	馬山倉, 駕山倉, 三浪倉	-	金谷倉	조창·군현별 해창 병행
大典會通	可興倉, 貢津倉, 各邑 海倉	聖堂倉, 法聖倉	馬山倉, 駕山倉, 三浪倉	-	革罷	조창·군현별 해창 병행
其他	楊津倉·安興元山倉·羅里舖倉·覃恩庫·浦項倉·蒜山倉·架山倉·甘同倉·瞻餉庫·濟民倉·交濟倉·原州別倉(萬機要覽), 羅嚴倉·場嚴倉·甘同倉·結城倉·安民倉(增補文獻備考), 汾浦倉·市津倉(度支志)					

<표 8>에 나타난 것처럼 표면적으로는 고려시대와 조선시대의 조창제도 운영이 매우 비슷한 패턴을 보이며 변화하였지만 고려시대와 조선시대 조운제도에는 큰 차이가 있었다.[459) 고려시대의 조창은 일종의 특별 행정구역으로서 조창에 소속된 백성들을 동원하여 조세수납과 운송을 집중적으로 관리하는 체제였다. 그에 비하면 조선시대의 조운은 여러 군현의 조세를 지정된 인근 조창에 집결시킨 후 국가가 제작한 조운선과 七般賤役 중 하나인 조군을 활용하여 운송한 일종의 해운 시스템이었던 것이다.

이러한 사실은 조운을 실제 누가 담당했는가를 보여주는 다음의 자료를 통해서도 확인된다.

C-① 제 기한 내에 출발하였으나 바람이 순조롭지 못하여 키잡이(梢工) 3명 이상, 뱃군(水手)·잡인(雜人) 5명 이상이 미곡과 함께 침몰한 경우에는 조세를 다시 징수하지 않으며 제 기한보다 늦어서 출발하였고 梢工, 水手의 3분의 1까지의 인원이 빠져 죽은 경우에는 그 고을의 官, 色典, 梢工, 水手 등에게 평균하게 징수하게 하였다. … 문종 33년 정월에 왕이 명령을 내려 국가의 것이나 개인의 곡식을 배로 운반하다가 梢工, 水手들이 파괴·침몰되었다거나 (곡물의 일부가) 물에 빠졌다거나 하는 구실을 붙여 저희들끼리 나누어 먹은 자들에게서는 모두

459) 윤용혁, 「중세의 관영 물류 시스템, 고려 조운제도」 『고려 뱃길로 세금을 걷다』, 국립해양문화재연구소, 2009, 132쪽.

그 곡물을 받아 내기로 제정하였다.[460]

C-② 출항기한이 지나도록 선박이 출항하지 못한 경우에는 해당 守令의
告身을 剝奪하고 파견원·海運判官을 파직할 것을 논의한다. 기한 내에
선박을 출항시켰어도 上納기한이 지나서 上納한 경우에는 監官·色吏·
沙工 및 格軍은 杖 100에 처한 후 定配한다. 漕運田稅를 정월이 되어도
포구로 수송하지 못한 守令 및 선박을 정비하지 못한 判官은 모두
罷黜한다. … 監官과 色吏가 漕運船에 승선하지 않고 다른 사람을
대신 보내면 杖 100대, 流 3000里로 처벌하며 이 경우에 해당 守令과
이를 덮어두고 보고하지 않은 파견원은 모두 잡아서 拿問한 후 定罪한
다.[461]

C-①에 의하면 고려시대 조운선에 탑승한 사람들은 梢工, 水手, 雜夫
등이다. 아무리 찾아봐도 해당 조창의 判官이나 色典이 함께 승선했다는
구절이 없다. 이들은 조운선이 패몰했을 때 배상해야 하는 대상에는
포함되어 있으나 침몰하여 사망한 인원 속에는 포함되어 있지 않다.
또한 사고가 났다고 거짓으로 보고하고, 세곡을 나눠먹은 자들에 대한
처벌 규정에도 조창의 판관이나 색리들에 관한 이야기는 빠져있다.
반면 C-②에서는 조운의 모든 책임을 지방의 수령이 지고 있다. 사공이
나 조졸이 태만하여 제 때 도착하지 못한 것에 대한 처벌을 제외하면
실제 책임자는 수령과 해운판관이다. 고려시대의 조운은 조창의 백성들
이 자신들의 역으로 운송하였으므로 조창민들이 운송 담당자이자 책임
자였지만 조선시대의 조운은 국가가 파견한 관리(海運判官, 差使員, 守令
등)가 국가에 소속된 漕卒들의 노동력을 동원하여 조세를 운송하는
방식이었으므로 실질적 책임자는 관리들이었던 것이다.

---

460) 『高麗史』 卷79, 志33 食貨2 漕運.
461) 『大典會通』 卷2, 戶典 漕轉.

이상에서 살펴보았듯이 고려시대의 조운은 건국 초기부터 시행되었으며, 성종 11년에 輸京價가 제정되던 시기에 이르러서는 60개의 포창에서 조세를 수집하여 개경으로 운송하는 시스템을 갖추었다. 포창제도가 12개 조창을 거점으로 하는 조창중심의 조운제도로 발전한 것은 성종 11~14년 무렵이었다. 輸京價를 지불하며 조세를 운송하던 방식을 12조창 중심의 조운제도로 전환할 수 있었던 것은 중앙정부의 지방에 대한 통제력이 이전보다 강화되었기에 가능한 것이었다.

물론, 12조창제도가 시행된 이후에도 일부 포구는 조창의 역할을 그대로 맡고 있었을 것이다. 당장 한강 인근에 자리잡고 있었던 고을들의 조세는 육로보다 수로를 통해 운송하는 것이 더 효율적일 뿐 아니라 이 지역에 조창이 설립되지 않은 것은 특정 지역에 모아서 운송하는 것보다 가까운 포구를 이용하여 조운하는 것이 보다 효과적이었기 때문이다.

조창은 대개 바닷물과 강물이 만나는 지점이나 깊게 만입된 곳에 설치되는 경우가 많았다. 강과 바다가 만나는 지점에 설치되는 경우에는 강쪽의 물골에 설치되었다. 따라서 시간이 지남에 따라 토사 때문에 풀등이 생겨 조창과 연결된 포구의 기능을 상실하는 경우가 많았다. 부용창이나 진성창 등 고려시대 조창이 설치된 곳이 조선시대에 그대로 이용되지 못한 것이나 현재 남아있는 조창 관련 포구들이 간척되거나 배가 드나들기 어려울 만큼 좁은 하천으로 변한 것은 이러한 이유 때문이다. 또한 깊은 灣에 설치된 석두창, 통양창, 영풍창 등의 경우는 섬으로 정면이 막힌 경우가 많았다. 이는 바다로부터 직접 밀려오는 풍랑과 너울로부터의 안전을 고려한 것이다.

수세구역에 관한 연구는 아직 초보적인 단계를 벗어나지 못하고 있다. 그러나 조선시대의 경우를 고려하면 조창에 따라 납부 구역이 정해져 있었을 가능성은 크다. 주현의 영속관계가 수세구역 형성에 중요한 역할을 하였을 것으로 추정되지만 생활권에 따라 수운로를 최대한 활용하여 조세를 운송했을 가능성도 배제할 수 없다. 같은 주에 속한 군·현이라도 수계나 육상 교통로의 조건에 따라 수조처를 다르게 설정한 예는 통일신라시대에도 나타나고 있으며,[462] 태안 마도 1호선에 적재된 화물 목간을 통해 보더라도 기계적으로 수세 범위가 나뉘지는 않았던 것으로 판단되기 때문이다.[463] 따라서 계수관을 중심으로 관할 구역의 조세가 동일한 조창에 운송되었을 가능성보다는 수송거리나 방법 등을 고려하여 납부처가 정해졌을 가능성을 고려할 필요가 있다. 이는 특정 군현의 조운선을 일컫는 말과 함께 전라도, 경상도 지역의 조운선[464]이라고 일컫는 말이 등장하고 있다는 사실을 통해서도 확인된다.

   그러나 이것이 당시의 계수관을 축으로 하는 군현의 영속관계가 정상적으로 작동하지 않았다는 의미는 아니다. 명령의 전달, 조부의 징수, 역역의 징발 등은 군현제에 따른 영속관계에 의해 이루어지고 있었다.[465] 다만 그것과 별도로 조세의 운송은 통일신라 때와 마찬가지로 수계나 교통로에 따라 수조처가 다르게 지정되었던 것이다.[466]

---

462) 김창석의 연구에 따르면 통일신라시대의 경우 같은 주에 속한 군현지역의 조세가 교통로에 따라 수조처가 다르게 지정되고 있었다(김창석, 앞의 책, 153~154쪽).

463) 태안 마도 1호선에서 출토된 목간에 의하면 마도 1호선에는 회진현(나주시 다시면), 안로현(영암군 금정면), 죽산현(해남군 마산면), 수령현(장흥군 장흥읍)에서 적재한 물품이 적재되어 있었다. 기존의 수세구역 구분에 따르면 회진·죽산·안로현은 해릉창 수세구역이었지만 죽산현은 장흥창 소속이었을 가능성이 크다(정홍일, 앞의 논문, 46쪽).

464) 『高麗史』 卷27, 世家 元宗 13年 6月, "嘗附于逆賊是月十四日逃出來告云 逆賊以船十一隻分載兵三百九十人謀取慶尙全羅道漕船且欲攻破沿海州縣 以故沿海州縣騷動難";『高麗史』 卷38, 世家 恭愍王 1年 4月, "辛巳 倭掠全羅道漕船二百餘艘";『高麗史』 卷38, 世家 恭愍王 3年 4月, "倭掠全羅道漕船四十餘艘" 등 다수.

465) 박종기,『고려와 지방사회』, 푸른역사, 2002, 167~171쪽.

466) 김창석, 앞의 책, 154쪽.

특정 조창까지 조세를 운송하기 위해 군현 소속의 선박을 동원했거나, 조창이 설치되지 않은 군현의 경우 사선을 이용하여 직접 개경에 납부하게 했을 가능성 등 여러 요인들을 고려하여 연구를 진행해야 한다.

고려 후기에 이르러 귀족의 토지 점탈로 토지제도가 동요하면서 조창 중심의 조운제도 또한 정상적인 기능을 하지 못하였다. 이러한 상황은 몽골의 침입, 삼별초의 봉기를 겪으며 더욱 심화되었다. 13세기 중반 이후 고려의 조운제도는 기존의 조창과 강·해변 인근의 군현들이 자체적으로 조세를 운반하는 조창·군현별 조운제도가 병행되는 형태로 전개되었다.

이후 왜구의 침입이 극심해지면서 조창이 내륙으로 옮겨지고 육로 운송이 시도되었다. 우왕 즉위 후에는 상황이 더욱 악화되어 조운이 중단되기도 하였다. 그러나 위화도 회군 이후 다시 부활되어 조선으로 계승되었다. 조선 초기의 조운제도는 고려와 마찬가지로 포창제에서 시작되어 조창제로 발전하였다. 그러나 조선 후기에 들어서는 조창제가 무너지고 군현별 납부제도로 변화하였다.

이러한 과정을 간단히 요약하면 우리나라의 조운제도는 포창제도(고려 초)→ 12조창제도(고려 성종 14년 이후)→ 13조창제도(고려 문종)→ 조창과 군현별 조운제도 병행(13세기 중·후반 이후)→ 조전성 설치·군현별 조운(여말선초)→ 조선 초의 16개 포창제도(『世宗實錄地理志』, 태종 3년 이후 14개 포창)→ 9조창 제도(『經國大典』)→ 조창과 군현별 해창제도의 병행(『續大典』) 등의 순으로 변화한 것으로 정리할 수 있다.

Ⅱ.
고려시대
漕運船과 漕運路

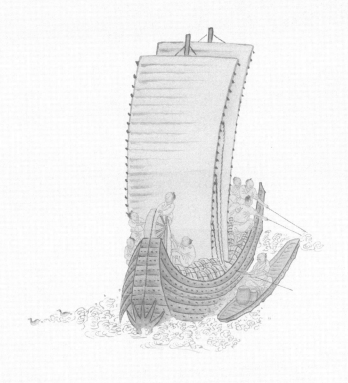

산지가 많은 고려에서는 일찍부터 육로보다 수로와 해로가 발달하였
다.[1] 강과 바다가 이어지는 곳과 배가 정박하기 쉬운 灣에는 포구들이
들어섰으며, 이들 포구는 개경을 축으로 연결되었다. 그 중에서도 지방에
서 징수한 조세를 개경으로 수송해 오는 조운로는 여러 조창을 서로
이어주는 길이자 전국 각지의 物産과 文化가 교류하는 길이었다.

조운은 주로 바다를 통해 이루어졌으므로 조세를 운반하는 선박과
그 항로는 조운의 성패를 좌우할 만큼 중요하였다. 따라서 고려는 지방의
조창에 초마선과 평저선을 두어 조운을 담당하게 하고, 안흥량에서의
조난을 막기 위해 태안에 漕渠 개착을 시도하는 등 안정적인 항로를
확보하기 위해 노력하였다.

남아있는 기록이 매우 단편적이기 때문에 당시의 조운선(초마선,
평저선)이 어떤 형태의 선박이었으며, 얼마나 큰 배였는지에 대해 구체적
으로 파악하기 어렵다. 그러나 최근 들어 서·남해 연안에서 여러 척의
고려 선박이 출토됨에 따라 고려 조운선의 형태나 크기와 같은 중요한
단서들을 얻을 수 있게 되었다.[2] 이런 자료들을 토대로 『경국대전』,
『각선도본』, 『반계수록』에 기록된 조운선 관련 기록을 참고하면 고려시
대 초마선과 평저선의 크기, 구조 등을 어느 정도 파악할 수 있을 것이다.

조운로에 관한 기록 역시 조운선 만큼이나 남아있는 것이 없지만

---

1) 『高麗圖經』 卷33, 舟楫, "麗人 生長海外 動涉鯨波 固宜以舟楫爲先." 이와 관련하여
   서긍은 卷15, 車馬條에서 '고려는 거개가 산길이어서 행지하면 울퉁불퉁 흔들리
   니, 다만 (소가 끄는 수레는) 예를 갖춘 도구일 뿐이다', '고려에는 산이 많고
   도로가 험하여 수레로 짐을 운반하기 힘들다'라고 하여 수레가 발달하지 못한
   원인을 고려의 지형에서 찾고 있다.
2) 1984~2010년까지 국립해양문화재연구소가 공식적으로 조사한 고려 선박은
   총 7척이다. 이를 조사 연도에 따라 정리하면 다음과 같다. 각 선박의 자세한
   척도에 대해서는 본문에서 설명하기로 한다.

구분	완도선	달리도선	십이동파도선	안좌선	대부도선	태안선	마도1호선
조사연도	1984	1999	2005	2006	2008	2009	2010

『弘齋全書』에 고려시대 조운로를 추정할 수 있는 중요한 단서가 있다.

> A. 우리나라 조운은 비록 상류에서 하류로 내려오는 것도 있으나, 三南에
> 서 옮겨 실어 모두 바다를 거쳐 한강으로 올라오는데, 都城에 사용되는
> 물품이 오로지 이것에 의지하니, 그 역할의 중요함은 당나라의 京口나
> 송나라의 汴河와 다르지 않다. 고려시대에 漕倉 열 곳을 연해에 두었고
> 본조에서는 단지 영·호남의 몇 곳에만 두었는데, 그 많고 적음과
> 편리하고 그렇지 못함이 과연 어떤가? 해운의 길에 있어서는 고려
> 때부터 지금까지 개정된 것이 없다. 파선되거나 물에 젖어 썩는 걱정이
> 오늘날보다 막심한 적은 없었다. 그 폐단은 어디에 있느냐?3)

정조 6년(1782) 壬寅年 春試에서 왕이 친히 출제한 試題인데, 이를
통해 고려시대와 조선시대의 조운로가 크게 다르지 않았음을 알 수
있다. 고려시대 연안에 설치된 조창의 위치나 서·남해 연안에서 발굴된
고려 선박의 출토 위치 등을 고려할 때 정조의 지적은 사실에 가깝다고
할 수 있다.

이러한 사실들을 고려하여 이 장에서는 고려시대 조운선의 특징을
파악하고, 조운로를 추정해 보고자 한다. 조운선에 관해서는 고려시대
초마선과 평저선의 크기, 구조 등을 검토할 것이다. 조운로는 조창의
위치, 조운선의 난파 기사와 고려 선박 출토지, 고려도경에 기록된 서긍의
항로 등과 함께 조선시대 서·남해 항로에 대한 각종 자료들을 토대로
각 조창에서 개경으로 이어지는 항로를 찾아보고자 한다.4)

---

3) 『弘齋全書』 卷49, 策問2 漕運, 到記儒生 春試, "在勝國時沿海置十漕倉 本朝則只有嶺
湖數處 其多寡便否果何如也 至於海運之路自麗迄今未有改也 …."
4) 조운로 추정에 도움이 될 만한 자료로는 다음과 같은 것이 있다. 『增補文獻備考』,
『世宗實錄地理志』, 『大東地志』, 『輿地圖書』, 『道路攷』, 「湖南沿海形便圖」, 「嶺南沿
海形便圖」, 『漕行日錄』, 『渡海歌』, 『智島郡叢瑣錄』 등.

조운의 개념이 광범위한 것과 같이 조운선의 개념도 시각에 따라
달라질 수 있다. 넓은 의미에서는 '공적 운송을 목적으로 제작된 선박'으
로 규정할 수 있겠지만, 그 경우 매우 다양한 형태와 규모의 선박들이
모두 포함된다. 따라서 이 글에서의 조운선은 靖宗 때 12조창(안란창
설치 후에는 13조창)에 배정된 초마선과 평저선을 비롯하여[5] 조세 또는
貢賦로 납부된 곡식, 도자기 등 부피가 크고 무거운 물품을 운송하는
선박으로 의미를 제한하여 논지를 전개하고자 한다. 선박의 규모나
구조 등도 이와 같은 관점에서 고찰할 것이다.

1. 고려시대의 조운선

1) 조운선의 크기와 형태

고려시대 이전에 제작된 선박의 형태나 구조를 보여주는 자료는
많지 않다.[6] 그러나 백제의 해외진출, 삼국의 遣隋使·遣唐使 파견, 장보고
의 무역활동 등과 관련된 기록은 고려 건국 이전부터 대규모의 운송선이
제작되었음을 보여준다.[7] 이러한 전통을 바탕으로 고려는 10세기 초반

---

5) 『高麗史』卷79, 志33 食貨2 漕運, "靖宗朝定十二倉漕船之數 石頭通陽河陽永豐鎭城
芙蓉長興海龍海陵安興各船六艘並哨馬船一船載一千石　德興二十艘興元二十一艘
並平底船一船載二百石."
6) 한국 선박사에서 가장 먼저 언급되는 선박은 울주 반구대 암각화이다. 이외에도
가야 선형 토기, 안압지 출토 목선 등을 통해 한국 선박의 기원을 찾는 연구가
진행된 바 있다. 이와 관련된 연구는 다음과 같다.
김원용, 「울주 반구대암각화에 대하여」 『한국고고학보』9, 1980, 22쪽 ; 황수영·
문명대, 『반구대 울주암벽각조』, 동국대학교출판부, 1989, 245쪽 ; 김재근, 『우
리배의 역사』, 서울대학교출판부, 1989.
7) 최근식은 『일본서기』 등의 자료를 근거로 삼국시대에 이미 백제선, 신라선이라
고 불리는 독특한 구조의 선박들이 존재했으며, 장보고 무역선의 경우에는
원양 항해에 적합하도록 첨저형으로 제작되었으며, 수밀 격벽구조를 갖추었던
것으로 보았다(최근식, 「장보고 무역선과 항해기술 연구-'新羅船' 運航을

에 이미 대규모의 선박을 제작할 수 있는 기술을 보유하고 있었던 것으로 확인된다.

> B. 궁예는 또한 태조에게 명령하여 貞州에서 전함들을 수리한 후 알찬 宗希, 金言 등을 副將으로 하여 군사 2천 5백을 거느리고 광주 珍島郡을 가서 치게 하여 이를 함락시켰다. … 태조는 전함 백여 척을 더 건조하였는데 그 중 큰 배 10여 척은 길이가 16보요, 그 위에 다락[樓櫓]을 세웠고, 거기서 말을 달릴 만하였다. 태조는 군사 3천여 명을 거느리고 군량을 싣고 나주로 갔다.[8]

군선 이외에도 고려시대에는 다양한 형태의 선박이 제조되었다. 1123년 徐兢 일행이 고려에 도착했을 때에는 巡船, 松舫, 幕船 등이 사절을 맞았으며,[9] 文宗 때에는 탐라와 영암에서 목재를 구하여 큰 배를 만들어 송나라와 통교하려다가 그만둔 적도 있다.[10] 지방의 조세를 중앙으로 옮겨오는 역할을 맡은 哨馬船이나 平底船 역시 이러한 조선 기술을 토대로 등장한 선박이었다. 이들에 대한 구체적인 형태나 크기에 대한

중심으로-」, 고려대학교 박사학위논문, 2002, 55~92쪽 ; 『신라해양사 연구』, 고려대학교출판부, 2005). 이외에도 고려 이전의 조선 또는 해운과 관련된 대표적인 연구는 다음과 같은 것이 있다.
김재근, 「장보고 시대의 무역선과 그 항로」『장보고의 신연구- 청해진 활동을 중심으로-』, 완도문화원, 1985, 120~151쪽 ; 손태현, 『한국해운사』, 효성출판사, 1997, 27~73쪽 ; 윤재운, 『한국 고대무역사 연구』, 景仁文化社, 2007 ; 허일, 「8~9세기 우리나라 서해 및 인접 해역의 항로와 선형 특성에 관한 연구」, 부경대학교 공학박사학위논문, 2000 ; 허일·이창억, 「9세기 신라시대 선박의 조선기술과 선형 특성에 관한 연구」『장보고 무역선 복원연구- 제2차년도 최종보고서』, 2006, 80~153쪽 ; 「8~9세기 통일신라·당나라 시대의 해상 항로와 조선기술」『장보고연구』2, 1996, 177~178쪽.

8) 『高麗史』 卷1, 世家 太祖.
9) 『高麗圖經』 卷33, 舟楫.
10) 『高麗史』 卷8, 世家8 文宗 12年 8月.

기록은 다음과 같다.

> C. 정종 때에 12倉의 漕船의 수를 제정하였는바 석두, 통양, 하양, 영풍,
> 진성, 부용, 장흥, 해룡, 해릉, 안흥(창)은 각각 배 6척씩인데 모두
> 哨馬船이요, 한 척에 1천 섬을 싣게 되어 있었고, 덕흥(창)은 20척,
> 흥원(창)은 21척인데 모두 平底船이며 한 척에 2백 섬을 싣게 되어
> 있었다.[11]

위의 기록을 통해 고려 12조창 중 해안가의 10개 조창에는 1,000석을
적재할 수 있는 초마선이 각각 6척씩, 한강 상류에 위치한 2개의 조창에는
200석을 적재할 수 있는 평저선이 각각 20척, 21척씩 배치되어 있었음을
알 수 있다. 이들이 한 번에 운송한 곡식은 68,200석 남짓이었지만,
가까이에 있던 조창의 조운선이 2~3회씩 운행하였다면 그 양은 훨씬
더 많았을 것이다.[12]

고려시대 조운선 규모는 비교적 자세한 자료가 남아있는 조선시대
조운선을 참고하여 그 크기를 추정할 수 있다. 『經國大典』 등 조선시대의
법전을 참고하면 조선 전기 해창에 소속된 조운선의 길이는 길이 42척(營
造尺 기준), 폭 18.9척이었으며, 적재량은 약 600석(15두 기준)이었다.[13]
조선 전기의 營造尺이 약 30.8cm 정도이므로[14] 조선 전기 조운선은

---

11) 『高麗史』 卷79, 志33 食貨 漕運, "靖宗朝定十二倉漕船之數石頭通陽河陽永豐鎭城芙
蓉長興海龍海陵安興各船六艘並哨馬船一船載一千石德興二十艘興元二十一艘並
平底船一船載二百石."

12) 조선 전기의 경우 전라도의 조세는 3運이 가능하였다(『太宗實錄』 卷26, 13年
8月 10日 丙辰). 따라서 안흥량 이북에 위치한 하양창이나 영풍창은 4회 운송도
가능했을 것이다. 이와 관련된 자세한 내용은 2절에서 조운로와 관련하여
서술하고자 한다.

13) 『經國大典』 「戶典」 漕轉.

14) 김재근, 『우리배의 역사』, 서울대학교출판부, 1989, 288쪽 ; 이종봉, 『한국
중세 도량형제 연구』, 혜안, 2001, 104쪽. 앞의 두 연구자와는 달리 박흥수는

길이 약 12.9m, 폭 5.8m 정도의 선박이었음을 알 수 있다. 이를 그대로 적용하면 고려 초마선은 1,000석을 적재할 수 있다고 하므로 조선 전기 조운선의 1.6배, 즉 20.6m 이상이 되어야 한다. 그러나 실상은 그렇지 않다. 고려시대와 조선시대의 도량형에는 큰 차이가 있기 때문이다. 이종봉에 의하면 고려시대의 1석(15두)은 51,000㎖인 반면, 조선 전기의 1석(15두)은 85,901㎖였다.[15] 따라서 고려시대와 조선 전기 도량형의 차이를 고려하면 1,000석(51톤)을 적재한 고려시대의 초마선과 600석 (51.54톤)을 적재한 조선 전기 조운선의 적재량은 거의 같다는 결론이 도출된다. 이를 뒷받침해 주는 자료가 『朝鮮王朝實錄』에 있다.

D-① 都城의 땅이 큰 江가에 있어서 배의 사용이 심히 많습니다. 경상도의 歲貢은 다만 哨馬船 10척뿐이므로 조금이라도 舟楫을 쓸 데가 있으면 반드시 私船을 빼앗아서 이바지합니다. … 忠淸道·江原道·豊海道는 平底船을 각각 10척씩으로 하고, 경상도는 전액 숫자대로 하고, 전라도 는 哨馬船을 10척씩으로 하여, 啓目과 같이 시행하소서.[16]

D-② 병조에서 아뢰기를, "강원도 계축년의 稅糧과 身布를 각 고을의 공·사의 선척을 동원하여 함길도로 漕運하되, 만약 선척이 적을 것 같으면 哨馬船 10척을 제조하여, 바람이 일지 않을 때 이를 押領할 船軍으로 하여금 漕運하게 하고 …."[17]

31.195cm로 보았다. 박흥수의 주장대로라면 조선 전기 조운선은 13.10m가 된다(박흥수, 『韓中度量衡制度史』, 성균관대학교출판부, 1999, 629쪽). 이 글에 서는 이종봉의 기준대로 1자=30.8cm로 환산하였다. 배의 척도로 사용되는 수치는 모두 저판의 길이를 기준으로 한다.

15) 이종봉, 『한국 중세 도량형제 연구』, 혜안, 2001, 185쪽. 보통 1㎖=1g으로 계산되므로 고려시대의 1석(平石, 15斗)은 51kg, 조선시대의 1석(平石, 15斗)은 85.9kg 정도가 된다.
16) 『太宗實錄』 卷26, 13年 11月 22日 戊戌.
17) 『世宗實錄』 卷63, 16年 1月 20日 戊戌.

D-③ 호조 판서 安塘이 아뢰기를, "평안도는 곡식 수량이 본래 넉넉하지 못한데 강가의 여러 고을이 더욱 부족하니, 수송하는 일이 곧 국가의 시급한 일입니다. 李克均이 警邊使로 있을 때에 강가로 漕運하는 일을 다방면으로 강구하다가, 哨亇船에 가득 싣고 강물을 따라 올라갔었으나, 초마선 배 바닥이 넓지 못해 마침내 가지 못했었습니다. …."[18]

D-①의 전라도 지역 초마선은 태종 시기 전라도 지역의 大船에 해당하는 선박으로 추정할 수 있는데, 이 시기의 대선은 약 500~600석 정도를 적재할 수 있는 선박이었다.[19] D-②, ③의 초마선도 이와 크게 다르지 않을 것이다. 특히, D-③은 조선시대 초마선의 구조를 보여주는 중요한 단서를 포함하고 있다. 배 바닥이 넓지 못하여 강을 거슬러 올라가기 어렵다는 구절이 그러하다. 한반도 연해를 운항한 선박들의 바닥이 대부분 평저인 점을 고려하면 '배 바닥이 넓지 못하다'는 말은 첨저형이 아니라 배 바닥이 다른 선박에 비해 상대적으로 좁아서 흘수가 깊은 선박이라는 의미로 해석된다.[20] 강선보다 흘수가 깊어 많은 곡식을 적재하고 강을 거슬러 올라가기에는 불리했던 것이다. 이러한 사실들을 통해 볼 때 고려시대의 초마선이 15~16C까지도 여전히 哨馬船, 哨嗎船

18) 『中宗實錄』 卷27, 12年 3月 28日 癸卯. 배 바닥이 넓지 못하다는 구절은 첨저형을 의미하는 것으로 보이기도 하지만 실제로는 강선과 해선의 차이를 의미하는 것이다. 이에 대해서는 뒤에서 다시 설명하기로 한다.

19) 『太宗實錄』 卷26, 13年 8月 10日 丙辰.

20) 원양항해선의 경우 신라시대부터 이미 첨저형으로 제작되었을 가능성을 제기하는 학자들도 있지만(최근식, 앞의 논문), 연안선의 경우에는 대부분 평저형으로 제작되었다는 사실에 동의하고 있다. 사료에 언급된 강이 어느 강인지는 명확하지 않지만 평안도에서 50톤 이상을 적재한 선박의 운항이 가능한 것은 대동강 정도에 불과하다. 그 외 200석 정도의 적재가 가능한 선박은 대령강의 경우에는 25.6km, 청천강의 경우 약 11.5km 지점까지 운항이 가능하였다(조선총독부, 『조선하천조사보고서』, 1929, 268~272쪽). 따라서 초마선의 운항이 가능한 곳은 대동강밖에 없다. 만약 다른 강에 초마선이 진입했다면 위와 같은 상황은 어디서든 발생할 수 있다.

또는 哨竹船이라고 불리며 경상도, 전라도를 비롯한 일부 지역의 조운에 이용되고 있었음을 알 수 있다.

　조선 후기 조운선의 크기는『各船圖本』에 남아있다. 그에 따르면 조선 후기의 조운선은 길이 약 57척(17.5m), 폭 13척(4m) 정도의 선박이었다. 적재량은 지역별로 차이가 있는 것으로 확인되는데, 최대 1000석(85.9톤)까지 적재할 수 있었다.[21] 이를 조선 전기의 조운선(大船)과 비교하면 船幅은 30%정도 작지만 船長은 조선 후기의 조운선이 40%정도 더 길다. 그러나 조선 후기의 조운선 수치는 저판의 크기만을 의미하는 것이 아니라 현의 길이와 배 허리의 길이를 의미하는 것이었다.[22] 이를 고려하면 실제 크기는『各船圖本』에 제시된 수치보다 더 작은 크기였으며, 만약 그것이 조선 전기까지 소급된다면『經國大典』에 기록된 조운선의 장폭 길이도 더 작아질 수 있다.[23]

　이런 방식을 통해 강선의 규모도 추정할 수 있다.『世宗實錄地理志』에 따르면 조선시대의 江船 중 大船은 250석, 中船은 200석, 小船은 130석을 적재할 수 있는 크기의 배였다.[24] 이를 고려시대의 도량형으로 환산하면 조선 전기의 江船 중 大船은 400석 이상을 적재할 수 있는 크기이며, 중선은 336석 이상, 소선은 220석 가까이 적재할 수 있는 크기의 선박이었음을 알 수 있다.

　지금까지의 논의에 대한 이해를 돕기 위해『高麗史』,『經國大典』,『各船圖本』에 수록된 조운선의 크기를 정리하면 다음과 같다.

---

21)『大典會通』戶典 漕轉.
22)『磻溪隨錄』卷3, 田制後錄(上) 雜說, "除頭尾橫板從上面 據前後左右船牽繩以量", "以營造尺 從四舷以計." 이에 따르면 조운선을 비롯한 조선 후기 선박 크기는 저판이 아니라 현의 길이를 잰다고 하였다.
23) 배의 크기 측정에 대한 구체적인 자료는 최병문, 「조선시대 선박의 선형 특성에 관한 연구」, 부경대학교 박사학위논문, 2004, 20~24쪽 참조.
24)『經國大典』戶典 漕轉.

〈표 9〉 시대별 조운선의 크기와 적재량[25]

구분		長(길이)		幅(너비)		적재량		비고
		척(尺·寸)	길이(m)	척(尺·寸)	길이(m)	석(石)	kg	(출전)
高麗 '哨馬船'		-	-	-	-	1,000	51,000	『高麗史』
高麗 '平底船'						200	10,200	
朝鮮 前期 海船	大船	42	12.93	18-9 이상	5.82	600[26]	51,540	『經國大典』 『世宗實錄』[27]
	中船	33-6	10.35	13-6 이상	4.19	-	-	
	小船	18-9	5.82	6-3 이상	1.94	-	-	
朝鮮 前期 江船	大船	50	15.40	10-3 이상	3.17	250	21,475	
	中船	46	14.17	9 이상	2.77	200	17,180	
	小船	41	12.63	8 이상	2.46	130	11,167	
朝鮮後期 '漕船'		57	17.5	13	4	600~ 1,000	51,540~ 85,890	『各船圖本』

<표 9>를 토대로 고려시대 조운선의 크기를 추정하면 초마선은 조선 전기 海船 중 大船정도의 규모이며, 조선 후기의 조운선보다는 길이가 짧은 크기의 선박임을 알 수 있다. 반면, 고려시대 평저선은 조선시대 江船 중 小船정도에 해당하는 바닥이 평평한 선박이었다.

그렇다면 서·남해에서 최근 20여 년간 출토된 고려시대 선박 중에서 고려시대 초마선이나 평저선에 가장 가까운 海船은 어떤 것일까. 이에 대한 답을 얻기 위해 그동안 서해 연안에서 출토된 고려 선박에 대한 발굴조사 보고서를 토대로 정리한 것이 <표 10>이다.

---

25) 고려시대의 도량형은 이종봉의 『韓國中世 度量衡制 研究』를 토대로 1석=51kg, 1자=31cm로 환산하였으며(혜안, 2001, 185쪽), 조선 전기와 후기의 도량형은 이종봉의 「조선후기 도량형제 연구」에 따라 1석=85.89kg(85.9kg), 1자=30.8cm 로 환산하였다(『역사와 경계』 53, 부산경남사학회, 2004, 64쪽).

26) 김재근, 『우리배의 역사』, 1989, 288쪽. 『大典會通』 戶典 漕轉조에도 이에 관한 규정이 있다.

27) 『世宗實錄』 卷113, 28年 9月 16日 辛巳.

〈표 10〉 고려시대 선박의 주요 척도[28]

구분		십이동 파도선	완도선	대부도 선	마도 1호선	마도 2호선	달리도 선	안좌선
연대		11C 후반[29]	12C중· 후반[30]	12~13C	13C초	13세기	13~14C	14C후반
남아있는저판	底板列[31]	3(7)	5(7)	5(7)	7	7	3	3
	彎曲部縱通材	2단	1단	없음	없음	없음	없음	없음
	底板長	10.7m	6.5m	6.62m	10.8m	11.96m	9.5m	13.3m
	底板幅	4m (12.4尺)	1.65m (5.3尺)	약1.8m (5.8尺)	약3.7m[32] (약12尺)	약2.71m (8.7尺)	1.15m (3.7尺)	1.55m (5尺)
	帳幅比	2.67	3.94	3.68	3.85	4.41	8.26	8.58
	저판두께	35-15	20	25	36-27	37-30	20-15	35-20
杉板 두께		20-12.5	10	29-21	28-22	25-20	14-11	26-15
복원척도	船長	약14~ 15m (47尺)	약9m (29尺)	-	약15m (48尺)		12m[33] (41尺)	약17.0m (57尺)
	船幅	약5.5m (17.7尺)	약3.52m (11.3尺)	-	약5.5m (16尺)		3.6m (11.5尺)	6.6m (21.3尺)
	船深	2.5m	1.67m	-	-		1.6m	2.3m
	帳幅比	2.55	2.56	-	2.7		3.6	2.57

28) 국립해양유물전시관·신안군,『안좌선발굴보고서』, 2006, 89쪽 ; 문화재청· 국립해양유물전시관,『고려청자 보물선(태안 대섬 수중발굴 조사보고서)』, 453쪽 ; 이원식 외,「한국에서 발굴한 고려해선과 중국 봉래 제3호고대선의 비교고찰」『대한조선학회지』43-4, 30~32쪽을 참고하여 새로 작성하였다. ( )의 척도는 고려시대의 영조척(1척=31cm)이다. 남아있는 저판은 발굴 당시 남아있었던 선박 부재들의 크기이며, 복원 척도는 남아있는 저판의 크기를 통해 선박의 원형 크기를 추정한 것이다.

29) 이준광,「고려청자의 해상운송과 출토유물 연구」, 홍익대학교대학원 석사학위논문, 2010, 106~110쪽. 이 논문에서는 십이동파도선의 출토유물 중에 해무리굽 완, 화형접시 등이 포함된 것을 근거로 배의 침몰 연대를 11세기 3/4분기 또는 그보다 늦은 시기를 포함하는 11세기 후반으로 편년하고 있다.

30) 서유리,「고려 철화청자의 발생과 특징」, 명지대학교 석사학위논문, 2007, 67~70쪽. 서유리는 철화청자가 등장하는 시기를 기준으로 십이동파도선과 완도선에서 인양된 청자의 편년을 시도하였다. 그 결과 십이동파도선에서 출토된 해무리굽 완은 완도선에서 출토된 매병과 철화청자보다 이른 시기에 제작된 것으로 결론지었다. 서유리의 주장대로라면 철화청자가 처음 등장하는 시기는 12세기 후반이다. 완도선에 적재된 청자들의 제작 시기를 12세기 중반으

<표 9>과 <표 10>을 통해 볼 때 지금까지 출토된 고려시대 선박 중에서 초마선(조선 전기 해선 중 대선)의 크기에 가장 가까운 선박은 십이동파도선, 마도 1호선, 마도 2호선 등이다. 안좌선은 다른 선박에 비해 바닥면이 좁은 대신 길이가 좀 더 긴 형태를 보이고 있다.34)

네 척의 선박 중 안좌선의 저판 폭이 가장 좁은 것은 기존의 7개 또는 5개였던 저판이 3개로 줄었기 때문으로 보이는데, 앞서 『中宗實錄』에서 哨爿船의 구조를 '船底不廣'35)이라고 한 것은 이러한 배의 바닥면을 염두에 두고 언급한 표현으로 생각된다.36) 이들 선박의 용적량은 조선 전기 조운선에 비해 적은 편이었지만 <표 9>를 통해 확인되는 것처럼 조선 후기

로 보고 있는 논문은 「완도 해저출토 청자의 특징과 생산시기」가 대표적이다(김애경, 「해양문화재」1호, 국립해양유물전시관, 2008, 5~40쪽).

31) 저판열의 ( )는 만곡부종통재까지 저판으로 포함한 경우의 저판 수이다.

32) 문화재청 보도자료, 「태안 마도, 800년 전의 타임캡슐 고려 竹簡 최초 발굴」(2009. 11. 04).

33) 본래 발굴조사 보고서에서는 12m 정도로 추정하였는데, 전통 선박의 저판과 선장의 비율(0.73 : 1)을 고려하면 12m가 약간 넘는 약 12.7m(고려 영조척 41척) 정도 길이의 선박이었다고 추정된다. 41尺은 『經國大典』에 기록된 조선 전기 江船(小船)과 유사한 길이이다.

34) 인양된 선체의 길이를 고려할 때 이들 선박의 저판은 고려시대 영조척으로 약 42척에 해당하는 13m정도가 아니었나 생각된다. 『經世遺表』에 의하면 조선 후기의 경우 10尺을 1파라고 하였는데, 3척 이상은 5척이 못되더라도 반파라고 하였으며, 2척 9촌 이하는 계산하지 않는다고 했다. 또한, 8척 이상은 10척이 못되더라도 1파라고 하였으며, 7척 9촌 이하는 계산하지 않았다(『經世遺表』卷14, 均役事目追議 船稅). 고려시대에도 이와 유사하였다면 배의 크기는 최대 1m정도 가감될 수 있다. 안좌선의 경우 길이와 폭이 다른 선박에 비해 약간 크지만 저판이 다른 선박에 비해 좁으므로 실제 용적량은 다른 선박과 유사했을 것이다.

35) 『中宗實錄』 卷27, 12年 3月 28日 癸卯.

36) 한자를 통해 볼 때 초마선의 '馬'는 馬, 嗎, 爿 등으로 다양하게 쓰이지만 '哨'는 한결같이 사용되고 있다. 중국 『新華字典』에 의하면 '哨'는 '細狹尖銳(slender)'의 의미도 있다고 한다(『新華字典』 口部). 이를 통해 볼 때 바닥면이 좁은 배의 형태에서 배 이름이 유래했을 가능성도 있다.

조운선의 경우 같은 크기의 배라고 하더라도 용적률이 거의 40%나 늘어날 수 있었으므로[37] 최대 용적량을 고려하면 조선 전기 조운선과 유사하게 적재할 수 있었다. 실제로 태안마도 1호선과 함께 출토된 목간을 통해 확인되는 화물의 양만 해도 400~500석 정도로 추정되는데,[38] 배의 침몰과정에서 분실된 분량까지 포함하면 그 양은 훨씬 더 많아질 것이다.

또한, 이들 4척은 다른 선박들에 비해 저판과 외판이 매우 두껍다.[39] 그것은 단순히 배의 전체 길이에 비례하여 두꺼워진 것이 아니라 무거운 곡식이나 도자기의 운송에 적합하도록 의도적으로 저판과 외판을 두껍게 제작한 것으로 추정된다. 특히, 마도 1호선과 2호선의 경우 저판 제작에 7개의 목재를 사용함으로써 이전의 선박보다 더 폭을 넓게 제작하였는데, 이는 배 바닥을 최대한 넓게 함으로써 물자를 최대한 싣기 위한 목적이 반영된 것이다. 이러한 사실들을 통해 볼 때 위 4척의 선박은 조운을 위해 특별히 제작한 초마선급의 선박이었을 것이다.

안좌선과 마찬가지로 3개의 저판 형태를 보이고 있는 달리도선은 장폭의 비율과 구조가 海船보다는 江船에 가깝다.[40] 길이에 비해 폭이

---

37) 『經國大典』에는 직접 언급되어 있지 않지만 후대의 법전을 통해 볼 때 조선시대 조운선의 법정 용적률은 대선의 경우 600석이 한도였으며, 그것은 조선 후기까지 유지되었다. 그것은 조운선의 안전한 운행을 위해 제한을 둔 것일 뿐 실제로는 훨씬 더 많은 양을 적재할 수 있었다. 실제로는 19세기 전라도 지역의 조운선은 800석, 경상도 지역은 1,000석까지 적재하는 경우가 있었으며(『大典會通』 戶典 漕轉), 성당창에서 한양까지의 조세 납부 과정을 기록한 『을해조행록』에는 대선 12척에 16,000석을 적재하였다는 기록도 남아있다.

38) 한정훈, 「12·13세기 전라도지역 私船의 해운활동」, 『한국중세사연구』 31, 한국 중세사학회, 2011, 103쪽. 이는 목간을 통해 추론할 수 있는 稻類 184석, 잡곡 90석, 메주 28석, 젓갈 여섯 항아리, 대나무 수공품 25점, 도자기 370여 점에 판독되지 않는 목간의 화물을 최소량인 1석으로 환산한 것이다.

39) 저판은 배의 바닥이며, 외판은 뱃전 또는 삼판이라고도 부르는데 이는 판자로 만들어 올린 배의 좌우측면을 일컫는다.

40) 최병문, 「조선시대 해선과 강선의 선형특성」, 『대한조선학회논문집』 41, 2004, 105~110쪽. 달리도선의 구조를 통해 볼 때 두 가지 경우의 가정을 해 볼

좁고, 외판의 두께가 비교적 얇고 가벼워 다른 선박에 비해 민첩할 것 같은 형태를 보이고 있기 때문이다. 달리도가 영산강 하구에 위치하고 있다는 사실을 고려하면 영산강과 바다를 함께 운항하기 위해 강선의 특징을 살려 제작했을 가능성도 생각해 볼 수 있을 것이다.

연구자에 따라서는 십이동파도선과 완도선에 적재된 청자의 선후 관계를 고려하여 전자를 12세기 중반, 후자를 12세기 초반의 선박으로 편년하는 경우도 있지만[41] 구조면에서 볼 때 두 선박은 약간의 시간차를 두고 제작된 것으로 볼 수 있다. 이러한 추측을 가능케 하는 것이 船形의 변화이다.

예를 들면 12세기 이전에 제작된 것으로 추정되는 십이동파도선에서 는 좌우 2개씩의 彎曲部縱通材(Bilge stringer, Chine材)가 확인되고 있다. 彎曲部縱通材는 구부러진 통나무를 L자형으로 깎아내어 만드는데 평면 으로 보면 안쪽으로, 측면으로 보면 위쪽으로 구부러진 삼차원적인

수 있다. 첫째는 위에서 언급한 것처럼 다른 선박에 비해 삼판이 얇고 바닥이 좁은 점에 착안하여 강선의 구조를 갖춘 배로 보는 것이다. 달리도는 앞서 I장에서 언급한 것처럼 장흥창 소재지로 들어가는 입구인 영산강의 하구에서 출토되었다. 장흥창에 조세를 납부했던 지역이 영산강 수계에 속하는 군현과 인근 해도 지역의 군현을 포함하고 있었음을 고려하면 강과 인근의 바다를 항해하기 위해 배의 무게를 줄이고, 민첩하게 제작하였을 것이라는 가정이 가능하다. 두 번째는 달리도선을 官船이 아닌 私船으로 보는 것이다. 조선 전기의 예에 비춰보면 관선은 형태가 육중하지만 사선은 가볍고 민첩하게 제작되었다(최완기, 「官漕에서의 私船活動」『사학연구』28, 한국사학회, 1978, 39쪽). 유사한 시기에 제작된 두 선박 중 외판이 얇고 바닥이 좁은 달리도선은 두꺼운 저판과 외판을 갖춘 달리도선에 비해 더 用船이 편리하고 민첩한 구조를 보이고 있다. 이는 달리도선이 조세운송을 전담하기 위해 국가에서 제작한 배가 아닐 수도 있음을 시사하는 것이다.
41) 서유리는 십이동파도선에서 출토된 청자들이 12세기 중·후반 해남 신덕리 일대에서 제작된 것으로 파악하고 있다(서유리, 앞의 논문, 2007, 81쪽). 한편, 이준광은 십이동파도선 출토 청자 제작 연대를 11세기 후반, 완도선 출토 청자의 제작 연대를 11세기 후반~12세기 전반으로 보고 있다(이준광, 앞의 논문, 2010, 110~114쪽).

182

복잡한 형태를 보인다.42) 이러한 형태의 船材는 제작도 어렵지만 저판과 만곡부종통재 사이의 공간 이용을 어렵게 하기도 한다.43) 만곡부종통재가 남아있는 선박으로는 비교적 이른 시기의 것으로 추정되는 십이동파도선과 완도선이 있으며, 13세기 초에 이르러 점차 소멸된 것으로 알려져 있다.44) 만곡부종통재가 사라진 자리에는 그 수만큼의 저판이 증가하였다.45)

그 후 13세기 말~14세기 초에 이르러서는 5~7개의 저판 대신 3개의 저판이 직접 외판과 연결되는 형태로 변화하게 되었다. 따라서 선박의 구조변화 과정을 고려하면 초마선과 평저선의 선박 수가 제정된 정종 12년(1046)에 10개의 바닷가 조창에 배치된 초마선은 아마도 시기적으로

---

42) 김재근, 『우리배의 역사』, 서울대출판부, 1989, 83~85쪽.

43) 완도선의 彎曲部縱通材 두께는 가로부분이 7cm, 세로 부분이 15cm 내외인데 이는 저판 두께 20cm, 외판 평균 두께 11cm에 비해 세로 두께는 약간 두껍지만 가로 두께는 얇은 편에 속하여 다른 부재에 비해 파손의 가능성이 높다. 만곡부종통재의 용도에 대해서는 통나무배가 구조선으로 변해가는 과정을 보여주는 것으로 설명되어 왔으나 실제로는 저판과 외판의 연결 기술의 미숙, 또는 배에 스며든 물로부터 화물을 보호하기 위하여 널판 등을 깔기 위한 장치가 아닐까 생각되기도 한다. 실제로 완도선 발굴 당시 선박의 바닥면에 평상을 설치했던 것으로 추정되는 목조 구조물이 출토되기도 하였다. 이를 통해 볼 때 만곡부종통재는 선박의 수밀이 불완전하던 시기 저판을 통해 물이 스미는 것에 대비하여 pallet 형태의 구조물을 두기 위한 용도로 사용되었을 가능성도 있다.

44) 고려 초기에 제작된 것으로 추정되는 나주선의 경우도 만곡부종통재가 1개만 사용된 것으로 보아 본래는 1개만 사용한 것이었는데 십이동파도선이 이례적으로 2개를 사용한 것인지, 아니면 기계적으로 2→ 1→ 0개로 줄어든 것인지에 대해서는 명확히 설명하기 어렵다. 그러나 최소한 마도 1호선이 제작된 12세기 말~13세기 초에 이르러서는 만곡부종통재가 사라지고 5개 또는 7개의 저판이 직접 외판과 연결되는 형태로 변화한 것으로 보인다.

45) 마도 1호선의 좌·우 3번째 저판은 선복 부분에서는 다른 저판들과 평행하다가 선수와 선미 부분에서 다른 부재들에 비해 살짝 위로 올라간 형태이다. 이는 배의 바닥면을 평평하게 함으로써 화물을 보다 많이 적재하기 위한 방편으로 고안한 방식이 아닐까 생각된다. 조선시대 조운선의 경우에도 바닥면은 평평하다.

가장 빠른 십이동파도선에 가까운 규모와 형태였으며, 조선이 건국되는 14세기 말에는 안좌선에 가까운 형태였다고 할 수 있을 것이다. 마도 1호선 역시 그들과 매우 유사한 크기의 선박이었다.

한편, 13세기 후반에는 초마선보다 다른 작은 조운선이 등장하고 있음이 확인된다. 『高麗史』의 기록을 보자.

> E. (3월) 삼별초의 잔당들이 會寧郡(전라도 장흥 일대)에 침입하여 漕船 4척을 약탈해 갔다. … 5월 초하루 무오일에 대장군 曹子—을 경상도 안무사로 임명하여 朱悅을 대신케 하였다. 경신일에 비가 내렸다. 신유일에 전라도 안찰사의 보고에 "삼별초가 大浦에 침입하여 조운선 13척을 약탈하여 갔다"고 하였다. … 제주도에 아직도 역적들이 있어서 금년 3월 4월에 會寧, 海際(전라도 무안 일대), 해남 등 세 현의 포구들에 침범하여 노략질하고 여러 주현의 조세 운반선을 빼앗아 갔으며 또 5월에는 會寧, 耽津 두 현에서 크게 노략질해 갔다. 그리하여 무릇 전후 수차에 걸쳐 빼앗긴 배가 20척이요, 알곡이 3천 2백여 석이요, 피살자가 12명, 잡혀간 자가 24명이나 된다.[46]

삼별초가 전라도 지역 군현의 조운선을 약탈해 갔다는 것인데, 배를 빼앗긴 회령, 해제, 해남은 본래 조창이 있었던 지역이 아니다. 그러나 배를 빼앗아 간 3~5월은 조세 운송이 한창이던 시기였으므로 삼별초가 약탈해간 조운선은 조세를 적재하고 개경으로 가던 조운선이었을 것이다. 빼앗긴 20척의 배 중 일부가 빈 배였다고 가정하더라도 빼앗긴 곡식이 3,200석 정도밖에 안된다면 이들 선박은 정종 때 12개 조창에 배정되었다는 초마선은 아니었을 것이다. 이는 몽골 침략기 이후 조창 중심의 조운제도가 군현별 납부제도로 변화하면서 배의 크기도 함께

---

46) 『高麗史』 卷27, 世家 元宗 13年 3月 癸酉.

184

달라졌음을 시사한다. 초마선보다 작은 크기의 선박에 관한 기사는
왜구의 침입이 본격화되는 시기에 이르면 더 많이 등장한다.

F-① 1354년(공민왕 3) 4월 왜가 전라도 조선 40척을 약탈하여 갔다.[47]

F-② 1355년(공민왕 4) 4월 왜구가 전라도의 조선 200여 척을 약탈해
　　갔다.[48]

공민왕 시기 왜구에 약탈당한 조운선은 40척, 200여 척으로 그 수가
훨씬 많다. 이는 이전 시기의 선박보다 규모가 작은 선박을 조운에
이용하였거나 사선을 동원하여 조운하고 있었음을 의미한다. 조운선의
규모가 작아진 가장 큰 이유는 덩치가 크고 육중한 大船(官船)은 갑작스런
위기 대처에 어렵고, 속도가 느려 효율성이 떨어지기 때문이었다.[49]
관선이 사선에 비해 조운에 적합하지 못하다는 지적은 조선시대에도
여러 차례 제기된 바 있다.[50]
　이 시기의 조운선 규모가 작아진 또 하나의 이유는 왜구의 공격으로
한꺼번에 많은 조세를 빼앗기는 일을 막기 위해 조세를 분산 적재하고,
배의 크기를 줄임으로써 기동성을 보완하기 위해서였을 것이다. 곡식을
대규모로 싣고 움직이는 경우 빠른 속도로 공격해 오는 왜구를 막을

---

47) 『高麗史』 卷38, 世家 공민왕 3年 4月 己酉.
48) 『高麗史』 卷38, 世家 공민왕 4年 4月 辛巳.
49) 최완기, 「官漕에서의 私船活動」 『사학연구』28, 한국사학회, 1978, 39쪽.
50) 규모가 큰 조운선이 가볍고 용선이 쉬운 사선보다 파선의 확률이 더 높다는
　　지적은 관선에 의한 조운이 법제화된 성종조부터 지적되기 시작하였다(『成宗實
　　錄』 卷47, 5年 9月 11日 癸亥). 이는 중종 때까지 계속되었으며, 결국 조선
　　정부가 사선을 동원한 조운을 확대시키는 결과를 낳았다(『中宗實錄』 卷8, 4年
　　5月 27日 戊午, "臣聞漕船致敗 專以大船重載 遭風則難於運轉故也. 若私船則體小
　　其容載不過三四百斛 雖大洋颶風 轉運甚便 無敗覆之患. 今若依私船 使之體小輕載
　　則雖或遭風敗沒 其所失之穀 亦不多矣").

길이 없었던 것이다. 이와 유사한 내용이 조선 초기의 기록에도 있다.

G-① 명하여 倭船을 시험하게 하였다. 대언 柳思訥에게 명하여 본국의 兵船과 平道全이 만든 왜선을 한강에서 그 빠르고 느림을 비교하여 보게 하였더니, 유사눌이 복명하였다. "물길을 따라 내려가면 병선이 왜선보다 뒤지기를 30보(步), 혹은 40보나 하고, 물길을 거슬러 올라가면 몇 백 보나 뒤졌습니다."[51]

G-② 防禦하는 형세를 보면 大船·中船은 몸체가 커서 심히 느리기 때문에, 비록 倭船을 만나도 쫓아 미치기 어려워서 한갓 軍士만 수고롭게 하니, 비옵건대, 道內에 원래 제조한 대선 4척 외에는 모두 快船의 規式에 의하여 造作하소서.[52]

G-①, ②는 모두 병선의 사례이기는 하지만 조운선에도 적용할 수 있다. 가벼운 배, 빠른 속도로 돌격해오는 왜구의 침입에 규모가 큰 조운선이 더없이 불리했던 것이다. 왜구 침입이 본격화된 시기에 제작된 선박의 저판이 이전 시기보다 더 細長化된 것 역시 같은 이유로 이해되고 있다.[53]

또한, 왜구 침입이 극심하던 시기 고려에서는 중국의 선박과 선원을 고용하여 조운을 맡기는 일도 있었다.

H. 임술일에 왜적이 黔毛浦에 침입하여 전라도의 세미 운수선에 불을 질렀다. 그때 왜적의 방해로 인하여 수상 운수가 통하지 않았으므로

---

51) 『太宗實錄』 卷25, 13年 正月 甲午. 따라서 이 기사는 오랫동안 일본에서 화선이 조선의 선박보다 우수하다는 주장의 근거로 이용되기도 하였다. 자세한 내용은 김재근, 『우리배의 역사』, 63쪽 참조.

52) 『太宗實錄』 8年 12月 24日 丁酉.

53) 이준혁, 「고려시대 배(船)의 변화와 그 의미」, 효원사학회, 2010, 165~172쪽.

중국인 張仁甫 등 6명을 都綱으로 삼고 그들에게 각각 唐船 1척과 병졸 1백 50명씩을 주어서 전라도의 벼를 수송하고 있었는데 왜적이 바람을 이용하여 불을 놓아서 이것을 태워 버렸으며 우리 군사는 패전하여 사상이 대단히 많았다.[54]

명나라 초 해운에 활용된 조운선이 중국 도량형으로 약 1000석을 싣는 선박이었음을 고려하면[55] 당시 중국인 도강들이 부렸던 唐船은 고려의 도량형으로 2000석 가까이 운반할 수 있는 큰 선박이었을 것이다.[56] 따라서 위의 기사는 왜구의 침입으로 중국인의 손을 빌려야 할 만큼 조운체제가 동요되었음을 알려준다.[57] 중국의 큰 배와 해운 경험이 풍부한 중국인을 고용하고 군사까지 붙여 조운을 맡겼으나 의도한 성과를 내지 못한 것이다.

2) 조운선의 구조와 특징

지금까지 출토된 고려시대 선박 중 규모나 구조면에서 조운선으로 추정할 수 있는 것은 십이동파도선과 마도 1·2호선, 안좌선 등이다. 그 중에서도 대표적인 선박은 십이동파도선과 마도 1호선이다. 마도 1호선은 유일하게 침몰 시기가 확실한 13세기 초의 고려 선박이라는 점에서 사료적 가치가 매우 높으며, 십이동파도선은 출토 유물을 통해

---

54) 『高麗史』 卷39, 世家 恭愍王 7年 7月 壬戌.

55) 조영헌, 『대운하와 중국상인』, 민음사, 2011, 63쪽.

56) 이 때 활용된 명나라의 도량형은 1석(2휘)=96kg이었으므로(박흥수, 『한·중도량형제연구』, 성균관대출판부, 1999, 422쪽), 1000석은 96t정도가 된다. 고려 후기의 도량형은 원의 영향으로 혼란했던 것으로 파악되고 있으므로 명확히 알수 있지만 고려 전기 도량형과 비교하면 96t은 거의 2,000석에 가까운 양이다.

57) 北村秀人, 「高麗時代の租倉制について」『朝鮮歷史論集』上, 1979, 436쪽(윤용혁, 「중세의 관영물류시스템 고려의 조운제도」『고려 뱃길로 세금을 걷다』, 2009, 130쪽에서 재인용).

11세기 후반에 도자기를 조운하던 중 침몰한 조운선으로 볼 수 있기 때문이다.[58] 따라서 이 두 선박은 고려시대 조운선의 구조와 형태는 물론, 고려 조운선의 변화 과정을 연구하는 중요한 지표가 된다. 발굴보고서를 토대로 조운선으로서의 두 선박이 갖는 구조를 살펴보면 다음과 같은 특징이 확인된다.

첫째, 다른 선박에 비해 저판이 넓다. 십이동파도선의 경우 저판의 너비가 4m로 조선 전기 조운선의 저판 장폭비인 2.2 : 1에 가까운 2.5 : 1이며, 마도 1호선은 2.7 : 1이다. 이처럼 배 바닥의 폭이 넓으면 많은 물자를 실을 수 있다는 장점이 있지만 배의 속도는 떨어진다. 이를 통해 두 선박 모두 배의 속도보다는 물자를 많이 적재하는 것에 목표를 두고 제작되었다고 볼 수 있다. 또한, 바닥이 넓고 평평했기 때문에 조세를 싣고 운송하는 중이라도 썰물을 만나게 되면 안전하게 갯벌에 내려앉을 수 있었을 것이다. 게다가 십이동파도선과 마도 1호선의 저판 두께는 각각 최고 35cm와 36cm로 유사한 길이의 달리도선 저판에 비해 2배 이상 두껍다. 배의 무게가 무거워진다는 단점을 감수하고, 저판의 두께를 두껍게 제작한 것은 무거운 곡류나 도자기를 싣고 운항하다가 암초에 부딪히더라도 쉽게 파손되는 것을 막기 위한 조치로 해석된다.

둘째, 십이동파도선과 마도 1호선 모두 외판을 턱붙이 클링커 이음방식으로 결구하였다. 턱붙이 클링커 이음방식은 우리나라 전통 선박에서 공통으로 나타나는 현상으로 물이 스미는 것을 막는 데 효과적이다.[59] 다만 조선시대 선박이 판자 두께의 2/3에 이를 정도로 턱을 깊이 깎아내는 것에 비하여 이들 선박은 대부분 끝단의 1/5정도만을 약하게 깎아내었다. 동일층의 외판 상호 연결은 좌우 외판 모두 넓이의 1/2정도씩을 각각

---

58) 이준광, 「고려청자의 해상운송과 출토유물 연구」, 홍익대학교대학원 석사학위논문, 2010, 88~89쪽.
59) 김재근, 『우리나라의 배』, 18~25쪽.

188

반대쪽에서 깎아내서 결합시키는 반턱 이음방식을 취하고 있으며, 이음새에는 직사각형의 皮乐(나무못)을 관통시켜 고정하였는데, 그 깊이는 외판의 2장을 관통할 정도로 깊다. 발굴조사 보고서에 의하면 마도 1호선의 좌저판 2-3의 상면에 정확한 용도를 알 수 없는 2개의 반관통 구멍이 있다고 하였는데,[60] 이는 두 번째 좌저판 위쪽에 저판과 외판의 중간 형태의 선재가 있었음을 의미하는 것이다. 그것은 발굴조사 보고서에서도 언급한 것처럼 십이동파도선 시기까지 남아있던 만곡부 종통재가 외판으로 변해가는 과도기적 형태라고 볼 수 있다.

셋째, 외판의 두께가 매우 두껍다는 특징도 있다. 십이동파도선은 외판이 남아있지 않아 두께를 알 수 없지만, 마도 1호선은 22~38cm로 다른 고려 선박에 비하여 매우 두꺼운 편이다.[61] 외판의 형태는 판자의 형태로 가공한 것이 아니라 원통형의 나무를 상하 연결되는 부위만 고르게 다듬어 사용했다는 점도 특이하다. 이는 서긍이 군산도에서 목격했다는 관선의 형태와도 유사하다.

> I. 관선의 만듦새는 위는 띠로 이었고 아래는 문을 냈으며, 주위에는 난간을 둘렀고, 가로지른 나무를 꿰어 올려서 舖板을 만들었는데, 윗면이 배의 바닥보다 넓다. 전체가 板簀은 쓰지 않았고, 다만 통나무를 휘어서 굽혀 나란히 놓고 못을 박았을 뿐이다. 앞에 矴輪이 있고, 위에는 큰 돛대를 세웠고, 布帆 20여 폭이 드리워져 있는데, 그중 5분의 1은 꿰매지 않고 펼쳐진 채로 두었다. 이것은 風勢에 거스를까 두려워서 그렇게 하는 것이다.[62]

---

60) 국립해양문화재연구소, 『태안 마도1호선 수중발굴조사 보고서』, 2010, 345쪽.
61) 고려 선박 외판의 두께는 완도선 10cm, 십이동파도선 12.5~20cm, 대부도선 21~29cm, 달리도선 11~14cm, 안좌선 15~26cm, 태안선 16cm 정도이다.
62) 『高麗圖經』 卷33, 舟楫, 官船, "官船之制 上爲茅蓋 下施戶牖 周圍欄檻 以橫木相貫 挑出爲棚 面濶於底 通身不用板簀 唯以矯橾全木 使曲相比釘之 前有矴輪 上施大檣 …." 棚을 '다락' 또는 '판옥' 등 배 위의 가옥 시설로 해석하는 경우도 있으나

관선의 형태를 보여주는 자료는 남아있지 않지만 판자를 쓰지 않고 통나무 형태 그대로 무으었다는 점, 큰 돛대 하나를 세웠다는 점 등에서 마도 1호선과 유사하게 제작된 국가 소유의 선박이었을 것으로 추정된다. 만약 조운선의 외형이 『고려도경』의 官船과 유사했다면 돛대, 돛, 정륜 등의 형태도 크게 다르지 않았을 것이다.

이와 같이 두꺼운 외판과 무거운 저판으로 제작된 십이동파도선과 마도 1호선은 외형이 매우 둔중하고, 속도도 매우 느리며, 선박 자체의 무게가 무거워 흘수 또한 매우 깊었을 것이다. 선체가 무거우면 갑작스런 위기 상황을 만났을 때 빠르게 대처하지 못하여 파선의 확률도 높아진다.[63] 이와 같은 단점이 있음에도 고려~조선시대까지 국가가 조운선을 둔중하게 제작한 것은 발라스트(Ballast) 항해와 관련이 있다.[64] 조운선의 경우 개경으로 향할 때는 무거운 조세를 싣고 운항하므로 바람이나 파도에 비교적 안전하지만 도착한 후 짐을 내리고 돌아올 때는 배의 무게가 가벼워져 파도와 바람에 쉽게 전복될 수 있으므로 의도적으로 배의 무게를 무겁게 한 것이다. 사선의 경우라면 개경에 도착한 후 다른 물자를 사서 채우고 돌아오겠지만 조운선의 경우에는 빈배로 돌아와야 하므로 선박을 크게 만들고 자체 무게의 유지를 위해 두꺼운 외판을 사용했던 것이다.

넷째, 두 선박은 모두 소나무를 주재료로 제작하였다. 소나무는 선형에

이미 배 위에 뜸집(上爲茅蓋)이 있다고 했으므로 이를 다락집으로 해석하는 것은 옳지 않다. 뜸 위에 또 다락집이 있을 수는 없다.

63) 최완기, 「官漕에서의 私船活動」, 『사학연구』 28, 한국사학회, 1978, 39쪽.

64) 조선 기술이 발달한 현대에도 빈 배를 운항할 때는 물이나 모래를 채워 일정 무게를 유지한다. 특히, 유조선의 경우에는 기름을 운송하고 돌아갈 때 많은 물을 채우는데, 이를 선박평형수(船舶平衡水, ballaster water)라고 한다. 전근대시대 발라스트 항해를 했음을 보여주는 기록은 최부의 표해록에서도 찾아볼 수 있다. 최부 일행은 배에 실을 짐이 없자 돌을 실어 배의 무게를 유지하며 운항하였다(김성준, 『배와 항해의 역사』, 323쪽).

맞춰 굽히기 어렵고 옹이가 많아 선박으로 가공하기 어렵다는 단점이 있다. 그러나 목질이 강하고 구하기 쉬운 선재이기 때문에 전통 선박의 선재로 흔히 이용되었다.[65] 『高麗史』에 따르면 문종이 탐라와 영암에서 목재를 구하여 큰 배를 제작하려다가 그만 두었으며,[66] 여·원 연합군이 일본을 공격할 때는 부안의 변산과 장흥의 천관산에서 배를 제작하였다고 한다.[67] 영암, 변산, 장흥 등지는 조선시대에도 선박용 소나무를 기르기 위해 封山으로 지정한 곳이었다.[68] 따라서 문종과 여·원 연합군이 제작한 선박 역시 재질은 소나무였을 것이다.

출토된 선박의 재질을 좀 더 구체적으로 살펴보면 십이동파도선은 만곡부종통재 일부(느티나무)와 가룡(굴피나무), 장삭(상수리나무)과 피삭(느티나무)을 제외하면 전체가 소나무였다. 마도 1호선 역시 대부분의 선체가 소나무로 제작되었으나, 중앙저판 전체와 좌·우저판 일부는 밤나무 또는 상수리나무류, 이나무류로 제작되었음이 확인되었다.[69] 특히, 중앙저판은 두 개의 목재가 모두 밤나무류였으며, 좌저판 1-1·1-2가

---

65) 이는 중국인들이 "고려에는 배를 제조할 만한 송삼목이 없고, 있다고 하더라도 단지 잡목으로 만들어진 것에 지나지 않아 먼 바다를 건널 수 없다"고 한 것을 통해서도 알 수 있다(김영제, 「麗宋交易의 船路와 船泊」『歷史學報』204, 역사학회, 2009, 253~254쪽).

66) 『高麗史』卷8, 世家 8, 문종 12년 8월.

67) 『高麗史』卷27, 世家 27, 원종 15년 6월. 여원 연합군의 일본 침입 당시 군선 제작에 관한 자세한 내용은 윤용혁, 「여원 연합군의 일본침입과 고려 군선」『軍史』69, 국방부 군사편찬연구소, 2008, 81~90쪽 참조.

68) 『萬機要覽』, 財用篇 松政 各道封山. 이에 의하면 조선 후기에는 공충도에 봉산 73처, 전라도에 봉산 142처·황장 3처, 경상도에 봉산 65처·황장 14처·송전 264처, 황해도에 봉산 2처, 강원도에 봉산(황장) 43처, 함경도에 송전 29처 등 총 봉산 282처, 황장 60처, 송전 293처가 있었다.

69) 중앙저판 전체와 좌저판 1-1, 우저판 1-2가 밤나무속, 우저판 1-1이 상수리나무류, 좌저판 1-2가 이나무속이었다(국립해양문화재연구소, 『태안 마도 1호선 수중 발굴보고서』, 2010, 526쪽). 그것이 처음부터 그렇게 제작된 것인지, 보수 과정에서 만들어진 것인지는 알기 어렵다.

밤나무와 이나무, 우저판 1-1·1-2가 각각 상수리나무와 밤나무였다. 저판의 기본이 되는 3개의 저판들이 모두 소나무가 아닌 상수리나무와 밤나무류로 제작한 것은 선저 부분을 특별히 튼튼히 하기 위한 의도로 이해된다. 참나무와 밤나무로 제작된 마도 1호선의 저판은 매우 단단하여 무거운 도자기나 곡식을 적재하는 데에 적합했을 것이다.

〈표 11〉 고려 선박의 제작에 이용된 목재 수종[70]

구분	십이동파도선[71]	완도선[72]	마도1호선[73]	달리도선[74]	안좌선[75]
저판	소나무	소나무, 참나무	소나무, 참나무, 밤나무, 이나무	소나무, 참나무	소나무
외판	소나무	소나무, 비자나무	소나무	소나무	소나무
가룡	굴피나무	참나무	상수리나무	참나무	참나무
멍에				소나무	
멍에형 가룡				뽕나무	소나무
만곡종통재	소나무, 느티나무	참나무, 굴피나무			
船首재 (이물비우)	소나무		소나무		
船尾재 (고물비우)					소나무
키					참나무
長櫓	참나무	참나무	상수리나무	참나무	참나무
皮櫓	굴피나무	소나무, 느티나무	상수리나무	뽕나무	참나무

---

70) 양순석·윤용희, 「안좌도 출토 목재편 및 초본류의 종 분석」, 『안좌선 발굴보고서』, 국립해양유물전시관·신안군, 2006, 94~99쪽을 참고하여 재작성하였다.
71) 국립해양유물전시관, 『군산 십이동파도 해저유물』, 2005, 218~257쪽.
72) 문화공보부 문화재 관리국, 『완도해저유물』, 1985, 130~151쪽.
73) 국립해양문화재연구소, 『태안 마도1호선 수중발굴조사 보고서』, 2010, 512~527쪽.
74) 김익주, 「달리도 선재의 수종」, 『목포 달리도 배』, 국립해양유물전시관, 1999, 146~149쪽.

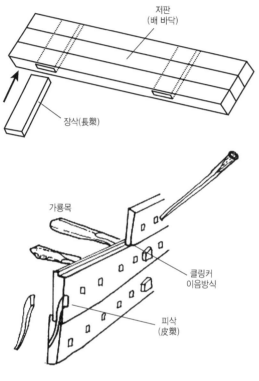

저판
(배 바닥)

장삭(長槊)

가룡목

클링커
이음방식

피삭
(皮槊)

〈그림 2〉 장삭과 피삭

다섯째, 가룡을 통해 볼 때 두 선박 모두 4~5칸 정도로 구획되어 있었다. 가룡은 배의 형태가 뒤틀리거나 부서지는 것을 막는 橫强力材인 동시에 중국 배에 보이는 격벽과 같은 역할을 하는 것으로 배의 구획은 보통 이 가룡에 의해 나뉜다.

십이동파도선의 가룡목은 3곳에서 확인되었는데, 상단 만곡부종통재에 2곳, 상단 종통부재에 결구된 곳이 1곳이었다. 이는 십이동파도선의 구획이 크게 4칸으로 나뉘어져 있었음을 의미하는 것이다. 특이한 점은

---

75) 양순석·윤용희, 「안좌도 출토 목재편 및 초본류의 종 분석」 『안좌선 발굴조사 보고서』, 국립해양유물전시관·신안군, 2006, 94~99쪽.

다른 고려 선박들의 경우 끝부분만 사각형으로 가공된 원형의 가룡목을 그대로 사용한 것에 비해 십이동파도선은 7cm정도 두께의 두꺼운 사각형으로 가공된 가룡목을 사용하였다는 것이다.[76] 튼튼한 가룡목은 배의 횡강력을 높이는 데에도 기여했을 것이다.

마도 1호선 역시 좌·우 외판 1-1, 1-2, 1-3의 홈을 통해 볼 때 가룡이 외판마다 3개씩 있었다.[77] 이를 통해 마도 1호선의 내부 역시 크게 4칸으로 구획되어 있었음을 알 수 있다. 또한, 남아있는 선재의 상황으로는 가룡목이 있긴 했지만 격벽의 형태로 층마다 가지런하게 설치되지는 않았다. 배의 구획을 적게 한 것은 배에 싣는 물자의 종류가 매우 단조로웠음을 말해준다.

조선총독부가 제작한 『조선어선조사보고서』에 의하면 바닷가에서 제작된 어선들은 규모가 작더라도 구획은 여러 개로 나뉘어져 있었다.[78] 용도에 따라 서로 다른 칸에 물건을 보관해야 하는 어선의 경우에는 여러 개의 구획이 필요했던 것이다. 그것은 『각선도본』에 실린 병선의 경우도 마찬가지이다. 『각선도본』의 병선 크기가 조선의 약 70%정도인데 비해 적재량은 1/5정도인 것은 가룡목이 많아 곡식의 적재가 어려웠기 때문이다.[79] 이와 달리 조운선은 크기가 다른 선박보다 컸지만 비교적

---

76) 국립해양유물전시관, 『군산 십이동파도 해저유적』, 2005, 235쪽.

77) 국립해양문화재연구소, 『태안 마도1호선 수중발굴조사 보고서』, 2010, 318~326쪽. 발굴조사 보고서에 의하면 좌외판 1-3의 경우는 船首로부터 65cm 지점, 우외판 1-3의 경우 船首로부터 165cm 지점에 반관통 구멍이 마주보고 있으며, 이러한 반관통 구멍은 우외판 1-2에서도 확인된다고 하였다. 만약 이 반관통 구멍으로 가룡목이 지나갔다면 배 안의 구획은 5칸이 된다. 조선시대의 선박은 크기를 막론하고 보통 3칸이었다(『柳菴叢書』雲谷船說, 신안문화원, 2005, 110쪽).

78) 조선총독부(박근옹 역), 『조선어선조사보고서』, 대불대학교산학협력단출판부, 2007.

79) 김재근, 『우리 배의 역사』, 서울대학교출판부, 1989, 270쪽. 병선의 크기는 길이 35~45척, 선체의 폭 9~14척으로 조선의 70%정도 크기이다. 병선은 진휼미

194

신는 물자가 단순하여 굳이 많은 구획으로 나눌 필요가 없었던 것이다.

마도 1호선이 십이동파도선과 다른 점은 외판의 중간에 반관통구멍을 두어 맞은편 외판과 가룡목의 형태로 고정시킨 흔적이 발견되었다는 것이다. 이것은 가룡목과 함께 배의 형태를 고정시키고 튼튼하게 하는 橫强力材의 역할을 하는 동시에 배에 적재한 곡식이 직접 배 바닥에 닿지 않도록 하는 Pallet의 역할을 하였을 것이다.

여섯째, 이물비우[船首材]를 세로로 결구하였다.[80] 전통 선박의 이물비우 조립 방식에는 가로 방향 붙임 방식과 세로 방향 붙임 방식이 있다.[81] 지금까지는 조선 후기 대형 군선을 제외한 선박의 이물비우는 판자를 가로로 붙이는 방식이 보편적으로 사용된 것으로 알려져 왔다.

그러나 십이동파도선과 마도 1호선의 이물비우 조립방식은 세로붙임 방식이었음이 확인되었다. 이는 달리도선의 船首 구조도 크게 다르지 않다.[82] 이들 선박의 船首材는 3개 또는 7개의 크기가 고른 판자에 長欐을 넣어 하나의 판으로 만든 뒤 아랫부분을 V자 형태로 깎아 저판의 홈에 고정시키는 형태로 제작된 것으로 추정된다. 이물비우의 양쪽 끝에는 톱니모양의 홈이 깎여있는 기둥이 하나씩 남아있는데, 이는 외판의 끝부분(부자리~동두틈)과 이물비우가 만나는 부분이다.

보통 이물비우를 가로로 만들 때 船首板 양측에 홈을 파내고 외판의

의 운송에도 자주 이용되었는데, 그 운송 능력은 200석 안팎이었다.
80) 이물은 배의 앞 부분을 가리키는 우리말이며, 고물은 배의 꼬리를 일컫는 말이다. 이물의 정면을 이물비우, 고물의 정면을 고물비우라고 한다. 출토 선박에서 이물[船首]이나 고물[船尾]이 선체와 함께 발견되는 사례는 드물다. 그렇지만 십이동파도선과 마도 1호선의 경우 船首材가 비교적 잘 남아 있는 형태로 출토되어 고려시대 선박의 船首가 어떤 형태였는지를 보여주고 있다.
81) 김재근, 위의 책, 27쪽.
82) 국립해양유물전시관,『발굴조사 목포달리도배』, 1999, 96쪽. 달리도선 船首는 발굴 전 사전 조사 자료 당시에는 지표면에 노출된 형태로 남아 있다가 발굴과정에서 손실되었다. 남아있는 사진자료에 의하면 안좌선의 船首부와 매우 유사하다.

전단부를 홈에 끼워넣는 형식으로 결착하며, 세로로 만들 때는 曲木을 써서 저판의 끝단 아래쪽에 홈을 파서 이물비우를 반턱이음방식으로 연결시키고 나무못을 박아 고정시키는 것이 일반적이었다.[83]

마도 1호선은 이러한 방식과 달리 이물비우 하단을 깎아 내어 배 저판 끝단의 미리 깎아둔 홈에 끼우는 형태로 제작했다는 특징이 있다. 발굴보고서를 토대로 마도 1호선의 이물비우 부착 상태를 추정하면 V자형 부분이 저판의 홈에 끼워 맞춰지게 되므로 이물비우는 약 60~70도 정도 사선형으로 돌출된 형태가 된다. 이를 통해 마도 1호선의 船深도 추정이 가능하다. 남아있는 이물비우의 길이가 최대 289cm이므로[84] 이물의 각도와 이물비우의 길이를 함께 고려하면 마도 1호선의 선수 부분 선심은 3m 이상이 된다. 이는 『각선도본』에 남아있는 조선 후기 조선의 선심 3.3m에 근접한 깊이이다.

마도 1호선의 선심이 다른 선박에 비해 깊은 것은 곡식을 더 많이 싣기 위한 목적이 반영된 것이다. 한꺼번에 많은 곡식을 운송해야 하는 조운선의 경우에는 선심을 낮춰 통행을 빠르게 하는 것보다 선심을 깊게 하여 적재량을 늘이고 파도로부터 곡식을 보호하는 것이 효과적이기 때문이다. 조운선의 선심을 깊게 하는 것은 겻집이 없는 것과도 관련이 있다.

일곱째, 돛대 아래에 선원들의 부엌인 투석간을, 그 위에는 띠집을 설치하였다. 韓船의 船腹 즉, 돛대 아래쪽 배의 내부에는 본래 투석간[투시간, 炊室]이라고 불리는 뱃사람들의 살림 부엌이 있었다.[85] 대개 선상의

---

83) 김재근, 『우리 배의 역사』, 서울대학교출판부, 1989, 25~28쪽. 세로 결착의 형태는 조선시대 사신선의 평면도에 잘 나타나 있는데, 이 경우 가운데 판자는 다른 판자들에 비해 훨씬 긴 형태로 제작되어 중앙저판 깊숙이까지 들어오는 형태로 되어 있다. 그러나 마도 1호선의 이물비우에서는 그런 형태가 보이지 않으며, 오히려 가운데 부분의 상단에 네모란 홈이 파여져 있다.

84) 국립해양문화재연구소, 『태안 마도1호선 수중발굴조사 보고서』, 2010, 343쪽.

조리는 이 투석간에서 이루어졌다.

> J. 우리 배의 炊室은 舶腹에 있어 套時(투시)라 이름하고 火匠이 불을
> 때면 연기와 그을음이 배 안에 가득차기 때문에 뱃사람들의 의복이
> 검은 귀신처럼 변하고 배 안은 검은 그을음이 눌러붙어 비가 오면
> 축축하게 배어 나오고, 맑은 날이면 때가 달라붙고 바람이 불면 더러운
> 것이 떨어져 더럽고 습하기가 망측하다.[86]

이는 고려시대 조운선도 마찬가지였던 것 같다. 십이동파도선의 경우
도 돛대 홈이 있는 중앙저판 부근에서 선원들의 생활용품이 발견되었으
며, 마도 1호선 역시 돛대 부근에서 청동숟가락, 대나무 젓가락, 대접,
도기호 등이 인양되었기 때문이다.[87] 출토된 유물들이 비교적 온전한

---

85) 이원식, 『한국의 배』, 대원사, 1996, 130쪽 ; 김재근, 『우리 배의 역사』, 서울대학
교출판부, 1989, 13쪽. 김재근의 『우리 배의 역사』에 인용된 조선총독부 간행
『漁船調查報告』의 '재래식 한국어선 일반배치도'에는 투석간이 투시(취사실)
라고 기록되어 있다. 투석간은 돛대 바로 밑에 있는 빈 공간으로서 주로 취사가
이루어졌던 곳이다.

86) 『柳菴叢書』雲谷船說, 신안문화원, 2005, 61쪽(번역본 121쪽), "案我船炊室安于舶
腹名曰套時 火匠(炊飯者)熱烟滿腹煉煤 故船人衣服貌變成黑鬼 腹內墨黴 雨則濕
漏 暘則黏 汚風則隕落蘿陋 風惡濕."

87) 국립해양문화재연구소, 『태안 마도1호선 수중발굴조사 보고서』, 2010, 105쪽.
마도 1호선의 출토 유물 중에는 상당량의 석탄도 있다. 발굴조사 보고서에서는
이 석탄이 공물 중의 하나가 아니었을까 추정하고 있지만(국립해양문화재연구
소, 『태안 마도1호선 수중발굴조사 보고서』, 2010, 434쪽), 선상생활을 위한
취사재 또는 난방재로 사용되었을 수도 있다. 조운선이 조창에서 출범하여
개경으로 떠났던 시기는 추위가 한창인 2월이었기 때문이다. 2월에 전라도
남해안이나 경상도 남해안에서 배를 타고 떠난 향리와 초공, 수수들은 1개월
가까이 배에서 지내야 했다. 그 1개월 가까운 기간 동안 아무런 난방 장치
없이 지낼 수는 없었을 것이다. 따라서 조운선에는 추위를 막을 수 있는 장치가
마련되어 있었을 가능성도 있다. 태안 마도 1호선에서 곡물과 함께 출토된
석탄이나 솔방울 등도 그러한 용도와 무관하지 않다. 특히, 출토유물 중에
솔방울은 있지만 숯이 없었던 점은 이러한 추측에 무게를 실어준다. 솔방울은

형태로 바다 속에 남아있었던 것으로 보아 그것은 배 위쪽이 아니라 船腹에 있었던 것이 분명해 보인다.

또한, 투석간에서 별도의 저수 공간이 발견되지 않은 것으로 보아 배 안에 따로 물을 저장하는 공간은 없었던 것으로 추정된다. 선상생활과 관련하여 가장 중요한 것은 물의 조달이다. 보통 1~2개월 이상을 배에 머물러야 하는 선원들에게 물을 안정적으로 공급하는 것은 안전한 항해 이상으로 중요한 의미를 가졌을 것이다.

이와 관련하여 마도 1호선의 경우 물 항아리로 추정되는 높이 80cm(부피 약 172.3ℓ) 정도의 도기가 출토되어 주목을 받았다.[88] 그러나 이 항아리에는 물보다 선원들의 식량을 담았던 용기가 아닐까 생각된다. 조운선의 물과 연료조달은 거도선이라는 작은 배가 담당하거나『을해조행록』에 보이는 것처럼 선원들이 직접 육지로 나가 조달해왔음이 확인되기 때문이다.[89] 거도선의 역할에 대해서는 다음의 자료에 잘 나타나 있다.

K. 무릇 큰 배를 타는 자는 반드시 居刀船이 있어야 땔나무를 채취하고

단순한 연료이기에 앞서 석탄에 불을 붙이는데 안성맞춤인 중간 연매제이기 때문이다.『新增東國輿地勝覽』에 의하면 나주에서 가까운 화순 일대에 흑토가 생산되는 黑土岾이 있었다고 하는데(『新增東國輿地勝覽』卷40, 全羅道 和順縣 山川條) 이를 통해 볼 때 당시에도 일부 지역에서 석탄이 사용되고 있었음을 알 수 있다. 黑土가 石炭을 가리키는 말이었음은 1730년(영조 6년) 윤유가 편찬한『續平壤誌』에서도 확인할 수 있다. 비슷한 시기 중국의 송나라에서는 가정에서 석탄을 사용할 정도로 보편화되어 있었다(정선군,『정선군의 석탄산업사』, 정선군청, 2005, 11쪽).

88) 국립해양문화재연구소,『태안 마도1호선 수중발굴조사 보고서』, 2010, 506~507 쪽. 발굴보고서에서는『고려도경』에 기록된 물항아리(도기)에 착안하여 이를 물항아리로 보았다. 서긍이 소개한 고려의 물항아리는 높이 6자, 너비 4자 5치, 부피 3섬 2되인 큰 항아리이다.

89)『乙亥漕行錄』4月 初4日.

물을 길을 수 있는데, 만약 금하면 公私 漕轉의 길이 막히고 생활을
경영하는 계책이 곤궁할 것이니, 어찌 금할 수 있겠습니까? … 盧思愼
은 의논하기를, "거도선은 폐할 수 없습니다. 바다 연변 사람은 이것이
아니면 해산물을 채취할 수 없으며, 漕運하는 큰 배도 반드시 거도선이
있어서 물을 기르고 땔나무를 채취하는 것은 오로지 그것을 의뢰하는
데, 만약 이 배가 없으면 조운이 폐지될 것입니다."90)

K는 해적이 거도선을 타고 나타나 조운선을 약탈하는 일을 막기
위해 거도선을 없애버리자는 주장이 제기되자 그것을 반박한 글이다.
이에 따르면 거도선은 조운선을 따라다니며 땔감과 물을 공급하는
역할을 맡고 있다. 흘수가 깊은 조운선은 함부로 육지 포구에 정박할
수 없었으므로, 그를 대신하여 물자 조달을 담당하고 있었던 것이다.
투석간의 상부에는 선원들이 잠을 자거나 비를 피하는 띠집이 있었다.
띠집은 보통 돛대를 버팀목 삼아 겻집(舖板 또는 너장, 甲板)91) 위에
꾸며졌다. 그 형태는 다음의 자료를 통해 확인된다.

L. 우리의 배는 뜸(거적자리)을 써서 집을 만들어 화재의 염려가 있을
   뿐 아니라 배 위가 더럽고, 뜸집과 거적자리 돛, 먼지막이에서 거칠고
   더러운 것이 떨어져 난감한데 ….92)

배위의 뜸집은 초가지붕을 얹고 바닥에는 거적을 깔았으며, 먼지막이
를 둘렀다. 그러나 조운선 상부 전체에 겻집을 깐 것은 아니었다. 닻물레

---

90) 『成宗實錄』 18年 6月 20日 戊子.
91) 본래 전통 선박에서의 舖板은 駕木(멍에)을 장귀틀로 삼고, 가목 간에 동귀틀을
   연결하여 한옥의 마루를 까는 방식으로 제작되므로 탈부착이 가능하다(김재근,
   『우리 배의 역사』, 서울대출판부, 1989, 108쪽).
92) 『柳菴叢書』雲谷船說, 신안문화원, 2005, 52쪽(번역본 121쪽), "謹案 我船必用篷屋
   非但火災可畏舶上塵穢皆從篷屋席帆隊箄麤汚難堪 …."

〈그림 3〉 조선 후기 풍속화 속의 곡식 운송선(유운홍 작, 국립중앙박물관 소장) 쌀가마를 가득 싣고 포구로 들어오는 배를 그린 유운홍(1797~1859)의 작품이다. 우리나라 전통선박의 경우 돛이 1개인 작은 海船은 야거리, 바다와 강을 오갈 수 있는 파도를 견디는 海船은 당두리(唐道里船)라고 하였다. 큰강의 상·하류를 오가며 물자를 운송하던 늘배도 외돛이었다. 그림 속의 배는 돛이 두 개인 것으로 보아 바다와 강을 모두 운항한 당두리임을 알 수 있다. 그림 속의 배가 조운선인지는 확실치 않지만 묘사된 것처럼 쌀을 싣는 배에는 겹집(갑판)이 없으며, 노를 젓는 사람의 수도 많지 않다. 큰 배 옆에 그려진 독을 실은 작은 배는 거도선이다. 거도선은 조운선과 같은 큰 배를 따라다니며 식수와 연료, 식량 등을 제공하였다.

가 있는 이물쪽, 돛대가 있는 쪽 투석간의 상부, 키가 있는 고물 쪽에만
겻집을 설치하고, 돛대와 가룡을 버팀목 삼아 투석간 위에 탈부착이
가능한 겻집을 깐 뒤 띠집을 얹은 것이 전부였다.[93] 그것은『各船圖本』에
실린 조선 후기의 조운선 그림[94]이나 19세기에 제작된 유운홍의 세곡운
반 풍속화 <그림 3>에서도 찾아볼 수 있다.

이처럼 배의 상판 전체에 겻집을 깔지 않은 것은 더 많은 곡식을
싣기 위한 목적도 있다. 배의 멍에를 기준으로 평평하게 겻집이 설치되는
경우 배에 적재할 수 있는 화물의 양은 크게 줄어들기 때문이다. 그
대신 바닷물, 강물이나 빗물로부터 곡식을 보호하기 위해 이엉이나
날지를 덮었을 것이다.[95]

여덟째, 수밀을 위해 많은 노력을 한 흔적이 확인된다. 앞서 언급한
것처럼 전통 선박은 대개 생소나무를 켜서 저판을 만드는 것으로 알려져
있다.[96] 소나무에서 나오는 송진이 자연스럽게 나무와 나무 사이의
공간을 메워 방수의 역할을 하기 때문이다. 그렇지만 송진은 시간이
지나면 굳어지거나 떨어져 나가서 수밀재의 역할을 하지 못한다. 그래서
전통 선박에서는 참대나무의 속, 樹皮, 綿 등을 뱃밥으로 만들어 선체
내부의 틈새를 막았다(塡隙).[97] 조선 후기 윤선도의 「어부사시사」를

---

93)『고려도경』에서는 이를 "上爲茅蓋 下施戶牖"이라고 하였다(『高麗圖經』卷33,
　　舟楫 官船).
94)『각선도본』에 실린 조운선은 멍에가 3개밖에 없다. 이는 여러 개의 멍에를
　　배치한 군선과는 다른 구조이다. 군선에 멍에가 많은 것은 위에 겻집을 깔고
　　그 위에 다시 상장을 세우기 위함이었다.
95) 날지는 대나무나 비늘나무 가지를 엮어서 만들며, 겻집을 깔지 않는 배의
　　상부를 덮는 역할을 한다. 날지에 대해서는 片茂鎭 외(編),『漂民對話』, 불이문화
　　사, 2006, 141쪽을 참조.
96)『世宗實錄』卷48, 12年 5月.
97) 중국의 경우 선박의 외판을 여러 겹 덧붙여 만들기 때문에 그 틈을 메우기
　　위해 䴉같은 섬유물질로 짬새를 막고 그 위에 석회와 오동나무 기름을 섞어
　　바르지만 고려 배에서는 그런 흔적은 보이지 않는다(김재근,『우리 배의 역사』,

통해 볼 때 일반 어선은 운항할 때마다 뱃밥을 새로 박거나 보완했던 것으로 보인다.[98] 그에 비하면 조운선은 수밀을 위해 배의 제작 때부터 여러 가지의 조치를 취하였다.

먼저 십이동파도선의 경우 앞서 언급한 것처럼 외판을 클링커 이음(clinker built)방식으로 무으었다. 클링커 이음방식은 제작이 어렵지만 수밀에는 유리한 것으로 알려져 있다. 마도 1호선은 중앙 저판을 턱걸이 장부 이음방식(양 저판의 약2/3지점까지만 凹凸로 깎아 연결시키고 나머지 1/3은 평면으로 이어붙이는 방식)으로 연결하였다는 점이다. 이러한 형태는 물이 스미는 것을 차단하기 위하여 고안한 것으로 추정되는데, 마도 1호선 이전의 선박에서는 발견되지 않았던 결구방식이다.

저판과 외판은 반턱 이음방식의 형태를 택하여 선재의 강도를 높임으로써 물이 스미는 것을 방지하였으며, 각 이음면과 옹이 부분에는 석회로 추정되는 흰색 도료를 발랐다.[99] 이는 석회를 접착제로 이용함과 동시에 연결 부위와 옹이에 벌레가 스미는 것을 막기 위한 것이다. 연결 부위는 아무리 꼼꼼하게 처리해도 물이 스밀 가능성이 크고, 물이 스미면 선재가 썩거나 목선천공충, 바다나무좀 등의 벌레가 목재를 갉아 먹는 경우가 생기기 때문이다.[100] 또한, 석회 자국이 남아있는 연결부위에서는 수밀 역할을 한 것으로 추정되는 유기물이 발견되고 있는데, 이는 참대나무 속을 긁어 뱃밥으로 만든 댓거울일 가능성이 매우 크다.[101] 이와 함께

서울대학교출판부, 1989, 124~125쪽).

98) 윤선도, 「어부사시사」, "주대 다스리고 뱃밥을 박안느냐 / 닫드러라 닫드러라 / 瀟湘洞庭(쇼샹동뎡)은 그믈이 언다 한다 / 至국恩 至국恩 於思臥 / 이때예 漁釣(어됴)하기 이만한 듸 업도다."

99) 『태안마도 1호선 수중발굴조사 보고서』, 434쪽. 309~312쪽 ; 김재근, 위의 책, 1989, 124~125쪽 ; 최완기, 『한국의 전통선박 한선』, 이화여자대학교출판부, 2006, 23쪽.

100) 박상진, 『역사가 새겨진 나무이야기』, 김영사, 131~132쪽.

101) 김재근, 앞의 책, 1989, 108쪽.

가룡구멍을 통해 물이 스미는 것을 막기 위해 직물을 사용한 흔적이 발견되기도 하였다.[102] 그것은 현대 목선에서 낡은 로프를 풀어 가늘게 꼰 뱃밥을 짬새에 박는 방식과도 유사하다.[103] 이처럼 마도 1호선에 다양한 수밀기법이 적용된 것은 당초 이 배가 곡식수송을 위해 제작된 것임을 시사한다. 곡물운송 선박에 있어 수밀은 무엇보다도 중요하기 때문이다.

벌레로부터 선체를 보호하기 위한 조치로는 바닷물이 닿는 배의 바닥과 측면에 화기 또는 연기로 그을린 흔적이 목격된다. 십이동파도선과 마도 1호선에는 배 바닥면에 불에 그을린 자국이 선명히 남아 있는데[104] 이는 바다벌레로부터 배의 바닥을 보호하기 위한 것이다.

아홉째, 돛은 중앙에서 약간 고물에 가까운 쪽으로 한 개만 설치되었다. 지금까지의 조운선 연구에서 동력에 관한 부분은 별다른 관심을 받지 못하였다. 간간히 출토되는 櫓片과 고려 동경에 새겨진 선박을 토대로 돛과 노가 주동력 장치였을 것이라고 추측만 하고 있을 뿐이다. 이는 서양 해양사에서 배의 추진력에 대해 많은 관심을 보이고 있는 것과는 대조적이다. 예를 들면, 메소포타미아의 북쪽에 있는 강의 상류는 얕고 바위가 많았으며, 강물의 흐름과 같은 방향으로 바람이 불었다. 그래서 증기선 등장 이전까지 인부들이 강둑에서 배를 끌지 않으면 강을 거슬러 올라갈 수 없었다.[105] 그것은 로마의 경우도 마찬가지였다. 로마항 부근에서 발견된 부조에는 대형 선박을 항구에 정박시키기 위해 끌배들이 줄을 연결하여 끌어당기는 모습이 새겨져 있다.[106] 같은 시기의 강배

---

102) 『태안마도 1호선 수중발굴조사 보고서』, 434쪽.
103) 김재근, 앞의 책, 1989, 108쪽, 124쪽.
104) 『태안마도 1호선 수중발굴조사 보고서』, 294~334쪽.
105) 라이오넬 카슨(김훈 역), 『고대의 배와 항해 이야기』, 가람기획, 2001, 27~29쪽.
106) 위의 책, 226~227쪽. 이러한 부조는 아비뇽 박물관에도 있다. 티베르강 어귀에 있는 오스티아와 포르투스에 도착한 모든 물자들은 거의 전부가 거기에서

역시 여러 사람으로 이루어진 팀이 돛배에 연결된 긴 줄을 잡고 강둑에
난 길을 따라 걸어가면서 배를 끌었는데, 이 때 말이나 소가 동원되기도
하였다. 그러한 상황은 동양에서도 크게 다르지 않았다. 중국 송나라
때 그려진 「淸明上河圖」에는 縴夫들이 돛을 내린 배를 대나무 밧줄로
묶어 끌고 있는 장면도 있다.

　이에 비하면 고려는 조운선이 운항하기에 비교적 편리한 자연 환경을
갖추고 있었다. 우선, 바닷가의 조창에 드나드는 조운선은 대부분의
조창이 포구에 자리잡고 있어 조류를 이용할 수 있었다.[107] 포구로
들어설 때는 밀물을 따라 들어가고, 조세를 적재한 후에는 썰물을 타고
포구에서 바다로 나왔다. 강창의 경우에도 조세를 싣고 강의 상류에서
강물의 흐름을 타고 하류로 내려왔으므로 꼭 노나 돛에만 의지하지
않았다. 물론, 상류로 거슬러 올라가는 것은 내려오는 것보다 어려웠을
것이다.[108] 고려 조운선의 주요 동력이 노가 아니었음은 『고려사』의

　　상류 쪽으로 21km 떨어진 곳에 있는 로마로 가곤 했다. 그런 작업을 쉽게
　　하기 위해 그 지역의 특성에 맞는 카우디카리아(caudidaria)라는 배가 개발되었는
　　데, 그 배는 견인할 수도 있고, 돛의 힘으로도 갈 수 있는 배였다.
107) 조창이 설치된 지역이나 벽란도와 같은 큰 항구를 끼고 있는 강들은 대개
　　바닷물이 강의 하류까지 밀물을 따라 올라오는 感潮河川이었다. 예를 들면
　　예성강에서 바닷물이 미치는 구간은 하류로부터 51km 지점에 있는 금천군
　　계정리 부근까지이며, 조선 초기 한강에는 용산까지 바닷물이 밀려들어 왔다
　　(서울시사편찬위원회, 『한강의 어제와 오늘』, 2010). 영산강의 경우 영산포
　　상류 25km 지점까지 조수의 영향을 받았으며(나주문화원 - 영산강, http://www.
　　najuculture.or.kr), 금강의 경우 밀물 때에는 하구로부터 약 64km에 위치한 부여군
　　규암면 규암리까지 조수의 영향이 미쳤다(건설부 한강홍수통제소 편, 『금강유
　　역 유량측정 조사보고서』, 1989). 고려시대 나주 해릉창이 영산강 깊숙한 곳에
　　자리잡은 것이나 백제가 부여로 수도를 천도한 것 역시 이러한 조수의 영향에
　　따른 선박의 운항 여부와 밀접한 관련이 있으리라 생각한다. 기상청의 풍력자원
　　지도에 의하면 우리나라 봄철의 한강 경유지역에는 대개 서풍이 부는 것으로
　　나타나 있다. 이 경우 서풍을 이용하면 한강을 거슬러 충주까지 올라갈 때
　　바람을 이용하기 용이해진다. 그러나 여름철에는 바람이 북동풍으로 바뀐다
　　(http://www.kma.go.kr/weather/climate/wind_map.jsp 참조).

204

조운 규정을 통해서도 추론할 수 있다.109) 조운선의 실제 책임자인
초공(사공)은 선박당 각 1명, 노 젓는 일이나 잡역을 담당한 수수와
잡부는 선박당 10여 명씩이었다. 승선인원이 적은 것은 겻집이 없는
조운선의 구조와도 관련이 있었다. 고물 부분에만 깔린 겻집에서 노를
저어야 했으므로 많은 노꾼이 한꺼번에 노를 저을 수는 없었다. 이는
배의 상판 전체에 겻집이 깔려 있어 많은 인원이 동시에 노를 저었던
중국 조운선(해운선)과는 다른 점이다.110) 이러한 상황은『高麗圖經』과
'煌丕昌天銘航海圖鏡(그림 4)'에 남아있다.

> M. 고려는 땅이 東海에 접해 있는데도, 선박 건조 기술이 간략하여 그렇게
> 정교하지 않다. 중간에 돛대 하나를 세워놓고 위에는 다락방이 없으며,
> 다만 노와 키를 마련하였을 따름이다.111)

돛대는 저판을 기준으로 약간 선미쪽으로 치우친 곳에 위치하고
있었으며, 돛대의 뿌리가 있는 저판에 못으로 고정시켰던 흔적이 남아있
지 않은 것으로 보아『각선도본』에 실린 조선시대의 조운선처럼 배에
완전히 고정시킨 것은 아니었던 것으로 보인다.112) 다만 고려시대 조운

---

108) 서긍의 경우에도 마도 안흥정에서 출발하여 하루 만에 자연도 경원정에 도착하
였으나 경원정에서 예성강까지 들어가기까지는 3일이나 소요되었다(『高麗圖
經』卷34, 海道1, 黃水洋). 따라서 강을 따라 올라갈 때는 추를 이용하여 바다의
깊이를 수시로 측정하였으며, 밀물을 타고 들어가면서도 곁노와 바람을 함께
이용하였다. 客舟에는 2개의 正柂와 곁노 10개가 있었다. 그럼에도 불구하고
곁노로 아무리 노를 저어도 바람을 타는 것만 못하다고 기록되어 있다(『高麗圖
經』卷34, 海道1, 客舟).
109)『高麗史』卷79, 志33 食貨2 漕運.
110) 조영헌,『대운하와 중국상인』, 민음사, 2011, 63쪽. 명나라 조운선에도 돛이
2개나 장착되어 있었으므로 돛이 큰 역할을 하였을 것이다. 그러나 해운선의
경우 곡식 1000석을 나르기 위해 사람 100명을 동원한다고 하였다. 100명이나
되는 인원은 대부분 노꾼이었을 것이다.
111)『高麗圖經』卷33, 舟楫.

〈그림 4〉 '황비창천'이 새겨진 동제팔각꽃무늬 거울(煌丕昌天銘航海圖鏡, 국립중앙박물관 소장)

선은 서양배와 같은 큰 용골이 없기 때문에 앞뒤 버팀 밧줄뿐만 아니라 배의 앞 뒤에 여러 개의 버팀줄을 두어야 했다. '煌丕昌天銘航海圖鏡(그림 4)' 속의 선박에도 그런 모양이 남아있는데, 그것은 매우 사실적으로 묘사된 것이다.

이상과 같이 서해 연안에서 출토된 고려 선박 중 조운선으로 추정되는 선박들의 크기와 특징에 대해 살펴보았다. 요컨대 고려와 조선의 도량형 차이를 고려하면 고려의 초마선은 『경국대전』에 수록된 해선 중 대선과 크기가 유사하고, 평저선은 강선 중 소선과 유사하였다. 선박의 구조면에

---

112) 이러한 상황은 고려 동경(煌丕昌天銘 청동 배그림 거울)에도 남아있다. 돛대의 아랫부분이 선체의 위로 나와 있는 것이 이해되지 않지만 분명히 돛대의 아랫부분에 돛대를 고정시키는 핀이 조각되어 있다.

서는 결구방식이 견고하고, 외판과 저판을 의도적으로 두껍게 만들어 안전성을 확보했으며, 물이 스미는 것을 방지하기 위해 장부 이음방식이나 턱걸이 장부 이음방식을 이용하고 석회를 사용하였다. 또한, 배의 깊이가 깊고, 바닥이 넓으며 배의 구획이 적다. 이는 무거운 곡식을 안정적으로, 한 번에 많은 양을 수송하기 위한 의도가 반영된 것으로 이해된다. 그러나 전체적으로는 배의 무게가 무겁고 둔하여 위기 상황을 맞았을 때 쉽게 대처하기 어려웠을 것이다.

초마선은 선박의 형태가 역사다리꼴의 상자형이며 둔중하고 흘수가 깊지만, 평저선은 길이가 길고, 깊이가 얕으며, 가벼운 선재를 이용하여 제작하였다. 이러한 구조적 차이 때문에 강선과 해선이 운항할 수 있는 구역이 나뉘어져 있었다. 십이동파도선이나 마도 1호선은 강을 거슬러 올라가기에는 불리한 구조로 제작된 전형적인 해선이다.

서남해안에서 출토된 선박 가운데 고려시대 초마선과 유사한 규모로 제작된 것은 십이동파도선, 마도 1·2호선, 안좌선 등이다. 이 중에서도 십이동파도선과 마도 1·2호선은 조운 도중에 침몰한 것으로 추정된다.

고려시대의 초마선은 시기에 따라 구조와 형태가 조금씩 변화하였다. 십이동파선이 제작된 11세기 무렵에는 만곡부종통재가 2단 설치된 형태였으나 마도 1호선이 제작된 13세기 초에는 만곡부종통재는 사라지고 바닥면이 넓은 형태로 변화하였으며, 14세기 안좌선이 제작될 무렵에는 저판의 폭이 좁은 형태로 제작되었다. 조선시대 기록에 초마선의 구조를 '船底不廣'이라고 한 것은 안좌선과 같은 형태였음을 알려준다.

고려 후기의 기록에 등장하는 작은 크기의 조운선은 고려 후기에 이르러 왜구의 침입이 심해지고, 군현별 조세 납부제도가 확산되면서 제작된 것으로 추정된다. 빠른 속도로 공격해오는 왜구들의 선박에 효과적으로 대응하기 위해 여러 배에 분산하여 적재하고, 규모를 적게 하여 기동성을 확보하려 했던 것이다.

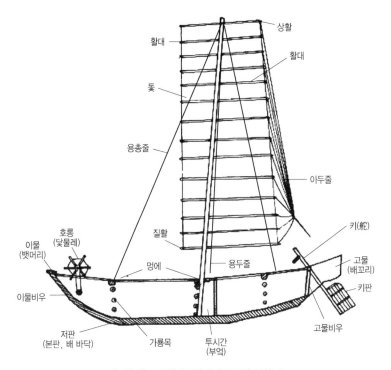

상활
활대
활대
돛
용총줄
아두줄
키(舵)
호롱
(닻물레)
이물
(뱃머리)
질활
멍에
용두줄
고물
(배꼬리)
이물비우
키판
저판
(본판, 배 바닥)
가룡목
투시간
(부엌)
고물비우

〈그림 5〉 고려시대 조운선의 구조와 명칭[113]

〈표 12〉 전통 선박 관련 용어

명칭	설명 및 특징
이물·고물비우	한자로는 鼻羽, 飛荷, 非雨 등으로 표기하며, 배의 앞뒤 정면 평평한 부분을 가리킴. 이물이 고물보다 넓음. 제작방식은 세로붙임과 가로붙임 방식이 있음. 출토선박을 통해 볼 때 고려시대 조운선의 경우에는 세로붙임 방식이 사용됨.
외판	衫 또는 뱃전이라고도 함. 배의 좌우 판자. 외판의 상부를 'ㄴ'자로 절삭한 후 윗판을 고정시키는 클링커이음방식으로 제작.
저판	本板, 배의 바닥부분. 보통 5~7개의 목재를 연결하여 제작(만곡부종통

113) 저판의 기울기는 태안마도 1·2호선을 참고하였으며, 선수는 마도1호선과 십이
　　동파도선의 이물비우를 고려하여 사선으로 곧게 그렸다. 가룡은 출토선박을
　　통해 볼 때 외판마다 설치되어 있지는 않았던 것으로 판단된다. 그 외에 출토선
　　박을 통해 알 수 없는 배의 상부와 돛대, 키, 호롱 등은 조선 후기 『각선도본』의
　　漕船을, 용총줄은 '황비창천명 고려동경'을 참고하였다.

	재가 있는 선박의 경우 만곡부종통재까지 포함). 목재 사이를 관통하는 장삭이라는 긴 나무못을 박아 고정시킴. 고려시대 선박의 저판에는 돛대를 세웠던 홈이 남아있음.
멍에	駕木, 삼판의 가장 윗 부분(가룡목의 상부)을 가로로 끼워 맞춘 사각 목재. 상장을 설치하는 경우에는 가목을 여러 개 두는 것이 원칙이지만 조운선의 경우에는 4~5개에 그치고 있음. 닻을 올리고 내리는 뱃머리의 가장 큰 멍에는 특별히 선멍에라고 함.
돛대	돛을 세우기 위해 세운 장목으로 길이는 배의 길이와 같으며, 정중앙에서 약간 후미쪽에 있음. 고려시대 연안을 항해한 선박은 대개 돛대가 하나이며, 눕히고 세우는 것이 가능함.
가룡	게롱, 배의 좌우판을 연결하는 횡강력재. 둥근 나무의 양쪽 가장자리를 각지게 다듬어서 양쪽 외판에 끼운 후 밖에서 절삭함. 가룡의 수에 따라 배의 구획이 나뉘어짐.
용총줄	돛대를 고정시키기 위해 좌·우 또는 앞·뒤로 묶은 줄
용두줄	돛을 올리고 내릴 때 사용하는 줄
아두줄	돛의 방향을 조절할 때 사용하는 줄
호롱	닻을 올리거나 내릴 때 사용하는 물레
키	치라고도 하며, 배의 방향을 조절할 때 사용
상활	돛대의 가장 윗부분에 걸린 활대.
활대	돛폭에 꿰어 메어 돛을 넓게 펴 고정시키고 방향조절을 할 수 있도록 한 대나무
질활	돛대의 가장 아래 부분에 걸린 활대
겻집	보판, 너장, 갑판(일본식)이라고도 함. 우리나라 배는 멍에를 장귀틀로 삼고 그 사이에 동귀틀을 놓아 대청마루를 놓듯 겻집을 설치함. 조운선은 곡물의 적재와 하선을 위해 전체 아닌 부분적으로만 겻집을 설치함.

2. 고려시대의 조운로

1) 서·남해 연안의 조운로

고려시대 13개 조창이 설치된 지점을 고려하면 각 조창에서 경창에 이르는 조운로는 크게 내륙 수운로, 서·남해 연안로, 서북해 연안로 등으로 구분할 수 있다. 그 중에서도 가장 긴 구간은 마산 석두창에서 예성강에 이르는 서·남해 연안로였다. 이 구간을 크게 마산 석두창~군산도, 군산도~자연도, 자연도~예성강의 세 구간으로 나누어 살펴보면 다음과 같다.

(1) 합포 석두창~군산도의 조운로

합포 석두창은 고려 12조창 중에서 개경과 가장 멀리 떨어져 있었다. 따라서 석두창에서 금강 하구까지의 조운 경로를 살펴보면 그 중간에 위치하고 있는 사주 통양창이나 영암의 부용창, 나주 해릉창 등의 항로는 자연스럽게 해결이 될 것이다. 조선시대의 경우 금강 하구 군산진에서 마산포까지의 항로는 다음과 같았다.

A. 왼편에 비령도·邊山串·격포진을 끼었고, 오른편으로 王登島·小吞嶼·蝟島鎭을 끼었다. 왼편에 竹島·都音倍島·法聖浦鎭을 끼었고, 오른편에 七山島·安每島·松義島·果吉島를 끼었다. 왼편에 荏子路島·大閣氏島·小閣氏島·於義島를 끼었고, 오른편에 緊道里島·雉島·茂島·荏子島鎭을 끼었다. 왼편에 作古島·臨淄鎭·智島鎭·塔立島를 끼었고, 오른편에는 脫伊島·甑島·唐只島·華難島를 끼었다.

왼편에 多慶浦鎭·屛風島·行擔島·驛島를 끼었고, 오른편에는 飛今島·道士島·廣大島·注之島를 끼었다. 왼편에 多來鎭·和安牧場·撕掫島를 끼었고, 오른편에는 者羅島를 끼었는데, 四方에서 黑山島鎭이 바라보인다. 왼편에 全羅右水管·率古之島·三丁浦를 끼었고, 오른편에 珍島·菀大項을 끼었는데, 서쪽으로 紅衣島·可佳島가 바라보인다. 왼편에 馬老島·於蘭鎭·塘島·葛頭를 끼었고, 오른편에는 碧波亭·金伊島·南桃鎭·茅島를 끼었다. 왼편에 楊兒浦·梨津鎭을 끼었고, 오른편으로는 楸子島·甫吉島를 끼었다. 왼편에 暮來草·熊島·馬島鎭·牛頭島를 끼었고, 오른편에는 時阿島·鱸魚島·玄阿島·白阿島·莞島를 끼었다. 왼편에 會寧鎭·水門津·得良島·鹿島鎭을 끼었고, 오른편에는 加里鎭·薪智島鎭·古今島鎭·靑山島·助藥島를 끼었다. 왼편에 楮島·風安浦·廣嶼·竹島·只五里島·督都浦를 끼었고, 오른편에는 山日島·平日島·伐於島·金唐島·折而島를 끼었다. 왼편에 鉢浦鎭·術億島·蛇渡鎭·呂島鎭·內羅乃島를 끼었고, 오른편에는 時山島·三島·艾島·吉馬島·外羅乃島를 끼었다. 왼편에 狼島·赤金島·鯨島·

全羅左水營을 끼었고, 오른편에는 所里島·安島·黔於島·回島·防踏鎭을
끼었다. 왼편에 竹島·羅鈹項·露梁項을 끼었고, 오른편으로는 平雪浦·南
海島·平山鎭·葛串·牛毛島를 끼었다. 왼편에 奄防浦·八長浦·舊率非浦鎭
을 끼었고, 오른편으로는 昌善島牧場·赤梁鎭·彌助項鎭·頭尾島를 끼었
다. 왼편에 蛇梁鎭·陵洋島·蟹島를 끼었고, 오른편에는 烟愛島·玉地可來
島를 끼었다. 왼편에 唐浦鎭·三千鎭·彌勒山·統營船廠所를 끼었고, 오른
편으로는 刷島·烟臺島·龍刷島·巨濟島·閑山島를 끼었다. 왼편에 松島·牛
島·可刷局·頓串龜山鎭을 끼었고, 오른편으로는 防禦島·永登鎭·前阿梁·
光伊島·溫乃島를 끼었다. 왼편에 馬上浦·甄島·豐德浦·古里島를 끼었고,
오른편으로는 長木浦鎭·七千島·伊勿島·玉浦鎭·助羅鎭을 끼었다.[114]

　　조선 후기의 馬山浦는 지금의 경상남도 마산시 산호동 일대로 추정된
다. 마산포에서 떠난 조운선은 마산시 구산면 심리와 거제도 사이의

114) 『增補文獻備考』卷35, 輿地考23 關防11 海路 1 西南海路. 서남해 해로 관련 기사
　　중 도서명만 기록하고 섬과 섬 사이의 거리는 생략하였다. 이를 합포 석두창의
　　소재지로부터 군산에 이르기까지의 반대방향으로 재구성하면 다음과 같다.
　　馬山浦→ 唐浦鎭·三千鎭·彌勒山·統營船廠所와 刷島·烟臺島·龍刷島·巨濟島·閑山
　　島 사이→ 蛇梁鎭·陵洋島·蟹島와 烟愛島·玉地可來島 사이→ 奄防浦·八長浦·舊率
　　非浦鎭과 昌善島牧場·赤梁鎭·彌助項鎭·頭尾島 사이→ 竹島·羅鈹項·露梁項과 平雪
　　浦·南海島·平山鎭·葛串·牛毛島 사이→ 狼島·赤金島·鯨島·全羅左水營과 所里島·
　　安島·黔於島·回島·防踏鎭 사이→ 鉢浦鎭·術億島·蛇渡鎭·呂島鎭·內羅乃島와 時山
　　島·三島·艾島·吉馬島·外羅乃島사이→ 楮島·風安浦·廣嶼·竹島·只五里島·督都浦
　　와 山日島·平日島·伐於島·金唐島·折而島 사이→ 會寧鎭·水門津·得艮島·鹿島鎭과
　　加里鎭·薪智島鎭·古今島鎭·靑山島·助藥島 사이→ 暮來草·熊島·馬島鎭·牛頭島와
　　時阿島·鱸魚島·玄阿島·白阿島·莞島 사이→ 馬老島·於蘭鎭·塘島·葛頭와 碧波亭·
　　金伊島·南桃鎭·茅島사이→ 楊兒浦·梨津鎭과 楸子島·甫吉島 사이→ 全羅右水管·
　　率古之島·三丁浦과 珍島·菀大項(紅衣島·可佳島가 보임) 사이→ 多來鎭·和安牧場·
　　撕捱島와 者羅島(사방에서 黑山島鎭이 보임) 사이→ 多慶浦鎭·屛風島·行擔島·驛
　　島와 飛今島·道士島·廣大島·注之島사이→ 作古島·臨淄鎭·智島鎭·塔立島와 脫伊
　　島·甄島·唐只島·華難島 사이→ 荏子路島·大閣氏島·小閣氏島·於義島와 緊道里島·
　　雉島·茂島·荏子島鎭 사이→ 竹島·都音倍島·法聖浦鎭과 七山島·安每島(안마도)·松
　　義島(송이도)·果吉島 사이→ 群山島鎭·邊山串·격포진과 王登嶼·小呑嶼·蝟島鎭사
　　이→ 群山島.

바다를 빠져나와 조선시대 통영 선창소가 있던 통영시 항남동과 거제도·
한산도 사이를 지난다. 그리고 통영 산양면 미남리와 연대도 사이의
바다를 돌아 올라가 사량진이 있던 사량도 아래쪽과 욕지도 사이를
거쳐 올라간다.[115]

사량도 남쪽 해안을 따라 올라간 조운선은 다시 남해군 창선면 적량진
오른쪽 해안을 따라 올라가 창선도 북부 해안을 돌아 올라간 후 노량항과
남해도 사이 즉 노량해안을 지난다. 사주 통양창에서 조세를 싣고 내려온
조운선은 이 지점에서 합류한다.

노량항을 넘어선 후에는 여수시 화정면 낭도·적금도·백야도와 여수시
돌산읍 군내리의 방답진, 남면의 금오도·연도 사이 즉 백야도 아래쪽
해안을 따라 내려왔다. 이 해로는 지금도 사용되고 있는 백야 등대
아랫길이다.

이후 섬들이 별처럼 늘어선 가막만을 벗어나 남해로 들어선 조운선은
다시 내나로도와 외나로도 사이를 지나 사양도와 애도의 위쪽 해안으로
들어선다. 승주의 해룡창에서 출발한 조운선은 순천만과 여자만을 따라
내려와 이 지점에서 합류한다. 합포에서 출발한 조운선은 늘어선 해안을
따라 섬 사이를 통과하였으므로 승주 해룡창 합류지점까지 약 1개월
정도나 항해하였다.[116]

---

115) 『成宗實錄』, 16年 4月16日 丁卯. 사량도는 사량포 왜변이 일어난 이래 조선시대
    사량진이 설치된 섬이었다.
116) 『輿地圖書』에 따르면 거제도에서 한양까지의 거리는 60일(『輿地圖書』 慶尙道
    巨濟), 순천에서 한양까지의 거리는 24일이었다(『輿地圖書』 全羅道 順天). 따라
    서 두 지역의 거리는 약 1개월 정도였음을 알 수 있다. 이처럼 오랜 기간이
    소요된 것은 남해안의 복잡한 해안선 때문이었다. 그나마도 이는 지토선의
    운항 시간이므로 대형 조운선의 경우에는 더 많은 기간이 소요되었을 수도
    있다.

212

〈그림 6〉 서남해 연안 조운로1(석두창~해룡창 구간)[117]

내·외나로도 사이의 해협을 빠져나온 조운선은 다시 녹도진이 있던 고흥군 도양읍 봉암리와 금산면 거금도 사이(거금 수도)를 거쳐 득량만으로 나온 후 회령진이 있었던 회진면 회진리와 고금도 사이의 바다를 지난다.[118] 이 구간에서 주목되는 것은 회진면의 맞은편에 위치한 완도군 소속의 조약도이다. 1983년 완도군 약산면 어두리의 부속섬인 조약도 북서쪽 해안에서 고려청자를 운송하다가 침몰한 고려 선박 완도선이 출토된 바 있다. 완도선의 행선지와 완도선에 적재된 청자의 용도에 대해서는 異論이 많은 것이 사실이지만[119] 완도선이 출토된 사실을

117) 지도의 島嶼名 중 ( )는 고려시대 지명이다. 창선도와 욕지도는 고려시대에도 똑같이 불렸다.
118) 『新增東國輿地勝覽』 卷37, 康津縣. 회진리의 서쪽 장흥군 마량면 마도진은 조선시대에도 군사적 요충지였다.
119) 김정기, 「종합적고찰」 『완도해저유물』, 문화재공보부·문화재관리국, 1985, 70~72쪽. 완도선 출토 청자들은 완도선의 출토지가 조창과 관계없다는 점, 실제로 이와 유사한 청자들이 요장 인근 지역의 하급 지배층 무덤, 제사유적에서 출토된 예가 있다는 점 등으로 인하여 인근 지역의 지방 관청 또는 사찰 수요에 의해 유통되던 물품으로 여겨지고 있다(이준광, 「고려청자의 해상운송과 출토유물 연구」, 홍익대학교대학원 석사학위논문, 2010, 96쪽). 그러나 다르게 생각하면 완도선 출토 도자기들이 해룡산성과 관련된 유물이 아닐까 여겨지

통해 조약도와 회진리 사이의 바닷길이 고려시대에도 이용된 해로라는
사실을 알 수 있다. 또한, 약산면 어두리는 여·원 연합군이 일본을 원정할
때 선박을 제작한 천관산의 바로 아래 지점이기도 하다.[120]

　고금도를 돌아나온 조운선은 다시 완도의 북쪽 해안을 따라 내려와
해남군 북평면의 갈두를 돌아 삼마도와 진도 사이를 거쳐 울돌목으로
들어선다.[121] 울돌목은 전라남도 해남군 문내면 학동리의 화원반도와
진도군 군내면 녹진리 사이의 좁은 해협이다. 길이는 약 1.5km, 폭이
가장 짧은 곳은 약 300m가 채 되지 않으며, 밀물 때에는 넓은 남해의
바닷물이 한꺼번에 명량해협을 통과하여 서해로 빠져 나가는 조류가
5m/s 이상이 된다. 이 때문에 울돌목의 좁은 수로는 조류발전소 건설의
최적지로 손꼽힌다. 고려와 조선시대에도 조운선이 지나기에는 꽤 험한
길임에 틀림없다. 그러나 이상하게도 울돌목을 지나는 조운선이 전복되
었다는 기록은 찾아볼 수 없다. 심지어 『만기요람』의 險灘조에도 險路로
기록되어 있지 않다.[122] 그것은 아마도 울돌목의 물살이 빠르기는 하지
만 冠丈項이나 강화의 손돌목[孫石項]과 달리 조수를 예측할 수 있고,

기도 한다. 박영규 사망 이후 서남해안의 호족들이 몰락하면서 해룡산성을
중심으로 한 박영규 가문의 해상활동은 끝난 것으로 볼 수도 있지만 그것은
상경한 박영규의 직계에 한하였다(변동명, 「해룡산성과 순천」, 『전남사학』
19집, 2002, 111~112쪽). 순천에 근거지를 둔 순천박씨 일족은 고려 중·후기까지
도 지방 유력세력으로 영향력을 유지하였다. 무신정권기에 살았던 朴蘭鳳이
麟蹄山神으로 추앙된 것이나 공민왕 때의 朴天祥이 平陽府院君에 봉해졌다는
사실은 그러한 설명에 대한 충분한 근거가 된다(『新增東國輿地勝覽』 卷40,
全羅道 順天都護府).
120) 여·원 연합군의 조선작업에 대해서는 윤용혁, 「여원 연합군의 일본 침입과
고려 軍船」 『군사』 69, 국방부 군사편찬연구소, 2008, 81~90쪽 참조.
121) 고려시대에는 울돌목을 어떻게 불렀는지 확인되는 자료가 없다. 다만, 진도에서
목포, 제주 등으로 건널 때에는 大津에서 건넜다(『高麗史』 卷57, 志11 地理2
羅州牧 珍島縣). 대진에는 조선시대에 벽파진이 설치되었다.
122) 『萬機要覽』 財用篇2 漕轉 漕規, "漕路之險者有安興之冠丈項 江華之孫石項 皆石嘴峻
險 水激濤悍 過此者多臭載之患."

또한 물때를 기다릴 수 있는 포구가 마련되어 있었기 때문이다.[123]
만약 울돌목이 안흥량만큼 위험한 길목이라면 제주도민들을 구제하기
위해 임피에 두었던 羅里浦倉을 나주로 옮기지는 않았을 것이다.[124]
또한, 『여지도서』에 따르면 영암군의 조세를 해남군 북평면 이진리
梨津倉에서 적재한 후 울돌목을 경유하여 서울로 운반하고 있다.[125]
이러한 면에서 보면 임진왜란 당시 이순신의 명량대첩도 조수를 정확히
예측하였기 때문에 일궈낸 승리였다고 할 수 있다. 고려시대에 울돌목이
경상도와 전라도 해운의 긴요한 길목으로 이용되고 있었음은 다음의

---

123) 울돌목은 하루에도 네 차례나 물길이 바뀌었으므로 뱃사람들이 이곳을 지나고
   나면 검은 머리가 흰 머리가 된다는 곳이다. 따라서 울돌목을 지나는 사람들은
   뿌져리라는 곳에서 물때를 기다렸다가 지나갔다고 한다(『강진신문』, 2007.
   9. 14). 실제로 강진~인천의 뱃길을 운항해 본 경험이 있는 대구의 정상열
   옹도 가장 험한 지점을 명량과 군산~태안 앞바다로 꼽고 있는데, 명량은
   물살이 빠르기 때문에 위험하고, 군산~태안 지점은 물살이 언제 바뀔지 몰라
   위험하다고 증언하고 있다(『강진신문』, 2007. 9. 15).

124) 『弘齋全書』 卷166, 日得錄6 政事, "羅里浦倉은 肅廟 경자년(1720, 숙종46)에 설치하
   였는데, 처음에는 公州와 燕岐의 사이에 있으면서 船隻을 설치하여 貿販하여
   곡식을 모았다. 그러다가 景廟 임인년(1722, 경종2)에 이르러 耽羅의 接濟를
   위하여 臨陂로 옮겨 설치하였다." ; 『大東地志』 전라도 나주목, "羅里浦倉 濟州
   와 접하여서 설치하였다. 中宗 때에 公州에 설치하였는데, 景宗 때에 臨陂로
   옮겼으며, 英宗 때에는 群山에 속하게 하였다가, 다시 임피로 환원했으며 正宗
   때에 이곳(나주) 濟民倉으로 옮겼다."

125) 『輿地圖書』 全羅道 靈光, "田稅 元米一千七百五石三斗九升 太六百六十三石七斗二
   升 位太一百九十八石一斗五升 三手糧米 六百五石四斗五升五合隨歲豊歉或減或增
   正月開倉二月收捧自海倉裝載歷本郡梨津前洋右水營 靈光法聖忠淸道 元山 永宗浦
   達于廣興倉前二十日程." 이에 대해 변남주는 『輿地圖書』의 오기가능성을 제기
   하였으나(변남주, 「前近代 榮山江 流域 浦口의 歷史地理的 考察」, 목포대학교대
   학원 박사학위논문, 2010, 69쪽), 「해동지도」 등을 보면 梨津鎭 서쪽에 梨津倉이
   있을 뿐 따로 해창이라고 표기된 창고는 없다. 따라서 梨津倉에서 梨津鎭‐右水
   營 등을 지나 한양으로 갔을 가능성도 충분히 있다. 제주도 어부들 역시 작은
   어선을 타고 명량을 지나 목포를 빈번히 드나들었다고 한다(2011. 2. 20. 윤재일
   前조천중학교 교장 선생님 인터뷰 내용. 윤교장 선생님은 배를 만드는 집안에서
   태어나 배를 직접 타고 추자도를 거쳐 목포 일대까지 여러 차례 왕래한 경험이
   있어 어선의 구조, 항해 등에 관해 비교적 풍부한 경험을 가지고 있었다).

자료에서도 확인된다.

B. 경상도, 전라도의 공물과 부세는 다 육상 운수로 나르지 못하고 반드시 바다로 운반해야 한다. 그런데 지금 역적들이 거점으로 삼고 있는 진도는 해상 수로의 목구멍과 같은 요충 지점인 까닭에 내왕하는 선박들을 그곳으로 통과시킬 수 없다. 그러므로 군량, 사료, 종자는 비록 징수하여도 운반할 길이 없다.[126]

강화도를 떠난 삼별초가 서·남 해안의 여러 섬 중에서 진도를 거점으로 삼은 이유 중에는 이와 같은 전략적 중요성도 크게 작용했을 것이다.

순천에서 진도에 이르기까지 소요되는 기간은 사선으로 9일, 만약 초마선과 같은 대형선박으로 운항하였다면 12일 이상이었다.[127]

명량해협을 통과한 조운선은 다시 화안목장(해남군 화원면)[128]과 자라도, 안좌도 사이를 지나 영산강 하구에 이른다. 영산강 하구는 나주 해릉창과 영암 장흥창에서 조세를 싣고 나선 조운선이 합류하는 곳이다. 『여지도서』를 기준으로 영암과 해남의 경계에서 출발할 경우 한양까지 약 15일, 나주 영산창에서 출발할 경우 약 20일이 소요되었다.[129] 그러나 이는 모두 지토선을 기준으로 한 것이므로 대형 조운선이 운항하는 경우에는 기간이 더 가산되었다. 실제로 성종실록에는 조선 후기에 영산창에서 법성창까지 15일 이상 걸렸다는 기록이 있다.[130]

영산강 하구는 개경뿐만 아니라 흑산도를 거쳐 중국으로 가는 선박과

---

126) 『高麗史』 卷27, 世家 元宗 12년(1271) 3월.
127) 『輿地圖書』 全羅道 珍島條에 따르면 진도에서 한양에 도착하기까지는 순풍을 만날 경우 15일 정도가 걸렸다(『輿地圖書』 全羅道 珍島).
128) 金榮鎭, 『農林水産古文獻備要』, 韓國農村經濟研究院, 1982.
129) 『輿地圖書』 全羅道 羅州·珍島·海南·靈巖.
130) 『成宗實錄』 4年 4月 20日 庚辰.

216

추자도를 거쳐 제주로 가는 선박이 출발하는 바다 교통의 중심지였다. 이 일대 안좌도·팔금도 사이의 갓섬 앞바다와[131] 영산강 하구 달리도 북쪽 해안에서는 고려시대 선박이 출토되기도 하였는데,[132] 이들 선박을 통해 안좌도와 달리도 사이의 해역 또한 당시 배들이 지나다니는 길목이 었음이 확인된다.

영산강 하구를 빠져나온 조운선은 다시 병풍도와 증도 사이, 임자도와 지도 사이의 수도 해역, 어의도 및 대·소각시도와 상·하 낙월도 사이를 거쳐 북상한다. 이 항로에서 주목할 만한 섬이 임자도와 상·하 낙월도이 다.

우선 임자도는 서·남 해안의 교통·군사적 요충지였다. 다음은 임자도 가 서남해 교통에서 어떤 위치를 차지했는지를 잘 보여준다.

C. 荏子島의 경우 湖南 海路에서 右水營이 가장 큰 요해처가 되고, 이곳을 지나 柴河의 큰 바다를 건너면 임자도가 또 하나의 큰 요해처가 되며, 임자도에서 七山의 큰 바다를 건너면 古群山이 또 하나의 큰 요해처가 되는데, 대개 임자도와 고군산은 모두 四面이 둘러 안고 있으므로 배를 대기 아주 좋아 남쪽에서 북으로 가는 海船이 모두 이곳에 정박합니다.[133]

임자도가 고군산도와 마찬가지로 서남해를 운항하는 배들의 정박처로 활용되고 있었던 것이다. 한편, 상·하 낙월도는 흑산도를 떠난 서긍 일행이 첫 번째로 경유한 지역인 '月嶼'로 추정되는 섬이다.[134] 『高麗圖

131) 국립해양유물전시관, 『안좌선 발굴조사 보고서』, 2006.
132) 국립해양유물전시관, 『목포 달리도 배』, 1999. 달리도배는 달리도 서북쪽 해안에서 출토되었다. 영산강 하구를 빠져나온 지 얼마 되지 않아 침몰했을 가능성과 화원반도를 빠져 나와 북상하다가 파도에 밀려 달리도 해안까지 표류하다가 침몰했을 가능성이 모두 있다.
133) 『景宗實錄』, 3年 7月 18日 乙未.

經』에 의하면 월서는 흑산도로부터 매우 먼 곳에 있으며, 대월서와
소월서라는 두 개의 섬으로 이루어져 있었다. 그리고 두 섬이 마치
문과 같이 대치하고 있어 작은 배가 지날 수 있다고 하였다. 흑산도에서
멀리 떨어져 있는 점, 대·소월서로 나뉘어 있다는 점 등 여러 가지
사실들을 종합해 볼 때 이와 가장 부합되는 섬은 신안군의 상낙월도와
하낙월도임을 알 수 있다.[135] 상낙월도의 옛이름은 대낙월도, 하낙월도
의 옛이름은 소낙월도였으며, 조선 전기에는 珍月島라고 불렸다.[136]
상낙월도에는 달바위라 불리는 바위가 있는데 이 달바위가 섬의 이름을
월서 또는 낙월도로 불리게 되는 기원이 되었을 것이다.

상·하 낙월도 앞바다와 그 서쪽 무안군 해제면 송석리 도리포 앞바다에
서는 강진 대구면 사당리 요지에서 제작된 청자 638점이 출토되었다.[137]
도리포 앞바다에 침몰한 선박은 강진에서 청자를 적재하고, 낙월도
부근의 항로를 따라 북상하다가 예기치 못한 풍랑이나 안개로 인해
동쪽으로 밀려가 침몰했을 것으로 추정된다.

상·하 낙월도를 거쳐 올라온 후에는 송이도와 안마도, 칠산도 동쪽
해안을 거쳐 영광 부용창 앞바다에 이른다.[138] 칠산도는 조선시대에도
안흥량과 더불어 물길이 험하기로 유명한 곳이다. 다음의 사료를
살펴보자.

D-① 법성포는 험한 바다가 시작되는 七山島에서 배를 띄우기 때문에

134) 祁慶富, 「10~11세기 한중 해상교통로」, 『한중문화교류와 남방해로』, 국학자료
    원, 1997, 187쪽.
135) 祁慶富, 위의 논문, 187쪽.
136) 『新增東國輿地勝覽』 卷36, 全羅道 靈光郡.
137) 장남원, 「조운과 도자생산」, 『미술사연구』 22호, 미술사연구회, 2008, 186쪽.
138) 칠산도는 조선시대에도 안흥량과 더불어 물길이 험하기로 유명한 곳이다(『日省
    錄』, 正祖 11年 3月 21日 己丑 ; 『萬機要覽』 財用篇2 漕轉 漕規).

배가 파손되어 세곡이 상하는 근심이 많았습니다.[139]

D-② 漕船·商舶은 항구에 들어오기 전에 무서운 파도와 큰 물결에 의해 漂蕩되어 가끔 침몰하기도 하는데, 얼마 전에도 있었습니다. 이 때문에 七山의 위험을 지나서 격포에 정박하면 뱃사공들은 술을 부어 그 살아난 것을 서로 축하합니다.[140]

D-③ 漕船이 지나가는 七山 海路는 본래 험악한 바닷길로 제일 일컬어져 오고 있는데, 만약 바람이 세거나 조수가 거세게 밀어닥치면 中洋에서 낭패당하는 경우가 열에 절반은 되고 있습니다.[141]

이외에도 칠산도 일대의 험난함을 보여주는 자료는 많다. 금강 하구 진포에 있었던 濟民倉을 영산강 일대로 옮긴 것 역시 칠산 앞바다의 위협 때문이었다.[142] 따라서 영광 부용창에서 나온 조운선은 칠산 앞바 다를 지난 지점에서 조운로에 합류하였다.

조선시대 영광 법성포에서 한양까지는 약 10일 정도의 거리였다.[143] 당시 나주에서 한양까지의 거리가 약 20일이었음을 고려하면 나주에서 영광까지의 소요시간과 영광에서 한양까지의 소요시간이 거의 같았던 셈이다. 이처럼 나주~영광의 항해가 거리에 비해 많은 시일이 소요된 것은 영산강 곳곳에 도사리고 있는 여울과 칠산도의 사나운 물길을 지나야 했기 때문이다.

---

139) 『日省錄』, 正祖 11年 3月 21日 己丑.
140) 『英祖實錄』, 23年 10月 2日 己未.
141) 『高宗實錄』, 2年 閏5月 21日 甲申.
142) 『正祖實錄』, 17年 7月 26日 丁巳.
143) 『輿地圖書』全羅道 靈光.『여지도서』에는 영광을 비롯하여 법성창에 조세를 납부하는 군현들이 경창까지 조세를 납부하는 기간이 10일 정도라고 기록되어 있다.

부용창(법성포) 앞바다를 거슬러 올라간 조운선은 대죽도와 위도 사이의 바다를 거쳐 군산도로 올라간다. 위도는 『고려도경』에서 서긍이 언급한 고섬섬에 해당한다.[144] 서긍은 고섬섬이라는 섬이름의 유래를 '고려 사람들이 刺蝟毛(고슴도치의 털)를 고섬섬이라고 부르기 때문'이 라고 밝히고 있는데,[145] 실제로 위도는 생김새가 고슴도치를 닮았다.

위도 인근 전북 고창군 심원면의 대죽도는 조선시대에도 뱃사람들이 치성을 드리는 險海處이자 航標섬이었다.[146] 이에 대한 기록은 오횡묵의 『지도군총쇄록』에도 남아있다.

E. 배를 출발하여 비안도, 지화도를 지나며 치성을 드린 뒤 위도 앞바다에 이르니 서쪽으로 상왕등도, 하왕등도가 있고, 동쪽으로 계봉이 있는데 여기가 부안 격포 채석강이다. 몇 년 전에 이미 여러 번 지나갔던 곳이다. 또 무장계 죽도에 이르러 치성을 드리는데 대개 가까이에

---

144) 『海東繹史』 續集 卷13, 地理考13 山水. 고섬섬을 위도로 파악한 연구로는 김위현, 앞의 논문 ; 森平雅彦, 「高麗群山亭考」, 九州大學朝鮮學研究會, 『年報朝鮮學』 第11 號, 2008 등이 있다. 한편, 임동원은 위도를 임자도(임동원 외, 앞의 책, 401~402쪽), 기경부는 위도 옆 식도로 파악하였다. 특히, 기경부는 서긍의 기술을 통해 볼 때 죽도가 매우 큰 섬이고, 고섬섬은 죽도에 가까운 작은 섬으로 추정되므로 죽도는 현재의 위도, 고섬섬은 그보다 약간 위에 있는 식도가 아닐까 하고 추정하였다. 본래는 식도가 위도였는데 죽도의 숲 대부분을 이루는 대나무가 마치 고슴도치의 털과 같은 고섬섬의 나무와 비슷한 종류라서 자연스럽게 위도라고 불리게 되었다는 것이다(祁慶富, 「10~11세기 한중 해상교통로」 『한중 문화교류와 남방해로』, 국학자료원, 1997, 187~178쪽).

145) 『高麗圖經』 卷36, 海道3 苦苦苦.

146) 서긍의 『高麗圖經』에 기록된 죽도는 안마도로 추정된다. 조선 전기의 기록을 보아도 안마도는 임자도, 재원도, 법성포 등과 뱃길로 연결되는 섬이었다(『海上 錄』 卷1, 9월 18~26일 ; 「湖南沿海形便圖」 古群山 海域 부문). 이는 「湖南沿海形便 圖」를 통해서도 확인된다. 이 지도에 따르면 임자도(지도에는 荏柄島라고 표기 됨)를 지난 뱃길이 안마도와 법성창 양 갈래로 갈라져 올라가 위도의 동서쪽을 거친 후 결국 선유도에서 만난다. 지금도 안마도 동쪽에 죽도라는 섬 이름이 남아있는데, 그것은 아마도 죽도의 파편지명일 것이다.

뱃사람의 집이 있다고 한다. 또 법성 앞바다에 이르니 이곳이 영광계로 안마도, 석만도가 법성의 서쪽에 있고, 바다는 끝이 없고 온갖 것들이 모여드는 곳이다. 바다 가운데는 칠산의 작은 섬들이 있다.[147]

남도 조운선과 반대 방향으로 내려오던 오횡묵 역시 위도와 대죽도를 항표로 삼았던 것이다.

위도와 마주보는 변산반도는 고려시대부터 조선에 이르기까지 조운과 관련하여 매우 중요한 역할을 하였다. 변산에서 생산되는 소나무는 안면도, 장흥 천관산의 소나무와 함께 조운선을 짓는 재목으로 사용되었으며,[148] 법성포에서 올라온 조운선이 바람을 피해 변산에서 묵었다가 상경하는 경우도 있었다.[149] 이는 서긍이 고려로부터 첫 번째 영접을 받고 머물렀던 군산도 역시 마찬가지이다. 고려 후기에 會原의 조운선이 군산도 일대를 지나다가 약탈당하기도 하였으며,[150] 조선시대에도 이 지역을 지나는 조운선은 군산도에서 바람과 조수를 기다렸다가 북상하였다.[151] 군산도 주변에서 조사된 비안도 유적,[152] 십이동파도선,[153]

---

147) 신안문화원, 『지도군총쇄록』, 2008, 62쪽.
148) 『萬機要覽』財用篇 松政 著名松山 ; 윤용혁, 「여원 연합군의 일본 침입과 고려 군선」『군사』69, 국방부군사편찬연구소, 2008.
149) 『佔畢齋集』卷22, 古阜民樂亭望漕船. 이 시는 김종직이 고부 민락정에 머물렀을 때 법성창의 조운선이 패선한 것을 보고는 한탄하여 지은 것이다. 이 시에는 "三月二十九日 法聖浦漕船六十餘艘 到扶安邊山下 遇風 泊鵲堂者三十四艘 皆全 泊茅項洋外者皆敗 溺死者三百餘人"이라는 부제가 달려 있는데, 이를 통해 조선 전기까지만 해도 변산 일대가 조운선이 머물렀다 올라가는 곳이었음을 알 수 있다. 鵲堂은 현재의 부안군 진서면 운호리 작당마을이고, 茅項洋은 그 서쪽 모항 해수욕장 일대이다.
150) 『高麗史節要』卷24, 忠肅王 癸亥.
151) 『新增東國輿地勝覽』卷34, 全羅道 萬頃縣.
152) 국립해양유물전시관, 『군산 비안도 해저유적』1, 1999 ;『군산 비안도 해저유적』3, 2009.
153) 국립해양유물전시관, 『군산 십이동파도 해저유물』, 2005.

야미도 유적154)은 고려시대에도 이 일대를 지난 조운선이 다수였음을 말해준다. 비안도 유적이 비안도 동쪽 섬인 顆島의 동북쪽 해안에서 출토된 것으로 보아 당시의 선박은 변산반도를 따라 올라와 비안도와 가력도 사이의 바다를 따라 올라간 후 무녀도와 선유도 진말 사이를 지나 망주봉 아래의 군산정에 이르렀음을 알 수 있다. 이는「湖南沿海形便圖」를 통해서도 확인된다. 이 지도의 선유도 입구에는 '西南漕道', '海門'이라는 글자가 명확히 남아있으며, 망주봉 동북쪽 해안에도 '客泊數百隻風無息'이라는 구절이 있다. 이는 남쪽에서 올라온 조운선들은 바람과 물때가 맞지 않는 경우 선유도에 들러 순풍이 불기를 기다린다는『新增東國輿地勝覽』의 기록과도 일치한다.155)

지금까지『增補文獻備考』를 토대로 마산창에서 군산도까지의 조운로에 대하여 살펴보았다. 이를『大東地志』와『輿地圖書』의 기록과 크게 다르지 않다. 다음은『輿地圖書』에 수록된 마산창에서 금강하구까지의 조운로이다.

> F. 馬山倉→ 馬山江口→ 巨濟 見乃梁→ 固城 蛇梁島 東江→ 南海 露梁→ 全羅道 順天 狗島→ 興陽 喜然島→ 長興 牛豆島→ 靈巖 葛豆浦→ 珍島 碧波亭→ 羅州 亦島→ 務安 塔聖島→ 靈光 法聖浦→ 茂長 安邊浦→ 萬頃→ 群山→ 玉果 澆竹島156)

주변 지역인 진주나 김해도 역시 같은 항로를 통해 한양까지 도달하였다.157)

『輿地圖書』에 따르면 마산포에서 출발하여 한양에 도착하기까지 약

---

154) 국립해양유물전시관·군산시,『군산 야미도 수중발굴조사 보고서』, 2007.
155)『新增東國輿地勝覽』卷34, 全羅道 萬頃縣.
156)『輿地圖書』, 慶尙道 昌原都護府 田稅.
157)『輿地圖書』, 慶尙道 金海 田稅.

3개월이 소요되었다. 이는 『續大典』에서 경상도 지역의 조운은 3월 하순에 시작하여 6월 중순까지 납부를 마친다는 규정의 기한과도 매우 유사하다.[158] 그러나 3개월이라는 기간은 같은 시기 인근 지역인 거제도에서 한양에 이르기까지의 기간이 약 60일이었다는 것과[159] 비교하면 매우 길다. 이처럼 두 지역의 한양 도착 기간에 많은 차이가 나는 것은 선박의 차이에서 비롯된 것이었다. 『만기요람』에 따르면 마산포에 소속된 조운선은 1000석을 적재할 수 있는 대선 20척이었으며, 昌原·咸安·漆原 등 인근 8개 읍의 전세와 대동세를 한양까지 운송하였다.[160] 반면 거제현은 지토선에 실어 운반하였다. 이는 조창에 소속된 대형 조운선의 속도가 중·소형 선박에 비해 매우 느렸음을 보여주는 사실이다.

이러한 사실들을 고려하면 고려시대 합포 석두창, 사천 통양창 등 경상도 지역 조창 소속의 조운선은 조세를 1년에 1회밖에 운송하지 못했을 것으로 추정된다. 남해안의 순천만에 자리잡고 있었던 해룡창 소속의 조운선 역시 1년 1회밖에 운송하지 못했을 것이다. 그러나 진도 이북에 위치한 장흥창, 해릉창 소속의 조운선은 최대 2회 이상, 칠산도 이북에 자리잡은 부용창, 안흥창 등은 최대 3회 이상의 운항할 수 있었다.[161] 이에 대해서는 다음 자료가 참고된다.

G. 전라도의 觀察使 金之慶·水軍節度使 閔孝幹에게 下書하기를, … 어떤 사람들은 "금년은 風勢가 이상하여 과연 이런 실패가 있었으니, 아직은 예전대로 두고, 명년부터 三浦(덕성창, 법성창, 영산창 _필자 주)를 모두 2軍으로 나누어 運마다 배의 숫자가 많지 않게 하면, 정박하는

---

158) 『續大典』 卷2, 戶典 漕轉.
159) 『輿地圖書』, 慶尙道 巨濟 田稅.
160) 『萬機要覽』 財用篇 漕轉 漕倉.
161) 『輿地圖書』 全羅道 靈光·興德 田稅條에 의하면 이들 지역에서 한양까지는 약 10일 정도의 거리였다.

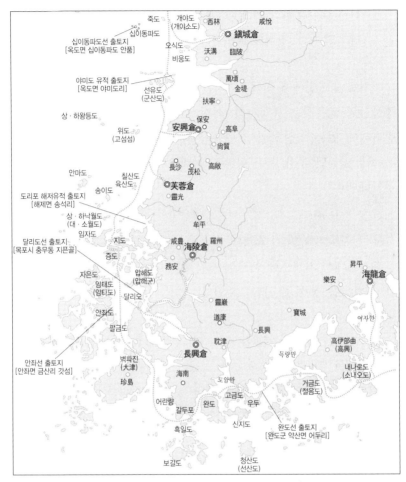

〈그림 7〉 서남해 연안 조운로2(해룡창~군산도 구간)[162]

곳이 비록 협착할지라도 위태함이 없을 것이다." … 어떤 이들은
말하기를 "전라도 榮山浦에서 법성포까지 陸路로는 하루 반 길이고
水路로는 열대엿새 넘는 길인데, 舟子들이 모두 말하기를, '법성포에서
京江까지와 영산포에서 법성포까지 水路의 멀고 가까움이 다르지

---

162) [ ]은 고려시대 유물이 출토된 지역이며, ( )안에 병기한 것은 고려시대의
지명이다.

224

아니하다.'고 하니, 전라도 下道의 여러 고을 전세를 법성포에서 합해
받으면 매우 편리할 것이다."고 하였다.163)

이처럼 영산창에서 법성포까지는 15일이 넘게 걸리는 원거리이므로
영산창의 조운선은 통상 1회, 최대 2회밖에 운항할 수 없었다. 가장
원거리에 있는 영산창의 조운선이 최대 연 2회 운항했다면 그보다
북쪽에 있었던 부용창, 진성창은 최대 3회 정도는 운항이 가능했을
것이다.164)

(2) 군산도~자연도의 조운로

군산도에서 자연도에 이르는 조운로는 『東國文獻備考』의 '西南海路'
관련 기록을 통해 추정할 수 있다.

> H. 왼편으로 巴羅島·栗島를 끼고, 오른편으로 西於路島·鯨島·馬島·永宗島
> 鎭을 끼고 가며 그 중간에 茂致島가 있다. 茂致島로부터 왼편으로
> 가면 月尾島에 이르고, 오른편으로 紫陽島·勿伊島·龍流島를 끼었다.
> 왼편으로 八山島·長在嶼·靈興島를 끼고, 오른편으로 禾往島·往山島·伊
> 赤島·德積島鎭을 끼었다. 왼편으로 叉島·種島·六島·伊非島를 끼고, 오
> 른편으로 先接島·文接島·倍日島·苑島를 끼었다. 왼편으로 大難知島·小
> 難知島·平薪鎭을 끼고, 오른편으로 方伊島·大防島·呂防島를 끼었다.
> 왼편으로 黃金島·萬大嶼·倉浦를 끼었고, 오른편에는 加五里島·花似島
> 를 끼었다. 왼편에 禿津浦·分至草·所斤浦鎭을 끼고, 오른편에 黑島·賈誼
> 島·官長嶼를 끼었다. 왼편에 葛項島·安興鎭·繭島를 끼고, 오른편에 鼎足
> 嶼·巨文嶼·隱嶼를 끼었다. 왼편에 竹島·鏡島·鏡草를 끼고, 오른편에

---

163) 『成宗實錄』 4年 4月 20日 庚辰.
164) 조선 태종 때 全羅道水軍都節制使 鄭幹이 올린 글에 따르면 당시 전라도의
    수군은 1년에 4차례 조운하였다고 한다(『太宗實錄』 27권, 14년 6월 2일 계묘).

三島·巴助島·狎喜島를 끼었다. 왼편에 安眠島·項介草·外島를 끼고, 오
른편에는 凡巨島·冶島·杖鼓島를 끼었다. 왼편에 沙浪嶼·元山島를 끼고,
오른편에 故道島·揷是島를 끼었다. 왼편에 納島·孝子門島·喜嶼·多似嶼·
石臺浦·竹島를 끼고, 오른편에 如島·沙島·從多嶼·龍島·煙島·外安島를
끼었다. 왼편에 月若島·馬梁鎭·竹島·發斤嶼·聘島·烏足島를 끼고, 오른
편에는 荺盆島·東發五島·卵島·末島·色建島를 끼었다. 왼편에 墨於島·契
日島·倍味島를 끼고, 오른편으로 가면 群山島鎭에 이른다.165)

군산도에 머물렀던 조운선은 신시도 북쪽 해안을 따라 비응도, 오식도
를 향해 북상하였으며, 군산도를 지나친 경우에는 야미도 동쪽을 거쳐
비응도로 향했다. 임피 진성창에서 발선한 조운선은 금강 하구의 장암진
을 지나 죽도, 개야도와 연도 사이에서 이 항로에 합류한다.166) 연도는
충청지역을 거쳐 전라도 해역으로 들어가는 뱃길에서 중요한 항표섬으
로 서긍이 거친 자운섬으로 추정된다.167)

---

165) 『增補文獻備考』 卷35, 輿地考23, 關防 西南海路. 서남해 해로 중 島嶼의 이름만
    제시하고, 섬과 섬 사이의 거리는 생략하였다. 이를 진성창이 있었던 금강하구
    로부터 자연도까지 반대 방향으로 재구성하면 다음과 같다.
    群山島鎭→ 墨於島·契日島·倍味島→ 月若島·馬梁鎭·竹島·發斤嶼·聘島·烏足島와
    荺盆島·東發五島·卵島·末島·色建島 사이→ 納島·孝子門島·喜嶼·多似嶼·石臺浦·
    竹島와 如島·沙島·從多嶼·龍島·煙島·外安島 사이→ 沙浪嶼·元山島와 故道島·揷是
    島사이→ 安眠島·項介草·外島와 凡巨島·冶島·杖鼓島 사이→ 竹島·鏡島·鏡草와
    三島·巴助島·狎喜島 사이→ 葛項島·安興鎭·娥島와 鼎足嶼·巨文嶼·隱嶼 사이→
    禿津浦·分至草·所斤浦鎭와 黑島·賈誼島·官長嶼 사이→ 黃金島·萬大嶼·倉浦와 加
    五里島·花似島 사이→ 大難知島·小難知島·平薪鎭과 方伊島·大防島·呂防島사이
    → 叉島·種島·六島·伊非島와 先接島·文接島·倍日島·菀島 사이→ 八山島(팔미도)·
    長在嶼·靈興島와 禾往島·住山島·伊赤島·德積島鎭 사이→ 茂致島(작약도)→ 巴羅
    島·栗島와 西於路島·鯨島·馬島·永宗島鎭 사이.
166) 『輿地圖書』 全羅道 臨陂 田稅條에 의하면 금강 하구의 군산포, 장암진을 빠져
    나온 후 옥구의 죽도(烏竹浦)를 지나 서천 마량과 도둔리를 지났다.
167) 森平雅彦, 「忠淸道沿海における宋使船の航路 – 高麗圖經の事例」, 2011年度九州史
    朝鮮學部會 발표자료, 2011, 1~2쪽. 한편, 원산도를 거쳐 남쪽으로 내려간
    오횡묵도 원산도를 떠난 지 4시간 만에 연도에 도착하였다(신안문화원, 『지도

226

죽도와 개야도, 연도를 거쳐 다음에 도착한 마량은 바다를 향해 갈고리
처럼 튀어 나온 곶모양의 지형으로 역시 물살이 세서 뱃사람들이 치성을
드리는 곳이었다.168) 마량진을 돌아 북상한 조운선은 원산도 서북쪽
주교면 송학도와 원산도 북쪽과 천수만 사이를 거쳐 안면도 서쪽 해안으
로 올라갔다.169) 이는 원산도 북쪽 해안과 원산도 서북쪽 보령 주교면
송학도 앞바다에서 다량의 고려청자가 출토된 사실을 통해 확인할
수 있다. 특히, 보령시 주교면 송학도 일대는 고려시대에 고만도라고
불렸다.170) 고만도는 마도에 안흥정이 세워지기 전까지 송나라 사신들이
머물러 가던 亭館이 있었던 곳이다.171)

　이와 달리 조선시대의 조운로는 원산도 북안이 아니라 원산도와
삽시도 사이를 지나 안면도로 연결되었다. 이는 원산도 북안을 경유하는
길이 더 원거리일 뿐 아니라 효자도와 송학도 사이에서 천수만으로
들어가는 길목의 조류가 험하여 운항이 어렵기 때문이다.172) 원산도

군총쇄록』, 2008, 61쪽).
168) 신안문화원, 위의 책, 61쪽.
169) 이는 조선 후기의 조운로와는 약간 다른 경로이다. 조선시대 이 지역을 지나는
　　선박들은 삽시도와 원산도 사이를 지나 고대도와 장고도의 오른쪽 해안을
　　거쳐 안면도에 이른 것으로 파악된다(『增補文獻備考』 卷35, 輿地考23, 關防
　　西南海路).
170) 국립해양유물전시관은 2007년 원산도 북쪽 사창마을 앞바다에서 고려청자편
　　1천여 점을 발굴한 바 있다(국립해양유물전시관, 『보령 원산도 수중발굴조사보
　　고서』, 2007). 또한 보령시 주교면 송학리 앞 바다는 고려청자 매장해역으로
　　문화재보호구역으로 지정(사적 제321호)되어 있다. 윤용혁은 보령시 송학리를
　　고려시대의 고만도로 추정하였다(윤용혁, 「고려시대 서해 연안해로의 객관과
　　안흥정」 『역사와 경계』 74, 부산경남사학회, 2010, 40~42쪽).
171) 『高麗史』 卷9, 世家 文宗 31年 8月.
172) http://info.khoa.go.kr/app/msdix/current_forcast_point.asp?sgrp=D03&siteCmsCd=C
　　M0016&topCmsCd=CM0190&cmsCd=CM0318&pnum=1&cnum=2. 이에 대한 자
　　세한 내용은 윤용혁, 「중세의 관영 물류 시스템, 고려 조운제도」 『고려 뱃길로
　　세금을 걷다』, 2009, 126~127쪽 참조. 조선 후기의 경우에도 원산도, 장고도
　　일대에서 일어난 조난사고는 안흥량에서 일어난 조난사고에 못지않을 정도로

일대의 위험성에 대해서는 19세기 자료에서도 확인되고 있다.[173]

원산도를 떠나 고대도와 안면도 서해안을 따라 북상한 선박들은 다시 거아도[174] 서쪽 해안을 거쳐 올라가 태안반도에 이른 후 안흥량(신진도·마도와 정족도 사이)을 지난다. 이 구간을 넘어서면 곧바로 고의도와 관장각 사이 830m의 좁은 수로, 즉 관장항에 들어서게 된다. 본래 난행량이라고 불렸던 이 일대는 고려~조선에 걸쳐 조운선이 가장 많이 전복되었던 곳으로 최대 유속은 대조 때 시속 4노트나 되며, 14m가 넘는 바위와 礁脈이 뻗어 있는 최대의 난항처이다.[175]

많았다. 조선 후기 조운선이 이 지역을 지나지 않았음에도 불구하고 파선 사고가 많았던 것은 천수만 일대의 어민들이 칠산 앞바다로 어로 활동을 나갔던 것이 주된 원인이었을 것이다.

173) 吉田光男,「十九世紀忠淸道の海難－漕運船の遭難－百九事例を通して」『朝鮮學報』 121, 1986, 61쪽.

174) 거아도는 『고려도경』의 鴉子苫으로 추정되는 지역이다. 군산정을 떠난 서긍 일행은 鴉子苫이라는 섬을 지나 두 번째 사신 정관이 있는 마도에 도착하였다. 아자섬이라는 이름은 고려 사람들이 삿갓을 알이라고 부르는 데에서 유래했다고 한다. 『海東繹史』 續集 卷13, 地理考에서도 아자섬이라는 명칭은 산의 형태가 삿갓을 닮았기 때문이라고 설명하고 있다. 아자섬을 지난 서긍 일행은 눈깜짝할 사이에 마도 안흥정에 도착하였다. 아자섬 다음 번에 도착하는 마도 안흥정이 태안반도에 있었다고 인정되고 있으므로 아자섬에 가장 가까운 것은 거아도이다. 물론 홍성군 갈산면의 갈산이라는 삿갓 모양의 산이 있긴 하지만 갈산에서 태안반도까지는 눈깜짝할 사이에 도달할 수 있는 정도의 거리가 아니다. 또한, 鴉는 갈까마귀를 가리키지만 같은 음의 鵝는 거위를 의미하기도 한다. 거아도가 거위를 닮은 데에서 유래했다는 주민들의 말을 통해 볼 때도 아자섬은 거아도를 가리키는 말이었을 것이라고 생각된다.

175) 김의원, 『한국 국토개발사 연구』, 대학서점, 1982, 193쪽. 이와 관련하여 김성호는 다른 의견을 제시하고 있다. 본래의 안흥량은 신진도와 태안 지령산이 있는 정죽리 사이의 좁은 바다를 일컫는 말이라는 것이다. 따라서 서긍이 들렸던 안흥정 역시 본래 안흥량의 안쪽, 즉 정죽리 지령산에 있어야 한다고 주장한다. 그가 추정한 안흥정의 구체적 위치는 지령산의 안흥산성 관상대 관측소 부근이다(김성호, 앞의 책, 411~423쪽). 뒤의 주장은 좀 더 고증이 있어야겠지만 안흥량과 관장항을 구분한 그의 의견은 주목할 만하다. 『萬機要覽』에서도 최대의 난항처를 안흥 관장항이라고 기록하고 있기 때문이다(『萬機要覽』 財用篇2 漕轉 漕規). 실제로 19세기 충청도 지역에서 일어난 조운선의

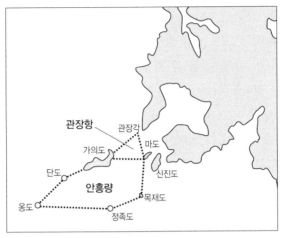

〈그림 8〉 안흥량과 관장항

　실제로 이 지역에서는 2009년 이래 태안선, 마도 1호선, 마도 2호선, 마도 3호선 등 여러 척의 고려 선박이 출토되었다. 이러한 해난 사고는 당시에도 큰 위협으로 여겨졌다. 따라서 고려 정부는 1134년(인종 12)과 1391년(공양왕 3) 두 차례에 걸쳐 이 지역을 피해가는 漕渠(운하) 공사를 진행하였으나 성공하지 못하였다. 또한, 근흥면 정죽리 지령산 일대에 안파사라는 절을 세워 지나가는 조운선의 안전을 기원하기도 하였다.[176]

　다음은 비록 후대의 기록이기는 하지만 안흥량~관장각까지의 뱃길이 얼마나 험했는지를 잘 보여준다.

I. 거울바다[鏡海] 지나가니
　현기(증) 나서 어렵도다. 안흥진이 여기로다.
　관장목을 다다르니 배머리를 그릇 둘러

　조난 190건 중에서 56건이 태안에서 일어났으며, 주요 원인은 갑작스런 바람과 안개, 좌초였다(吉田光男, 「十九世紀忠淸道の海難－漕運船の遭難一百九事例を通して」 『朝鮮學報』 121, 1986, 60~65쪽).
176) 『新增東國輿地勝覽』 卷19, 忠淸道 泰安郡.

만학천봉 석각이라. 앞뒤 사공 겁을 내어
돌머리를 박겠구나. 이어차 이어차
아차아차 어찌할고 저어다오 내 格軍아
천우신조 무사다행 넘어서도 염려로다.
한출첨배 정신없네. 열골 물이 벽력소리
광장목이 경겁투와 소근방 서방을 지나
달야횡선 하노라니 민머리에서 해돋는다.
서남풍이 대단한데 지척을 불변하고
흑무창천 어둡도다. 열두 배가 헤어지며
나발군호 쓸 데 없고 동서남북 알 길 없어
서로 불러 대답 없네. 지남철만 믿었어라.
겁을 낸다 저 사공아. 대를 넣어 질러보니
돌섬 풀등 어찌할고.177)

　안흥량을 지난 선박들은 다시 태안읍 원북면 소근리의 소근진을
오른쪽으로 끼고 방이도를 거쳐 북으로 올라간다. 그리고 다시 난지도·평
신진과 풍도 사이를 거쳐 영흥도와 자월도 사이, 또는 영흥도와 선재도
사이(영흥수로)를 지난다.
　평신진은 지금의 서산시 대산읍 화곡리 삼길산 아래에 있었다.178)
부성 영풍창에서 조세를 실은 조운선은 평신진 일대에서 합류하였으며,

---

177) 「도해가」, 안흥량~관장각의 험한 지형에 대해서는 여러 곳에 기록이 남아있다.
　　『고려도경』에서는 "앞의 돌부리 하나가 바다로 들어가 있어서 물과 부딪쳐
　　파도를 돌려보내는데, 놀란 여울물이 들끓어 오르는 것이 천만가지로 기괴하여
　　말로 형언할 수 없다. 그래서 배가 그 아래를 지나갈 때는 암초에 부딪칠까
　　두려워 감히 가까이 가지 못한다."고 기록되어 있으며(『高麗圖經』 卷36, 海道3
　　安興亭), 『智島郡叢瑣錄』에는 "오시 초각에 바람의 세가 불순하여 잠시 닻을
　　내리고 점심을 먹은 후에 다시 관장항에 이르니 돌을 깎아 세워 바다 가운데
　　마치 남북으로 길게 성을 이어 놓은 듯하여 아주 위험해 보였다"고 기록되어
　　있다(吳宖默, 『智島郡叢瑣錄』, 신안문화원, 60쪽).
178) 신상찬, 「대산 평신진 터(平薪鎭 址) 고찰」 『瑞山의 文化』 17, 2005, 122~140쪽.

230

아주 하양창에서 조세를 실은 조운선은 풍도와 갑죽도 사이에 있는
도리목 고개179)라는 바다에서 썰물을 타고 나와 합류한 후 영흥도·대부
도를 거쳐 팔미도에 이르렀다.

당시 영흥도를 지나는 뱃길에는 대부도와 영흥도 사이를 지나는
내도와 오른쪽 큰 바다로 돌아가는 외도가 있었다.180) 조운선은 외도보
다는 내도를 주로 이용했을 것으로 추정된다.181) 외도로 운항하다가
자칫 조난당하는 경우 먼 바다로 떠밀려갈 수 있었기 때문이다. 이처럼
조운선이 연안을 따라 항해한 것은 조난시의 구호 활동과도 관련이
있다.『大典會通』에 의하면 조운선이 파선하는 경우 즉시 인명을 구호하
고, 썰물에 곡식이 드러나면 건져 올려 말리거나 찌도록 규정되어 있었
다.182) 조운선이 암초와의 추돌 위험을 감수하면서도 최대한 해안에
근접하여 운항한 것은 인명과 물자를 구호하기 위한 조치였던 것이다.183)

179) 영흥도 주민들의 증언에 의하면 갑죽도와 풍도 사이에 있는 도리목 고개라는
　　바다에는 아산만으로 이어지는 갯고랑이 있어 이를 이용하면 아산만의 포구를
　　골라서 갈 수 있었다고 한다(김명진, 「고려 태조 왕건의 통일전쟁 연구」, 경북대
　　학교 박사학위논문, 2009, 37~38쪽). 도리목 고개에서 서쪽으로 이어지는 뱃길
　　은 중국으로 이어졌다. 동학농민운동 때 청나라 군대가 풍도에 도착할 때도
　　이 길을 이용했을 것이다.
180) 영흥도 주민들의 증언에 따르면 영흥도와 덕적도·이작도 사이로 지나는 항로를
　　뒷면(영흥도 서쪽 뱃길), 영흥도와 선재도 사이는 안면이라고 불렀는데, 날씨가
　　좋을 때는 뒷면으로 다니는 길이 빨랐지만 날씨가 좋지 않을 때는 안면이
　　더 안전한 길이었다고 한다(김명진, 위의 논문, 37~38쪽). 안면은 흔히 말하는
　　영흥수로이다.
181) 서긍이 고려를 방문했을 때와 삼별초가 진도로 근거지를 옮길 때 대부도를
　　경유한 사실이나, 이곡이 개경에서 남쪽으로 내려오며 지은 율시(『稼亭先生文
　　集』卷15, 律詩 次紫燕島) 등을 종합해 보면 당시의 선박들은 영흥도 서쪽
　　해안이 아닌 영종도와 대부도 사이 바다를 거쳤을 가능성이 크다. 이러한
　　사실은 2008년 대부도와 영흥도 사이의 바다에서 고려시대 선박이 출토된
　　사실을 통해서도 확인할 수 있다(국립해양문화재연구소,『안산 대부도 발굴
　　조사 보고서』, 2008).
182)『大典會通』卷2, 戶典 漕轉.
183) 19세기 조운선 조난사고 190건의 사망자의 수는 1건당 0.8명으로 1% 미만이었다

군산도에서 영풍창·하양창까지는 약 4일 정도 소요되는 거리이며, 이들 조창에서 개경까지는 5~6일 정도면 도달할 수 있었다.[184] 팔미도[185] 오른쪽 해안으로 올라온 선박들은 다시 월미도 왼쪽 해안과 작약도 사이를 거쳐 자연도(영종도)와 월미도 사이의 바다에 도착하였다.[186]

지금까지 『증보문헌비고』와 『대동지지』를 토대로 금강 하구 진포에서 영종도에 이르는 서해안의 주요 항로에 대하여 살펴보았다. 앞서 언급한 원산도와 영흥도 부근 등 몇 개 지역을 제외하면 고려시대 조운로와 조선시대의 조운로는 크게 다르지 않았을 것으로 추정된다.

이와는 별도로 금강하구에서 영종도에 이르기까지 조운선이 거쳐간 항로가 명확히 남아있는 자료가 있어 주목된다. 조선 후기에 발간된 『여지도서』 石城縣의 田稅 조항인데, 여기에는 각 군현에서 납부해야 하는 전세의 총액과 더불어 한양과의 거리와 기간, 경유지 등이 기록되어 있다.

(吉田光男, 「十九世紀忠淸道の海難－漕運船の遭難一百九事例を通して」 『朝鮮學報』 121, 1986, 67쪽).

184) 『여지도서』에 의하면 서산 명천포에서 한양까지의 거리가 5~6일 거리였다. 성연 명천포와 영풍창이 있었던 창포의 灣入거리는 유사하므로 소요기간 또한 유사했을 것이다.

185) 팔미도는 남북을 오가는 뱃사람들에게 중요한 항표섬이었다. 인천에서 남쪽으로 내려오는 경우 화량진을 기점으로 화량진과 佛島 사이에 작은 물길이 있고, 불도와 先甘島 사이에 작은 물길이 있으며, 선감도와 大阜島 사이에 작은 물길이 있었다. 또한 대부도와 靈興島 사이에 세 개의 물길이 있었고 영흥도와 召忽島 사이에 큰 물길이 있었다. 이어 소홀도와 德積島 사이에 큰물길이 있었다. 이 뱃길들은 팔미도 앞바다에서 합쳐져서 북쪽으로 영종도· 월미도· 무치도 사이로 흐른다. 팔미도는 여러 섬들 안쪽 바다 한가운데 있었으므로 여러 곳으로부터 오는 선박들이 모두 팔미도의 좌우를 지나 영종의 앞바다로 갔으므로 섬이름을 팔미도라고 했다고 한다(이철성, 「조선후기 『輿地圖書』에 나타난 인천지역의 田結稅와 漕運路 연구」 『인천학연구』 6, 2007, 278~279쪽).

186) 문경호, 앞의 논문.

J. 猪浦口→ 恩津 江景浦→ (一站)→ 礪山 羅巖→ (一站)→ 林川 多根→
(一站)→ 林川 南塘→ (一站)→ 臨陂 羅施浦→ (一站)→ 臨陂 西施浦→
(一站)→ 舒川 網元浦→ (一站)→ 沃溝 群山浦→ (一站)→ 舒川 長巖浦→
(一站)→ 沃溝 烏竹浦[187]→ (一站)→ 庇仁 都屯→ (一站)→ 洪州 元山→
(一站)→ 安興→ (一站)→ 泰安 所斤→ (一站)→ 瑞山 倉浦, 瑞山 蘭芝→
(一站)→ 南陽 連興→ (一站)→ 江華 永宗 ….[188]

위 자료에서의 一站이 무엇을 의미하는지 알기 어렵다.[189] 다만『여지
도서』충청도 석성조에 한양까지의 거리가 약 31일이라고 기록된 것을
볼 때 하루 동안 이동할 수 있는 거리를 기록한 것이 아닐까 추정할
뿐이다. 이러한 사실은 19세기 후반의 조운 과정을 기록한『乙亥漕行錄』
에서도 확인된다. 당시 함열 군수였던 조희백이 성당창에서 조세를
싣고 한양에 다녀오는데 25일 정도가 소요되었다고 기록되어 있기 때문
이다.[190] 그러나 그것이 실제 운항거리를 의미하는 것은 아니었다. 조희

187) 오죽포는 서천 서쪽 해안에 있는 죽도로 추정된다.『대동지지』‘서천군조’에
의하면 "龍堂津은 남쪽으로 25리에 있다. 옛날에는 長巖津이라 칭하였는데,
沃溝縣으로 통한다. 진의 서남쪽으로 옛 群山鎭까지는 1백 리, 남쪽으로 군산진
까지는 10리, 서북쪽으로 馬梁鎭까지는 30리인데, 이상은 모두 水路이다. 앞에는
加耶所島와 전라도의 烏竹가 있다."고 하였다. 가야소도는 현재의 개야도가
되므로, 오죽포는 그 인근 섬인 죽도로 볼 수 있다.
188)『輿地圖書』忠清道 石城縣.
189) 육지에서의 驛站과 마찬가지로 20~30리 거리를 의미하는 것일 수도 있고,
단순히 여러 척의 선박들을 점검하는 지점을 일컫는 말일 수도 있다. 站에
관한 기록은『輿地圖書』중에서도 충청도 지역에서 주로 보인다.
190)『乙亥漕行錄』. 이 책은 함열 군수 조희백이 성당창에서 조세를 싣고 한양에
도착하기까지의 일정과 사건을 기록한 일기이다. 또한, 그가 지은 것으로
추정되는 ‘도해가’라는 한글 가사에도 유사한 내용이 기록되어 있다. 조희백
일행의 경우 1875년 3월 23일(비 때문에 실제로는 25일에 떠남)에 성당창을
출발하여 3월 18일에 한양 서강에 도착하였다. 성당창에서 장암진에 이르는
동안 조졸이 실족사하여 지체하는 동안 4일이 걸렸지만, 군산 앞바다에서
강화도 연미정까지는 10일 만에 도달하였다. 한강 하구에서 서강까지 들어가기

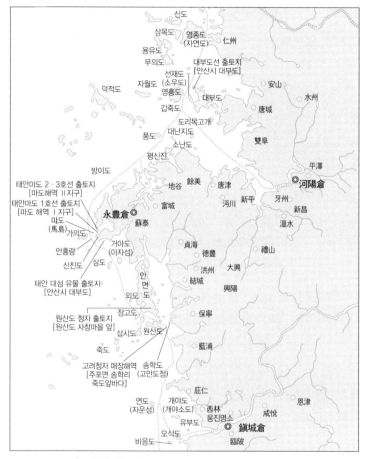

〈그림 9〉 서남해 연안 조운로3(군산도~자연도 구간)192)

백의 경우 漕行 기간 중 비를 만나거나 물때를 기다리느라 소요한 시간이 7일 이상이나 되었다. 금강 하구에서 한강 하구에 도착하기까지는 10일밖에 걸리지 않았지만 한강 하구에서 서강에 이르기까지는 11일이나 걸렸다. 따라서 순조로운 바람과 조수를 만나면 운항 기간은 크게 단축되었을 것이다.191)

까지는 11일이나 걸렸다.

요컨대 고려시대 진성창 소속의 조운선은 일기 조건이 양호한 경우 10일 이내, 안흥량 이북에 자리잡고 있었던 하양창과 영풍창은 5~6일이면 예성강 하구에 도착할 수 있었다. 따라서 이들 조창에서는 최대 3회까지 조운이 가능하였다.

(3) 자연도~개경의 조운로

고려의 수도는 개성이었기 때문에 지금까지 활용한 조선시대의 기록을 토대로 자연도~개경의 항로를 복원하기는 어렵다. 따라서 이 구간의 항로는 당대의 기록인 『고려도경』에 의지하는 것이 합리적이다.

6월 10일 서북풍 때문에 자연도에서 발이 묶인 서긍 일행은 제물사에서 飯僧의식을 거행한 후 巳刻 무렵에 밀물을 따라 개경으로 향했다. 그리고 2시각 후인 未刻에 急水門에 도착하였다. 서긍의 묘사에 따르면 급수문은 '바다에 떠있는 섬이 아니라 巫峽을 지나는 강물길 같았다'고 한다.[193] 무협은 양쯔강 3대 협곡(西陵峽, 巫峽, 瞿唐峽) 중의 하나로 물길이 험하기로 유명한 곳이다. 서긍이 급수문을 무협이라고 비유한 것은 급수문의 위치를 추정하는 매우 중요한 단서이다. 다음의 두 사료를 통해 급수문의 위치를 확인해 보자.

K-① 이날 未刻에 급수문에 도달하였는데, 그 문은 바다섬과는 닮지 않고 흡사 巫峽의 강물길과 같았다. 산이 둘러싸고 굴곡을 이루면서

191) 이는 林川과 恩津의 예에도 나타난다. 『輿地圖書』의 은진조에는 15일 거리, 임천조에는 21일 거리라고 기록되어 있다. 임천은 은진보다 더 금강 하구 쪽에 가깝게 있음에도 불구하고, 공주보다 6일이나 더 걸렸다고 기록하고 있는 것이다. 이 경우 임천조에 기록된 21일 거리란 임천 다근포에서 한양에 이르는 동안 만날 수 있는 여러 가지 조건들을 모두 포함한 기간일 가능성이 크다.
192) [ ]은 유물 출토지, ( )안에 병기한 것은 고려시대의 명칭이다.
193) 『高麗圖經』 卷39, 海道6 急水門.

앞뒤로 서로 이어졌는데, 그 양쪽 사이가 물길이다. 水勢가 산협에
묶여 놀란 파도가 해안을 치고 구르는 돌이 벼랑을 뚫는데, 요란하기가
우레와 같아 千鈞의 쇠뇌와 바람을 쫓아가는 말이라 해도 그 물살의
급한 것을 설명하기에는 부족하다. 이곳에 이르러서는 이미 돛을
펼쳐서는 안 되고 다만 노를 써서 밀물을 따라 전진할 뿐이다.[194]

K-② 德津鎭은 광성보의 남쪽 10리쯤 되는 곳에 위치하고 있는데 섬들이
험하고 물이 휘돌아 가장 위험하다고 일컬어지고 있습니다. 이곳이
이른바 손돌목인데 江面이 매우 좁아서 水勢가 방아 찧듯이 부딪치기
때문에 왕래하는 선척들이 모두 두려워 꺼리고 있으니, 形勝이 믿을
만하고 外寇가 침범하기 어렵습니다.[195]

K-①은 『고려도경』의 기록이고, K-②는 『정조실록』의 기록이다. '요
란하기가 우레와 같다'는 『고려도경』의 표현과 '수세가 방아 찧듯이
부딪친다'는 『정조실록』의 표현을 통해 볼 때 두 사료는 같은 곳을
묘사하고 있음이 확인된다. 또한, 서긍은 급수문이 바다섬과 같지 않고
산이 둘러싸고 굴곡을 이루며 앞뒤로 이어진 것이 무협의 강물길과
같다고 했다. 이는 강화도의 동쪽 해안의 지형을 묘사한 말로는 적합하지
만 석모도와 강화도 사이의 해협에 대한 묘사로는 보기 어렵다. 석모도는
본래 석모도, 송가도, 매음도, 어유정도 등 4개 이상의 섬이 간척을
통해 합쳐진 섬으로 조선 후기까지만 해도 하나의 섬이 아니었기 때문이
다.[196] 따라서 서긍이 기록한 급수문은 손돌목을 가리키는 말로 이해해
도 큰 문제가 없다. 무신정권기 崔怡(최우)가 김포 일대에 운하를 뚫어

---

194) 『高麗圖經』 卷39, 海道6 急水門.
195) 『正祖實錄』 3年 3月 8日 壬辰.
196) 「팔도지도」는 물론, 19세기에 제작된 김정호의 '대동여지도'와 '동여도'에도
    이들 섬은 독립된 섬으로 그려져 있다.

236

손돌목을 지나지 않는 뱃길을 시도했다고 하는데197) 그것 또한 당시의 뱃길이 석모도와 강화도 사이가 아닌 손돌목을 통과하였음을 확인하는 근거가 된다. 만약 손돌목이 당시 개경으로 통하는 주요 항로가 아니었다면 군이 운하 시공까지 계획할 필요는 없었을 것이다.

이러한 사실은 고려시대에 손돌목(착량)이 왜구들의 침입로가 되었던 점을 통해서도 확인된다.198)

> L-① 왜선이 窄梁에 크게 모여 昇天府에 들어와서 말을 퍼뜨리기를, "장차 경성을 침략한다." 하니, 중앙과 지방이 크게 진동하여 계엄을 내리고, 모든 군사를 나누어서 명하여 동·서강에 나가 주둔하게 하고, 호위 병졸을 궐문에 벌여 세워 적이 쳐들어오는 것을 대비하니, 성 안이 흉흉하였다.199)

> L-② 왜적이 밤을 이용해서 窄梁에 침입해 병선 50여 척을 불사르니 海面이 낮과 같이 밝았고 죽은 자가 1천여 명에 달하였으며 만호 孫光裕는 화살에 맞고 작은 배를 타고 간신히 빠져나왔다. 최영이 일찍이 손광유에게 경계하기를 "착량 강 어구에서 觀兵을 하더라도 아예 바다로 나가지는 말라"고 하였었다. 그런데 이날 손광유는 착량을 막 나서자마자 술에 크게 취해 깊이 잠들었다. 이때에 돌연히 적이 침입해 결국 패전한 것이었다. … 적은 강화도를 떠나서 守安, 通津, 童城 현들에 침입하였는데 가는 곳마다에는 아무 것도 남지 않았다.200)

---

197) 『萬機要覽』財用篇2 漕轉 漕規, "麗朝崔怡遣人相安南地(今富平)欲鑿渠通海不可乃止 本朝金安老復始之亦無成此金浦掘浦也(盖欲自安南鑿渠通海直接金浦以避孫石項之險也 今金浦尙有掘浦橋)."
198) 착량이 손돌목을 가리키는 말이라는 주장에 대해서는 허재영, 「손돌과 착량」(『한겨레신문』 2008. 1. 30일자)을 참조.
199) 『高麗史節要』卷133, 列傳 辛禑 4年 4月.
200) 『高麗史』卷113, 列傳 崔瑩.

L-③ 이승휴가 그때에 적들을 토벌할 방책을 건의하기를 "적들이 절반쯤 窄梁을 지나게 될 때에 정예로운 군사들을 보내 적들의 전선들을 횡단하여 끊어 버리고 江都를 굳게 지킨다면 착량을 지나오는 자들은 형세가 고립되게 될 것이며 착량을 지나지 못한 자들은 근거지를 잃게 될 것입니다. 그리하여 적들이 앞뒤에서 서로 호응할 수가 없게 되면 적들을 격파할 수 있을 것입니다"라고 하였다.[201]

L-①, ②를 통해 남도에서 뱃길을 따라 올라온 왜구가 물살 험한 손돌목을 통해 개경으로 향했음이 확인된다. 당시 착량에는 고려 함대 50여 척이 배치되어 있었다. L-③은 포로로 잡힌 이승휴가 도망와서 삼별초를 격퇴할 방법을 건의하는 장면이다. 문맥을 통해 볼 때 정부군이 본래 삼별초의 출항을 예상하고 방비하려 했던 곳은 강도의 서쪽 포구가 아닌 착량이었다. 만약 강화 서해안이 조운선과 사신선이 드나들 만큼 많이 사용되는 항로였다면 삼별초의 남하 당시 포로로 잡혔다가 풀려나온 이승휴가 굳이 착량을 지켜야 한다고 건의하지는 않았을 것이다.[202]

다만, 급수문을 강화도(손돌목)로 비정하는 경우 두 가지 의문이 제기될 수 있다. 첫째는 당시 개경으로 입항하는 선박들이 강화도와 석모도 사이의 길을 두고 굳이 험한 경로를 선택한 이유가 무엇인가에 관한 것이고,[203] 두 번째는 교동도 일대에 남아있는 중국 사신 관련 일화와

---

201) 『高麗史』 卷106, 列傳 李承休.

202) 『高麗史』 卷106, 列傳19 李承休.

203) 예성강 하구에서 강화도로 내려오는 뱃길은 크게 두 개가 있었다. 이 지역에서 오랫동안 배를 탄 주민들의 증언에 의하면 예성강구에서 썰물을 타고 사선으로 승천포로 내려온 후 강화해협, 손돌목을 빠져나와 인천에 이르는 길이다. 승천포에서 인천까지는 5~6시간이 걸린다. 반면 강화도의 서쪽 바깥으로 항해할 때는 개경 앞에 있는 예성강 하구인 개풍군 남면 창릉포구(현 황해북도 개풍군 남포리)에서 출발하여 썰물을 타고 강화도와 교동도 사이를 통과하여 6~7시간을 가면 강화군 내가면 외포리까지 닿는다(김명진, 「고려 태조 왕건의 통일전쟁 연구」, 경북대학교 박사학위논문, 2009, 37~38쪽, 인천광역시 옹진군

238

왜구 침입 기사를 어떻게 해석해야 하는가의 문제이다. 첫 번째 의문에
대한 답은 강화도와 교동도 사이의 해협이 염하에 못지않게 조류의
유속이 빠르고,[204) 상대적으로 거리가 멀기 때문이다. 또한, 예성강과
한강이 합류하는 지형의 특성 상 청주초 등 풀등이 많아 손돌목을
경유하는 것보다 큰 이점이 없기도 하다.

둘째, 삼별초가 남하할 때 강화도 내가면의 구하리에서 출발하였다는
기록[205)이나 공민왕 12년 213척이나 되는 왜구 선박이 교동도에 정박하
였다는 기록[206) 등을 고려하면 강화 서부 해안 역시 고려시대 뱃길에
포함되어 있었다고 볼 수도 있다. 그러나 왜구가 타고 온 배는 서긍의
신주나 고려 조운선과 달리 3~4명 정도가 탈 수 있는 가볍고, 날랜

영흥면 내리 윤종하·임성수 구술자료 재인용). 이 증언을 통해 볼 때 강화도
서쪽 해안을 지나는 길은 손돌목을 통과하는 것보다 지도상으로 단거리처럼
보이지만 오히려 시간이 많이 소요되었음이 확인된다.
204) 국립해양조사원에서 조류를 측정한 자료에 의하면 강화도와 교동도 사이의
해협은 수심이 얕고, 손돌목 못지않게 조류의 속도가 빠른 곳이다. 최근 강화와
교동을 연결하는 다리 공사가 조류로 인해 어려움을 겪고 있다는 사실을
통해서도 확인된다(『인천일보』2010. 4. 26). 당시와 현재에는 지형과 조류가
지금과 같지 않았겠지만 다음의 자료는 강화―교동 일대가 유속이 빠른 지역이
었음을 보여주는 자료가 될 수 있을 것이다. 만약 이 항로가 안전한 길이었다면
조선시대에도 손돌목을 피하기 위해 이용되었을 것이지만 그러한 기록은
찾아보기 어렵다.

<조운로 상 험로의 조류 유속 비교> (단위: cm/s)

구분	2011. 3. 1.(11시)	2011. 4. 1.(11시)	2011. 5. 1.(11시)
진도-해남 해협(울돌목)	59.90	60.15	28.92
신진도-가의도 해협(안흥량)	120.60	66.88	41.62
강화-김포 해협(손돌목)	91.27	5.95	29.12
강화-교동 해협	99.16	29.29	45.57

출처 : (http://www.khoa.go.kr/app/msdix/current_forcast_point.asp?sgrp=D03&
siteCmsCd=CM0016&topCmsCd=CM0190&cmsCd=CM0318&pnum=1&cnum=2)
에서 지역별로 가장 빠른 속도를 뽑아 재정리함.
205) 김상기, 『동방교류사논고』, 을유문화사, 1984, 197~198쪽 ; 윤용혁, 『고려 삼별
초의 대몽항쟁』, 일지사, 2000, 153~158쪽.
206) 『高麗史』卷40, 恭愍王 12年 4月 乙未.

배였다.[207] 무거운 화물을 적재한 조운선이나 첨저형인 왜구들의 배와는
동일하게 생각할 수 없다. 또한, 교동도에 남아있는 송나라 사신 관련
지명과 일화는 등주에서 건너온 송의 사신선이 예성강으로 들어오던
시기의 사실이거나[208] 고려와 명나라가 요동을 통해 교류하던 시기에
형성되었을 가능성이 크다.[209] 실제로『增補文獻備考』에는 교동과 강화
사이를 빠져나가 교동의 마포에서 바람을 기다렸다가 해주 등지를
거쳐 서북지역으로 올라간다는 기록이 있다.[210]

또한, 손돌목은 험로임에 틀림없었지만 다음 자료에서도 확인되는
것처럼 물때를 잘 맞추면 위험을 피할 수 있었다.

M. 광성리에 이르니 여기가 손돌항 위쪽이다. 물때가 아직 되지 않아
닻을 내리고 머무르다가 오각에 비가 점점 개어 돛을 올리고 중류로
나아가 손돌항에 이르렀다. … 왼쪽 언덕에는 손돌묘가 있고 묘 뒤에는
신당이 있어 무릇 크고 작은 배들이 지나갈 때는 반드시 백미 한
그릇, 술과 안주, 백반 세 상을 차리고, 지붕 위에 큰 기를 꽂고,
뱃사람들이 목욕한 후에 북을 치면서 제수를 올리게 되어 있는데,
이는 예로부터 내려오는 습관이 된 전례이다. … 이날 백여 척의
배들이 몰려들어 물때가 되자 모든 배들이 일제히 돛을 올리고 목을
지나갔다. 수세가 깊고 검으며 큰 비에 물이 크게 넘실대는데 별일

---

207) 김재근,『우리배의 역사』, 서울대학교출판부, 1988, 63쪽.
208) 김영제,「麗宋交易의 船路와 船泊」『歷史學報』204, 역사학회, 2009, 240~242쪽 ;
    정수일,「해상 실크로드를 통한 한·중 해상 교류 ; 東北亞 海路考 ―나·당해로와
    여·송해로를 중심으로―」『문명교류연구』, 한국문명교류연구소, 2011, 7~71쪽.
209)『高麗史』卷43, 世家 恭愍王 20年 11月 ;『高麗史節要』, 辛禑 2年 庚申 ;『高麗史』
    卷134, 列傳47 辛禑 7年 10月 ;『高麗史』卷134, 列傳49 辛禑 13年 閏6月 ;『高麗史』
    卷134, 列傳49 辛禑 13年 9月 ;『高麗史節要』卷34, 恭讓王 元年 夏4月 등. 여말선초
    양국의 무역과 교통로에 관한 자세한 내용은 李鎭漢,「高麗末 對明貿易과 使行貿
    易」『韓國硏究センター年報』9, 九州大學韓國硏究センター, 2009, 47~48쪽 참조.
210)『增補文獻備考』卷35, 輿地考23 關防11 海路 1 西南海路.

없이 건넜으니 이 또한 심히 다행이다.[211]

　서긍 일행 역시 이 지역의 상황을 잘 아는 고려인들의 안내를 받아 배를 운항하였다면 큰 어려움 없이 손돌목을 지날 수 있었을 것이다.
　이러한 사실은 서긍 일행이 급수문 이후에 경유한 지역의 기록을 통해서도 확인할 수 있다. 未刻에 급수문을 어렵게 통과한 일행은 곧이어 申時에 蛤窟龍祠에 도착하였다.[212] 합굴은 지명으로 볼 때 선원면의 혈구산을 가리키는 말이며, 용사는 강화도 동쪽 해안에 지금까지도 남아있는 용장사·용진진·용당사[213] 등에 남아 있는 '용'관련 지명과 관련이 있다고 생각된다. 『고려도경』에 의하면 합굴의 용사는 급수문의 위쪽 공지에 있었으며, 큰 배가 도달할 수 없어 뱃사공들이 작은 배로 맞아다가 제사를 지냈다고 한다. 이를 통해 용사가 있었다는 합굴은 급수문과 가까이 있으면서도 갯벌로 인해 수심이 매우 얕은 곳이었다는 것을 알 수 있다.[214] 이는 혈구산과 그 주변 지형과 잘 부합된다. 혈구산은 동굴이 있는 산은 아니지만 팔을 내밀어 바다를 품고 있는 형상이며, 서울과 개성으로 들어가는 咽喉와 같은 곳이다.[215] 또한, 혈구산과 남산

---

211) 『智島郡叢瑣錄』, 신안문화원, 58쪽.
212) 조동원 등은 합굴을 영종도, 용사는 석모도에 비정하였다(조동원 외, 앞의 책, 401~402쪽).
213) 龍堂寺는 인천광역시 강화군 선원면 연리 424번지에 있었던 사찰로 언제 누가 창건했는지는 알 수 없으나, 태종이 위에 오르기 전 이 절에서 山祭를 열기도 했다는 기록을 통해 조선 초에도 있었던 사찰임을 알 수 있다. 李衡祥이 편찬한 『江都志』에는 이곳이 바다와 접하여 예로부터 '龍堂霽月'이라고 불리는 강화도 팔경 중의 하나였으나, 지금(1696년)은 폐사되었다고 기록되어 있다. 그러나 『전등본말사지』에는 1883년(고종 20) 이후에 폐사되었으며, 이 절에 봉안했던 金銅小佛을 傳燈寺로 옮겼다고 기록되어 있다(권상로, 『한국사찰전서』, 동국대학교출판부, 1979).
214) 『高麗圖經』 卷17, 祠宇 蛤窟龍祠.
215) 『林下筆記』 卷13, 文獻指掌編 江都.

사이에 대규모 간척이 이루어지기 전에는 배를 타고 현재의 선원면 남산까지 출입하는 것이 가능하였다.[216] 이러한 지형적인 특징을 고려하면 서긍이 정박했다는 합굴용사는 바로 노적산 또는 남산 주변을 가리키는 말이었을 가능성이 크다.

합굴용사에서 제사를 지낸 일행은 다시 배를 타고 분수령으로 올라갔으며, 비를 피해 지체하다가 酉角이 되어서야 비로소 전진하여 용골에 이르러 정박했다.[217] 서긍의 묘사대로라면 분수령은 두 산이 마주 보고 있으며, 물빛이 흐리고, 작은 바다가 갈라지는 곳이다.[218] 이러한 지명과 잘 부합되는 곳은 강화군 상룡면 용정리 용구물이라는 마을이다.[219] 이 지역은 염하의 짠물과 한강, 임진강의 민물이 합쳐 바다가 되는 곳이다. 서긍이 표현한 작은 바다가 갈라진다는 표현과 매우 잘 맞는다는 것을 알 수 있다.

용골에서 정박하여 하루를 지낸 서긍 일행은 이튿날 비가 멎자 조수를 따라 예성항으로 들어가 벽란정에 조서를 봉안했으며, 다시 다음날 육로를 따라 왕궁으로 들어갔다.

요컨대 서긍의 항로를 참고하여 자연도에서 벽란도까지의 당시 조운로를 추정하면 영종도→ 손돌목→ 강화→ 벽란도로 정리할 수 있다. 자연도에서 강화 해협의 손돌목으로 들어온 고려의 조운선은 조수를

---

216) 『稼亭先生文集』 卷15, 律詩 次江華郡, "海山深處一扁舟 行到華山興未休 自古金湯能
    害德 移都此地是誰謀"
217) 『高麗圖經』 卷39, 海道6 分水嶺.
218) 『高麗圖經』 卷39, 海道6 分水嶺.
219) 용구물이라는 지명의 유래에 대해서는 본래 용이 승천했다는 전설이 있는
    우물이 있어 용구물이라고 불렸다고 하기도 하고, 마을 안의 산이 용궁처럼
    생겼다고 하여 용궁물이라고 하던 것이 용구물로 와전되었고도 한다. 한편으로
    는 용(龍)과 골짜기(谷)를 뜻하는 龍谷이 龍骨로 기록되었을 가능성도 있다고
    볼 수 있다. 김위현은 분수령을 인천 월곶진으로 파악하였다(김위현, 「여·송관
    계와 그 항로고」, 『고려시대 대외관계사 연구』, 경인문화사, 2004).

242

기다렸다가 밀물을 따라 예성강 또는 동강으로 들어왔으며, 본래의 조창으로 돌아갈 때는 강물과 썰물을 함께 이용하였을 것이다. 벽란도를 묘사한 이규보의 시에 "오고가는 배는 머리와 꼬리를 물어 서로 빗대었다[220]", "수로로 옮겨서 해안에 정박하는 것이 배의 꼬리를 서로 물었다[221]"고 표현된 구절은 조수를 기다렸다가 한꺼번에 출입하는 조운선의 모습이었던 것이다.[222]

〈그림 10〉 서남해 연안 조운로4(자연도~예성강 구간)

이상에서 살펴본 것처럼 항로의 특성과 운항 거리를 고려하면 남해안에 위치한 석두창, 통양창, 해룡창은 연 1회만 운항할 수 있었으며, 해릉창과 장흥창도 최대 2회밖에 운항할 수 없었다. 그러나 칠산도 위쪽에 위치한 법성창, 안흥창, 진성창은 최대 3회, 안흥량 이북의 하양창과 영풍창은 최대 4회까지 운항할 수 있었다.

220) 『東國李相國全集』 卷16, 「又樓上觀潮贈同寮金君 予以公事往來數月」, "來船去舶首尾銜相連."
221) 『東國李相國全集』 卷19, 「乙酉年大倉泥庫上樑文」, "水轉而泊岸者舟尾相銜."
222) 李鎭漢, 『高麗時代 宋商往來 硏究』, 경인문화사, 2011, 40~46쪽.

서·남해 조운로를 분석한 결과 두 가지 특징이 있음을 알 수 있었다. 첫째, 가능한 해안에 가까운 항로를 따라 이동한다는 점이다. 대표적인 예는 원산도와 천수만 사이의 항로와 영흥수로 동쪽 내로를 꼽을 수 있다. 이처럼 조운선이 해안을 따라 운항한 것은 당시 항해기술이 발달하지 못한 이유가 크지만 조운선이 조난을 당했을 때의 구호 작업과도 관련이 있다.

둘째, 가까운 항로라면 위험하더라도 반드시 통과했다는 점이다. 대표적인 예가 관장각, 마량, 칠산도, 울돌목 등이다. 이들 지역에서는 조운선 파선 사고가 빈번했지만 안흥량에 漕渠를 개착하려 했던 것을 제외하면 대부분 별다른 대책없이 그대로 이용되었다. 험로에서 사고가 다발하였음에도 조운을 중단하거나 육로와의 연계운송을 시도하지 못한 것은 그만큼 고려에서 조운로가 절대적인 위치를 차지하고 있었음을 알려준다.

한편, 서남해 해안에서 개경에 이르는 복잡한 해안선을 조운선이 원활히 운항할 수 있었던 것은 다음과 같이 선박이 다니는 길에 표식을 하거나 불 또는 연기를 피워 선박의 항로를 안내하는 시스템이 마련되어 있었기 때문일 것이다.

> N-① 언제나 중국 사신의 배가 이르렀을 때 밤이 되면 산마루에서 봉화불을 밝히고 여러 산들이 차례로 서로 호응하여서 王城에까지 가는데, 그 일이 이 산에서부터 시작된다.[223]

> N-② 經由하는 沿邊의 여러 고을에서는 먼저 물길의 얕고 깊은 것을 살펴서 標를 세우고 친히 뱃길을 지휘하며 인솔하여 호송하도록 되어 있으니, 국가에서 법을 세운 것이 자세하고 면밀하지 않은 것이

---

223) 『高麗圖經』 卷35, 海道2 黑山.

아닙니다.[224]

N-①에 의하면 고려시대에 이미 봉화와는 다른 시스템이 정비되어 있었다. N-② 역시 뱃길의 운행을 위해 항로에 표식이 있었음을 보여준 다. 서긍 일행을 비롯하여 조선시대 조운선이 밤중에도 운항할 수 있었던 것은 이와 같은 이유 때문이다.[225] 또한, 그것은 연안을 오가는 선박들의 항로가 정해져 있어 배들이 일정한 루트를 따라 규칙적으로 운항했음을 의미하는 것이다.[226]

2) 내륙 지역의 조운로

서·남 해로와 함께 중요한 조운로의 역할을 한 것은 江이었다. 우리나 라 대부분의 강은 潮流의 영향을 받았으므로 조수를 잘 활용하면 노를 쓰지 않고도 선박 운항이 가능한 구간이 많았다. 바닷가에 설치된 倉외에 진성창(금강), 해릉창(영산강)이 조류가 드나드는 강가에 설치된 것도 강과 함께 조류를 이용할 수 있기 때문이다. 주요 강의 조류 영향 범위와 가항거리는 <표 13>과 같다.

---

224) 『成宗實錄』, 19年 5月 29日 壬辰.

225) 서긍 일행은 송나라로 돌아가는 도중인 8월 8일 申時 후에 밀물을 타고 큰 바다로 나가 고섬섬을 지났고 밤으로 접어들어서도 머물지 않았으며, 9일 아침에 竹島를 지났다. 진시와 사시에 黑山을 바라보았다(『高麗圖經』卷39, 海道6 禮成港). 조선 후기의 기록에도 밤중 항해와 관련된 것이 적지 않다. 1875년 조희백은 연도 부근에서 밤 2경에 남풍을 따라 운항하였다. 오횡묵 역시 연도 마량진을 지난 후 저녁 순풍을 따라 전라도 옥구 병도로 향했는데 그 때의 시간이 해시였다(『지도군총쇄록』 5월 12일).

226) 이에 대하여 김성호는 「고려시대 조운항로와 등대의 기원」이라는 제목으로 도서 지역에 남아있는 지명을 통해 항로를 추정한 바 있다. 서·남해 연안에는 불도, 화도, 장구도, 깃대봉 등의 지명이 남아있는 섬들이 많은데, 이들 대부분이 항표와 관련이 있다는 것이다(김성호, 「고려시대 조운항로와 등대의 기원」 『중국진출 백제인의 해상활동 천오백년』, 맑은소리, 1996).

〈표 13〉 우리나라 주요 江의 可航거리[227]

(단위 : km)

구분	예성강	임진강	한강	금강	만경강	영산강	섬진강	낙동강
조류의 영향을 받는 항로	38.4 (조포)	44.3 (고랑포)	57.6 (용산)	64 (규암리)	37 (대장정)	42.3 (노정포)	14.8 (하동)	42.4 (삼랑진)
조류의 영향을 받지 않는 항로	0	78.8 (안협)	270.0 (영변)	62 (부강)	0	18 (서창)	47.6 (압록원)	300.8 (안동)
총계	38.4 (53.4)	123.1 (138.1)	327.6 (663.4)	126 (144.7)	37 (37.0)	60.3 (60.3)	62.4 (62.4)	343.2 (407.6)

<표 13>의 강 중에서 조운과 가장 밀접한 관련이 있는 강은 한강이었다. 한강은 자체의 가항 수로가 길기도 했지만 소백산맥으로 막힌 일부 구간만 제외하면 낙동강과의 연결이 가능하여 우리나라의 남부와 중부 지방을 내륙으로 연결하는 운하와도 같은 역할을 하였다. 이러한 특징 때문에 한강에는 고려 말부터 수참이 설치되었다.

水站제도의 기틀을 정비한 인물은 정몽주였다.[228] 家廟 건립, 五部學堂과 鄕校 설립, 義倉 설치 등을 추진한 정몽주가 조운제도를 재정비하는 과정에서 水站제도를 체계화한 것이다. 물론, 한강, 예성강은 60포창 시기에도 조운로의 역할을 하고 있었다. 따라서 정몽주의 수참제도 정비는 왜구의 침입으로 내륙 수운의 비중이 높아짐에 따라 원활한 조세 운송을 위해 기존의 운송시스템을 좀 더 체계화한 것으로 보는 것이 옳을 것이다.

---

227) 조선총독부,『조선하천보고서』, 1929, 267~286쪽. 조류의 영향을 받는 항로는 대개 강의 본류만 계산된 것이다. 총계의 ( )안은 배의 운항이 가능한 지류의 거리를 포함한 총 가항항로의 거리이다. 예를 들면 한강의 경우에는 하구에서 본류의 최고 가항지점인 영변까지 270km이지만 달천·섬강·북한강·소양강·홍천강 등 배의 운항이 가능한 지류를 포함하면 ( )의 수치인 663.4km가 된다.

228)『太祖實錄』,『太宗實錄』,『世宗實錄地理志』,『萬機要覽』 등에 의하면 조선시대의 龍山江으로부터 忠州의 淵遷까지 7개소에 水路轉運所完護別監을 두었다고 하는데, 이것이 고려시대 水站의 원형이 아닐까 생각된다. 수참에 관한 기록은 『東史綱目』卷17, 壬申年 恭讓王 4年 ;『萬機要覽』, 財用篇2 漕轉 水站 ;『高麗史節要』卷35, 恭讓王 4年 기사에도 있다.

조선 초의 수참 관련 기록을 토대로 충주 淵遷(金遷)에서 조강에 이르기까지 수참이 설치되었던 수로를 추정하면 다음과 같다.

> O. 忠州 淵遷－原州 蟾江(興原江, 흥원창의 조운선 합류)－川寧 梨浦－楊根 西深灘－廣州 津村津－과천 黑石津－衿川 楊花渡[229]

기록에 따라 약간 차이가 있긴 하지만 조선 초에 수참이 설치된 지역은 충주 연천, 강원도 원주 興原倉, 경기 천녕 梨浦, 경기 양근 西深灘 등이다. 이 중에서 충주 연천, 원주 흥원창, 천녕 이포는 고려시대 60포창 시기의 平原郡 銀蟾浦, 大原郡 麗水浦, 驪興郡 梨浦 등이 있었던 곳이다. 이들 포구에는 조선 초기까지도 그 역할이 그대로 이어져 충주 淵遷, 여주 梨浦에는 浦倉이 설치되기도 하였다.

금천 양화도를 지난 덕흥창과 흥원창의 조운선은 이후 한강의 흐름을 따라 陽川 孔岩津과 交河 鳥島城(임진강과 합류하거나 동강의 조창에 선착)을 거친 후 조강까지 내려와 조류를 타고 동강을 따라 올라가거나[230] 강화 북쪽 河源渡→ 喬桐縣 寅石津(황해도 조운선로)을 경유하여 예성강으로 들어섰을 것이다.

> P-① 東江은 貞州에 있다. 西江은 즉 禮成江인데 碧瀾渡가 있다.[231]

229) 『太宗實錄』에 7개 수참의 명칭이 기록되어 있다(『太宗實錄』 18년 1월13일 갑자). 당시의 7개 수참은 충주 연천, 강원도 원주, 경기 천녕, 경기 양근, 경기 광주, 경기 과천, 경기 금천이었다. 『세종실록지리지』에도 충주의 연천, 楊根의 西深灘, 川寧의 梨浦, 광주의 津村津, 과천 黑石津 등이 보인다. 7개의 수참은 공교롭게도 한양에서 충주까지 선박들이 溯行하는 일수와도 일치한다.
230) 최완기, 앞의 논문(1981), 47쪽. 최완기는 당시 녹봉을 반급해 주던 광흥창이 동강에 있었던 것으로 이해하였다.
231) 『高麗史』 卷56, 志10 地理1 王京開城府.

P-② 東江은 保定門 남쪽 30리에 있다. 海豐郡 경계에 藍島가 있다. 西江은
곧 禮成江이니, 宣義門 서남쪽 17리에 있다. 모두 예전에 조운해 온
곡식을 내리던 곳(皆古漕運下泊之處)이다.[232]

P-③ 죽림이 둘린 맑은 강에서 漕船을 조사하니
백사장 가에서 사공들 굽실거리네.
水軍들 뒤를 옹위하여 畵角 소리 요란하니
놀란 갈매기떼 가까이 오지 못하는구나.[233]

P-④ 廣興倉使 羅英烈, 부사 田思理, 分臺糾正 權幹을 순군옥에 가두었다.
그때 나영렬 등이 祿米를 東江 창고에서 영수하고 있었는데 辛禑가
내시 安琚를 시켜서 신우를 따라가 고기잡이에 온 사람들과 말 기르는
사람, 야장공 등 31명에게 쌀 1섬씩 주라고 나영렬 등에게 전달케
하였다. 그러나 나영렬 등은 이에 대하여 말하기를 "이 창고는 先王이
백관들에게 녹미로 내어 주게 정한 것인즉 함부로 내어 줄 수 없다"고
하였다. 신우가 듣고 대노하여 안거를 시켜서 창고를 열고 내주게
하고 나영렬 등을 3일간 가두었다가 석방하였다.[234]

P-①, ②는 개경을 기준으로 동·서강이 있었고, 두 강이 모두 조운선의
정박처였음을 보여준다.

P-③은 이규보가 千牛衛錄事叅軍事가 되어 예성강에서 조운선을 감독
하는 업무를 맡고 있을 때 지은 시이다.[235] 조세를 싣고 온 조운선과
그것을 감독한 수군(또는 조운선을 호송해 온 수군)들로 인해 예성강

---

232) 『世宗實錄地理志』, 舊都開城留後司.
233) 『東國李相國全集』 卷30에 "禮成江上偶吟"이라는 제목으로 수록된 이 시에는
    "二首予以千牛叅軍課漕舡"이라는 부제가 달려 있다.
234) 『高麗史』 卷136, 列傳49 辛禑 12년 6월.
235) 李鎭漢, 『高麗時代 宋商往來 研究』, 경인문화사, 2011, 45쪽.

포구(벽란도)가 떠들썩한 장면이 잘 묘사되어 있다. 예성강에 도착한 조세는 우창과 좌창(용문창)으로 운송되거나 관리들에게 전달되었을 것이다.

P-④는 동강에 좌창(광흥창)이 있음을 보여주는 자료이다. 동강은 『新增東國輿地勝覽』에 개경의 동쪽, 장단현의 서쪽 15리 부근에 있다고 기록되어 있다.[236] 구체적인 위치는 「1872년 지방도」와 「대동여지도」 등을 통해 볼 때 沙川의 하류 즉, 豊德의 여니산·군장산·덕적산(덕물산)과 長湍의 도라산 사이이다.[237] 당시 광흥창사 나영렬이 지켰다는 창고가 광흥창인지 아니면 단순한 조세의 수납처인지 확인되지 않지만[238] 이 자료를 통해 우왕 무렵까지도 좌창으로 들어가는 조세를 실은 조운선이 동강에 정박했음을 알 수 있다.

동강에 潮水가 유입되어 배가 드나들었던 사실은 이중환의 『擇里志』에서도 확인된다.

Q. 개성부에는 수구문 밖 10리 되는 곳에 동강이 있다. 조수와 통하여 화물선들이 정박하는 곳이 되었는데, 고려가 망한 뒤부터는 조수가

---

236) 『新增東國輿地勝覽』 卷12, 京畿 長湍都護府 山川.
237) 지금도 옛 개풍군 지역에 동강리라는 지명이 남아있어 그 흔적을 찾을 수 있다. 동강리는 1914년 행정구역 폐합 때 풍덕군 중면 창내리·장단군 중서면 노하리·하도면 덕산리 등이 합쳐져서 개성군 중면 동강리가 되었다가 1938년 개풍군 중면 동강리로 바뀌었으며, 1952년에 다시 군·면·리 대폐합에 따라 판문군 동창리로 재편되었다(북한지역정보넷, http://www.cybernk.net). 동강리의 일부였던 창내리라는 지명을 통해 볼 때 동강리 일대가 고려시대의 좌창리였을 가능성도 있다. 아래의 『택리지』에 보이는 것처럼 조선 건국 이후 이 지역에는 배가 드나들지 않아서 海倉이 설치되지 않았기 때문이다.
238) '左倉里', '左倉洞' 등으로 불린 마을의 명칭을 통해 볼 때 좌창은 동강 근처와 만월대 북쪽 두 군데에 있었던 것으로 추정되고 있다(정학수, 「고려시기 개경 행정구획과 '里'의 양상」 『한국중세사연구』 28, 한국중세사학회, 2010, 376~380쪽).

물러가고 밀려들지 않는다. 이제는 얕은 개울이 되어서 배가 들어오지
못한다. 승천포는 개성에서 거리가 멀어 40여 리나 떨어져 있고,
지금은 오직 後西江만이 개성에서 30리밖에 떨어져 있지 않아 다른
도의 배들이 드나든다. … 북쪽으로는 강음에서 서쪽으로는 연안까지
이르며, 동쪽으로는 한강과도 통한다.[239]

　한강을 따라 내려온 평저선은 예성강까지 가는 것보다 조강에서
밀려들어오는 潮水를 타고 동강변의 광흥창으로 들어가는 것이 훨씬
더 안전하고 편리했을 것이다. 그러나 조선 건국 이후에는 이용하는
선박이 적어짐에 따라 토사가 쌓이고, 수로 관리가 제대로 되지 않아
뱃길이 막혔던 것이다.
　덕흥창에서 개경 동강까지 운송하는 기간은 빠르면 5~6일 정도였지
만[240] 渴水期에는 그보다 훨씬 오랜 기간이 소요되었다. 강의 상황에 따라
운항일수에 많은 차이가 있었음은 <표 14>를 통해서도 확인된다.
　이 표에서 일본인의 조사 자료와 한국인의 증언 자료가 약 2배 정도의
차이를 보이는데,[241] 조선 후기 여주의 조운선이 한양에 도착하는데

---

239)『擇里志』, 卜居總論 生利, "開城府則水口門外十里爲東江 通湖爲漕運停泊之所國亡後
　　潮退不至 今爲淺川舟船不至. 昇天浦則距府遠至四十餘里 今惟後西江府不滿三十里
　　通外道船利. … 北至江陰西至延安 東通漢工矣." 후서강에 대해서는『여지도서』에
　　예성강 상류라고 기록되어 있으나(『輿地圖書』「松都舊志」山川) 개경에서 30리
　　떨어져 있다는 것을 보면 예성강의 하류를 가리키는 말이 아니었을까 생각된다.
240)『輿地圖書』에는 충주에서 한양까지의 소요 기간이 누락되어 있다. 그러나
　　제천에서 한양에 도달하는 기간이 5일이라고 하였으므로(『輿地圖書』忠淸道
　　堤川 田稅), 그보다 하류인 충주 금천에서 한양까지는 약 4일 정도의 일정이었음
　　을 알 수 있다. 이는 <표 13>의 조사자료를 통해서도 확인된다. 한양에서
　　동강까지는『輿地圖書』의 장단현조를 통해서 추론이 가능하다. 장단현의 조세
　　는 동강과 가까운 정자포(현재의 파주시 군내면 정자리)에서 출발했는데 약
　　2일 정도의 거리였다.
241) 당시 일본인들의 조사 자료는 전체적으로 한국인들의 증언 자료에 비해 기간이
　　길다. 일본인들의 조사 자료는 실제로 조사팀이 溯工·下工을 통해 확보한 자료를

〈표 14〉 남한강 수로의 항행 소요일수242)

조사자	기항지 / 항행구분	양근	이포	여주	문막	목계	충주	청풍	단양
일본인	溯江日數	6	7	8	11	13	15		
(1927년)	下行日數	3	4	5	6	6	6		
한국인	溯江日數	3	4	5	-	7	7	10	13
(1985)	下行日數	1	1	2	-	3	4	-	5

보통 7~8일,243) 양근에서 한양까지 3일이 소요되었음을 참고하면244) 站船의 속도는 일본인들이 조사한 자료만큼의 속도이거나 그보다 더 늦었을 것이다. 따라서 일본인들이 조사한 가장 긴 기간을 기준으로 할 경우 충주에서 개경(동강 기준)까지의 왕복 일수는 한 달 가까이 된다.245) 동강이 아닌 서강으로 운송할 경우에는 이보다 왕복 7~8일 정도가 더 소요되었다.246) 이러한 사실과 한강의 결빙기간247) 등을

기록한 것이고, 조선인들의 자료는 경험에 의한 평균기간을 의미하는 것으로 해석된다.

242) 최영준,『국토와 민족생활사』, 한길사, 1997, 125쪽. 영춘과 영월을 제외하고 재작성함. 일본인이 조사한 자료는 1927년『조선철도연선요람』의 230쪽에서 저자가 인용한 것이고, 한국인의 조사자료는 저자가 1985년 주민들의 제보를 토대로 작성한 것이다. 표에 나타난 거리는 서울을 기준으로 작성된 것으로 보인다.

243)『輿地圖書』京畿道 驪州 田稅.

244)『輿地圖書』京畿道 陽根 田稅.

245) 표에 나타난 기간 21일에 서울에서 동강까지의 거리 약 4~5일을 포함하면 25일이 넘는 일정이다. 조운선은 이보다 더 느린 속도로 운항했을 것이다.

246) 황해도 배천·평산·금천의 조세 운송기간을 통해 추정할 수 있다(『輿地圖書』黃海道 白川·金川·平山). 배천은 벽란도(개경 벽란도 맞은편)에서 조세를 곡식에 싣고 한양으로 향했는데, 소요 기간이 약 7일이었으며, 평산은 그보다 더 위쪽 저포에서 출발했는데도 5일이면 경강창에 도착하였다. 금천 역시 벽란도 상류에서 출발했는데도 4일 정도밖에 걸리지 않는다. 배천군이 평산군보다 더 오랜 기간이 소요된 것은 두 지역의 도착지가 호조와 경강창으로 각기 다른 것에서 기인한 것인지, 배천군의 기록이 가장 오래 소요된 기간을 기준으로 삼아 발행한 것인지 명확하지 않다. 그러나 주변 풍덕이나 금천 등의 예를 통해 보면 7일은 왕복에 가까운 거리이다.

고려하면 충주 덕흥창 소속의 조운선은 최대 연 3회 이상의 운송이
어려웠을 것이다.

　덕흥창보다 좀 더 하류에 있던 흥원창의 경우에는 <표 13>의 문막에
서 서울까지의 거리를 통해 추정할 수 있다. 흥원창이 자리잡은 섬강의
상류 문막[248])에서 한양까지의 왕복 거리 17일에[249]) 한양에서 동강까지
의 왕복 거리 4일을 더하면 21일이 되므로 문막보다 좀 더 하류에 있는
흥원창에서 개경까지의 왕복 기간은 20일 정도이다. 단순 계산으로는
최대 4회 운항이 가능한 기간이지만 물이 얕거나 중간에 예기치 못한
문제가 생기면 흥원창 소속의 참선 역시 최대 3회 이상 왕복이 어려웠을
것이다.

　강을 운행하는 조운선을 가장 곤란하게 한 것은 여울과 풀등이었다.
특히, 양주의 大灘~西心灘 구간은 능숙한 뱃사람들 조차도 어렵게
하는 험로였다.[250]) 강바닥에 커다란 암반이 있어 강물이 말랐을 때는
지나가는 선박들이 좌초되는 경우가 많았기 때문이다. 대탄 일대가
얼마나 험한 길이었는가를 보여주는 기록이 『新增東國輿地勝覽』과

---

247) 남한강 상류 지역의 결빙일수는 약 90일정도였다. 한강을 무대로 활동했던
　　조선 후기 경강상인의 경우에도 한강이 결빙되는 음력 10월부터 이듬해 2월까
　　지는 활동할 수 없는 기간이었다(최일성, 『충주의 역사와 문화』, 백산자료원,
　　2010, 243쪽).
248) 문막은 흥원창의 소재지 섬강 하구로부터 약 11km 상류에 있다(조선총독부,
　　앞의 책, 1929, 277쪽).
249) <표 14>의 일본인들이 조사한 기록 중 문막에서 서울까지의 거리를 기준으로
　　하였다.
250) 西心灘은 西心은 이 지역의 물길이 험함을 미워하여 惡을 두 개로 나눈 것이라고
　　전한다(『증보문헌비고』卷20, 여지고8 산천2 한강). 이외에도 長灘·盤渦灘 등의
　　여울은 모두 물살이 마치 지붕위에서 물이 쏟는 것과 같다고 한다(『島潭行程記』,
　　1823년 4월 15일). 이 지역은 본래 마재로부터 흥원창이 있는 섬강 합류 지점까지
　　는 약 10여 개의 여울(병탄, 월계탄, 청탄, 대탄, 제탄, 모래여울, 장탄, 파내탄,
　　고부여울, 심반악여울, 마탄, 우지탄, 고유수탄)이 있어 험로로 유명하였다(최영
　　준, 위의 책, 113쪽).

252

『島潭行程記』에 남아있다.

R-① 大灘은 군 남쪽 10리 지점에 있다. 곧, 驪江의 하류인데 龍津과 합류한다. 돌이 물 가운데를 가로질렀는데 물이 넘치면 보이지 않고, 물이 얕아지면 파도가 부딪쳐 격동하고 쏟아져 흘러서, 下道의 수운하는 배들이 가끔 漂沒되었다. 고려 때에 王康이 건의하여 그 돌을 조금 팠으나 공사가 쉽게 성취되지 못하여 그만두었는데, 그 뒤로부터 물 형세가 더욱 험하여졌다. 본조 세조 때에 具達忠을 보내어 파게 하였더니, 물 가운데 나가서 그 돌의 둘레에 나무 문지방을 쌓아서, 물을 말리고 팠으나, 또한 끝내 성취하지 못하였으므로, 세상에서 灩澦堆에 비교한다.251)

R-② 얼마 가지 않아 大灘에 이르러 점심을 먹었는데 이곳이 곧 상류의 가장 험한 여울인데 이제 순풍을 얻어 돛을 달고 바로 올라가니 바람과 물이 서로 부딪쳐 물결이 드세다. 여울 가운데에 큰 돌이 가로 막고 있는데 이것을 世俗에서 遮日巖이라고 하여 물이 넘치면 보이지 않고 물이 얕으면 물결이 부딪쳐서 그 아래로 지나는 漕船들이 가끔 뒤집히기도 했다.252)

이후에도 대탄의 암반을 제거하기 위한 노력은 계속되었다.253) 토사가 퇴적되어 강을 오가기 어려울 때는 강의 바닥을 파는 공사를 시행하기도 하였으며, 여의치 않을 때는 인부들이 배를 끌거나 뱃골을 파서 배의

---

251) 『新增東國輿地勝覽』 卷8, 京畿 楊根郡.
252) 『島潭行程記』, 4월 14일.
253) 조선왕조실록에 의하면 세종 12년, 세종 16년, 세종 19년, 세조 9년, 현종 15년 등에 대탄의 암반 제거 공사를 시행하였다. 특히, 세종시기에는 이천 등을 보내 암반 제거를 시도하여 뱃길이 한결 수월해졌다고 하는데, 그 후에도 공사가 계속된 것으로 보아 완전히 제거하지는 못한 것으로 파악된다.

운항을 돕는 경우도 있었다.

S. 鄭道傳의 시에, "강산 雪月에 객이 다락에 올라, 잔을 잡고 시를 읊는
좋은 놀음 열었네. 물이 줄어져 貢船은 밀어도 내려가지 않으매, 여러
인부들 파서 통하니 使君의 근심일세." 하였다.[254]

이와 유사한 내용은『島潭行程記』등 많은 자료에서 찾아볼 수 있다.[255]
조선 후기 목계나루에는 전문적으로 배를 밀어주는 것을 직업으로
삼은 끌패들이 있었다고 한다.[256]

한강과 함께 조운에서 중요한 역할을 한 낙동강은 안동에서 하구에
이르는 본류 342.7km와 지류 149.3km를 합하여 총 492km의 구간이
선박 운항로로 이용되었다.[257] 이는 가항수로 657km에 이르는 한강
다음으로 긴 거리이다. 따라서 일찍부터 강을 따라 감동포, 수산진,
용당포, 주물연진, 감물창진, 왜관, 동안진, 낙동진, 여차니진 등 많은
포구가 생겨났다.[258] 그러나 조류의 영향을 받는 수로가 짧아서 하류로

254)『新增東國輿地勝覽』卷7, 京畿 驪州牧 山川 驪江, "江山雪月客登樓 把酒吟詩作勝遊
水落貢船推不下 萬夫疏鑿使君憂."
255)『島潭行程記』, 4月 15日, "盤渦灘 아래에서 점심을 먹고 순한 바람을 얻지
못하여 여울을 올라갈 수가 없어 여러 배의 사공들이 힘을 합하여 돌려가면서
끌고 뱃머리에 네 개의 큰 밧줄을 매어 끌어올리는데, 앞의 배를 끌어올리고
나서 뒷배를 끌어올리기 때문에 자연 시간이 지체되었다. 내가 탄 배는 작아서
23인을 써서 끌고 5인이 배를 밀어서 거의 반나절에 올라갔으니, 물의 힘의
급한 것을 알 수 있다." 인력으로 배를 끄는 방법 외에 끌 배가 배를 끌어올리는
경우도 있었다(『국제신문』, 2007. 05. 10). 강에서 배를 끌어올리는 장면은
중국 송대에 그려진 張擇端의 '淸明上河圖'에도 보인다.
256) 최영준,『국토와 민족생활사』, 한길사, 1997, 122쪽. 끌패는 중국에도 있었는데,
명나라에서는 이를 牽夫라고 불렀으며, 배를 끄는 줄을 牽繩이라고 하였다.
257) 洪錦洙,「朝鮮後期~日帝時代 嶺南地方 地域體系의 變動」『문화역사지리』17-2,
2005, 115쪽.
258) 최영준,『영남대로』, 고려대학교민족문화연구원, 2004, 138쪽 ; 김성한,「한·낙
동강 양강의 내륙수로서의 가치에 관한 연구」『지리』2, 1966.

부터 상류로 곡식을 운송하는 데에는 많은 기간이 소요되었다. 조선 후기에 삼랑창이 설치된 밀양의 삼랑진에서 하구까지는 遡·下行 구분없 이 하루면 이동할 수 있었으나 상류인 안동에서 부산까지는 20일이 넘게 걸렸다.[259] 이러한 지형적인 요인 때문에 조선시대에는 선박으로 수송하는 지역의 북한계선이 선산으로 한정되었다. 선산에서는 낙동강 감동포에서 조세를 싣고 내려가면 부산포까지 5일 이내에 도착하였 다.[260] 석두창에 조세를 납부할 때는 그보다 상류인 靈山 買浦津 또는 昌寧 甘物倉津에서 짐을 내렸으므로 더 짧았다.

　선산 이북 지역의 경우에는 석두창으로 내려오는 것보다는 상류로 올라가는 것이 더 용이하였다. 이 경우의 조세 운송과정에 대해서는 다음과 같은 기록이 참고된다.

　T. 영남 지방의 고개 아래에 있는 각 고을의 田稅를 可興倉에 납부하는 것은, 鳥嶺과 竹嶺을 경유하여 험한 곳을 넘어오느라 며칠 동안을 말과 소를 몰아 오는데, 3鍾을 운반하는데 대략 1필의 말을 써야 합니다.[261]

　위의 자료는 비록 후대의 것이기는 하지만 경상도 지역의 조세가 충주 금천(또는 가흥창)에서 수집된 후 수도까지 운송된 사실을 보여준 다. 강을 거슬러 올라간 후에는 문경—계립령—송계—황강—충주 달천 에 이르거나 안동·풍기—죽령—단양—청풍에 이르렀다. 충주 달천과 단양, 청풍 등은 모두 강을 따라 금천 덕흥창에 닿을 수 있는 곳이다.

259) 朝鮮總督府官房土木部, 『治水及水利踏查書』, 1920, 153~161쪽.
260) 『輿地圖書』 慶尙道 善山 田稅.
261) 『潛谷遺稿』 續稿, 箚子, 別單.

이후 왜구 침입이 극심했던 고려 말에는 조운이 중단되면서 이 지역의 조세 또한 대부분 육로를 통해 운송되었다. 석두창과 통양창에 조세를 납부했던 낙동강 하구 지역도 강을 거슬러 올라와 충주를 거쳐 개경으로 운송되었다. 1425년에 편찬된 『慶尙道地理志』에 의하면 경상도 下道 嶺底 11읍에서 충주까지 낙동강을 따라 올라가는 기간은 다음과 같다.

〈표 15〉 경상도 하도지역에서 충주 금천까지의 수로 일정[262]

지역	적선지	수로	일정	육로	일정	총일수
초계	감물창진	낙동강	7일	조령	4일	11일
의령	백연	낙동강	8일	조령	4일	12일
창녕	광포	낙동강	9일	조령	4일	13일
칠원, 영산	매포	낙동강	9일	조령	4일	13일
함안, 진해	아패포	낙동강	10일	조령	4일	14일
창원	주물연진	낙동강	11일	조령	4일	15일
밀양	이창	낙동강	12일	조령	4일	16일
양산	황산강	낙동강	13일	조령	4일	17일
김해	성저강창	낙동강	14일	조령	4일	18일

<표 15>에 따르면 낙동강을 거슬러 올라갈 때는 가장 하구에 있는 김해의 경우 20일 가까이 소요되었다. 여기에 충주 금천에서 동강까지 소요되는 기간 17~18일을 더하면 총일수는 약 40일이 된다.

고려시대에도 이와 같은 경로로 조세가 운송되었는지에 대해서는 확인할 길이 없다. 그러나 덕흥창의 조운선만으로 충주 관내와 경상도 지역의 조세를 모두 운송할 수 있었는지는 의문이다. 『세종실록지리지』에 의하면 경상도는 전국에서 토지와 전세가 가장 많은 지역이었기 때문이다.[263]

262) 최일성, 「덕흥창과 흥원창 고찰」 『충주공업전문대학논문집』 25, 1991, 8쪽 ; 최일성, 『충주의 역사와 문화』, 백산자료원, 2010, 207쪽에서 인용. 저자가 『慶尙道地理志』를 토대로 작성한 것이다.
263) 『世宗實錄地理志』에 기록된 각 도의 田結數는 다음과 같다.

경상도	전라도	충청도	황해도	강원도	경기도	함길도	평안도	전국
301,147	277,588	236,300	104,772	65,916	200,347	130,413	308,751	1,625,234

그 중에서도 상주와 안동은 대표적인 곡창지대였다. 이들 지역에서 징수된
조세가 모두 덕흥창을 통해 개경으로 운송되는 일은 쉽지 않았을 것이다.
덕흥창 소속의 漕船은 평저선 20척으로 흥원창에 배정된 21척보다 적은
수였다.

　이러한 의문과 관련하여 『신증동국여지승람』에 기록된 槐山柳倉(世伊
倉)[264]과, 淸風漕倉[265]의 존재가 주목된다. 이들 창고는 하나같이 鷄立嶺,
竹嶺과 연결되는 교통의 요지에 자리잡고 있을 뿐만 아니라[266] 비교적
이른 시기인 『新增東國輿地勝覽』에서 옛날에 (경상도 지역의) 조세를
징수했다고 기록되어 있다. 안동·순흥·영주 등 낙동강 동북부 군현은
죽령을 통해 단양이나 청풍에 닿게 되는데, 이 두 지역은 조선 후기에도
가흥창에 조세를 납부하지 않고 직접 배에 실어 용산포에 납부한 군현이
었다.[267] 따라서 이 길을 통해 무암산 청풍조창까지 운송된 경상도의
조세는 덕흥창을 경유하지 않고도 직접 개경 동강에 이를 수 있었다.

　괴산 柳倉 역시 문경에서 이화령과 연풍을 지나 槐津(현재의 괴강)에
이른 후 達川을 통해 남한강과 연결되는 지점에 있다.[268] 달천에 닿아
있는 괴산군 감물면 오창리에는 지금도 유창마을이라는 지명이 남아

---

264) 『新增東國輿地勝覽』 卷14, 忠淸道 槐山郡, "柳倉 古稱世伊倉在郡東二十里古之收貢
　　稅處."
265) 『新增東國輿地勝覽』 卷14, 忠淸道 淸風縣, "茂岩山 在郡東十里有倉庫遺址高麗時輸
　　慶尙道田賦于此."
266) 경상도 지역과 충북을 연결하는 鷄立嶺과 竹嶺 도로는 신라 阿達羅尼師今 때
　　개통된 유서 깊은 길이다(『三國史記』 卷2, 阿達羅尼師今, "三年開鷄立嶺路 …
　　五年開竹嶺"). 계립령은 문경에서 미륵원을 거쳐 괴산·충주에 이르는 길의
　　길목, 죽령은 순흥−단양−청풍−충주로 이어지던 길목에 있다.
267) 『輿地圖書』 忠淸道 淸風, "… 每年冬三朔收捧三月裝載江舡直下龍山浦下陸京倉上
　　納."
268) 崔永俊, 『嶺南大路』, 高麗大學校民族文化硏究所, 1990, 54쪽. 괴산 유창은 본래
　　경상도 상주 관할이었으나 현재는 충북의 영역으로 들어온 沃川·보령[報恩]·黃
　　澗·永同·靑山 등의 조세를 수납하는 창고였을 가능성도 있다. 자세한 내용은
　　Ⅲ장의 덕흥창 조항을 참조.

있다.269) 조선총독부가 간행한 『조선 하천 조사서』에 달천의 可航 航路가
유창마을보다도 훨씬 상류인 오간리(현 오창리 오간니 마을)까지라고
한 것을 보면270) 유창마을과 『신증동국여지승람』의 유창은 동일한
것으로 판단된다. 달천이 얼마나 남한강과 밀접한 지역이었는지는 李炯
胤의 '槐山㺚川'이라는 시를 통해서도 확인된다.271)

U. 돌아갈 마음을 큰 강에 띄워 보내니
　　밤낮으로 도도히 흘러 서울을 향하네.
　　오가는 많은 길손, 생각들 무한했으니
　　산천도 고금의 시름 오래 간직했겠네.
　　괴산 가로지르는 곳에 달천 흐르는데
　　깎아지른 층층바위가 양 언덕을 둘렀네.
　　천리 한양도 하루면 돌아갈 수 있으니
　　강가에 서서 배를 탈 생각을 하여 보네.

한양에 하루면 닿을 수 있다는 구절은 과장된 것으로 보이지만 그만큼
배의 왕래가 활발했던 지역이라는 의미 정도로 해석하는 데는 무리가 없다.
　경상도 지역에서 이들 창고에 이른 후 다시 개경으로 향하는 길에
대해서는 다음의 자료가 참고된다.

V. 慶尙道 榮川, 位米 3石 4斗 9升 2合, 太 57石 8斗 2升은 3월에 收捧하여
　　五月에 육로로 충청도 단양에서 강선에 싣고 8일 만에 용산강에
　　이르러 선혜청에 납부한다.272)

269) 『괴산군 향토자료』 자연환경편, 290쪽.
270) 조선총독부, 『조선하천조사서(1929)』, 국토해양부, 2010, 277쪽.
271) 『鶴洲先生全集』 '槐山㺚川', "歸心村與大江流 日夜滔滔向漢州 多少行人無限意 山川
　　長帶古今愁 槐山中斷㺚川開 削立層巖兩岸回 千里漢京歸一日 臨流擬欲駕扁舟."
272) 『輿地圖書』 慶尙道 榮川, "位米三石四斗九刀二合太五十七石八斗二刀三月收捧五

경상도 북부 지역의 조세가 충주 가흥창을 거치지 않고, 단양이나 청풍, 괴산 등에서 직접 한양까지 운송된 것이다. 조선 후기 영주와 같은 사례는 고려시대에도 있었을 것이다.

이처럼 조선시대에 경상도 지역의 조세를 남한강으로 운반할 수 있었던 것은 고려시대의 前例가 있었기에 가능했던 것이다. 두 개의 조창 모두 남한강과 연결되어 있으므로 왜구 침입이 극심했던 고려 후기에도 이들 조창들은 여전히 그 역할을 유지했으며, 그로 인하여 『新增東國輿地勝覽』에 기록되었던 것이다.

수참이 오랫동안 유지될 수 있었던 또 하나의 이유는 해운에 비해 안정적이라는 장점이 있었기 때문이다. 다음의 자료를 통해 수참에 관한 몇 가지 사실을 추론할 수 있다.

W-① 수참이란 것은 즉 해운 이외에 배가 통행할 만한 강가에 창을 설치하여 조운을 편리하게 하는 것이었다. 수참의 제도는 우리나라에서도 행하였으니, 左水站에서는 남도의 양곡을 운수하고, 右水站에서는 西路의 양곡을 운수하였는데, 황해도의 전세를 布로 바꾸어 바치게 한 후에 우수참은 폐하였다.273)

W-② 청주에서 충주와 아산과의 거리는 그 이정이 같았다. 관례대로 (아산 공진창에) 조세를 바치는데 해로로 조운하다가 배가 부서지면 번번이 백성에게 다시 세를 받았다. 선조 조에 柳仲郢이 목사가 되자 감사에게 말하여 고쳐서 충주로 가게 하니, 인민이 그 해를 면하였다.274)

　　月以陸路至忠淸道丹陽裝載江船八日到泊龍山江納宣惠."
273) 『燃藜室記述』別集 卷11, 政敎典故 漕運.
274) 『燃藜室記述』別集 卷11, 政敎典故 漕運.

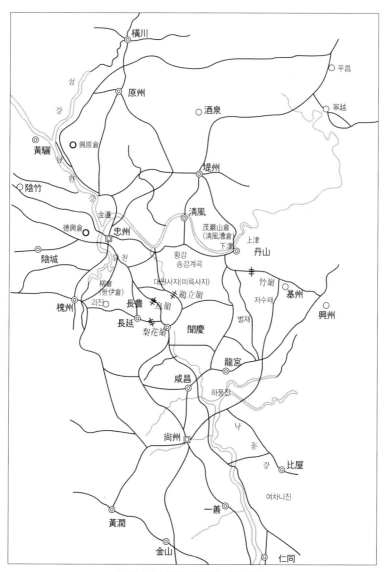

〈그림 11〉 낙동강~남한강 내륙수운로

W-①은 수참이 단순히 배가 쉬어 가는 곳이 아니라 주변 고을의 조세를 싣고 한양으로 향하는 곳이었음을 보여준다. 만약 고려시대에도 이와 같은 제도가 있었다면 흥원창 소속의 조운선은 출발 후 여흥에 도착하여 조세를 싣고 개경으로 향했을 것이다. W-②를 통해서는 수운이 해운에 비해 조난이 거의 없었음이 확인된다. 해운할 때는 해난사고가 잦아 늘 백성들에게 다시 징수하였는데, 수운으로 바꾸고 난 후에는 피해가 사라지게 되었다는 것이다.

이처럼 낙동강과 남한강의 수운은 고려시대 조운제도의 운영과 유지에서 매우 중요한 역할을 하였다. 그러나 그동안의 조운에 관한 연구가 해운을 중심으로 연구됨에 따라 내륙 수운은 소홀하게 취급된 면이 있다. 특히, 한강 하류 직납 지역의 조운방식에 대해서는 아직 실마리조차 찾지 못하였다. 이에 대해서는 검토와 보완이 요구된다.

3) 서북 연안지역의 조운로

안란창은 고려 13조창 가운데 유일하게 서북쪽 해안에 자리잡고 있었다. 조창 설치 이전 이 지역의 조세운송은 60포창 중의 하나인 해위포를 통해 이루어졌다. 해위포는 안흥량 이남에 있었던 영암 조동포(장흥창 소재지), 나주 통진포(해릉창 소재지), 무안 덕포 등과 함께 8석당 1석을 輸京價로 지불하는 遠地였다.

또한, 안란창으로부터 개경으로 이어지는 조운로는 다음 자료를 통해 확인되는 것처럼 삼국시대 혹은 훨씬 이전부터 한반도에서 중국으로 이어지던 서해북부 연안항로 중의 일부였다.[275]

---

275) 고대 이래 송대에 이르기까지 한반도와 중국 사이에 범선이 운항한 항로는 크게 북중국 항로(요동 연안항로, 황해 횡단항로)와 남중국 항로(북방 경유항로, 동중국해 사단항로)로 나눌 수 있다. 김재근은 이들 중 요동 연안항로와 북방 경유항로가 결국은 같은 항로이므로 노철산수도 경유항로, 황해 사단항로, 동중국해 사단항로로 정리할 수 있다고 하였다(김재근, 앞의 논문). 이후의

X-① 登州에서 동북쪽으로 바다로 나아가 大謝島, 龜歆島, 淤島, 烏湖島를 지나는 데 300리, 북쪽으로 烏湖海를 건너서 馬石山 동쪽의 都里鎭까지 가는 데 200리, 동쪽으로 바닷가를 따라 靑泥浦, 桃花浦, 杏花浦, 石人汪, 橐駝灣, 烏骨江까지가 800리이다. 이어 남쪽으로 바닷가를 따라서 烏牧島, 貝江口, 椒島를 지나면 신라 서북쪽의 長口鎭에 도달한다. 또 秦王石橋, 麻田島, 古寺島, 得勿島를 경유하여 1000리를 가면 한강과 唐恩浦에 이르고, 이어 동남쪽으로 육로를 통해 700리를 가면 신라의 王城에 도달한다.[276]

X-② 당나라 때에는 신라와 발해 등 여러 나라도 모두 바다를 건너와서 조공하였는데, 신라는 지금의 南陽 德勿島와 豐川의 椒島가 모두 중국과 왕래하는 문호였고, 발해의 경우는 西京의 鴨涤府에서 배를 띄워 등주에 도달하였다. 고려에 이르러서는 松嶽에 도읍하였으므로 禮成江에서 배를 띄워 등주에 도달하였다. 송나라 사신이 올 적에는 대부분

연구자들도 대체로 이러한 경향을 따르고 있다. 그러나 연구자에 따라 이들을 일컫는 용어는 다양하다. 특히, 노철산수도 경유항로는 북부 연안항로, 서해북부 연안항로 등으로 다양하게 불리고 있다. 이에 정진술은 서해북부 연안항로, 서해중부 횡단항로, 서해남부 사단항로로 통일할 것을 제안하였다(정진술, 『한국의 고대해상교통로』, 한국해양전략연구소, 2009). 이와는 달리 강봉룡은 동아시아 연안항로, 황해중부 횡단항로, 황해남부 사단항로로 정리할 것을 제안하였다(강봉룡, 「한국 해양사 연구의 몇 가지 논점」, 『도서문화』 33, 목포대학교 도서문화연구소, 2009). 중국 동해에서 한국의 서해와 남해를 거쳐 일본으로 이어지는 이 길을 동아시아 연안항로라고 부르자는 것이다. 두 주장 모두 타당성이 있기는 하지만 본서에서는 불필요한 논란을 피하기 위해 가장 많이 사용되고 있는 서해북부 연안항로, 서해중부 횡단항로, 서해남부 사단항로라고 부르기로 한다. 서해중부 횡단항로는 백령도 부근에서 중국 산동반도에 이르는 항로를 의미한다(최근식, 고려대학교 박사학위논문, 2002, 97쪽).

[276] 『新唐書』 卷43, 志33 地理7, "登州東北海行 過大謝島 龜歆島 末島 烏湖島三百里. 北渡烏湖海 至馬石山東之都里鎭二百里. 東傍海壖 過靑泥浦 桃花浦 杏花浦 石人汪 橐駝灣 烏骨江八百里. 乃南傍海壖 過烏牧島 貝江口 椒島 得新羅西北之長口鎭. 又過 秦王石橋 麻田島 古寺島 得物島 千里至鴨涤江 唐恩浦口乃東南陸行七百里至新羅王城."

海西의 甕津 등지를 경유하여 왔으니, …277)

X-③ 廣石山은 부의 서남쪽 25리에 있다. 세상에서들 전하기를, "옛날 중국의 사신이 바다를 건너 왕래하던 길이다." 하는데, 산 아래 唐館 옛 터가 있다.278)

X-④ 淳化 4년(993)에 陳靖을 고려에 사신으로 파견하였다. 진정 등이 登州의 東牟에서 八角海口로 나아가다가 고려의 사신 白思柔가 탄 海船 및 고려의 뱃사공을 만났다. 이에 즉시 그 배로 올라가 芝岡島에서 순풍을 타고 큰 바다로 나갔다. 이틀을 항해하여 甕津口에 도착해서 묵고 육지에 올라 160리를 가서야 고려의 경내에 도착하였는데 海州이 다. 또 백리를 가서 閣州에 이르고, 다시 40리를 가서 白州에 이르렀으 며, 또 40리를 가서 국도에 도착하였다.279)

X-①에 의하면 등주에서 출발하여 서해북부 연안항로를 건넌 선박들 은 풍천 초도, 옹진, 교동·강화·덕적도를 경유한 후 당은포에 이르렀 다.280) 이 길은 북쪽으로 올라갔다가 다시 남쪽으로 내려와야 하는

---

277) 『海東繹史』 卷40, 交聘志8 海道.

278) 『新增東國輿地勝覽』 卷43, 黃海道 豊川都護府 山川.

279) 『宋史』 卷487, 列傳246 高麗, "二月遣秘書丞直史館陳靖 秘書丞劉式爲使 加治檢校太 師 仍降詔存問軍吏耆老. 靖等自東牟趣八角海口 得思柔所乘海船及高麗水工 卽登舟 自芝岡島順風泛大海 再宿抵甕津口登陸 行百六十里抵高麗之境曰海州 又百里至閣 州 又四十里至白州 又四十里至其國." 고려의 해안에 도착한 사신 일행이 옹진반 도에서 하선한 후 육로를 통해 개경으로 향한 것은 쉽게 이해되지 않는다. 더구나 사신들이 고려로 출발한 순화 4년(993, 성종 12)은 거란의 1차 침입이 있었던 해였다. 사신이 파견된 시기는 2월이므로 거란 침입(10월) 이전이 되지만 안전하 고 빠른 해로를 포기하고 육로를 택한 것을 보면 당시 해로를 이용할 수 없었던 특별한 이유가 있었던 것이 아닐까 생각된다.

280) 이에 대해 최근식은 당시 중국과 신라는 서해중부 횡단항로를 통해 교류했으므 로 『新唐書』에 제시된 길은 발해도의 일부일 뿐이라고 보았다. 그 증거로 四夷로 통하는 중요한 길 7개 가운데 고구려·발해도만 있고 신라도가 없는

최장 항로였지만 연안을 따라 움직이는 가장 안전한 길이었으므로 대규모 군사가 움직일 때나 상인들이 물자를 싣고 중국으로 갈 때에 주로 사용되었다.[281] 한무제의 조선 침공 때 누선장군 양복이 배를 이끌고 진격한 것도 이 길을 통해서였으며, 수나라 문제가 고구려를 침공할 때 이용된 것도 이 길이었다.[282] X-②, ③는 중국에서 신라로 이어지는 항로가 산둥―덕물도(덕적도) 또는 산둥―초도로 이어지고 있었음을 보여준다. 이는 산둥에서 서해 중부를 횡단하는 항로로 X-①보다는 거리상으로 짧다. 바다를 건너온 사신들은 덕물도에 직접 이르거나 椒島의 사신관에서 머문 후 서북 해안을 따라 남쪽으로 내려왔을 것이다.

X-①~③을 종합적으로 고려하면 풍천 초도는 중국에서 한반도로 건너올 때 매우 중요한 지역이었음을 알 수 있다. 초도는 안란창의 소재지 장연군 남대천 일대보다 더 북쪽에 있다. 따라서 초도에서 개경에 이르는 길은 안란창의 조운로와 매우 유사했을 것이다.

장산곶 이하의 조운로는 고려 건국 이후에도 송으로 이어지는 길목이었다. X-④에 의하면 고려 건국 이후 송의 사신들은 등주, 밀주에서 출항한 후 황해를 가로질러 옹진구에 닿았던 것으로 확인된다. 白思柔 일행이 등주에서 바다를 직접 건너 도착했다는 옹진구는 백령도에서 옹진반도로 이어지는 장연의 남쪽 해안이었을 것이다.[283] 산둥반도에서

것을 들었다. 따라서 이 기록은 신라로 가는 길이 아니라 고구려·발해로 가는 길이고, 그 곳으로부터 신라 왕성에 이르는 길이 그렇다는 것으로 해석해야 한다고 하였다(최근식, 고려대학교 박사학위논문, 99~100쪽).

281) 전진술, 『다시보는 한국해양사』, 신서원, 133쪽.

282) 정진술, 위의 논문, 67쪽, 113~123쪽.

283) 이것 역시 당시 등주에서 바다를 건너 고려에 도착할 때의 최단 거리가 옹진군 일대였기 때문이지 장산곶 이북이 위험하기 때문에 장산곶을 피하기 위해 옹진의 포구로 들어온 것은 아닐 것이다. 풍천 일대가 신라시대에도 당나라 사신들의 기착지였다는 사실을 고려하면 장산곶의 위험성은 과장된 면이 있다.

264

백령도까지는 약 180km밖에 되지 않는 최단거리였으므로[284] 조선 후기
까지도 중국의 장삿배가 이 항로를 통해 조선으로 건너오는 경우가
많았다.[285] 고려시대에도 이 지역이 군사적 요충지였음은 백령진이
설치된 것을 통해서도 확인된다.[286]

백령도와 옹진만 일대는 풍천의 초도와 함께 중국 사신들이 등주에서
건너와 예성강으로 들어오는 길목이었다. 고려에서 송으로 건너갈 때는
예성강－옹진－초도－산둥반도의 항로를 이용하였다.[287] 고려와 송의
사신, 상인 왕래가 활발했던 만큼 등주·밀주와 고려 사이를 왕래하는
사신이나 상인들은 고려의 조운로를 따라 벽란도에 도착하는 일도
많았을 것이다.[288]

이후 서북지역 조운로는 원 간섭기에 양국의 교류가 늘어나고, 원에
의해 水驛이 설치되면서 더욱 많이 이용되었다.[289]

　　Y-① (2월) 상서성의 보고에 의하건대 '작년에 요동으로 군대들과 군마들
　　　을 파견하였을 무렵에 그 지방 인민들이 난리를 겪고 곡식도 거두어들
　　　이지 못하여 모두 먹을 것이 없는 형편이라 하며 江南은 요동에서

284) 최근식, 「장보고 무역선과 항해기술 연구－신라선 운항을 중심으로－」, 고려대
　　학교대학원 박사학위논문, 2002, 98쪽.
285) 『萬機要覽』 軍政篇 海防 西海之北.
286) 『高麗史』 卷58, 志12 地理3 安西大都護府 甕津縣.
287) 옹진군지편찬위원회, 『옹진군지』, 옹진군, 1989, 116쪽.
288) 김영제, 앞의 논문, 248~249쪽.
289) 『고려사』에는 충렬왕 16년(1290) 정가신이 원나라를 방문했을 때 원나라 황제가
　　수역설치에 대한 의견을 정가신에게 물었다가 중단했다는 기사가 실려 있다
　　(『고려사』 卷105, 열전18, 정가신). 위의 기사를 종합해 볼 때 원나라 간섭기에
　　제주도로부터 대동강에 이르는 水驛이 설치되었음을 알 수 있다. 1290년 정가신
　　이 원나라에 세자와 함께 갔을 때 원나라 황제가 구상했던 것을 3년 후인
　　1293년에 실현한 것이다. 원의 수참 설치에 대한 자세한 내용은 森平雅彦,
　　「高麗における元の站赤－ルートの比定を中心に」 『史淵』 141, 九州大學校, 2004,
　　101~107쪽 참조.

거리가 멀고 길이 험하여 배로 양곡을 운반하여도 나누어 줄 수량을
다 보장하지 못하겠는바 요동과 고려는 서로 국경을 접하고 있으니
그곳(고려)에서 양곡 10만 석을 마련하여 가져다가 구제하여 주도록
명령하여 주기를 바란다'라고 하였으므로 … (3월) 신묘일에 監察司
丞 呂文就, 직사관 陳果 등으로 하여금 배 4백 83척과 뱃사람 1천
3백 14명을 데리고 쌀 6만 4천 석을 盖州에 수송해 가게 하였다.[290]

Y-② 지원 30년에 해안선을 따라 水驛을 설치하였는데, 탐라에서 압록강
까지와 楊州의 바다 입구까지 합하여 30개소였다.[291]

Y-③ 탐라로부터 압록강에 이르기까지 대개 11개소였다.[292]

Y-①은 고려에서 곡식을 싣고 개주까지 다녀온 것을 기록한 것이다.
고려 후기에는 이러한 양국 사이의 곡물 운송이 여러 차례 있었다.[293]
Y-②, ③을 통해서는 고려에서 원으로 이어지는 수역이 설치되었음을
확인할 수 있다. Y-②의 양주는 원의 수도 대도의 입구에 있는 陽村海口로
추정된다.[294] 수역을 이용할 수 있게 됨에 따라 고려에서 원을 오가는
사신·상인들의 배도 늘어났다.[295] 고려 말 명에 파견된 사신들이 배를

---

290) 『高麗史』 卷30, 世家 忠烈王 3年.
291) 『續文獻通考』 卷234, 四裔考 東夷 高麗.
292) 『元史』 卷17, 本紀 世祖 14.
293) 『高麗史』 卷30, 忠烈王 15年 3月. 이외에도 곡물 수송 기사는 2개가 더 있다(『高麗
　　史』 卷31, 忠烈王 21年 4月 ; 『高麗史』 卷30, 忠烈王 21年 閏4月).
294) 森平雅彦,「高麗における元の站赤－ルートの比定を中心に」『史淵』 141, 九州大學
　　校, 2004, 104쪽.
295) 『노걸대』에는 도보로 말, 인삼 등을 가지고 산동의 고당에 가서 팔고, 견직물
　　등을 산 후 지금의 천진에서 배를 타고 귀국하는 상인의 이야기가 있다(위은숙,
　　「원간섭기의 대원무역－노걸대를 중심으로－」『지역과 역사』 4, 1997, 61~63
　　쪽 ; 이진한, 「고려말 대명 사무역과 사행무역」『韓國研究センター年報』 9,
　　九州大學韓國學センター, 2010, 30쪽에서 재인용).

타고 갔다가 요동에서 난파당할 위기를 겪는 경우도 있었다.[296]

이러한 사실들을 고려하여 비교적 자세한 지명이 남아있는『增補文獻備考』의 기록을 토대로 초도에서 개경의 입구인 교동도에 이르는 항로를 추정하면 다음과 같다.

Z. 교동 북쪽에 延安·羅津浦가 있고, 교동 남쪽에 江都가 있다. 교동 서쪽 10里되는 곳에 馬浦가 있는데 배가 정박하여 바람을 기다리는 곳이다. 오른편에 彌法島·西檢島·末島를 끼고, 왼편으로 三升草를 끼었다. 오른편으로 甑山·盤耳島·盤耳草를 끼었고, 왼편으로 細草·加仁嶼·陷朴嶼를 끼었다. 오른편에 雲地島·雲地草를 끼었고, 왼편에는 大草·毛老島·毛老草를 끼었다. 오른편에 却胡草·牙里草·麻魚草·多鼓嶼를 끼었고, 왼편으로는 北島·水中草를 끼었는데, 윗 머리쪽으로 가면 延平島가 오른편에 있고, 山延平이 왼편에 있다. 배가 두 섬의 사이를 다니는데, 왼편으로는 沙乃三嶼를 끼었고, 오른편에는 甕石嶼를 끼었다. 오른편에 鷲嶼·登山串을 끼었고. 왼편으로는 加里串·巡威鎭을 끼었다. 오른편에 弄魚島·所江營·著作浦를 끼었고, 왼편으로는 於儀·長連·箕連·馬押島를 끼었다. 오른편에 陸沙乃串·舞水龍浦·吾叉鎭을 끼었고, 왼편으로는 牛突·沙乃島·鱗乙業島·小靑島·大靑島·白翎島鎭을 끼었다. 오른편에 長山串과 醯甕巖을 끼었는데, 돌아서 助伊鎭으로 향하고, 왼편으로 夾椒島鎭과 蒙金島를 끼었다.[297]

---

296) 이진한, 위의 논문, 47쪽.

297)『增補文獻備考』卷35, 輿地考23 關防11 海路1 西南海路. 이를 안란창이 있었던 장연으로부터 개경까지의 경로로 간단히 재정리하면 다음과 같다.
兀串·許沙鎭과 席島 사이→ 長山串·醯甕巖과 椒島鎭·蒙金島 사이→ 陸沙乃串·舞水龍浦·吾叉鎭과 牛突嶼·沙乃島·鱗乙業島·小靑島·大靑島·白翎島鎭 사이→ 弄魚島·所江營·著作浦와 於儀·長連·箕連·馬押島 사이→ 鷲嶼·登山串과 加里串·巡威鎭 사이→ 沙乃三嶼와 甕石嶼 사이→ 延平島과 山延平 사이→ 却胡草·牙里草·麻魚草·多鼓嶼와 北島·水中草 사이→ 雲地島·雲地草와 大草·毛老島·毛老草 사이→ 甑山·盤耳島·盤耳草와 細草·加仁嶼·陷朴嶼 사이→ 彌法島·西檢島·末島와 三升草 사이 → 교동도→ 喬桐과 延安·羅津浦 사이.

위의 자료를 통해 확인되는 것처럼 초도에서 장연을 거쳐 개경에
이르는 항로는 서남해 연안로에 비해 비교적 단조로운 편이다. 그러나
이 항로에는 예부터 물길이 험하기로 유명한 장산곶이 포함되어 있었다.
장산곶은 안흥량, 손돌목과 함께 대표적인 험지로 인식되어 국가의
제사가 행해지던 곳이었다.[298] 선행 연구에서 안란창이 장연군 해안면
구진리 일대에 있었을 것이라고 추정한 것도 장산곶의 위험성 때문이었
다.[299]

그러나 장산곶이 험지이기 때문에 안란창이 장산곶을 피해 남쪽에
자리잡았을 것이라는 생각은 재검토가 필요하다. 장산곶 일대가 국가의
제사처였다는 사실은 안란창의 위치 추정에 있어 매우 중요한 점을
시사하는 것으로 해석되어야 하기 때문이다.

또한, 장산곶은 험로이기는 하지만 그 위험성에 대한 인식이 태안의
안흥량이나 강화 손돌목에 비해 과장된 면이 있다. 그것은 주로 황해
이북 지역이 잉류지역이 되어 세곡운반에서 제외된 조선시대의 기록에
나타난다. 이에 대해 이중환은 다음과 같이 지적하고 있다.

　A'. 장산곶은 위에 기록한 황해도 장연 땅이다. 땅이 바다 가운데로

---

298) 『高麗史』 卷58, 地理3 甕津縣.
299) 北村秀人은 대동만 연안이라고 추정하였으며(北村秀人, 앞의 논문, 1978, 342쪽),
　　 吉田光男은 장연군 해안면 구진리 덕동으로 비정하였다(吉田光男, 「高麗時代の
　　 水運機構‘江’について」『社會經濟史學』 46, 1980, 422쪽). 이후의 연구는 대체로
　　 吉田光男의 견해를 따르고 있다. 특히, 한정훈은 『증보문헌비고』 장연조와
　　 『대동지지』 해주목조에 기록된 "西別倉－西別江邊舊收長山串以北諸邑田稅漕
　　 至京師漕運今廢"라는 구절을 토대로 이 지점이 서해도 조운활동의 중간기착지
　　 였음을 짐작하는 데 도움이 된다고 하였다(한정훈, 앞의 부산대학교 박사학위
　　 논문, 149쪽). 한정훈의 의견대로 대동만 일대는 장산곶 이북의 조세를 수렴하여
　　 수도로 보내기에는 적합한 곳이지만 서별창에 조창이 있었던 시기는 『만기요
　　 람』을 통해 볼 때 조선시대이다(『萬機要覽』 軍政篇 海防 西海之北, "西別江－今稱
　　 苦灘 舊有倉 收長山串以北諸邑田稅于此 漕至京師 今以錢代 故廢").

들어가 뿔처럼 뾰족하게 되었고, 암초와 물살이 험하게 여울지므로
뱃사람들이 모두 두려워한다. 충청도 내포의 태안 서쪽에도 안흥량이
있는데, 장산곶처럼 땅이 바다로 불쑥 들어가서 된 곳이다. (안흥량은)
바다 가운데 두 개의 바위가 가파르게 솟았는데, 배가 두 바위 사이로
지나가야 하므로 뱃사람들이 몹시 두려워한다. 남북 두 곳이 바다
가운데 우뚝하게 마주 서 있으므로, 배들이 다니다가 여기에서 많이
낭패를 당한다. 전라·경상·충청 3도의 부세는 모두 배에다 실어 서울
로 옮겨온다. 그러므로 물길에는 모두 조군을 두어 그 해안으로 차례차
례 실어 나른다. … 그러므로 뱃사람들이 물길에 익숙하게 되고,
장사꾼들도 또한 많아서, 안흥곶을 마치 자기 뜰을 밟는 것처럼 쉽게
여긴다. … 평안도와 함경도에선 고을의 부세를 서울로 옮기는 예가
없다. 그 지방에 그대로 두어 칙사의 행차와 국경 수비의 비용으로
쓴다. 그러므로 관청에서 배로 옮길 일도 없고, 또 사대부가 살지
않는 곳이어서 개인적으로 운송할 일도 아주 없다. 오직 본도의 장삿배
만 가끔 서울로 오가고, 이따금 다른 지방의 장삿배가 오기도 하지만
삼남같이 많지도 않다. 그러므로 뱃사람들이 물결을 넘는데 익숙지
못하여, 장산곶을 두려워하는 것이 남쪽 뱃사람들이 안흥량을 두려워
하는 것보다 더하다.300)

해로가 험하기로는 안흥량이 험하지만 안흥량은 조운선과 상선이
늘 다니므로 어려워하는 사람이 적은데, 장산곶은 조운선이나 상선이
다니지 않아 뱃사람들이 두려워하게 되었다는 것이다. 따라서 황해도
지역의 조세를 개경으로 운반한 고려시대에는 장산곶을 지나는 선박들
이 적지 않았을 것이며, 그 중에는 조운선도 포함되어 있었을 것이다.
그러므로 『고려사』의 "장산곶이 국가 제사처였다"301)는 기록은 장산곶

---

300) 『擇里志』 八道總論, 黃海道.
301) 『高麗史』 卷56, 志10 地理12 安西大都護府 瓮津縣, "有長山串 春秋降香祝行祭
載小祀."

이 국가가 제사를 지내야할 만큼 중요한 곳이라는 의미로 해석되어야한다. 그것은 안란창을 왕복하는 조운선의 안전을 기원하기 위한 목적과 직접적인 관련이 있을 것이다.

장산곶을 빠져 나온 조운선은 백령도와 대청도, 소청도의 왼쪽 바다와 어화도와 위순도의 오른쪽 해안을 끼고 해안을 따라 육지와 대연평도 사이의 바닷길을 지난 후 창린도의 오른쪽 해안을 돌아 내려왔다. 그리고 다시 登山鎭(현 황해남도 등산곶)과 巡威島(황해남도 남단의 섬) 사이를 지나 龍媒鎭(용매도, 현 황해남도 남단의 섬)을 끼고 陷朴嶼에 이르렀으며, 이후 교동 동서쪽 10리 부근의 馬浦를 거쳤다. 馬浦는 조선 후기 선박들이 서북지역으로 향할 때 바람을 기다리는 候風處였다. 이후 교동도와 延安 羅津浦 사이를 지나 예성강에 이르거나 교동과 송가도 사이를 지나면 예성강 하구에 이르렀다.

장연 안란창에서 벽란도에 이르기까지 소요되는 기간은 『輿地圖書』에 기록된 송화에서 한양까지의 거리와 풍덕에서 한양까지의 거리를 함께 고려하여 산정할 수 있다. 조선 후기에 송화의 業淸江[302]을 출발한 조운선은 장산곶포에 이르러 큰 배에 옮겨 싣고 다시 출발하여 9일 만에 한양에 도착했다. 그러나 이 기간은 한양까지의 거리이므로 더 정확한 계산을 위해서는 풍덕의 승천포에서 한양까지 소요된 기간 2일을 제외해야 한다. 장산곶에서 교동도를 지나 벽란도에 이르는 거리와 교동도에서 한양으로 가는 길목의 승천포에 이르는 거리가 거의 유사하기 때문이다. 따라서 송화에서 한양까지 소요되는 기간 9일에서 승천포에서 한양까지 소요되는 기간 2일을 제외하면 장산곶에서 벽란도까지는 약 7일정도의 거리가 된다. 남대천을 빠져나와 장산곶에서 출발한 안란창의 조운선은 약 7일 만에 개경 벽란도에 도착했을 것이다.

---

302) 『輿地圖書』黃海道 松禾條에는 業津江으로 표기되어 있으며, 구체적인 위치는 초도 맞은 편 풍천이다.

270

한편, 『반계수록』에는 해주 이남의 조운선 운항과 관련된 중요한 단서가 있다. 유형원이 강선의 규모를 구분하며 해주까지 운항 가능한 것은 대선, 그렇지 못한 것은 중선이라고 기록한 것이 그것이다.[303] 그의 분류대로라면 강선은 대선이라 하더라도 해주까지밖에 운항하지 못한다. 이를 통해 추론해보면 장산곶 이북은 강선이 드나들 수 없는 곳이므로 안란창에도 다른 바닷가 조창과 마찬가지로 초마선이 배치되어 있었을 것이다.

〈그림 12〉 서북지역 조운로

벽란도에서 서북지역으로 떠날 때는 바람을 잘 타야 했다. 지금도 교동도에는 사신당, 사신로, 사신관 등의 지명이 남아있는데, 이는 고려에 왔던 사신들이 떠나기 전 바람을 기다리던 곳이었다고 한다.[304]

---

303) 『磻溪隨錄』隨錄 卷1, 田制(上) 雜說.
304) 강화역사문화연구소, 『강화 고지명 총람』, 2007, 6~8쪽. 읍내리 남산 일대의 사신당, 사신로, 사신관 등의 지명이 송나라 사신들과 연관된 지명이라고

조선시대의 『增補文獻備考』에도 교동 마포 일대가 바람을 기다리던 곳이라고 표기된 것으로 보아 고려시대로부터 후대에 이르기까지 지속적으로 전해진 항해관습으로 보인다.[305]

지금까지 13개 조창에서 개경에 이르는 조운로에 대해 살펴보았다. 요컨대 조운로는 조운의 성패와 직접 연결되었으므로 가장 안전한 항로, 즉 해안선에서 최대한 가까운 항로를 따라 형성되었다. 이는 항해술의 미흡 등 여러 가지 이유가 있겠지만 가장 큰 이유는 조운선의 패몰 시 救難과 관련이 있다. 조선시대의 사례이기는 하지만 조운선이 패몰하면 인근의 수령이 인명을 구제하고, 곡식을 건져야 하는 규정이 마련되어 있었다. 그 결과 19세기 충청도 지역에서 발생한 조운선 패몰사고 147건, 조난 인원 1807명 중 사망자는 114명밖에 되지 않았다. 이는 1건당 사망자 평균 0.8명으로 생존율이 93.7%에 이르는 높은 비율이다.[306] 또한, 해안가 가까이에서 조난당하는 경우 썰물을 이용하여 조운선에 적재되었던 곡식을 건져 올리기도 용이하였다. 조운선 1척에 1천 석이나 되는 곡식이 실려 있었으므로 가라앉은 배에서 곡식을 끌어내는 것이 매우 중요한 일이었을 것이다.

조운로를 통해 추정해 본 바에 따르면 13개 조창 중 남해안에 설치된 3개의 조창(석두·통양·해룡)은 연 1회 이상 조운하기 어려웠다. 울돌목 이북 해릉창과 장흥창의 경우에는 최대 2회, 칠산 이북의 부용창, 안흥창, 진성창의 조운선은 최대 3회까지 운송할 수 있었다. 최대의 험로였던 안흥량 이북에 자리잡은 하양창과 영풍창, 서북 지역 황해도 안란창

설명되어 있다.

305) 『增補文獻備考』 卷35, 輿地考23 關防11 海路1 西南海路.

306) 吉田光男, 「一九世紀忠清道の海難－漕運船の遭難190事例を通して」 『朝鮮學報』 121輯, 1986, 66~67쪽.

소속의 조운선은 최대 4회, 한강을 따라 조운한 덕흥창과 흥원창 소속의
평저선은 3회까지 운송할 수 있었다. 이를 간단히 나타내면 다음과
같다.

<표 16> 조운선의 조세 운송 총액[307]

조창명	운행가능 횟수	운송량	도별총액
석두창, 통양창	1회	1000석 × 6척 × 2창 × 1회 = 12,000	12,000 (경상도)
해룡창	1회	1000석 × 6척 × 1창 × 1회 = 6,000	84,000 (전라도)
장흥창, 해릉창	2회	1000석 × 6척 × 2창 × 2회 = 24,000	
법성창, 안흥창, 진성창	3회	1000석 × 6척 × 3창 × 3회 = 54,000	
하양창, 영풍창	4회	1000석 × 6척 × 2창 × 4회 = 48,000	48,000 (양광도-충청 지역)
안란창	4회	1000석 × 6척 × 1창 × 4회 = 24,000	24,000 (서해도)
덕흥창, 흥원창	3회	200석 × 20척 × 1창 × 3회 = 12,000 200석 × 21척 × 1창 × 3회 = 12,600	24,600 (충주, 원주 등)
총계		192,600석	

<표 16>의 총 운송량 192,600석은 초마선과 평저선으로 운송할 수
있는 최대치에 해당한다. 만약 선행연구에서 추정한 것처럼 각 조운선이
실제로 1회만 운행하였다면 그 양은 훨씬 더 줄어든다.[308]

고려시대에는 좌창, 우창, 용문창, 운흥창, 대창 등 중앙의 창고가

---

307) 운송거리에 따른 운송 가능 최대치에 해당한다. 따라서 실제 운송량은 이보다
더 적을 수 있다.
308) 요시다 미쓰오(吉田光男)는 각 조창은 1선 1운이 원칙일 것으로 보았으며(吉田光
男,「高麗時代の水運機構'江'について」『社會經濟史學』46, 1980, 423~424쪽), 한
정훈은 하양창과 안란창은 2회, 나머지는 1회 정도밖에 운항하지 못했을 것이라
고 하였다(한정훈,「고려시대 조운제와 마산 석두창」『한국중세사연구』17,
한국중세사학회, 2004, 37~38쪽).

각자 할당된 수조지에서 전조를 징수하여 祿俸, 國用, 軍資 등의 재정을 운영하였다.[309] 그 규모는 左倉에서 관리들에게 녹봉으로 지급한 곡식만 해도 139,736석 13두나 되었으며,[310] 國用을 운용한 右倉의 재정 규모 역시 좌창과 유사하였다고 한다.[311] 수세량이 명확하지 않은 나머지 倉과 貢賦로 징수한 물품,[312] 관리들의 수조지에서 징수한 곡식까지 조운하는 경우 그 양은 더 늘어난다.[313] 따라서 <표 15>에서 산출된 192,600석에 직납지역에서 납부한 조세를 포함하더라도 조세 총액에는 미치지 못한다. 이는 조세 운송에 초마선, 평저선과는 다른 선박이 이용되었음을 시사하는 것이다.

고려시대 私船의 존재와 활동 양상은 다음의 자료가 참고된다.[314]

---

309) 박종진, 「高麗前期 中央官廳의 財政構造와 그 運營」『한국사론』 23, 서울대학교 국사학과, 1990, 171~175쪽 ;『고려시기 재정운영과 조세제도』, 서울대학교출판부, 2000, 21~27쪽 ; 안병우, 『高麗前期의 財政構造』, 서울대학교출판부, 2003, 89~184쪽 ;「고려 초기 재정운영 체계의 성립」『고려사의 제문제』, 삼영사, 1986.

310) 『고려사』에는 문종 때 좌창에서 지급한 녹봉의 양이 139,736석 13두라고 기록되어 있지만 실제로 지급한 양은 문무반 14만 3410석, 권무관 3,077석, 동궁관 2,368석, 도합 14만 8,855석에 공장별사 쌀536석, 벼 483석, 잡별사, 종실록을 합하면 15만석이 넘는 것으로 추정되고 있다(안병우, 위의 책, 2003, 104쪽).

311) 『고려사』 卷78, 지32 식화1 전제 녹과전, 창왕 원년 12월. 조준의 사전개혁 구상에서 좌창과 우창에 같은 토지를 배분하려 한 것을 근거로 좌창과 우창의 규모는 거의 같을 것으로 이해하고 있다(안병우, 위의 책, 2003, 148쪽).

312) 공부는 조세 이상으로 국가 재정운영에서 큰 기능을 하였다(강진철, 『고려 토지제도사 연구』, 고려대학교출판부, 1993, 267쪽). 공부는 품목에 따라 역로를 통해 운송된 것으로 이해되고 있으나(박종진, 앞의 책, 2000, 126쪽) 부피가 크고 무거운 물품들은 공선으로 운송하였다.

313) 강진철, 위의 책, 76~77쪽 ; 김용섭, 「高麗前期의 田品制」『韓國中世農業史研究』, 지식산업사, 2000, 131~134쪽 ; 이경식,『고려 전기의 전시과』, 서울대학교출판부, 2007, 116쪽.

314) 고려 후기 상업 발달과 상선의 활동에 관한 연구로는 김동철, 「高麗 末의 流通構造와 商人」『釜大史學』 9, 1985 ; 徐聖鎬, 「高麗武臣執權期 商工業의 展開」『國史館論叢』 37, 1992 ; 김삼현, 「고려후기 장시에 관한 연구」『명지사학』 4, 1992 ; 한

274

B'-① 장삿배와 조운선이
　　　만 리에 돛을 이어
　　　묵직한 배 북쪽으로
　　　가벼운 돛대 남쪽으로
　　　돛대머리 서로 잇고
　　　뱃고물이 맞물려서
　　　바람편 순식간에
　　　팔방 사람 모여드니
　　　산해의 진미를
　　　안 실어오는 물건 없네
　　　뭇 배 와서 닻 내리자
　　　거리 가득, 골목 붐벼
　　　매매가 사뭇 손쉬우니315)

B'-② 쉴새없이 흐르는 강 동으로 향하듯이
　　　오가는 세월도 끝이 없을 테지
　　　商船은 푸른 물결 가르며 지나가고
　　　어적이 울리는 곳엔 석양이 붉다.316)

B'-③ 경인일에 몽고 사절이 外城을 헐지 않았다는 말을 듣고 말하기를
　　　외성이 아직 그대로 있으니 성심으로 항복하였다고 말할 수 있겠는가?
　　　… 이때에 강화 사람들은 안팎 성을 모조리 헐어 버리는 것은 반드시

정훈, 「고려시대 조운제와 마산 석두창」 『한국중세사연구』 17, 한국중세사학회,
　　2004, 38~39쪽 ; 「12·13세기 전라도지역 私船의 해운활동」 『한국중세사연구』
　　31, 한국중세사학회, 2011, 81~85쪽 등이 있다.
315) 『東文選』 卷2, 賦 三都賦, "商船貢舶 萬里連帆 艤重而北 棹輕而南 檣頭相續 舳尾相銜
　　一風頃刻 六合交會 山宜海錯 靡物不載 爭來泊而纜碇 候街塡而巷隘 顧轉移之孔易."
316) 『東國李相國集』 卷1, 古律詩 「江上偶吟」, "滾滾長江流向東 古今來往亦何窮 商船載
　　破寒濤碧 漁笛吹殘落照紅."

까닭이 있는 것이라고 하면서 앞을 다투어 선박을 사 들이니 뱃값[船價]이 등귀하게 되었다.317)

B'-④ 강화를 수비하던 병졸들이 대부분 도망하여 出陸하였으므로 적(삼별초_필자 주)들도 수비할 수 없음을 자각하고 강화에 있는 배들을 전부 모아서 그 배에 公私의 재물이며 자녀들을 싣고 남녘으로 내려갔는데 仇浦로부터 缸破江에 이르는 어간에 무려 1천여 척의 배가 서로 꼬리를 물게 되었다.318)

B'-⑤ (충혜왕 4년 3월) … 船稅도 징수하였는데 비록 배를 가지지 않고 있는 자라도 그 피해를 입었으며 선세로 받은 재물, 비단이 거액에 달하여 그것을 운반해 가는 도중에 소와 말이 넘어져 죽었고 바닷가에 있는 고을들의 백성들은 산과 섬에 도망가서 숨으니 뱃길이 통하지 못하는 일까지 있었다.319)

B'-①, ②는 고려 후기 상선의 활동을 보여주는 자료이다. 특히, B'-①은 조운선과 함께 강화도에 드나드는 상선의 모습을 묘사하고 있다. 배들이 꼬리를 이어 드나들었다는 묘사를 통해 적지 않은 개인선박이 존재하고 있었음을 알 수 있다.

B'-③, ④는 강화도에 정박하고 있던 선박들에 관한 기사이다. 전자는 몽골에 항복한 후 외성을 허무는 등 시국이 어수선하자 피난을 위해 배를 사들이고 있는 모습이며, 후자는 정부에 반기를 든 삼별초가 1천 척이 넘는 강화도의 선박을 모두 이끌고 섬을 떠나는 모습을 기록한 것이다. 그 중 많은 수가 병선으로 추정되지만 B'-③의 상황을 고려하면

317) 『高麗史』 卷24, 世家 高宗 46年 6月.
318) 『高麗史』 卷130, 列傳43 叛逆4 裵仲孫.
319) 『高麗史』 卷79, 志33 食貨2 科斂.

사선 또한 적지 않았을 것이다.

B'-⑤는 私船을 소유한 사람들이 매우 많았음을 보여준다. 선박세를 납부한 사람들은 개인 소유의 선박을 이용하여 상행위를 하거나 운송업에 종사했을 것이다.

위의 기사 모두 무신정변 이후의 사례를 보여주는 것이지만 성종 11년 輸京價 제정 기사를 통해 알 수 있는 것처럼 고려 전기에는 선박을 소유한 사람들은 고액의 대가를 받고 조운에 종사하고 있었다. 비록 靖宗 때 조창에 官船이 배정되기는 하였으나 이를 계기로 사선이 갑자기 한꺼번에 폐기되지는 않았을 것이다. 관선으로 운송할 수 있는 양은 한정되었으므로 그밖의 조세에 대해서는 여전히 사선 운송에 의지해야 했기 때문이다. 사선에 의한 조세운송은 중앙집권체제가 이완되는 고려 후기로 갈수록 비중이 더 커졌을 것이다. 따라서 고려 말 왜구에게 약탈당한 해안가 군현의 조운선은 자체 제작한 것도 있었지만 그 중 일부는 세를 받고 동원된 私船이었을 것이다.

私船이 稅價[320]를 받고 조운에 참여한 사례는 조선 전기에도 흔했으며,[321] 관선에 의한 조운제도가 확립된 성종조에도 사선을 조운에 이용하자는 건의는 꾸준히 제기되었다.[322]

따라서 고려시대의 조운 역시 정종조 이후에도 여전히 사선에 의한 운송이 병행되었음을 규명하는 것이 차후의 과제이다. 얼마나 많은 사선들이 참여하였으며, 관리들의 수조지에서 징수한 조세가 어떤 경로를 통해 개경까지 운송되었는지에 대한 후속 연구가 요구된다.

한편, 내륙 수운로는 대선이 드나들 수 있었던 간선수로, 중·소형

---

320) 고려시대의 輸京價와 유사한 의미로 조선시대에는 稅價라는 용어가 사용되었다 (『太宗實錄』 1年 8月 2日 戊午).

321) 『太祖實錄』 7年 12月 29日 辛未 ; 『太宗實錄』 15年 6月 25日 庚寅 ; 『世宗實錄』 28年 9月 16日 辛巳 ; 『世祖實錄』 8年 2月 30日 乙未 외 다수.

322) 『成宗實錄』 5年 9月 11日 癸亥 ; 『成宗實錄』 19年 5月 25日 戊子.

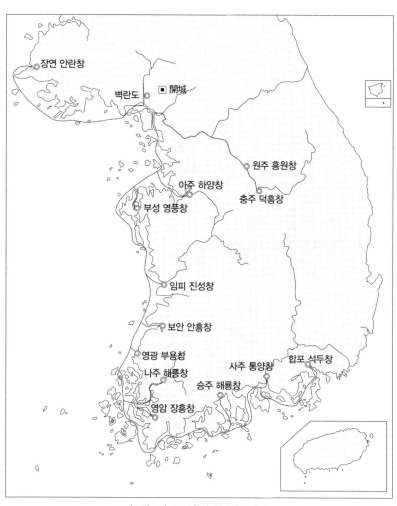

〈그림 13〉 13조창의 위치와 조운로

278

선박이 드나들 수 있었던 지선수로 등으로 구분할 수 있다.323) 예성강은
벽란도까지가 대수로, 조읍포까지가 간선수로였으며, 한강은 용산까지
가 대수로, 대선이 드나들 수 있었던 충주, 춘천까지가 간선수로, 그
외 지역은 지선수로에 해당한다. 조창은 대수로 또는 간선 수로의 범위
내에 설치되었다.

　흥원창이나 덕흥창 관할 구역이 아닌 예성강 상류지역 황주목 산하
평주[平山],324) 한강 중·하류 지역인 흥원창 이서의 광주목 관할 군현[廣
州, 龍駒縣, 楊根縣]·안남도호부 관할 군현[衿州, 童城縣, 通津縣, 孔巖縣,
金浦縣, 守安縣 등] 등도 예성강과 한강을 이용하였을 것이다. 이들 지역은
조창제 시행 이후 직납지역으로 분류되었지만 60포창제 시기에는 輸京價
를 납부하고 선박을 이용하여 조세를 납부했던 지역이다. 직납은 조창을
거치지 않고 직접 경창에 납부한다는 의미이지 육로로 운송해야 한다는
운송방식을 규정한 것은 아니다.325) 따라서 고려 말 정몽주가 고안했다
는 수참은 이들 지역의 조운과 직접적인 관련이 있다고 생각된다. 이전부
터 특정 장소에 집결하여 조세를 운송하던 관행을 좀 더 체계화한
것이 수참이라는 제도로 정립되었을 것이다.

---

323) 한강의 경우 강선과 해선이 함께 드나들 수 있었던 서울까지를 대수로라고
　　한다면, 서울에서 춘천·충주까지는 간선수로, 그 상류의 지류들은 지선수로라
　　고 할 수 있다.
324) 『輿地圖書』에 의하면 평산은 猪灘浦에서 배에 조세를 실어 한양까지 운송하였다.
　　저탄 하류의 조읍포는 조수가 닿는 곳이었으므로 下江과 溯江에도 용이하다.
　　조선 건국 후 조읍포에 포창이 생긴 것도 이와 관련이 있다.
325) 조선 후기에도 여주, 양근, 광주, 통진 등 한강변에 있는 지역들은 모두 육로가
　　아니라 한강을 이용하여 조세를 운송하였다. 따라서 고려시대에도 유사하게
　　납부했을 것이라고 추정할 수 있다. 『輿地圖書』에 의하면 양근은 郡南葛山江路
　　에서(『輿地圖書』京畿道 楊根), 이천은 古川寧縣津頭에서, 통진은 갑곶진(『輿地圖
　　書』京畿道 通津)에서 각각 출발하였다.

결 론

어느 시대든 조세는 국가 경제의 근간이다. 화폐가 널리 유통되기 이전까지 조세는 부피가 무거운 곡식으로 징수되었으므로 대부분 수레나 선박을 통해 수도로 운송되었다. 그 중에서도 역사서에 기록된 漕轉, 漕運, 漕輓, 海漕 등은 선박으로 조세를 운송하는 체계적인 운송시스템을 일컫는 말이었다.

우리나라의 조운제도는 고려시대 중앙집권체제의 확립과정과 함께 정착되었으며, 이후 조선시대 조운제도의 성립과 운영에도 많은 영향을 끼쳤다. 따라서 우리나라 조운제도의 성립과 발전과정을 살피기 위해서는 그 기초가 되는 고려시대 조운제도에 대한 분석이 선행되어야 한다. 이 책에서는 그동안의 고려시대 조운제도에 관한 성과를 정리하는 한편, 조운제도의 성립시기와 조창의 위치, 수세구역 등 그동안 논란이 되었던 부분과 공백으로 남아있던 부분을 연구하여 보완하고자 하였다. 지금까지 검토된 내용을 종합하고 의미를 파악하여 봄으로써 논의의 단락을 짓고자 한다.

I장에서는 조운제도의 기원과 발전·변화 과정에 대하여 살펴보았다. 조운은 바다로 연결된 포구에 곡식을 집결한 뒤 배를 이용하여 수도로 운송하는 방식이었으므로 바다가 안정되지 못하면 운영되기 어려운 점이 있었다. 고려가 國初부터 해상 호족 세력들을 중앙의 귀족으로

끌어들이고, 지방 포구를 행정체계 안에 포함시키기 위해 노력한 것도 이와 무관하지 않다. 포구를 거점으로 하는 지방 세력들이 존재하는 한 조운은 그들에 의존할 수밖에 없기 때문이다.

여러 가지 異見이 있긴 하지만 조운은 태조 시기부터 이루어진 것으로 보인다. 그러나 초기의 조운은 국가가 특정한 포구를 지정하여 군현 단위로 운송하는 형태였다. 중앙에서 파견된 금유·조장, 전운사는 이러한 과정을 감독하고 독려하는 관리였을 것이다. 이후 성종 2년~11년에는 지방관 파견, 향리직 개편 등 각종 제도 정비를 통해 한층 강화된 왕권을 바탕으로 60개 浦倉의 명칭을 개정하고, 輸京價를 국가가 일괄적으로 제정하는 등의 조치를 취할 수 있게 되었다. 조세의 1차 집결지가 지정된 점, 포창으로부터 개경까지의 운송과정에 국가가 개입하게 된 점 등을 토대로 살펴볼 때 조운제도의 기반은 이 시기에 확립되었다고 할 수 있다. 또한, 성종 11년에는 60개 포창 중 이미 9개 소에 조창이 설치되어 있었다. 이들 9개 조창은 주변 포창의 거점 역할을 담당하였을 것으로 추정된다.

이후 60개 浦倉을 중심으로 조세를 운송하던 초기 형태의 조운제도는 성종 11~14년에 이르러 12개 조창을 거점으로 조세를 운송하는 형태로 전환되었다. 60개 포창에서 12개 조창으로 수조처가 줄어든 것은 중앙집 권체제가 강화되어 정부가 이전보다 집약적으로 조세를 수집할 수 있게 되었음을 의미하는 것이다.

그러나 고려 후기 귀족들의 대토지 점유와 삼별초의 대몽항쟁, 왜구의 발호는 조운제도의 근간을 흔들었다. 조창제 중심의 조운제도가 군현별 조운제도로 전환된 것은 이러한 이유 때문이었다. 물론, 이 시기에도 13개의 조창은 주변 군현들의 조세 수집처로 여전히 기능하고 있었다. 조창을 중심으로 하는 조세수집과 군현별 조운이 병행되고 있었던 것이다. 그러나 왜구의 침입이 극심해지자 조창은 내륙으로 옮겨갔으며,

조세운송도 육로를 이용하도록 하였다. 정부는 육로 운송의 편이를
위해 역과 원을 수리하고, 도로를 개수하는 등 여러 가지 노력을 했지만
이는 위기상황에서 단행된 임시조치였으므로 오래 가지 못했다. 결국
정부는 조운을 재개하였으며, 왜구의 침입으로부터 조세를 안전하게
지키기 위해 漕轉城을 축조하기에 이르렀다. 고려 말의 조전성은 조선이
건국된 후에도 계속 유지되었다. 이후 조선에서는 고려시대 조운제도의
성립에서 동요되기까지의 과정이 유사하게 반복되었다.

요컨대 우리나라의 조운제도는 포창제도(고려 초)→ 12조창제도(고려
성종 14년 이후)→ 13조창제도(고려 문종)→ 조창과 군현별 조운제도 병행
(13세기 중·후반 이후)→ 조전성 설치·군현별 조운 병행(여말선초)→ 조선
초의 16개 포창제도(세종 때에는 14개)→ 9조창 제도(『經國大典』)→ 조창과
군현별 海倉제도의 병행(『續大典』) 등의 순으로 변화한 것으로 정리할
수 있다.

고려의 국가 재정은 전적으로 농민들로부터 거둔 전세, 공부에 의해
유지되었다. 농민들이 납부한 조세는 郡·縣倉에 수납되거나[1] 가까운
조창으로 이송되었다. 조창은 경창과의 거리에 따라 납부 기간이 별도로
정해져 있었는데, 가까운 곳은 4월, 먼 곳은 5월까지 운반을 마쳐야
했다.[2] 조세운송이 2월 이후부터 시작된 이유는 추운 겨울에 운송하는
것이 어렵기 때문이기도 했지만 예성강의 결빙기간이 12월부터 3월

---

1) 주현의 창은 신라시대에도 존재했으며(김창석, 『삼국과 통일신라의 유통체제
   연구』, 일조각, 2004, 145~154쪽), 고려 건국 시기에도 주현마다 창이 설치되어
   있었다. 이언총이 고려에 귀부했을 때 태조가 忠州, 原州, 廣州, 竹州, 堤州
   창고의 곡식 2,200석, 소금 1,785석을 하사하였는데, 이 창고들은 주현에서
   관리하던 것이었다(『高麗史』 卷92, 列傳5 王順式). 또한, 문종 2년에는 왕의
   명령으로 여러 도들에 있는 館驛의 公須田 조세를 축적하여 두었다가 廩給하고
   남으면 각각 고을 창고에 가져다 바치도록 하는 규정을 마련하기도 하였다(『高
   麗史』 卷78, 志32 食貨1 田制 租稅).
2) 『高麗史』 卷78, 志33 食貨2 漕運.

중순까지였던 것과도 관련이 있다.3) 따라서 13개 조창은 각 군현에서 납부한 조세를 조운선이 출발하기 이전까지 보관하다가 경창으로 운송하였던 기관으로 조운제도 운영에 있어 매우 중요한 위치를 차지하였다.

12조창과 관련해서는 아직까지 명확히 비정되지 않은 보안 안흥창, 영암 장흥창, 장연 안란창 등의 구체적 위치를 비정하였다. 영암의 장흥창은 나주 서남쪽 지형과 수계를 고려하여 영암과 해남의 중간 지점에 해당하는 해남면 마산면 맹진리로 비정하였으며, 보안 안흥창은 부안군 보안면 남포리, 장연 안란창은 황해도 장연군 용연면 남대천 일대로 비정하였다. 해릉창은 현재 창터로 추정되는 곳(영산포)이 본래의 조창터가 아니라 고려 말에 새로 축성된 조전성(영산창)일 가능성을 제기하였다. 『新增東國輿地勝覽』에 기록된 고려 조창터는 고려 말 왜구 침입을 겪으면서 새로 축성된 조전성의 흔적으로 볼 수도 있기 때문이다.

수세구역의 경우에는 기존의 연구 성과를 최대한 반영하되, 그 문제점을 보완하는 방안으로 생활권, 문화권이라는 개념에 따라 구획을 시도하였다. 산계와 수계를 고려하여 교통 가능 여부를 고려하였으며, 조선시대의 조세운송 경로, 생활권, 유생들의 교류 범위 등 다양한 자료들을 참고하였다. 고려시대의 경우 조세와 공부의 징수, 명령의 전달 등은 계수관 단위로 편성된 것으로 이해되지만 그것이 조세의 납부까지 획일적으로 적용되지는 않았을 것으로 보았다.

II장에서는 고려시대 조운선과 조운로에 대하여 살펴보았다. 조운제도의 성립과 운영에 관한 연구가 조운제도의 큰 틀을 이해하는 것이라면 조운선과 조운로에 관한 연구는 실질적인 운영과정에 대한 이해를 돕는 데에 필수이다. 조운선에 관한 연구는 지방에서 중앙으로 운송되는

3) 조선총독부, 앞의 책, 1929, 275쪽. 예성강의 결빙기간은 양력 12월 중순부터 다음해 3월 중순까지이다.

전체 조세의 양을 가늠하는 기준이 되며, 조운로에 관한 연구는 조창으로 부터 개경까지의 거리, 항해의 난이도, 운송량 등에 대한 정보를 제공함으로써 고려의 재정규모를 이해하는 데에 도움이 되기 때문이다.

고려와 조선시대의 도량형 차이를 고려하면 『고려사』에 기록된 초마선은 『경국대전』에 기록된 조선 전기의 大船(海船)보다 넓이가 좁고, 『각선도본』에 남아있는 조선 후기 조운선보다는 길이가 짧았던 것으로 추정된다. 최근 서해 연안에서 출토된 태안마도 1호선을 비롯하여 십이동파도선 등은 초마선 규모의 선박이었을 것이다. 이들 선박은 곡식이나 도자기와 같은 무거운 물자의 조운에 적합하도록 두꺼운 저판과 외판을 사용하여 배의 구조를 튼튼하게 하고, 배의 깊이를 깊게 하여 적재량을 늘렸으며, 배 안의 구획을 최소화함으로써 곡식을 싣고 내리기에 편리하게 제작된 것으로 확인된다. 특히, 외판은 통나무에 가까운 형태로 가공하여 무었는데, 이는 배의 무게를 높임으로써 빈 배로 돌아올 때도 안정성을 유지하기 위한 목적이 반영된 것으로 보인다. 그러나 배의 무게가 무겁고 움직임이 둔해서 갑작스런 위기 상황에는 대처하기가 쉽지 않았을 것으로 추정된다. 조선시대 기록에 관선이 사선에 비해 자주 침몰한다는 기사가 자주 보이는데, 이는 고려시대에도 마찬가지였을 것이다.

조운의 성패는 조운선에 달려있다고 해도 지나치지 않다. 조운선은 당대 최대의 조선 기술이 집약되어 있었을 것이며, 시간이 지남에 따라 좀 더 조운에 적합하고 안전한 형태로 변화되어 왔을 것이다. 이는 서·남해안에서 출토된 고려시대 선박이 시기에 따라 조금씩 다른 구조를 보이는 것을 통해서도 확인된다.

한편, 조창 설치 이후 한강 유역의 포창은 기능을 상실하였으나 육로를 통해 개경으로 조세를 운송했을 가능성은 크지 않다. 조창이 설치되지 않았을 뿐 이들 지역은 여전히 강 또는 바다를 통해 개경으로 조세를 직납했을 것이다. 이는 조선시대의 사례를 적용하면 쉽게 이해된다.

남한강의 경우 조창이 설치된 지역은 가흥창과 흥원창뿐이었지만 흥원창 아래 여주, 광주 지역은 여전히 한강을 이용하여 조세를 운송하였던 것이다.

　조운로의 추정은 기본적으로 『증보문헌비고』, 『도로고』, 「대동여지도」, 「영·호남연해형편도」 등을 바탕으로 했으며, 비교적 운항 경로가 상세히 남아있는 『고려도경』을 비롯한 역대 한반도와 중국의 교역로 관련 기록을 최대한 활용하였다. 현재와 같이 지형을 바꿀 정도의 대규모 간척사업이 진행되지 않은 상태에서는 고려와 조선의 항로가 크게 다르지 않았을 것이다. 오히려 고려시대부터 이용된 항로가 조선 후기까지도 안전한 항로로 전승되어 내려왔을 수도 있다. 추정한 조운로를 따라 비안도 유적, 야미도 유적, 원산도 유적, 태안 대섬 유적, 대부도 유적 등이 위치하고, 완도선, 안좌도선, 달리도선, 마도 1~3호선 등이 유사한 지점에서 출토된 것은 이러한 사실을 입증하는 것이다.

　조운로에 관한 연구를 진행하면서 느낀 가장 큰 한계는 상식이나 단순한 추론으로는 항로 복원이 불가능하다는 점이었다. 운항의 거리나 시간은 지도로 확인할 수 없을 때가 더 많았다. 또한, 바다의 무궁한 변화로 인하여 같은 항로라고 할지라도 늘 조건이 같았던 것은 아니라는 사실이 확인되었다. 매번 같은 해로를 오가는 조운선들이 예기치 못한 사고를 당했던 것은 조류와 바람, 파도 등의 요인이 운항할 때마다 달라지기 때문이었다. 또한, 울돌목처럼 험로로 이름나 있으나 실제로는 조운선의 조난이 적었던 지역과 천수만 입구 등과 같이 문헌에 기록되지는 않았으나 실제로 조난사고가 잦았던 곳이 곳곳에 도사리고 있었음도 확인할 수 있었다.

　남해안의 경우 상당히 복잡한 항로를 잘 빠져 나올 수 있었던 것에 대해서는 앞서 언급한 것처럼 항로를 표시하는 깃대를 갯벌에 박아두거나 항표가 될 만한 섬과 산에 깃대 또는 불과 연기를 피워 길을 안내하는 시스템이 가동되었기 때문이 아니었을까 추정하기도 하였다. 지명과 지형의 변화 때문에 수월한 작업은 아닐 것이라고 생각되지만 좀 더 실증적인 뒷받침을 통해 연구의 방법이 보완된다면 현재의 문헌연구가 갖는 문제점을 극복할 수 있는 하나의 방안이 될 것이다.

선박의 추진 방식에 있어서는 내륙에 위치한 조창과 연결되는 항로들이 대부분 조류의 영향을 받는 곳에 있는 것에 착안하여 조류를 최대한 이용했을 것으로 추정하였다. 우리나라 서남해 연안으로 유입되는 큰 강들이 대부분 감조하천이었다는 점은 조창의 입지에 중요한 요인으로 작동하였다. 조운선이 무안에서 나주 해릉창에 이를 때까지는 물론이고, 예성강 벽란도나 임진강 좌창 수납처에 이를 때에도 조류를 이용하는 것이 편리하기 때문이다.

고려시대 조운로 중에서 가장 논란이 되는 구간은 영종도에서 예성강 입구까지의 항로가 석모도-강화도-교동도로 이어졌는가 아니면 손돌목이 있는 강화도-김포 해안으로 이어졌는가에 관한 것이다. 이 글에서는 서긍의 『고려도경』을 토대로 고려시대 기본 항로는 강화와 김포 해안, 즉 손돌목을 통과하는 해로였을 것이라고 추정하였다. 이러한 비정의 가장 큰 근거는 강화도와 교동도 사이의 유속이 현대에도 다리를 건설하기 어려울 정도로 빨라서 손돌목을 지나는 것 이상의 위험 부담이 있었다는 점, 고려시대에 이 항로를 지난 사례의 대부분이 왜구 침입 등 비정상적인 사건들과 연결된 것으로 판단된다는 점이다.

항로 추정을 통해 밝혀낸 사실은 조창에서 개경까지의 운항기간과 운송량을 추론하는 데 유용한 자료가 될 것이다. 개경으로부터 원거리에 있는 남해안 지역의 조창은 연 1회, 명량~칠산도 지역에 위치한 조창은 2회, 칠산도 이북~안흥량 사이에 위치한 조창은 3회, 안흥량 이북 지역의 조창은 최대 4회까지 운송이 가능하였다. 안란창 역시 4회 운송이 가능했을 것으로 추정되며, 덕흥창과 흥원창 소속의 평저선 역시 최대 연

4회까지 운항할 수 있었을 것이다. 그러나 그것은 최대 운항회수를 의미하는 것뿐이므로 영풍창·하양창·안란창의 조운선이 4회를 운항했다는 의미로 확대해석할 수는 없다. 적재기간, 운항기간, 하역기간, 선박 보수 기간, 일기 변화 등을 고려하면 4개월 간 3~4회를 운항하는 일은 말처럼 쉬운 일이 아니었을 것이다.

고려에서 조선으로 이어진 조운제도는 1894년 갑오개혁으로 조세가 금납화 됨에 따라 역사 속에서 사라졌다. 그 후 일제 강점기와 산업화시대를 거치며 철도, 자동차가 교통수단의 대부분을 차지하게 되면서 선박을 이용한 인적·물적 수송도 급격히 줄어들었다. 그러나 그렇다고 해서 한반도의 지리적 상황까지 변한 것은 아니다. 한국은 엄연히 삼면이 바다로 둘러싸인 해양 국가이고, 세계에서 손꼽히는 造船技術을 가진 나라이며, 아직까지도 바다는 많은 한국인들의 삶의 터전이자 물자 운송의 중요한 통로이다. 바다는 미래 대한민국 발전의 중요한 기반임에 틀림없다.

바다를 두려워하지 않고 바다를 통한 발전방안을 끊임없이 강구하는 전통, 어떤 규모와 형태의 선박이라도 세계 최고로 만들어내는 造船技術, 대륙과 바다를 통해 외래문화를 수용하여 고유의 문화와 전통으로 발전시켜온 개방적인 문화적 성향 등, 지금 우리나라 발전의 저력으로 손꼽히는 요소들은 강과 바다를 터전으로 살며 조운제도의 토대를 마련한 고려인들로부터 물려받은 위대한 유산이다.

참고문헌

1. 자료

『稼亭先生文集』,『江南樂府』,『江都志』,『經世遺表』,『高麗史』,『高麗史節要』
『大東地志』,『大典會通』,『島潭行程記』,『東國李相國全集』,『牧隱集』,『柳菴叢書』
『磻溪隨錄』,『四佳詩集補遺』,『三國史記』,『三國遺事』,『三灘先生集』
『世宗實錄地理志』,『惺所覆瓿藁』,『續平壤誌』,『新增東國輿地勝覽』
『陽村先生文集』,『旅菴全書』,『輿地圖書』,『研經齋全集』,『燃藜室記述』
『乙亥漕行錄』,『林下筆記』,『林氏先祖寶鑑』,『佔畢齋集』,『朝鮮金石總覽』
『增補文獻備考』,『智島郡叢瑣錄』,『擇里志』,『鶴洲先生全集』,『海東繹史』
『湖山錄』,『弘齋全書』,『舊唐書』,『新唐書』,『續文獻通考』,『宋史』,『元史』
『日本後記』,『入唐求法巡禮行記』,「鳳巖寺靜眞大師圓悟塔碑」,「備邊司方案地圖」
「海東地圖」

2. 단행본

姜晋哲,『高麗土地制度史研究』, 高麗大學校出版部, 1980.

고석규·강봉룡 외,『장보고 시대의 포구조사』, 해상왕장보고기념사업회, 2005.

권상로,『한국사찰전서』, 동국대학교출판부, 1979.

권영국 외,『역주 고려사 식화지』, 한국정신문화연구원, 1996.

김대식,『고려중앙정치제도사의 신연구』, 한국중세사학회 편, 2009.

김명진,「고려 태조 왕건의 통일전쟁 연구」, 혜안, 2014.

김민영 외,『금강하구의 나루터·포구와 군산·강경지역 근대상업의 변용』, 선인, 2006.

김상기,『동방교류사논고』, 을유문화사, 1984.

김성호,『중국진출 백제인의 해상활동 천오백년』, 맑은소리, 1996.

김성준,『배와 항해의 역사』, 혜안, 2010.

김영남, 『법성향지』, 법성향지편찬위원회, 1988.

金榮鎭, 『農林水産古文獻備要』, 韓國農村經濟研究院, 1982.

김용섭, 『한국중세농업사연구』, 지식산업사, 2000.

金恩淑, 『日韓で考える歷史敎育』, 明石書店, 2010.

김의원, 『한국 국토개발사 연구』, 대학서점, 1982.

김재근, 『한국선박사 연구』, 서울대학교출판부, 1986.

김재근, 『우리배의 역사』, 서울대학교출판부, 1989.

라이오넬 카슨 저, 김훈 역, 『고대의 배와 항해 이야기』, 가람기획, 2001.

라이오넬 카슨 저, 김향 역, 『고대의 여행이야기』, 가람기획, 2001.

박상진, 『역사가 새겨진 나무이야기』, 김영사, 2004.

박용운, 『고려시대사』, 일지사, 2010.

박용운, 『高麗史 百官志 譯註』, 신서원, 2009.

박종기, 『고려시대 부곡제 연구』, 서울대출판부, 1990.

박종기, 『고려의 지방사회』, 푸른역사, 2002.

박종기, 『譯註 高麗史 地理志』, 『한국학논총』 23, 국민대학교, 2000~『한국학논총』
30, 국민대학교, 2008.

박종진, 『고려시기 재정운영과 조세제도』, 서울대학교출판부, 2000.

박흥수, 『韓·中度量衡制度史』, 성균관대학교출판부, 1999.

변동명, 『한국 중세의 지역사회 연구』, 학연문화사, 2002.

안병우, 『高麗前期의 財政構造』, 서울대학교출판부, 2003.

윤명철, 『장보고 시대 해양활동과 동아지중해』, 학연문화사, 2002.

윤용혁, 『고려 대몽항쟁사연구』, 일지사, 1993.

윤용혁, 『고려 삼별초의 대몽항쟁』, 일지사, 2000.

윤용혁, 『공주 역사문화론집』, 서경, 2005.

이경식, 『고려전기의 전시과』, 서울대학교출판부, 2007.

이경식, 『조선전기 토지제도연구』, 풀빛, 1998.

이수건, 『한국중세사회사연구』, 일조각, 1984.

이원식, 『한국의 배』, 대원사, 1996.

이종봉, 『한국 중세 도량형제 연구』, 혜안, 2001.

李鎭漢, 『高麗時代 宋商往來 硏究』, 경인문화사, 2011.

정진술 외, 『다시 쓰는 한국 해양사』, 신서원, 2007.

정진술, 『한국의 고대해상교통로』, 한국해양전략연구소, 2009.

조영헌, 『대운하와 중국상인』, 민음사, 2011.

정청주, 『신라 말 고려 초 호족연구』, 일조각, 1996.

조희웅, 『경기 북부 구전자료집』, 박이정, 2001.

최광식 외, 『한국무역의 역사』, 장보고기념사업회, 2010, 216~218쪽.

최규성, 『고려 태조 왕건 연구』, 주류성, 2005.

최덕수 외, 『장보고와 한국 해양 네트워크의 역사』, 재단법인장보고기념사업회, 2006.

崔永俊, 『嶺南大路』, 高麗大學校民族文化硏究院, 1990.

최영준, 『국토와 민족생활사』, 한길사, 1997.

최완기, 『한국의 전통선박 한선』, 이화여자대학교출판부, 2006.

최일성, 『충주의 역사와 문화』, 백산자료원, 2010.

片茂鎭 외(編), 『漂民對話』, 불이문화사, 2006.

강화역사문화연구소, 『강화 고지명 총람』, 2007.

과천시, 『과천시지』 5, 2006.

국립나주문화재연구소, 『영산강 유역 마을의 역사와 문화』, 2009.

국립목포대학박물관·전라남도·해남군, 『해남군의 문화유적』, 1896.

국립해양문화재연구소, 『고려 뱃길로 세금을 걷다』, 국립해양문화재연구소, 2009.

국토해양부 국토지리정보원(편), 『한국지명유래집』(전라·제주편), 국토지리정보원, 2010.

국사편찬위원회, 『한국사』 4, 1974.

성환문화원, 『(譯註)大東地志 : 직산현·목천현·천안군 편』, 2006.

신안문화원, 『지도군총쇄록』, 2008.

牛江面, 『우강면지』, 우강면지편찬위원회, 2003.

원주시, 『원주의 지명유래』, 1999.

충청남도, 『문화유적 총람』(성곽·관아편), 1991.

충청남도교육위원회(편), 『우리고장 충남』(고적과 지명편), 1987.

한국해양전략연구소, 『한국의 고대 해상교통로』, 2009.

한글학회, 『한글지명총람』 3 충북편, 1970.

한글학회, 『한글지명총람』 11~12 전북편, 1981.

한글학회, 『한글지명총람』 13~16 전남편, 1982.

현대교육지도기술 연구회, 「교재 연구·지도안·연구 수업의 지도 기술」, 현대교육출판, 1991.

曲金良 편저, 김태만 외 옮김, 『바다가 어떻게 문화가 되는가』, 산지니, 2010.

尾本惠市 외 저, 김정환 역, 『바다의 아시아』 1~6, 다리미디어, 2003.
조선총독부, 『조선하천조사서(1929)』, 국토해양부, 2010.
教科書研究センター(編), 『教育課程の國際比較』 3(社會科編), 昭和 59年(1984).
石井正敏, 『日本渤海關係史研究』, 吉川弘文館, 2001.
森平雅彦, 『モンゴ帝國の覇權と朝鮮半島』, 山川出版社, 2011.

3. 발굴 조사 보고서

國立全州博物館, 『扶安 竹幕洞 祭祀遺蹟』, 1994.
국립해양문화재연구소, 『태안 마도 2호선 수중발굴조사 보고서』, 2011.
국립해양문화재연구소, 『태안 마도해역 탐사 보고서』, 2011.
국립해양문화재연구소, 『태안 마도 1호선 수중발굴조사 보고서』, 2010.
국립해양문화재연구소, 『고려청자보물선』, 2009.
국립해양문화재연구소, 『群山夜味島 : 水中發掘調査·海洋文化調査報告書』, 2009.
국립해양유물전시관, 『안산대부도선 수중발굴조사보고서』, 2008.
중원문화재연구원, 『충주 용두－금가간 우회도로건설구간 내 충주 창동리 유적』,
          2007.
국립해양유물전시관, 『안좌선 발굴조사 보고서』, 2006.
국립해양유물전시관, 『군산 십이동파도 해저유물』, 2005.
국립해양유물전시관, 『목포 달리도 배』, 1999.
국립해양유물전시관·전라북도, 『군산 비안도 해저유적』, 1993.
문화공보부 문화재 관리국, 『완도해저유물』, 1985.
문화재청·국립나주문화재연구소, 『羅州 會津城』, 문화재청 국립나주문화재연구
          소, 2010.
순천시·순천대학교박물관, 『順天 海龍山城』, 순천대학교박물관, 2002.

4. 논문

강길충, 「남송과 고려의 정치외교와 무역관계에 대한 고찰」 『경희사학』 16·17,
          1990.
강만길, 「이조조선사」 『한국문화사대계』 Ⅲ, 고려대민족문화연구소, 1968.
강병선, 「나주선복원에 관한 일고찰」, 한국문화재보존과학회 2005년도 제22회
          학술대회 발표 논문집, 2005.
姜鳳龍, 「후백제 견훤과 해양세력」 『역사교육』 83, 역사교육연구회, 2002.

姜鳳龍, 「신라말~고려시대 서남해 지역의 한·중 해상교통로와 거점 포구」, 『한국사학보』 23, 2006.

姜鳳龍, 「한국 해양사 연구의 몇 가지 논점」, 『도서문화』 33, 목포대학교 도서문화연구소, 2009.

姜秉倫, 「淸州地域의 近代 地名語 硏究」, 『湖西文化論叢』 12, 1998.

고병익, 「麗代 東아시아의 海上交通」, 『震檀學報』 71·72, 1991.

高星鎬, 「조선 후기 地方 場市의 분포와 특징 – 전주·남원을 중심으로」, 『대동사학』 3, 대동사학회, 2004.

공성근, 「조선시대 조운제 연구」, 단국대학교교육대학원 석사학위논문, 1993.

곽유석, 「고려선의 구조와 조선 기술 연구」, 목포대학교 박사학위논문, 2010.

곽호제, 「고려~조선시대 태안반도 조운의 실태와 운하굴착」, 『지방사와 지방문화』 12-1, 2004.

권덕영, 「신라 견당사의 나·당간 왕복행로에 대한 고찰」, 『역사학보』 149, 1996.

권혁재, 「韓國의 山脈」, 『대한지리학회지』 35, 대한지리학회, 2000.

祁慶富, 「10~11세기 한중 해상교통로」, 『한중문화교류와 남방해로』, 국학자료원, 1997.

김갑동, 「고려왕조의 성립과 군현제의 변화」, 『국사관논총』 35, 국사편찬위원회, 1992.

김광수, 「高麗 時代의 同正職」, 『역사교육』 11·12, 역사교육연구회, 1969.

김광철, 「고려시대 합포 지역사회」, 『한국중세사연구』 17, 한국중세사학회, 2004.

김대식, 「고려 초기 중앙관제의 성립과 변화」, 『고려중앙정치제도사의 신연구』, 한국중세사학회 편, 혜안, 2009.

김덕진, 「三南 稅穀의 운송과 江華 燕尾亭의 풍경」, 『인천학연구』 7, 2007.

김동철, 「高麗 末의 流通構造와 商人」, 『釜大史學』 9, 1985.

김삼현, 「고려후기 장시에 관한 연구」, 『명지사론』 4, 명지사학회, 1992.

김삼현, 「고려후기 상업의 변화」, 『명지사론』 8, 명지사학회, 1997.

김상기, 「고려와 금·송과의 관계」, 『국사상의 제문제』 5, 1959.

김상기, 「羅末地方群雄의 對中交通 – 特히 王逢規를 中心으로 – 」, 『황의돈선생고희기념사학논총』, 1974.

김성준, 「한반도 해양국가론에 대한 비판적 검토」, 『해양평론』, 2008.

김성준, 「봉래 고려 고선의 한국 선박사상 의의」, 『해운물류연구』 52, 2006.

김성한, 「한·낙동강 양강의 내륙수로서의 가치에 관한 연구」, 『지리』 2, 1966.

김양진, 「『高麗史』 食貨志 漕運條 所載의 몇몇 地名에 대하여」, 『지명학』 16,

2010.

김애경, 「해양문화재」 1호, 국립해양유물전시관, 2008.

김영제, 「麗宋交易의 船路와 船泊」 『歷史學報』 204, 역사학회, 2009.

김영제, 「송·고려 무역과 송상 -송상의 경영형태와 그들의 고려 거주공간을 중심으로-」 『史林』 32, 2009.

金龍吉, 「韓國古代의 海上交通路와 貿易活動硏究」, 경희대 석사학위논문, 1988.

김용섭, 「高麗前期의 田品制」 『韓國中世農業史硏究』, 지식산업사, 2000.

김용섭, 「고려전기의 품관제」 『한우근박사 정년기념 사학논집』, 1981.

金謂顯, 「麗宋關係와 그 航路考」 『關大論文集』 6, 1978.

金恩淑, 「8世紀に新羅と日本はどのような關係を結んだか」 『日韓で考える歷史敎育』, 明石書店, 2010.

金在瑾, 「張保皐時代의 貿易船과 그 航路」 『海運港灣』 85, 1988.

김재근, 「장보고 시대의 무역선과 그 항로」 『장보고의 신연구-청해진 활동을 중심으로-』, 완도문화원, 1985.

김재명, 「고려의 조운제도와 사천 통양창」 『한국중세사연구』 20, 한국중세사학회, 2004.

김재완, 「경부선 철도 개통이전의 충북지방 소금 유통 연구」 『중원문화논총』 4, 2000.

김종혁, 「산경표의 문화지리학적 해석」 『문화 역사 지리』 14-3, 한국지형학회, 2002.

김철웅, 「고려와 송의 해상교역로와 교역항」 『중국사연구』 28, 2004.

노경정, 「高麗時代 船舶의 構造 變遷 硏究 : 水中發掘資料를 中心으로」, 전남대학교 석사학위논문, 2010.

나도승, 「금강 수운 중계항의 변천에 관한 연 : 강경을 중심으로」 『논문집』 19, 공주교육대학, 1983.

나도승, 「개항 전후기 금강 함토항(含吐港) 군산과 그 배후지 형성에 관한 연구」 『논문집』 20, 공주교육대학, 1984.

나종우, 「5대 및 송과의 관계」 『한국사』 15, 국사편찬위원회, 1995.

나종우, 「일본 및 아라비아와의 관계」 『한국사』 15, 국사편찬위원회, 1995.

문경호, 「고려시대 조운제도와 조창」 『지방사와 지방문화』 14-1, 역사문화학회, 2011.

문경호, 「태안마도 1호선을 통해 본 고려시대 조운선」 『한국중세사연구』 31, 2011.

문경호, 「1123년 서긍의 고려항로와 경원정」『한국중세사연구』28, 한국중세사학회, 2010.

문경호, 「고려시대 충청도 연안의 포구에 관한 연구」『역사와 담론』56, 호서사학회, 2010.

文秀鎭, 「高麗建國期의 羅州勢力」『成大史林』4, 成大史學會, 1987.

문철영, 「고려시대의 한인과 한인전」『한국사론』18, 1988.

박종기, 「고려시대 대외관계」『한국사』6, 한길사, 1994.

박종진, 「고려시기 안찰사의 기능과 위상」『동방학지』122집, 연세대학교 국학연구원, 2003.

박종진, 「高麗前期 中央官廳의 財政構造와 그 運營」『한국사론』23, 서울대학교 국사학과, 1990.

박찬흥, 「후삼국 시기 육상·해상 네트워크의 변화와 재편」『장보고와 한국 해양네트워크의 역사』, 재단법인해상왕장보고기념사업회, 2006.

박철웅, 「한반도 산맥체계 논의에 대한 연구」『한국지형학회지』13-1, 한국지형학회, 2006.

朴漢卨, 「羅末麗初 西海岸 交涉史 硏究」『國史館論叢』8, 1989.

박희두, 「충북 각지역의 지형환경이 인구분포와 생활권 형성에 미치는 영향」『호서문화논총』13, 서원대학교 호서문화연구소, 1999.

박희윤, 「개항 이전 마산시 도시형성 및 변화과정에 관한 연구」, 한양대학교 석사학위논문, 2002.

변남주, 「前近代 榮山江 流域 浦口의 歷史地理的 考察」, 목포대학교대학원 박사학위논문, 2010.

변동명, 「海龍山城과 順天」『역사학연구』19, 전남사학회, 2002.

변태섭, 「高麗按察使考」『역사학보』50, 1968 ;『고려정치제도사 연구』, 일조각, 1989.

서유리, 「고려 철화청자의 발생과 특징」, 명지대학교 석사학위논문, 2007.

서병국, 「고려·송·요의 삼각무역고」『백산학보』15, 1973.

徐聖鎬, 「高麗武臣執權期商工業의 展開」『國史館論叢』37, 1992.

손홍렬, 「高麗漕運考」『史叢』21·22, 1977.

신상찬, 「대산 평신진 터(平薪鎭 址) 고찰」『瑞山의 文化』17, 2005.

申採湜, 「10~13세기 東아시아의 문화교류─海路를 통한 동아시아의 문물교류를 중심으로─」『중국과 동아시아세계』, 국학자료원, 1997.

申採湜, 「宋麗의 文化交流에 대하여」『이화사학연구』25·26합, 1999.

안길정, 「19세기 조운의 운영실태 : 조행일록을 중심으로」, 성균관대학교 석사학위논문, 2007.

안병우, 「고려시기 서경의 재정구조」『典農史論』7, 2001 ;『고려전기의 재정구조』, 서울대출판부, 2003.

안병우, 「고려 초기 재정운영 체계의 성립」『高麗史의 諸問題』, 삼영사, 1986.

양보경, 「조선시대의 자연인식체계」『한국사시민강좌』14, 일조각, 1994.

오명교, 「원주 역사 문화자원의 가치와 활용 방안」『2005년도 북원문화권 조성계획 문화 실무 관계자 워크숍 자료집』, 강원발전연구원, 2005.

윤경진, 「고려 성종 11년의 읍호 개정에 대한 연구-고려 초기 군현제의 구성과 관련하여-」『역사와 현실』45, 2002.

윤명철, 「청자산업과 관련된 고려의 항로」『청자보물선 뱃길 재현 기념 국제학술심포지엄』, 강진군, 2009.

윤명철, 「徐熙의 宋나라 使行航路탐구」『徐熙와 高麗의 高句麗계승의식』, 고구려연구회 학술총서 2집, 1991.

윤용혁, 「서산·태안지역의 조운관련 유적과 고려 영풍조창」『백제연구』22, 충남대학교백제연구소, 1991.

윤용혁, 「고려시대 서해 연안해로의 객관과 안흥정」『제1회 태안역사문화학술발표회』, 2008.

윤용혁, 「여원 연합군의 일본 침입과 고려 軍船」『군사』69, 국방부 군사편찬연구소, 2008.

윤용혁, 「중세의 관영물류 시스템, 고려의 조운제도」『고려 뱃길로 세금을 걷다』, 2009.

윤용혁, 「고려시대 홍주의 성장과 홍주읍성」『전통문화논총』7호, 2009.

윤용혁, 「고려시대 서해 연안해로의 객관과 안흥정」『역사와 경계』74, 부산경남사학회, 2010.

尹載云, 「南北國時代貿易硏究」, 고려대학교 사학과 박사학위논문, 2002.

이강한, 「13-14세기 고려·원 교역의 전개와 성격」, 서울대학교 박사학위논문, 2007.

이기동, 「9-10세기 黃海를 무대로 한 한·중·일 三國의 해상활동」『韓中文化交流와 南方海路』, 국학자료원, 1997.

이도학, 「신라말 진훤의 세력형성과 교역」『신라문화』28, 2006.

이명희, 「사회과 지역학습에서 지역음식의 교재화」『사회과 교육』42-4, 2003.

이병희, 「해상 실크로드와 한반도의 무역항구」『아시아 해상실크로드와 교역항』,

국립해양문화재연구소·국립목포대학교 도서문화연구원, 2010.

李錫炫, 「北宋代 使行 旅程 行路考-宋入境 以後를 中心으로」『東洋史學研究』 114, 동양사학회, 2011.

李龍範, 「三國史記에 보이는 이슬람 商人의 貿易品」『李弘稙博士 回甲紀念 韓國史學 論叢』, 新丘文化社, 1969.

이인화, 「충남 내포지역 조운로상의 해변 마을 제당에 관한 연구」『도서문화』 30집, 2007.

이종봉, 「고려 전기의 결부제」『부산사학』 29, 1995.

이준광, 「고려청자의 해상운송과 출토유물 연구」, 홍익대학교대학원 석사학위논 문, 2010.

이준혁, 「고려시대 배(船)의 변화와 그 의미」『역사와 세계』 38, 효원사학회, 2010.

이지우, 「전통시대 마산지역의 조운과 조창」『가야문화』 16, 2002.

이진한, 「고려의 대외무역」『한국무역의 역사』(최광식 외), 청아, 2004.

이진한, 「고려 시대 송상 왕래 연구 서설」『동아시아 국제관계사』 김준엽선생 기념서 편찬위원회 편, 아연출판부, 2010.

이진한, 「고려말 대명 사무역과 사행무역」『韓國研究センター年報』 9, 九州大學韓國 學センター, 2010.

이창섭, 「고려시기 水軍」, 고려대학교 석사학위논문, 2004.

이철성, 「조선후기『輿地圖書』에 나타난 인천지역의 田結稅와 漕運路 연구」『인천 학연구』 6, 2007.

李海濬, 「목포의 역사-개항 이전사」『木浦市의 文化遺蹟』, 국립목포대학교박물 관·전라남도·목포시, 1995.

이헌창, 「조선후기 충청도지방의 場市綱과 그 변동」『經濟史學』 18, 1994.

이혜옥, 「고려시대의 향역」『이화사학연구』 17·18, 1988.

장남원, 「조운과 도자생산」『미술사연구』 22호, 미술사연구회, 2008.

田京淑, 「全羅南道地域의 生活圈 및 中心地 體系의 變化(1940~1985)」『지리학』 36, 대한지리학회, 1987.

전덕재, 「삼국시대 황산진과 가야진에 대한 고찰」『한국고대사연구』 47, 한국고대 사학회, 2007.

전해종, 「여송관계와 그 항로고」『관대논문집』 6, 1978 ;『遼金史研究』, 裕豊出版 社, 1985.

전해종, 「고려와 송의 교류」『國史館論叢』 8, 1989.

296

정선용, 「高麗太祖의 對新羅同盟 체결과 그 운영」 『한국고대사탐구』 3, 한국고대사
    탐구학회, 2009.
정수일, 「해상 실크로드를 통한 한·중 해상 교류 ; 東北亞 海路考－나·당해로와
    여·송해로를 중심으로－」 『문명교류연구』, 한국문명교류연구소, 2011.
정청주, 「新羅末·高麗初 順天地域의 豪族」 『역사학연구』 18, 전남사학회, 2002.
정학수, 「고려시기 개경 행정구획과 '里'의 양상」 『한국중세사연구』 28, 한국중세
    사학회, 2010.
정홍일, 「고려시대 전라도 지방 조창 연구」, 목포대학교 석사학위논문, 2012.
鄭孝雲, 「九州 海岸島嶼와 東아시아의 戰爭－고대 韓·日지역세계의 대외적 교섭을
    중심으로－」 『동아시아고대학』 15, 동아시아고대학회, 2007.
조길환, 「충주 금천창 연구」 『문화재』 41-1, 국립문화재연구소, 2008.
조화룡, 「산경표 산맥 체계로는 우리나라 지체 구조를 설명할 수 없다」 『한국지형
    학회지』 10-1, 한국지형학회, 2003.
최근식, 「장보고 무역선과 항해기술 연구－신라선 운항을 중심으로－」, 고려대학
    교대학원 박사학위논문, 2002 ; 『신라해양사 연구』, 고려대학교출판부,
    2005.
최병문, 「조선시대 선박의 선형 특성에 관한 연구」, 부경대학교 공학박사학위논문,
    2004.
최병문, 「조선시대 해선과 강선의 선형특성」 『대한조선학회논문집』 41, 2004.
최영미 외, 「고등학교 한국지리의 식생, 임업 단원 내용 분석」 『한국지리환경교육
    학회지』 9, 2001.
최완기, 「고려조의 세곡운송」 『한국사연구』 34, 한국사연구회, 1981.
최완기, 「官漕에서의 私船活動」 『사학연구』 28, 한국사학회, 1978.
최완기, 「조운과 조창」 『한국사』 14, 국사편찬위원회, 1993.
최운봉, 「한·중·일 전통 선박에 관한 비교 연구－16~18세기 조곡운반선을 중심으
    로」, 한국해양대학교 공학박사학위논문, 2005.
최일성, 「덕흥창과 흥원창 고찰」 『충주공업전문대학논문집』 25, 1991.
최일성, 「흥원창 고찰」 『상명사학』 3·4집, 1995.
최항순, 「최항순의 우리배 이야기－한선의 우수성에 대한 과학적 검증」 『해양과
    문화』 24·25, 한국해양문화재단, 2011.
최항순, 「지금까지 발굴된 고려시대의 한선」 『해양과 문화』 24, 해양문화재단,
    2010.
한정훈, 「고려시대 조운제와 마산 석두창」 『한국중세사연구』 17, 한국중세사학회,

　　　2004.

한정훈,「고려시대 13조창과 주변 교통로 연구」『한국중세사연구』 23, 2007.

한정훈,「고려 초기 60포제의 실시와 그 의미」『지역과 역사』 25, 2009.

한정훈,「고려시대 교통과 조세운송체계 연구」, 부산대학교 박사학위논문, 2009.

한정훈,「고려시대 險路의 交通史的 의미」『역사와 담론』 55, 호서사학회, 2010.

한정훈,「고려시대 연안항로에 관한 기초적 연구」『역사와 경계』 77, 부산경남사학
　　　회, 2010.

한정훈,「12·13세기 전라도지역 私船의 해운활동」『한국중세사연구』 31, 한국중
　　　세사학회, 2011.

허일,「8~9세기 우리나라 서해 및 인접 해역의 항로와 선형 특성에 관한 연구」,
　　　부경대학교 공학박사학위논문, 2000.

허일·이창억,「9세기 신라시대 선박의 조선기술과 선형 특성에 관한 연구」『장보고
　　　무역선 복원연구－ 제2차년도 최종보고서』, 2006.

허일·이창억,「8~9세기 통일신라·당나라 시대의 해상 항로와 조선기술」『장보고
　　　연구』 2, 1996.

허정도,「근대기 마산 도시변화과정 연구」, 울산대학교 박사학위논문, 2002.

황상일,「태백산백과 산경표 산맥 체계의 지형학적 의미」『한국지형학회지』
　　　10-1, 2003.

吉田光男,「高麗時代の水運機構‘江’について」『社會經濟史學』 46, 1980.

吉田光男,「一九世紀 朝鮮における稅穀輸送船の漕運樣相に關する定量分析の試み－
　　　慶尙·全羅·忠淸道の場合」『海事史研究』 48, 日本海事史學會, 1991.

吉田光男, 「一九世紀忠淸道の海難－漕運船の遭難190事例を通して」『朝鮮學報』
　　　121輯, 1986.

丸龜金作,「高麗の十二漕倉に就いて」『靑丘學叢』 21·22, 1935.

北村秀人,「高麗初期の漕運についての一考察－『高麗史』食貨志漕運の條所收成宗11
　　　年の輸京價制定記事を中心に－」『古代東アジア論集(上)』, 1978.

北村秀人, 「高麗時代の漕運制について」『朝鮮歷史論集』上, 1979.

六反田豊,「高麗末期の漕運運營」『久留米大學文學部紀要』, 國際文化學科編 第2號,
　　　1993.

六反田豊,「李朝初期 漢江の水站制度について」『史淵』 128, 1993.

六反田豊,「朝鮮初期 漕運制における船卒·船舶の動員體制」『朝鮮文化研究』 4, 1997.

森平雅彦,「高麗群山亭考」九州大學朝鮮學研究會, 『年報朝鮮學』 11, 2008.

森平雅彦,「高麗における宋使船の寄港地馬島の位置をめぐって」『朝鮮學報』 207, 2008.

森平雅彦,「忠淸道沿海における宋使船の航路－『高麗圖經』の事例－」, 2011年度九
　　　州史學回朝鮮學部會資料集, 2011.
森平雅彦,「高麗における元の站赤－ルートの比定を中心に」『史淵』141, 九州大學校,
　　　2004.
長森美信,「朝鮮近世路の復元」『朝鮮學報』 199·200輯, 2006.

5. 기타

국가지식포털, 북한지역정보넷(http://www.cybernk.net/infoText/InfoAdminstList.
한국학중앙연구원, '모바일 한국전자문화향토대전'
문화재청 보도자료「고려 삼별초 바닷속에서 깨어나다」(2011. 10. 6)
문화재청 보도자료,「태안 마도, 800년 전의 타임캡슐 고려 竹簡 최초 발굴」(2009.
　　　11. 4).
문화재청 보도자료,「최상급 고려 청자매병 "꿀단지"로도 쓰였다」(2010. 8. 4)
이승수,「고려말 정몽주의 남경사행」(대산문화웹진 2010 가을호, http://www.daesan.
　　　org/webzine).
평택시사 웹사이트(http://photo.pyeongtaek.go.kr:8080/intro2.htm)
『한국경제신문』 2011. 5. 31.
『인천일보』 2010, 4. 26.
『해남신문』 2008. 1. 18.
『한겨레신문』 2008. 1. 30.
『국제신문』 2007. 5. 10.
『강진신문』 2007. 9. 14

찾아보기

304

| 지은이 | **문 경 호**

경기도 화성에서 태어나 공주대학교 사범대학 역사교육과를 졸업하고 동대학원의 사학과와 역사교육과에서 학위를 받았다. 1999년 교직에 첫 발을 내딛은 후 대전관저고·대전외국어고 교사, 공주대 강사, 공주대 겸임교수 등을 거쳤으며, 지금은 대전과학고등학교에서 과학영재들을 가르치고 있다. 주요 논저로는 『재외교포를 위한 한국사』(공저), 『중학교 역사 교과서』(공저), 『대전의 역사와 문화』(공저) 등의 교육 자료와 「1123년 徐兢의 고려 항로와 慶源亭」, 「泰安 馬島 1號船을 통해 본 高麗의 漕運船」, 「고려시대 충청도 해안의 포구에 관한 연구」, 「고려시대 유성현과 대전 상대동 유적」, 「고려시대의 조운제도와 조창」, 「이능식의 생애와 역사연구」 등의 논문이 있다. 2012년 한국중세사학회에서 수여하는 우수논문상을 수상하였다.

한국중세사학회 연구총서 6

고려시대 조운제도 연구

문 경 호 지음

2014년 9월 30일 초판 1쇄 발행

펴낸이 · 오일주
펴낸곳 · 도서출판 혜안
등록번호 · 제22-471호
등록일자 · 1993년 7월 30일

주   소 · ⑦ 121-836 서울시 마포구 서교동 326-26번지 102호
전   화 · 3141-3711~2 / 팩시밀리 · 3141-3710
E-Mail · hyeanpub@hanmail.net

ISBN 978-89-8494-516-6 93910

값 26,000 원